U0935656

# 儒教報應論

儒教資料類編叢書

第四輯

任繼愈／顧問
李　申／主編
李　申／選編　標點

國家圖書館出版社

**圖書在版編目（CIP）數據**

儒教報應論/李申選編、標點 .—北京：國家圖書館出版社，2009. 5

（儒教資料類編叢書：4）

ISBN 978 – 7 – 5013 – 3993 – 8

Ⅰ. 儒…　Ⅱ. 李…　Ⅲ. 儒家 – 研究　Ⅳ. B222. 05

中國版本圖書館 CIP 數據核字（2009）第 062889 號

**書　名**　儒教報應論

**著　者**　李申選編、標點

---

**出　版**　國家圖書館出版社（100034　北京市西城區文津街 7 號）
**發　行**　010 – 66139745，66175620，66126153
66174391（傳真），66126156（門市部）

**E-mail**　btsfxb@ nlc. gov. cn（郵購）

**Website**　www. nlcpress. com ——→投稿中心

**經　銷**　新華書店

**印　刷**　北京漢玉印刷有限公司

---

**開　本**　787 × 1092（毫米）　1/16

**印　張**　19. 75

**版　次**　2009 年 5 月第一版　2009 年 5 月第一次印刷

---

**書　號**　ISBN 978 – 7 – 5013 – 3993 – 8

**定　價**　45. 00 元

# 總　序

儒教問題正日益引起學界甚至社會各界的關注。

儒教問題不是一個學術觀點問題，即不是可此可彼、可信可否的問題，因為儒教的存在是一個歷史事實。而只有認識這個事實，纔有可能正確認識中國傳統文化的性質；正確認識傳統文化的性質和本來面貌，纔能正確繼承和運用這筆遺產。

關於儒教問題的爭論非一日。最近二三十來就有两次較大的爭論，其風波至今未息。雖然提出者和贊成者都盡其所能從各個方面試圖向讀者解釋清楚，雖然經過爭論能夠接受儒教是教説的學者日益增多，但是在整理古代資料的過程中，筆者還是發現了以前所未能發現的材料，感覺到有關論著難以充分釋脱百多年來關於中國傳統文化性質認定的新傳統所帶給人們的種種疑惑。於是也就有了編纂《儒教資料類編》的想法。讓資料，也就是讓古人自己來向當代的人們説明和解釋吧，説明在他們眼裏，“儒教”是個什麽樣的概念，而他們又是如何地在信仰著儒教。

就筆者所知，目前在有關宗教和傳統文化的許多最基本的問題上，包括專門研究傳統文化和宗教問題的學術界，都有一系列並不符合歷史事實的結論，在被人們廣泛地以訛傳訛。比如儒教之教不是宗教之教，而“宗教”這個概念是從國外輸入的“外來語”，上帝信仰是基督教的而中國古代的儒家是不信上帝的。至於“城隍神是道教的”，“‘聖經’指的是基督教的《新舊約全書》”，則幾乎成了家喻户曉的常識。這些基本問題不清楚，要認清傳統文化的性質和本來面貌，是不可能的。而這些問題，以及相關的一系列問題，在這套書裏，都會用歷史資料的方式，向人們揭示歷史的真象。而認識傳統文化的歷史真象，是利用傳統文化資源建設當代新文化的基礎。

本叢書設計了30個左右的題目，每個題目集中説明一個問題，字數控制在30萬字左右。採用繁體，進行簡略的標點（一般只用句、逗和書名號）。資料一般取自《四庫全書》系統，並按《四庫全書》順序編排，某些部分會有些許調整。根據研究情況和實際需要，加或長或短的研究性説明或導言。主要供給學術界和愛好傳統文化的人們使用。由於編纂力量有限，每年爭取出版二三本或三五本。下面公佈的題目（見附録），僅僅是初步設想。隨著研究的開展，可能會有變動，但不會有大的本質性的改變。

任何研究實際上都是為回答現實提出的問題而産生的，因而都是一種現實的反映。本叢書所設計的題目，自然也與當前人們對儒教的認識狀況相關。或許過些時日，人們會認為編這些東西非常可笑，那時候，就會有更高水準的著作和資料彙編出來，我們盼望着。

雖然是基本常識但還要説明的是，本叢書是在為研究儒教和傳統文化提供資料，不是在傳播儒教觀念，更不主張今天的人們去信仰什麽儒教，作什麽儒教救國之類的白日夢。

上海師範大學哲學系、思想文化研究所　李申

2008年9月4日

# 凡　例

一、所輯材料除注明者外，均選自文淵閣《四庫全書》。

二、材料內容與主題直接相關。

三、選擇材料力求完整，即整篇、整段。若篇幅太長，在刪節處加［略］。

四、材料一般按經史子集分部，每部分按年代先後排列，亦可稍有變通。

五、每條材料標注基本符合下列規定：

1. 經、史、子部著作標：作者+書名+篇名或卷數；

2. 集部標：作者+篇名+（書名+卷數）。總集書名前可加編者名；

3. 十三經、四書、正史及漢和漢以前子書，可不標作者。其注疏應標注疏者名；

4. 作者或書名篇名接連相同者，自第二篇起用“又”代替；

5. 作者名前加朝代名，朝代依《四庫全書》為據。

六、標點：

1. 一般用句號、逗號和書名號，可兼用冒號和頓號。一般不用其他符號。

2. 卦名不加書名號。如乾、坤、艮、兑等，但引用《周易》書中文字時例外。如《周易・彖傳・乾》。

3. 不甚明確之處，書名號寧缺勿濫。如“易”、“詩”。

4. 混略稱書名者，兩頭加書名號，用頓號隔開，如《大、小戴禮記》，《論語、孟子集注》。類名不加，如“五經”，“三史”。

5. 指意稱名者，最好不加。如隋唐志、詩書禮樂、論孟荀揚、前書（指《漢書》）、新書（指《新唐書》）等。

七、全書使用繁體字排印。

# 序　言

提起善惡報應問題，幾乎所有的人都會認為，這是佛教的信仰，是佛教帶給中國文化的禮物。而儒教，或者説是儒家、儒者，是不信善惡報應的，因為儒教不是宗教。然而本集中的資料將向人們説明，在佛教傳入中國以前，儒教早就建立了自己的報應觀念。而且一直被堅持著。《周易》、《尚書》、《詩經》等儒教經典，都明確指出了善惡報應的必然性，並且成為以後儒者們信仰的根據。其中又以《周易・坤卦・文言傳》的“積善之家必有餘慶，積惡之家必有餘殃”和《尚書・伊訓》中“惟上帝不常。作善降之百祥，作不善降之百殃”最為重要。後來的儒者們通過註解經書的方式，不斷繼承和發展着自己本教的報應觀念。研究儒教報應觀念和其他宗教、比如佛教報應觀念的異同，是個學術課題。但要説儒教不講報應，則是有意無意忽略了一個重要的歷史事實。

《尚書・洪範》篇開頭有一句話：“惟天陰騭下民，相協厥居。”這話是什麽意思？儒者們是有分歧的。到了明代，明成祖朱棣親自編輯了一本叫做《為善陰騭》的書。其中收集了他認為是善有善報的歷史事實，並且加上自己冗長的評論。由於是“御制”，所以這本書不僅頒賜大臣，而且通過科舉考試和學校教育，推向了全國。因此，這本書，可説是儒教中專講報應的代表性專著。

到清代作《四庫全書》，該書僅作為“存目”，未被收入。清代的儒者們，似乎對《太上感應篇》表現出了更大的興趣。

《太上感應篇》是道教的書，似乎很難提出什麽疑義來。然而，《太上感應篇》的第一句話，卻是《左傳・襄公二十三年》的“禍福無門，唯人所召”。至於其中講到“忠孝友悌”之類的“善人”，“人皆敬之，天道佑之，福禄隨之，衆邪遠之，神靈衛之”，則難以分清是道教的觀念，還是儒教的信仰。著名儒者，前期有惠棟，後期有俞樾，中間有黄正元，都親自為該書作註。其中所闡發的，主要是儒教的報應觀念。至於該書誕生後不久，就由以復興理學著稱的宋理宗讓當時的宰相也是名儒的鄭清之為該書作序，以推動該書的流傳，後來推動此書發行的儒者更是代不乏人，其中就包括清初的閻若璩、毛奇齡等人。因此，這一部書，可説是儒道二家親密合作的產物。

儒者們創作的、類似《太上感應篇》的著作還有一些。限於篇幅，本集僅僅收録了《為善陰騭》及其相關材料。而這些材料，對於使我們認識儒教的報應觀念，感受儒者信仰善惡報應的普遍性，也就夠了。至於全面而深入地搜集材料，深入研究這些報應觀念的理論特色和歷史演變，則是下一步的任務了。

順便要多說一句的是，對以天道賞罰為基礎的善惡報應的信仰，是推動忠孝仁義等倫理原則的神學基礎。這句話會使不少先生心裏很不愉快，然而這是一個歷史事實。

是為序。

# 目　　録

# 經　部

## 《周易·坤·文言傳》

積善之家必有餘慶，積不善之家必有餘殃。臣弑其君，子弑其父，非一朝一夕之故，其所由來者漸矣，由辯之不早辯也。易曰，履霜堅冰至，蓋言順也。

孔穎達《周易正義》：此一節明初六爻辭也。積善之家必有餘慶，積不善之家必有餘殃者，欲明初六其惡有漸，故先明其所行善惡事，由久而積漸，故致後之吉凶。其所由來者漸矣者，言弑君弑父非一朝一夕率然而起，其禍患所從來者，積漸久遠矣。由辯之不早辯者，臣子所以久包禍心，由君父欲辯明之事，不早分辯故也。此戒君父防臣子之惡。蓋言順者，言此履霜堅冰至，蓋言順習陰惡之道，積微而不已，乃致此弑害。稱蓋者，是疑之辭。凡萬事之起，皆從小至大，從微至著。故上文善惡並言。今獨言弑君弑父有漸者，以陰主柔順，積柔不已，乃終至禍亂。故特於坤之初六言之，欲戒其防柔弱之初，又陰爲弑害，故寄此以明義。

李鼎祚《周易集解》：虞翻曰，坤積不善，以臣弑君，以乾通坤，極姤生巽，為餘殃也。〇案，聖人設教，理貴隨宜。故夫子先論人事，則不語怪力亂神，絶四毋必。今於易象闡揚天道，故曰積善之家必有餘慶，積不善之家必有餘殃者，欲明陽生陰殺，天道必然。理國修身，積善為本。故於坤爻初六陰始生時，著此微言，永為深誡。欲使防萌杜漸，災害不生。開國承家，君臣同德者也。故《繫辭》雲，善不積不足以成名，惡不積不足以滅身。是其義也。

胡瑗《周易口義》：此釋初六之爻辭也。積善之家必有餘慶，此釋履霜之義，因先發此文言。君子之人，不以小善為無益而不為，故積日累久，至於大善，延及於乃子乃孫，皆獲慶善之餘也。故《中庸》曰，舜其大孝也與，德為聖人，尊為天子，富有四海之內，宗廟饗之，子孫保之。故大德必得其位，必得其祿，必得其名，必得其壽。其言大舜，自匹夫有一小善，未嘗捨去，以至積為大善，而終享聖人之位，流慶於後。此積善之慶也。積不善之家必有餘殃者，夫小人以小惡為無傷而弗去，故積小惡以至大惡，累小罪以及大罪，而終有殃禍加之於身，以至乃子乃孫皆受餘殃也。臣弑其君子弑其父，非一朝一夕之故，其所由來者漸矣，由辨之不早辨也者，言君素寵其臣，父素寵其子，寵而不已，耳目之所狎習，荏成凶惡，以至包藏禍賊之心，非在弑君之朝弑父之夕驟使然也，蓋由積久漸漬而成其凶災也。如此，由君之不早辨其臣，父之不早辨其子故也。易曰履霜堅冰至蓋言順也者，此先聖因履霜之戒，故引上文以結。蓋言順者，是言履霜而至堅冰，由順而積至之也。

張載《横渠易説》：餘慶餘殃，百祥百殃，與《中庸》必得之義同。善者有後，不善者無後，理當然。其不然者，亦恐遲晚中閒。譬之瘠之或秀，腴之或不秀，然而不直之生也，幸而免，遇外物大抵適然耳。君子則不恤，惟知有義理。

程頤《程氏易傳》：天下之事，未有不由積而成。家之所積者善，則福慶及於子孫。所積不善，則災殃流於後世。其大至於弑逆之禍，皆因積累而至，非朝夕所能成也。明者則知漸不可長，小積成大，辯之於早，不使順長，故天下之惡無由而成。乃知霜冰之戒也。霜而至於冰，小惡而至於大，皆事勢之順長也。

朱震《漢上易傳》：天動地隨，其行有時，故承天而時行。善不善之報必有餘者，馴而不已，積之既久，則末流必多，乾坤是也。家，言臣子也。坤積至五，子弑父，臣弑君。離日坎月自下而進，非一朝一夕之故，其所由來者漸矣。辯之不早，其禍至此，矧不辯乎。先儒嘗以乾坤論之，謂君子之道有時而消，於是有坤化陽滅者矣。然而復出為震者，餘慶之不亡也。小人之道有時而消，於是有陽息陰盡者矣，然而極姤生巽者，餘殃猶在也。觀諸天道，月之生死，晦盡而生明，既滿而成虧。先儒餘慶餘殃之論，為不誣矣。是故有虞之子不肖，而陳齊永祚。商辛之後有國，而祿父再亡。敬者，操持其誠心，而弗敢失也。

林栗《周易經傳集解》：説者皆以餘慶餘殃言子孫應報之事，［非］也。君君臣臣父父子子，斯為慶矣。臣弑其君子弑其父，殃莫大焉。有餘者，甚之之辭也。子曰，勿以小善為無益而弗為也，勿以小惡為無傷而弗去也。為其積而至於大也。故夫積陰而至於堅冰，是豈一朝一夕哉。辨之不早，其禍有不可勝言者矣。

朱熹《周易本義》：古字順、慎通用。按此當作慎。言當辯之於微也。

郭雍《郭氏傳家易説》：坤之初六非積善之象，而《文言》先及積善者，因明善不善皆在所積。知不善之不可積，則善為可積矣。聖人貴夫早辨者，慮馴致之易長耳。所以坤之德以柔而剛，靜而方為至。蓋非剛非方，則一於順，皆馴致之道，必不能早辨故也。

楊簡《楊氏易傳》：人性至善，無不善者。孩提之童，無不知愛其親。及其長也，無不知敬其兄。乍見孺子將入於井，皆有怵惕惻隱之心。其見賓客，孰不舉手致敬。人性之善，於此著驗。然而亦有所謂天惡者，何也。其端甚微，始於一念之作爾。禹曰，安汝止，惟幾惟康。皐陶曰，一日二日萬幾。幾者，動之微，心動之始也。心實無體，常安常止，安止而動，其幾必康。不安止而動，其幾不詳。不安止之動，如水撓濁，不復清明。爲昏爲擾，順流而下，遂至於惡積而不可掩，罪大而不可解。然則安得不辨之於早。早者，未動之初也。未動則自清自明，自安自止，無體而發光，至虚而用神。皐陶之所謂兢兢業業，孔子之所以發憤忘食，顔子之所謂好學，皆所以蒙養保護乎此，而非思慮之所及也。其次則不遠復，又次則牽復，亦危矣。頻復大危，亦聖賢之所誡，不克頻復，代日而放，堅冰至矣。

楊萬裏《誠齋易傳》：福生於一小善，禍起於一小不善。萬者一之積，大者小之積。善可積也，不善不可積也。積斯漸，漸斯極，極斯作。及其作而圖之，其有及乎。弑逆，國家之大禍。聖人不忍言，臣子不忍聞也。探其初，亦止於萌一小不善之心而積之也。傳曰，有無君之心，而後動於惡。故一小不善之心，在下者不可不察之於己，在上者不可不察之於人。察之早，勿使之漸，則國之禍不作矣。辯，察也。故《易・坤》之初六曰，履霜堅冰至。蓋言馴也。履霜之不戒，堅冰之勿悔，馴而致之也。順當作馴。

馮椅《厚齋易學・易外傳》：此下至蓋言順也，文初六之言。猶曰積陽之後必有餘暑，積陰之後必有餘寒也。蓋霜至堅冰者，積陰之所致也。程正叔曰，善惡萌於初，而積善見於六五，積惡見於上六。林黄中曰，説者皆以餘慶餘殃言子孫報應之事，非也。君君臣臣父父子子，斯為慶矣。臣弑其君，子弑其父，殃莫大焉。李子思曰，善不善之積於陰，非一朝一夕之故也。又曰，以易道而占，知吉凶之事於將來者，無如是之不爽也。弑，式志反。或作殺聲，同。辯，鼂雲，今變，王符作變。初六在下，臣子之象。上六在上，君父之象。自初至上，則由姤至剝而成坤，歷變諸爻，非一朝一夕之故也。自姤而遯，遯而否，否而觀，觀而剝，剝而坤，其所由來者有漸，使節節有變之者，則不至純陰矣。由變之不早，遂至於純陰，履霜而至堅冰，臣子而弑君父也。又以八卦之方位與重卦十二月之氣參之，乾位西北，正十月之時也。卦氣至此為坤。以坤之氣乘乾之位，尊卑倒置，爻象為龍戰於野，此臣子弑君父之象也。聖人移上六之象於初六言之，所以丁寧告戒，使人知漸不可長，變必早速，履霜而即備其堅冰也。

王宗傳《童溪易傳》：善人之於善也，力其所積而不必其所可必。小人之於不善也，亦然。聖人之於善人也，原其所積而必其所可必。其於不善人也亦然。蓋君子之心，知盡其在我者而已，故不以小善爲無益而弗爲。及其積也不已，則報效也亦不已。小人之心，知任其在我者而已，故不以小惡爲無傷而弗去。及其積也不已，則其報效也亦不已。此必至之理。易者，進君子而退小人之具，故陽爲善而陰爲惡，陽爲君而陰爲臣。坤之初六，一陰始凝，象取履霜，謂不善之積，實基於此時也。苟不於此時辨其萌芽，去其漸長，則凡天下所謂弑父與君之大惡，無所不至矣。此必至之餘殃也。原其所以然，亦以積小而大，由微而著，事勢之順成也。故曰蓋言順也。朱子發曰，先儒常以乾坤論之，謂君子之道有時而消，於是有坤化陽滅者矣。然而復出爲震者，餘慶之不亡也。小人之道，有時而消。於是有陽息陰盡者矣，然而姤極生巽者，餘殃猶在也。

李杞《用易詳解》：善之積猶陽之積也。積陽之極可以消陰，故必有餘慶。謂陽之不可不長也。惡之積猶陰之積也。積陰之極可以消陽，故必有餘殃。謂陰之不可長也。天下之不善，莫極于臣子之纂逆。原其所以至此，豈一朝一夕之積哉。其相循相習之由，必有其漸，而人不能辨之於早，是以至於如此之極，此易所以有履霜之戒也。夫物以順至者，必以逆觀。蓋至順之中，至逆所攸伏者也。陰之為物，以柔靜為體，亦可謂順矣。然而浸長不已，則將有剝陽之禍，其為逆也莫大焉。是以聖人畏之。嘗觀自古小人之禍，其始莫不以柔順為得君之計，而其終率以亂天下。如漢季唐末宦官之事，大抵皆起於一順之積，當時之君，徒知喜其便佞諛悅之為易制，而不知異日專恣竊權之漸皆伏於此，是狃於其順而不能辨之以早之過也。故曰履霜堅冰至，蓋言順也。然則方其至順之初，而能察其所以為逆之漸，見動之微，知風之自非，天下之至明，其孰能與於此哉。

方寔孫《淙山讀周易》：此因上文坤道其順乎，承天而時行而言也。積善者，是順天也，必有餘慶。積不善者，是逆天也，必有餘殃。曰必有者，是善惡積而為禍福。在天者難必，在人者可必也。曰有餘者，是禍福亦要終而後見也。彼弑其君父，是不順之極也。不畏君父，亦不畏天殃乎。由來者漸，非一朝夕，辨不早辨，是責臣子之不能早辨義也。君雖不仁，臣不可以不忠，父雖不慈，子不可以不孝。凡為臣子者，能早辨此，則知易曰履霜堅冰至，蓋言陰順在下之道，天殃可畏，尤甚於畏天寒也。必尤弑逆之事矣。《文言》所謂順者，即象所謂馴致其道也。豈果以堅冰比大惡哉。蓋霜與堅冰，是天地間之所不能無，非若弑逆之禍，是天地間之所不容有也。

俞琰《周易集説》：坤之初六，陰柔不中不正，不善也。不善之積，極而至於弑君弑父，實從此始。以積善並言，蓋明善不善皆在所積。天道福善禍淫，作善則降之百祥，作不善則降之百殃。苟積善，則不獨身受其福，又福於而家，以及其子孫，是謂餘慶。積不善，則不獨身受其禍，又禍於而家，以及其子孫，是謂餘殃。必者，禍福之應，如影隨形，如響隨聲，理之所必然也。積善而曰必有餘慶，所以勸天下忠臣孝子，而使之勉於為善也。積不善而曰必有餘殃，所以懼天下亂臣賊子，而使之不敢為惡也。乃臣弑君，子弑父，豈一朝一夕之故。原其所由來，則自小而大，從微而著。如霜而至於冰，皆以漸而積也。辯，察也。由辯之不早辯，蓋罪其君父之不明。明者知漸不可積，於是防其微而辯之於早，故天下之惡無由而成。蓋知霜冰之戒也。若小惡不遏，坐視其長，則末流之弊，有不可勝言者，是誰之過歟。由君寵其臣而不早辯其臣之惡，父寵其子而不早辯其子之惡故也。蓋言順也之順，與前坤道其順乎之順不同。蓋謂事勢之順，不知不覺，積漸因循，而至於此極也。積不善，申履霜陰凝之義。弑君弑父，申至堅冰之義。非一朝一夕之故，申馴致其道之義也。誠齋楊氏曰，順當作馴。紫陽朱子曰，古字順慎通用。

丁易東《易象義》：履霜而至於堅冰，非一朝一夕之積，其所由來漸矣，謂由一陰之生至於六陰，則乾體消矣。所貴於早辨之也。易曰履霜堅冰至蓋言順也，順其不善，積而至於是也。同一坤順，順乎陽則為承天之德，順乎陰則為逆亂之幾也。或曰，以象言之，君父，乾也。臣子，坤也。陽，善也。自復而積至於乾矣。姤陰雖生，而陽居大夏，餘慶也。陰，不善也。自姤而積至於坤矣。復陽雖生，而堅冰方至，餘殃也。善不善之積，皆由微而至著，以至於有餘慶殃矣。

吴澄《易纂言》：此一節釋坤初六爻辭。為善則有福慶，為不善則有禍殃，必然之理也。然皆自小而積，以至於大。小善積而為大善，則福慶亦大而為餘慶。小不善積而為大不善，則禍殃亦大而為餘殃。程子曰，家之所積者善，則福慶及於子孫。所積不善，則災殃流於後世。其大至於弑逆之禍，皆因積累而至，非朝夕所能成也。朝與夕漸不可長。小積成大，辯之於早，使民下之惡無由而成，乃如履冰之戒也。澄謂履霜於純坤將用事之初，知陰之始凝而漸盛，堅冰必至於純坤既用事之後也。不善之積必為大禍殃，亦如此。防幾杜漸者，當慎之於初，不可坐待其由漸而積，以至於極也。

胡震《周易衍義》：天下之事，未有不由積而成。家之所積也厚，則福慶及於子孫。所積不善，則災殃流於後世。至於弑逆之禍，皆因積累而至，非朝夕所能成也。然福積於一小善，禍積於一小不善。明者知其漸不可長，小積成大，辯之於早，不使順長，則天下之惡無由而成，乃知霜冰之戒也。霜而至於冰，小惡而至於大，皆事勢之順長也。楊氏曰，弑逆，國家之大禍。聖人不忍言，臣子不忍聞。探其初，亦止於萌一小不善之心而積之也。傳曰，有無君之心，而後動於惡。莽卓之簒漢，朱氏之覆唐，商臣之大惡，隋廣之元兇，其初皆起於一念無君之心也。故一小不善之心，在下者能察之於己，在上者能察之於人，辯之早而勿使之漸長，則國家之禍不作矣。

王申子《大易緝説》：此夫子再釋爻辭也。天下事，未有不由積小以成大者，禍福皆然。必有者，言此理之必然也。積之者善，則福及子孫。積之者不善，則殃及後世。至於大惡不道，亦豈一朝一夕之所致哉。莫不由積而成。人能謹其微而辨之早，則禍亂何自作乎。履霜而戒堅冰之至，蓋言理勢之順，不可不謹其微而防其漸也。

胡炳文《周易本義通釋》：古字順慎通用。案此當作慎，言當辨之於微也。曰諸家釋順字，謂善與不善，皆由順而後積。《本義》作慎，言當辨之於微也。蓋善與不善，皆自微而至著。於其微也審而慎之，則善惡之機以決，善念之萌以長，自不肯甘為不善之習矣。以此見讀作順字，不若慎字有下工夫處。

熊良輔《周易本義集成》：語録曰，陰陽皆自微至著。履霜堅冰，只是説微時便須著慎，所以説箇言慎也，由辯之不早辯。李光祖雲，不早辯他，直到得郎當了卻方辯，剗地激成事來。此説最好。〇或謂積善之家乃或惡報，積不善之家乃或善報，何也。愚曰，積善之家必有餘慶，理之常也。而或惡報，非常之變也。積不善之家而或善報，亦非常理也。弑君弑父，所以甚言其變，甚言其不善之積而至於是。善不積不足以成名，惡不積不足以滅身，言人當謹之於微也。

蔡清《易經蒙引》：今日為一善，明日為一善，久之則為積善矣。餘慶者，非但一身之慶，子孫亦有其慶也。若今日為不善，明日為不善，久之則為積不善矣。餘殃者，不但一身之殃，子孫亦有其殃也。善固有慶矣，善之積則慶有餘。惡固有殃矣，惡之積則殃有餘。積者，皆自微而至著也。〇《文言》所重，在此一字。〇此條大意，謂餘慶餘殃，本於善不善。然善不善，亦由積而成。積，則自微而至著者也。此自人家興衰常理而言也。又以其變故之大者言之，臣弑其君，子弑其父，元亦非一朝一夕之故。蓋其所自來者有漸，亦莫非由積而成也。若為君父者能於其漸時而辨之，則不至有今日弑逆之禍矣，由辨之不早辨也。直到事勢既成，然後從而裁之，則其禍立至矣。易曰云云，蓋言人當於其漸者而慎之也。〇弒逆一段，主君父當慎微言，乃履霜知堅冰之義。蓋易為君子謀也，不必說小人當慎微。但為臣子者，若稍有見君父不是處，亦不可不早自懲耳。不然，積惡餘殃，其慘何可當也。其所由來漸矣，自臣子言，由辨之不早辨，責其君父也。〇蓋言慎也一句，通管積善積惡至不早辨也。慎之，則善雖小而當為，惡雖小而可懼。

錢一本《像象管見》：亂之初生，起於一念不善。馴而成之甚易，逆而消之甚難。故學問主腦，全在一念發端處，從早辯治。《書》曰，人心惟危，即坤初之陰。惟能不使之凝，無容著不善處，善便由此積。積而不已，有餘善，寧不有餘慶。稍凝，有容著不善處，不善便由此積。積而不已，有餘惡，寧不有餘殃。凡臣子的心，稍有不順于君父處，便謂之坤初之霜，便是弒逆之萌，而堅冰之漸。《春秋》加趙盾弒君，訓人以臣道。加許止弒父，訓人以子道，皆除惡於微，早辯於漸之意。易曰履霜堅冰至蓋言順，坤惟一順，而順有從來。早辯之順，順所當順。不早辯之順，順非其順。至於堅冰，亦以順致。示人之早辯，而防其漸者至矣。

吳桂森《周易像象述》：坤道只一順，要起頭順，故發於初爻。蓋臣子有大順，大不順，皆積漸所成也。其分不在既積之後。從一念之順不順分。其能順不能順之分，又不在君父春溫中辨，須從君父秋肅中辨。故辨之須早。可喜可怒，可生可殺，從幾微之際，念念以順為主，則亂萌何由生，不善何由積。斯之謂履霜。馴此不變，斯之謂堅冰至，蓋君父有拂逆之來，其難順處，一念隱隱甚微。不知這一念積之，便是弒逆胚胎。從微處辨，就從此處順，方是履霜實際。故曰蓋言順也。《本義》改為慎，只為舊說合不上順字。

黃道周《易象正》：正曰，甚矣，聖言之危也。善者，人之性也。善而得慶，天之命也。拂性則逆命，乾坤中分，為月有六。陽動於子，子月而言潛龍。陰動於午，午月而言冰霜。聖人不患其言之太早，而患其言之太晚也。是聖人之仁也。

何楷《古周易訂詁》：易本言天道，而聖人常詳人事。如所言積善積不善之說是已。小善積而為大善，則福慶亦大而為餘慶。小不善積而為大不善，則禍殃亦大而為餘殃。然人但知天災人禍為殃，而不知弒逆之慘，在堂廉骨肉之間，可畏哉。唐孔氏雲，上文善惡竝言，今獨言弒君弒父有漸者，以陰主柔順，積柔不已，乃終至禍亂，故特於坤之初六言之，欲戒其防柔弱之初。又陰為弒害，故寄此以明義。由來者漸，言臣子也。辯之不早，責君父也。

辯，察也。不早察之，而無以逆折其萌，至於陵夷，則事勢已不可為。強而為之，適以激成其變矣。故曰辯之不早辯也。上辯字以其終言，下辯字以其始言。順，如字，即馴致其道之馴，所謂漸也。舊作古字順慎通，則六四慎不害，亦宜通矣。

張次仲《周易玩辭困學記》：郭相奎曰，善貴積。積善於一人，止於其身。積善於一家，善不止一人，亦不止一世。不善忌積。積不善於一人，亦止於其身。積不善於一家，不善不止一人，亦不止一世。故慶曰餘慶，殃曰餘殃。又曰積善之家，父慈子孝，兄友弟恭。無一小人厠其間，即有亦能辨之。積不善之家，舉家都是小人，不識善為何物，不善為何物。大奸似忠，大詐似信，誰能辨之。辨之在積善。

張彥陵曰，積善積不善，特發於坤初者，善莫大於陰，不善亦莫大於陰也。

呂伯恭曰，善如何得積，惡如何得不積。肉羶則蟻聚，醯酸則蚋聚。若胸中有容著善處，善自然積。無容著惡處，惡自然不積。

《象》曰，乃順承天。《文言》曰，坤道其順，坤之至善，莫善於順。初六一爻獨惡，其順何也。積善之家，子順其父，妻順其夫，此順之善者也。積不善之家，父順其子，夫順其妻，此順之不善者也。同一順也，而善不善若此，是不可以不辨。辨之早，則父慈子孝，必有餘慶。辨之不早，則弑父弑君，必有餘殃。易曰履霜堅冰至蓋言順也，欲其辨之早也。[略]

郝仲輿曰，天下之事，逆者易防，順者難知。陰之侵陽也，順其消以自長也，順其虛以自盈也。陽日消日虛而不知夫，非以其順之故與。亂臣賊子篡位竊國，其術靡不由此。

《日講易經解義》：此一節書，是申坤初六象傳之義也。辯，察也。順當作慎。孔子復釋坤初爻曰，天下事，由漸而盛，由積而成。小而一家之盛衰，大而人倫之變故，未有外於此者。如其家積善之久，和氣足以召祥，則不獨福集於一身，而且及於子孫，有無窮之慶矣。如其家積不善之久，乖氣足以致戾，則不獨禍中於一身，而且及於子孫，有無窮之殃矣。若其變之大者，以臣而至弑君，以子而至弑父。逆天反常，莫此為甚。然推原其故，非始於弑逆之一日也。亂臣賊子之所由來，蓋積漸使然也。使為之君父者早察其奸宄而逆折其亂謀，則禍必不若是之烈。其至於若是者，由辯之不早辯也。甚矣，防患者當於其漸，而遏萌者當於其微也。易曰履霜堅冰至，正言持世之君子，宜思辯微之道，而深致其凜凜焉耳。夫小人之為害於國家，極矣。在上者豈有明知為亂賊而故縱之之理。乃竟使其積成凶惡者，何也。小人中藏禍心，外示柔順。彌縫之智巧，則易為所欺。諂諛之術工，則易為所溺。從來除惡之難，不能察者半，能察而不能斷者亦半。明於易之言慎，則審辯而謹防之，自不至貽後患已。

《禦纂周易述義》：陰陽之類在人心，則理欲之消長而善惡分。在人事，則倫常之順逆而治亂異，其類一也。亂之初生，起於一念之不善，馴而成之也易，逆而消之也難。辨之於早，則可治。積之以漸，則勢成。易曰履霜堅冰至。至者，以漸而至也。蓋言順者，順之道必有辨焉。辨之不早，則順非其所當順，其至於堅冰，必矣。坤惟一順，而陰積則凝，故於其初而即致戒於履霜之漸，且推其極而著其所由來，聖人之意深矣。

黃宗炎《周易象辭》：天下至善大惡，未有不積而成者。積必由漸而至。苟辨之早，則易圖。唯其順以相承，漸以侵奪，固有令人不知不覺，而時日推移至於決裂敗壞，莫可如何矣。以一陰之微，而處又最下。在其上者，視之蔑如爾。柔能承受，無所拂逆。朝夕樂其便安，豈知弒父與君之禍，遂從此而積乎。聖人於陽消之始，陰長之初，見其順序而行，寒暑改變，推之世運人事，莫不皆然。以明順之為害，大也。善亦不能頓為，自小而至大，自少而至多，久而不倦，謂之積善。其人亦未必有邀福之心，福亦未能即降。然而和氣相感，其家之慶，必將悠遠而有餘也。不善亦豈能驟至。細行不謹，以及顯惡過失不改，以及怙終習之熟而遂非，謂之積不善。其人原無懼禍之意。禍雖今日未集，然而乖沴之應，其家之殃，必將殄滅而亦有餘也。甚而以臣弒君，以子弒父者，莫大之變亂，豈一朝一夕之所搆，皆由積漸而來者也。至此而始悔悟，亦已遲矣。蓋由辨察之不早。今將何道以處之，天下橫逆之加易覺，將順之侵奪，無所施其防備。易之致戒乎冰霜者，正言乎其順之謂也。改作愼字，與積漸何所發明。意味索然。

包儀《易原就正》：從來亂臣賊子，原非無故而生。為君父者，既不能積善於前，又不能防惡於後。未有不至悖逆不道者，由辨，辨字是善惡分別之介。順字，朱註作慎。愚謂應如字，不應作慎。何也，順字正是馴致其道之馴字。註腳猶雲聽其為不善而不之禁，履霜必至於堅冰。

附餘。

吾儒往往謂孔子不言報應，此獨於坤卦言之者，何也。坤，陰也。陰善陰惡，其為德最厚，其為害亦最毒。禍福無門，一切心造。報應豈爽也哉。

魏荔彤《大易通解》：陰之生也，在天地之氣化，為出入無疾。在人事雲善惡，則為誠邪存閑，而慶殃判然。積之大而久，則慶殃遲而巨。積之小而暫，則慶殃速而微。亦惟於陰陽二氣中，明其順逆從違之理而已。至於臣弒君，子弑父，為殃大，而積必久，豈一朝一夕之故乎，由來必漸，亦必君臣父子間兩失其道者也。何也，慶殃之成也顯，善惡之生也隱。辨之貴精，尤貴思患預防之早。不能辨，則殃及。辨不早，辨已莫救。故易於履霜即言堅冰且至。霜為冰之漸積，順其勢而往焉，堅冰已結，天地沍寒，誰能使春風生於寒穀乎。舊註謂順為慎，似與馴致其道傳辭未合。

查慎行《周易玩辭集解》：《乾・文言》元者善之長。坤則兼善不善言之。善惡之積，其初由於一身。不曰身而曰家者，家之中不止一人也。呂伯恭雲，胸中有容著善處，善自然積。胸中無容著惡處，不善自然不積。愚竊謂，本節積字漸字順字，理解相通。積善之家，子順其父，妻順其夫。以陰順陽者也。積不善之家，父順其子，夫順其妻，以陽順陰者也。同一順也，以漸而積，善不善遂分焉。是不可不辨。辨之早，則積善而有餘慶。辨之不早，則積不善而有餘殃。上文兼言善不善，下獨言弑父弑君者，非惡其順，惡其順乎陰也。夫子目擊春秋時事，故于坤初爻發之。蓋言順也順字，《本義》雲當作慎。按小象於六四，一則曰慎不害，再則曰蓋言謹矣。此處只當作順，經文未必訛也。順者，積漸使然，非一朝一夕之故。即所謂馴致其道。呂伯恭所雲大凡惡念最不可順他。得其解矣。

胡煦《周易函書約註》：此釋初六爻義。《伊訓》曰，作善降祥，作不善降殃。其稱説天人感應之機，固已較然不爽。孔子此言，幾若相似，而最深最密，則大不相同。蓋天地間，固有作善而不降祥，作不善而不降殃者，是偶然之善不善，非其所積也。故下曰非朝夕之故。然亦有積善積不善而不降祥殃者，是一人之積，非一家之積也。固有一人所積之善，不敵衆人所積之不善。一人所積之不善，不敵衆人所積之皆善。故曰積善積不善之家。然亦有家人之積善不善大略相同，而祥殃猶未判然。語雲，不在其身，則在其子孫，故曰餘慶餘殃。此等道理，豈不較《伊訓》更深乎。下曰非一朝夕之故，便當知其有漸。又曰不早辨，便可知辨之宜早。蓋言順也，為積累之勢便而易耳，而當慎之意自在其中。此象言于初爻，則後此相因之勢，原未可定，故以一順字惕之。且善之難積甚於惡。用許多防微杜漸工夫，猶難到純熟地位。惡之易積甚於善，只消幾句不妨事，便不可遏矣。《春秋》防微杜漸，都在最初，便是聖人遺教之本心。乾言健行，言朝夕，言始終，言時成，皆在遷流上説無形邊事。坤言積累，則皆有形邊事。然下曰朝夕，曰有漸，亦從時之流衍相形而見。故坤之一卦，未有不對乾言義者也。

王又樸《易翼述信》：坤道只一順，要從頭順起，故發於初爻。蓋臣子有大順，有大不順，皆積漸所成也。一念幾微之際，若辨之早，則亂萌何由生。

不知隱微處積之，便是弒逆胚胎。從微處辨，就從微處順，方是履霜實際。故曰蓋言順也。按此説似創，而實確。愚昔嘗論曹孟德與武侯同一事幼闇之主，同一專宮府之權。後主之材，非能賢於獻帝也，況君宜自取之遺命，國人皆聞。則蜀為武侯所有，莫不謂然。後主即甚騃無知，而左右如黃皓輩，豈不倖功害寵，以啓君臣之釁。乃中外帖然。至武侯沒世，而卒無異議，此必其始終小心，一切稟令後行。雖孱君在上，而天威咫尺，如凜斧鉞。其所以順之者，在幾微之際哉。觀於澹泊寧靜之言，及出師兩表，而知之矣。乃由其幾微之順，積為大順。至於鞠躬盡瘁，而其子其孫亦皆世篤忠貞，所謂積善之餘慶也。若夫孟德，當其初起之時，豈即有弒奪之心萌於念慮，其告諸文武，期於死後得書故將軍曹某之墓，原非假語。乃自許昌迎駕獻帝於流離播遷之日，得安享玉食錦衣，已屬望外。嗣後芟夷羣雄，操皆親之蹈不測者，數矣。而天子晏然。其感慕傾心，宜何如者。顧乃猜疑嫌忌，與近臣一再圖之不已。非操矜己功，能飛揚跋扈，輕主以淩其上，積漸至於不可耐，斷不至此。其所為不順者，亦止在此幾微之際耳。觀於奉迎之時，原為挾令之謀。而臣主之誼，實無有也。乃由其幾微之不順，積為大不順。至於篡逆。而其子孫，亦為司馬氏滅無遺種，所謂積不善之餘殃也。使操能於此幾微之際早辨之，亦即於此幾微之際早順之，則伊周之烈，何以加焉。蓋天地陰陽，各有得失。不必陽皆為善，而陰皆為惡。乃陽主舒，陰主歛。乾主健，坤主順。歛則必凝也，順則其道也。此順之一念能結於中，由是而造次顛沛皆必於是，所謂至死不變之貞矣。如始而不能固結，則放辟邪侈，無所不為。所以終身之操，視其初履，而辨之不可不早也。然則《文言》與《象傳》，前後固皆一旨，而順即是坤順，不必又易以慎字，如六四之所繫已。

王心敬《豐川易説》：坤六爻皆有象傳矣，而亦文言之，何也。曰，前傳兼明造化，此傳申明人事。亦猶《乾・文言》重重釋象之旨也。然乾初止戒以勿用，而坤初直惕以殃惡弒逆之禍者。乾本無惡，而初則又陽之微，原屬無惡，故但戒以微陽之當養。坤雖本善，而初則已落於形氣之不善，故直惕以微陰之當防。蓋聖人愛護陽善，而防閑陰惡之至意也。然其實，積善之家不特本身有慶，而且及於子孫而有餘慶。積惡之家不特本身得殃，且及於子孫而有餘殃，積之原非一朝一夕之故，慶殃亦豈一朝一夕之餘。此幾自當於幾之初動辨之。至若古今來，臣弒其君，子弒其父，這樣滔天大惡，亦豈一朝一夕之故哉。其所由來者，亦良有漸，皆由辨之不早，以至此耳。故易之所謂履霜堅冰至者，乃順致之自然，非過為之防也。

積善餘慶積惡餘殃，乃天道之自然。而發之坤者，坤順天而時行也。且人生禍福，皆因於行。而行之善惡，皆辨諸微。又坤陰類，初六微陰，亦原多惡少善，此處正須辨之於早，故特於坤初發之。

易道在辨之於早者，謂能早辨，雖惡而可變為善，積之以至於慶及子孫。不則本善而寖習乎惡，積之直可使殃及子孫。故辨之於早一道，人世千慶萬慶，皆積於此。辨之不早一語，人世千殃萬殃，皆積於此。

積善一節，防微杜漸之旨，至明且切。一部《易》旨，盡露於此。至於辨之於早一語，不特慶殃關頭，即《大學》致知誠意之旨，《中庸》明善誠身之旨，俱該於此。學易寡過之道，真莫此為要。

天下之事，造於逆者易知，造於順者難知。聖人發順漸之義，示人最切最廣。積善積不善，弒父與君，特一象耳。

## 宋李過《西谿易說》卷二

上九視履考祥，其旋元吉。象曰，元吉在上，大有慶也。

上九處履之終，回視吾之所履，六爻皆得履之當，則可以考祥。降祥在天，不必考之於天。即視吾之所履，永言配命，自求多福。使吾之動容皆中禮，則為盛德之至，而天人之意可合矣。故曰，其旋元吉。至此，履道亨矣。

象曰，大有慶也。夫禍福無門，惟人所召。古人不求福於天，而求福於己，盡易之道，則可以酬酢，可以佑神矣。夫子曰，我祭則受福。又曰，吾之禱久矣。此豈可辦於臨事之頃哉，其平時陟降，固與鬼神同其吉凶矣。履之有慶，當以是觀。

## 明崔銑《讀易餘言》卷四

是故闔戶謂之坤，闢戶謂之乾。一闔一闢謂之變，往來不窮謂之通。見乃謂之象，形乃謂之器。制而用之謂之法，利用出入，民鹹用之謂之神。

註曰，凡物先藏而後出，故先言坤而後言乾。朱子發曰，坤自夏至以一陰右行，萬物從之而入，故曰闔戶。乾自冬至以一陽左行，萬物從之而出，故曰闢戶。坤闔陽變而陰，乾闢陰變而陽，故謂之變。闔者，往也。闢者，來也。其機相感不息，故謂之通。氣聚而有見，故為象。象成而有形，故為器。利於出入之用，而蚩蚩之民，鹹日用之，莫知其然。又謂之神也。七者同出而異名。闔闢變通，天之道。利用出入，民之故。夫闔闢以一歲言之，寒暑也。以一日言之，晝夜也。以一身言之，出入之息，死生之變也。銑曰，禍福無門，惟人所召。吉凶何常，觸機則易。上章言聖人作易濟用，此特舉乾坤闔闢有此七者，以見變通者易之要道。其義微，其發不可禦。能明乎此，則於成天下之務也，何難之有。

## 明倪元璐《兒易外儀》卷九

符曰，凡聖人所稱凶厲之辭，皆有三義。見形一也，寄義二也，通意三也。《詩》曰，日月告凶，不用其行。此以天行已著，凶莫能掩其凶。今茲之正，胡為厲矣。

此以朝政已著，厲莫能諱。其厲皆為形見勢成，遂辭也。軍禮鑿凶門，此以用兵凶事，而因以凶紀門，使出而知懼。詩深則厲，此以涉深厲道，而因以厲名。涉使觸而知審，皆為義寄理存，深辭也。《書》曰，凶人為不善，惟日不足。此以其人稔惡之必取禍，而即以禍之名名其人曰凶。記曰，怒心感者，其聲粗以厲。此以其聲粗猛之必召危，而即以危之謚謚其聲曰厲。皆為意通事連，兼辭也。此三義者，皆易之所有也。或曰凶字從乂為爻未具，厲文從萬為策之盈。凵者，入於坎窞也。廠者，豐其蔀屋也。以未具之德，已盈之節，枕窞蒙蔀，何幸之有。

又曰，成德積剛，動罔不臧。偏雜陰鄙，動罔不否。禍福無門，召以其動。動之上者，虎豹大人，鼎革文變，與時偕作。其占吉貞蕃馬朋龜，天人所助也。次者風雷君子，遷改利行，不失其常。其占無咎鞶帶束帛錫，亦以賁也。其下者位德不立，陰陽雜居，肱折趾顛，其占悔吝道利用惕渙居出逖，所以遠害也。其又下者，柔詭無良，顛倒變亂，棟橈鼎覆，其占厲凶法利用擊黃金鈞矢，所以揚號也。

## 清王心敬《豐川易説・卷首》

《易・坤》初六之《文言》曰，積善之家必有餘慶，積不善之家必有餘殃四語。雖以釋履霜堅冰之義，其實四聖人立象明意，繫彖繫象以示勸戒之大旨，盡括於此。學易者誠能見此義以讀易，則見得四聖人諄懇告誡之義，即見得天人感召，原不相遠。善惡吉凶，只如影響。雖欲不遷善改過，而有所不敢。

## 《尚書・伊訓》

惟上帝不常。作善降之百祥，作不善降之百殃。爾惟德罔小，萬邦惟慶。爾惟不德罔大，墜厥宗。

傳：祥，善也。天之禍福，惟善惡所在，不常在一家。修德無小，則天下賚慶。苟為不德，無大言，惡有類，以類相致，必墜失宗廟。此伊尹至忠之訓。

孔穎達《尚書正義》：又戒王，爾惟修德而為善。德無小。德雖小，猶萬邦賴慶，況大善乎。爾惟不德而為惡。惡無大。惡雖小，猶墜失其宗廟，況大惡乎。[略]

爾惟德，謂修德以善也。爾惟不德，謂不修德為惡也。《易・繫辭》曰，善不積不足以成名，惡不積不足以滅身。乃謂大善始為福，大惡乃成禍。此訓作勸誘之辭，言為善無小。小善萬邦猶慶，況大善乎。而為惡無大。言小惡猶墜厥宗，況大惡乎。此經二事，辭反而意同也。傳言惡有類者，解小惡墜宗之意，初為小惡，小惡有族類。以類相致，至於大惡。若致於大惡，必墜失宗廟。言至於大惡乃墜，非小惡即能墜也。《晉語》雲，趙文子冠見韓獻子曰，戒之。此謂成人。成人在始。始與善，善進，不善蔑由至矣。始與不善，不善進，善亦蔑由至矣。言惡有類，以類相致也。今太甲初立，恐其親近惡人，以惡類相致禍害，故以言戒之。此是伊尹至忠之訓也。

林之奇《尚書全解》：伊尹於是又嗟嘆以謂嗣王，當祗敬厥身，而念爾祖也。其所以當敬其身而念爾祖者，蓋以成湯所垂之聖謨，洋洋而美善。所以告教於子孫之嘉言，又甚明也。蓋先王肇修人紀，至俾輔於爾後嗣，此所謂聖謨洋洋也。謨者，謀之已成，可以為萬世法者也。自製官刑儆於有位，以至於嗣王祗厥身念哉，此啓廸訓誥之嘉言也。謨之洋洋言之孔彰如此，子孫安可棄而不念哉。此伊尹所以諄諄明言烈祖之成德以訓之也。既致其所以欽若成湯訓謨之意，於是又言天命之不常，治安之不可保，惟其孜孜為善，則天將降之百祥，而治安可以長享。苟為不善，則天將降之百殃，而禍亂隨之矣。

夏僎《夏氏尚書詳解》：伊尹上言成湯為子孫計如此深遠，故於此又嗟嘆，謂嗣王太甲為湯子孫，當上思乃祖艱難之意，祗敬其身，而念乃祖也。既言祗厥身念哉，又言聖謨洋洋嘉言孔彰者，謨，謀也。謂成湯為爾子孫者，其規模甚洋洋乎其大。惟規模至大，未易跂及，而所以告教子孫之嘉言，則甚明白而易知。所謂嘉言，即制官刑儆有位之言是也。伊尹既言成湯嘉言明白如此，欲太甲奉以周旋，故又以天命儆之，使之知所畏而不敢不勉。謂天命去就，初不可常保。孜孜為善，則天降百祥，而治可常享。苟為不善，則天降百殃，而禍亂隨之。天理如此爾。太甲誠能為善，則德無小而不興，故萬邦皆賴其慶。不然，則不德無大而不亡，故覆墜其宗祀而不可支持。漢孔氏謂此伊尹至忠之訓，蓋言至此極功也。

時瀾《增修東萊書說》：惟上帝不常。上帝固不常，而此理則未嘗不常也。作有善惡，降有災祥，何不常之有。非作善之外有所謂百祥，作惡之外有所謂百殃。善與祥，惡與殃，各以類而相從耳。德與不德，其小未有不至於大者。觀復姤二卦可見。勿以小善為無益而勿修，勿以小惡為無傷而勿去。若火之始然，泉之始達，而滔天燎原之勢，有不可以抑遏者，則所謂慶。萬邦墜厥宗之意，明矣。

蔡沈《書經集傳》：嘆息言太甲當以三風十愆之訓，敬之於身，念而勿忘也。謨謂其謀，言謂其訓。洋，大。孔，甚也。言其謀訓大明，不可忽也。不常者，去就無定也。為善則降之百祥，為惡則降之百殃。各以類應也。勿以小善而不為，萬邦之慶積於小。勿以小惡而為之，厥宗之墜不在大。蓋善必積而後成，惡雖小而可懼。此總結上文，而又以天命人事禍福申戒之也。

陳經《陳氏尚書詳解》：嗣王太甲，豈可不敬其身，念先王之訓乎。聖謨洋洋，嘉言孔彰。謨即言也，洋洋即孔彰也。自其謨之於心，則洋洋廣大，見其憂深而思遠故也。自其發之於言，則甚彰明，而見其善惡有證也，即上文三風十愆之戒是也。伊尹戒嗣王于初即位之時，不以己意強之，而以先王之訓洋洋孔彰者感之。人誰獨無是尊祖愛親之心哉，此又因其孝敬而發之也。惟上帝不常，既戒之以祖宗，又戒之以天，以見人主無所畏，惟畏祖宗與畏天。上帝之命，何常之有。善者降之祥，不善者降之殃，皆其自取之耳。爾惟德罔小，萬邦惟慶。爾惟不德罔大，墜厥宗。即申上文之意，勿以小善而不為。及其至，則萬邦為之胥慶。勿以惡小而為之。極其至，則墜其宗。嗣王當謹於善。

胡士行《胡氏尚書詳解》：祇念二字，一篇之旨歸也。故嘆而後言。聖謨嘉言，即前官刑所雲也。三風十愆之戒，森然如法律，而其中皆天理焉。能反而默識，見其顯然有洋洋發動之意，惟心之敬者能之。敬即天也。天命固不常，而理未嘗不常。此敬常存，則作善惟德之工夫，由小至大，而百祥降矣。否則墜宗之殃，豈在大哉。罔小罔大之義，觀復姤二卦可見。

陳櫟《書集傳纂疏》：孫氏曰，聖謨嘉言，即指三風十愆之戒也。○張氏曰，不敬其身，必納此身於風愆矣。能敬其身，則能如夏後之懋德，繼先王以嗣德。作善之祥，惟德之慶，皆自敬其身出。敬立，則百善從也。○陳氏經曰，既戒以祖訓，又戒以天君所當畏，惟天惟祖宗耳。○王氏十朋曰，善祥惡殃不常，乃所以為常也。○真氏曰，愆雖十。能敬，則十者俱泯。不敬，則十者俱生。一敬字，乃治三風砭十愆之藥石也。篇將終，又深嘆聖言之彰明，與天命之難保，以警動君心，真社稷之臣歟。○愚謂，此篇尹訓太甲於即位之初，始終以興亡寓勸戒。夏以懋德興，桀以弗率亡，初意明矣。繼以湯以聖武興，而欲太甲以愛敬之良心嗣厥德，勸之也。繼言湯以艱難興，而防太甲以欲縱之私心敗厥德，戒之也。末章作善之降祥，爾德之惟慶，勸之保其所以興。作不善之降殃，不德之墜宗，戒之陷於所以亡。而提綱挈領，則在祇厥身之一言。能祇敬其身，則嗣祖德而興。不祇敬其身，則背祖德而亡。言言忠愛，蓋已豫為太甲憂矣。但猶包涵未明言之，未如《太甲篇》之痛切耳。

朱祖義《尚書句解》：為善則天降百祥，治可常享。苟為不善，天降百殃，禍亂隨之。

梅鷟《尚書考異》:《康誥》曰，惟命不于常。《詩》曰，天命靡常。《易》曰，積善之家必有餘慶，積不善之家必有餘殃。《漢書・吳王傳》天子制詔將軍，蓋聞為善者天報以福，為非者天報以殃。

《日講書經解義》:此一節書，是伊尹訓太甲之終，而又以天命人事申警之也。祗，敬也。洋洋，廣大之意。孔，甚也。伊尹終訓于王曰，嗚呼，我王其以三風十愆之訓，敬之於身而不忽，念之於心而勿忘哉。蓋此先王之訓，乃聖人之謨也。經畫於當年之心，廣大悉備，不洋洋乎。且此先王之訓，皆嘉美之言也。告戒夫有位之衆，明白簡切，不孔彰乎。此王之所當敬念者也。且上帝之命，去留無定。作善者則諸福鹹集，而降之百祥。作不善者，則諸惡畢至，而降之百殃。天道之不爽如此。是故一念之善，德雖小也，勿以善小而不為。萬邦之慶，積於此矣。小善何能致慶，而敬德之一念，即其慶也。一念之不善，不德雖小也，勿以惡小而為之。厥宗之墜，肇於此矣。小惡未必即墜，而滅德之一念，即其墜也。禍福之機相為倚伏如此。為嗣王者，容可不敬念哉。按《伊訓》一書，反覆勸戒，丁寧周悉，而終之以祗厥身之一言。蓋王者修德凝命，無過一敬。能敬其身，十愆並去，而百祥自臻。然後可以嗣祖德，承天休也。大臣忠愛之心，纏綿深切，此伊尹所以為社稷臣與。

## 《尚書・湯誥》

天道福善禍淫，降災于夏，以彰厥罪。肆台小子，將大命明威不敢赦。敢用玄牡，敢昭告於上天神後，請罪有夏。

傳:政善天福之，淫過天禍之。故下災異，以明桀罪惡，譴寤之而桀不改。

林之奇《尚書全解》:此蓋言天之常道，於有善者則福之，淫則禍之。桀既虐民如此，故天於是降其災異不祥之事，以彰其獲罪於天也。董仲舒曰，國家將有失道之敗，而天乃先出災異以譴告之。不知自省，又出怪異以儆懼之。尚不知變，而傷敗乃至。天既降災於夏，以譴告儆懼於桀，而桀不知自省，則是傷敗之徵於是乎成矣。既下其災異之事以彰厥罪矣，故我小子將天所命之威，以致天誅，而不敢赦也。故曰，肆台小子將天命明威不敢赦。將天命者，所以助夫天之福善也。將天威者，所以助夫天之禍淫也。夫上天之載，無聲無臭，焉知其所謂命威而將之也。孟子曰，天不言，以行與事示之而已矣。天之降災於夏，以彰厥罪，是亦以事示之矣。故湯以是而知天命所在，遂行天討於桀，以奉天之意，非天諄諄然而命之也。既奉天明威，於是用玄牡以昭告於上天神後，請罪有夏。玄牡者，黑色之牡也。神後者，後土皇地祇也。告於上天神後者，蓋禱於天地神祇，因其民之所告無辜者，以為斯民請加罪於有夏也。《正義》曰，商尚白，牡用白。今言玄牡，夏尚黑，於時未變夏禮，故不用白也。若先儒說玄牡，往往從此說。某竊謂此雲玄牡者，但是一時所用祭告於天地之牲，不須必因其色以求其義。湯用玄牡，則以為未變夏禮，如《魯頌》曰白牡騂剛，豈以未變商禮乎。此正所謂相馬而辨玄黃者也。先儒往往因此遂有五德更生之說，引此為證，以為出於聖人之經，而所以改易服色，為帝王之急務。若蘇內翰之明達，猶以此為信。其說以謂禹治水得天下，故從水而尚黑。商人以兵得天下，故從金而尚白。周文有流火之祥，故從火而尚赤。其鑿甚矣。蘇公嘗有言曰，邪說之移人，雖豪傑之士有不能免。此正目睫之論也。

夏僎《夏氏尚書詳解》：湯既言桀暴虐如此，汝萬方並告無辜於天地，故此遂言天降罰于夏之意也。蓋天之恒道，於有善者則福之，於淫亂者則禍之。桀既虐民如此，故天於是降其災異不祥之事，以彰顯有夏之罪。惟天之降罰于夏者，其寓事彰顯如此，故湯遂謂我小子，於是奉將上天所命之明威，討桀之罪，不敢肆赦。蓋謂今日之事，乃奉天威以誅有罪，非私意也。夫上天之載，無聲無臭，何以知明威而將之。孟子曰，天不言，以行與事示之而已。今天降災于夏，是亦事示之而已。故湯所以因是知天命所在，遂行討桀也。湯既知天命所在，然又未敢自專，於是又用玄牡以昭告於上天神後，請加罪于有夏。上天，蓋天帝也。神後，蓋後土皇地祇也。玄牡，乃黑色之牲也。必言牡者，蓋牲必用牡，不用牝也。《正義》謂商人尚白，牲用白。今言玄牡，夏人尚黑，於時未變夏禮，故不用白。林少穎謂不然，此玄牡但是一時所用祭告天地之牲，不因色以求義。如謂湯用玄未變夏禮，則《魯頌》言白牡騂剛，豈亦未變商禮乎。此說是也。湯既用玄牡告天地，請加罪于有夏矣，故於是遂求元聖之人，與之勉力為此衆民請命於天。蓋民苦桀之虐政，命不可保。湯伐桀而拯民於塗炭，則民始有生全之望。是湯告天伐桀者，乃為民請命也。元聖，即伊尹也。蓋湯之伐桀，實伊尹之助。孟子曰，思天下之民，匹夫匹婦有不被堯舜之澤者，若己推而納之溝中。故就湯而說之，以伐夏救民。是湯伐夏救民之謀，實出於伊尹。故《湯誓》言伊尹相湯伐桀，此言聿求元聖，皆推本其謀之所自出也。

時瀾《增修東萊書說》：夏王滅德作威。德者，性之本。有以私欲而滅之，故曰滅。威者，性之所無。以私欲而作之，故曰作。以敷虐于爾萬方百姓，人君天下之原，其勢甚便。作威於上，則其酷虐順流敷布于萬方百姓，而無一人不罹其凶者。使其轉此機而敷德，其勢亦然耳。百姓在下，被桀之虐，受而不可避，痛而不敢言。桀若可偃然而獨肆及荼毒之極。弗忍之餘，乃能並告無辜於上下神祇。不能自通於君，而能自通於神。天道之常，桀亦不可逭，特反覆手間耳。降災者，非獨災異。凡天象變於上，人心怨於中，地理亂於下者，皆是也。

蔡沈《書經集傳》：言桀無有仁愛，但為殺戮。天下被其凶害，如荼之苦，如毒之螫，不可堪忍。稱冤於天地鬼神，以冀其拯己。屈原曰，人窮則反本。故勞苦倦極，未嘗不呼天也。天之道，善者福之，淫者禍之。桀既淫虐，故天降災以明其罪。意當時必有災異之事，如《周語》所謂伊洛竭而夏亡之類。

黃倫《尚書精義》：無垢曰，善即福也，淫即禍也。此天道之自然者。夏王滅德作威，敷虐萬方，此即惡之最淫者。善有感召，惡亦有感召。糞穢自招蛆蠅，梧桐自招鸞鳳。非有驅而主之。禍者淫之所招。淫萌於心，禍見於外。外之可惡如此，則吾心中之所蘊蓄，蓋可見矣。細察人事，以葡吾心，萬不失一。是降災於夏者，所以彰滅德作威敷虐萬方之罪也。天生一桀，又生一湯。是桀之作淫，天固生湯以待之也。使桀改過，天命歸桀，湯不失為忠臣。使桀不悛，天命歸湯，湯將天命明威，亦豈敢以私赦桀惡乎。然則何以知天命明威之在我乎。天出災異以警桀，民心戴商而不回，此天命之所在也。

張氏曰，善者福之所集，淫者禍之所加，天之道也。天道在於福善禍淫，故降災于夏，以彰厥罪，則禍淫可知矣。禍福無形，災祥有跡。自天而言之則謂之禍福，自人而言之則謂之災祥。於天言禍淫，於夏言降災。此其別也。

又曰，明者，言天之彰有德甚明也。威者，言天之討有罪可畏也。命有德討有罪，莫非天命。將之者在人而已。

伊川曰，或問福善禍淫如何。曰，此自然之理。善則有福，淫則有禍。

又曰，天道如何。曰，只是理。理便是天道也。且必說皇天震怒，終不是有人在上震怒，只是理如此。又問，今人善惡之報如何。曰，幸不幸也。

東萊曰，方天下被桀之虐，聳然畏懼，若泰山之壓，其勢不可支。威虐之極，百姓共怒，以怨於桀一人，而告於上下神祇，降災於夏。而桀至此亦不可逭天之罰。

陳經《陳氏尚書詳解》：德本不可滅，威本不可作。滅德作威，縱人欲而亡天理者也。虐者，威之所作也。敷虐于萬方百姓，其殘酷可知矣。爾百姓罹被凶害，如荼之毒苦。然並告無辜於上下神祇，則其抑鬱無所告訴。窮則呼天，其勢然也。天道福善禍淫，蓋其善自有得福之理，淫自有取禍之理。天非屑屑然福之禍之也。其所感召，自然而然。降災于夏以彰厥罪。凡日月有薄蝕，星辰有變動，是皆災異以譴戒之。肆台小子將天命明威，上天有命，其威甚明，湯則將奉之而已。非湯之討桀，乃天討之也。其敢赦哉。敢用玄牡，敢昭告於上天神後，請罪有夏。玄牡者，黑牡。夏尚黑，湯猶用夏之正朔，足見湯非有意于伐夏也。以玄牡昭然告於上天神後，以問罪於桀。觀昭告之一言，湯豈陰謀圖桀，利於一己而為是欺天罔人之事哉。以公議明告於天，亦以公議問桀之罪。天地鬼神臨之在上，湯安有私心哉。聿求元聖與之戮力，謂得伊尹與之同力。與爾有衆請命，蓋當桀之暴虐，民命皆在死所矣。為有衆請命，使之得以更生也。上天孚佑下民。孚，信也。佑，助也。罪人退伏遠屏，桀之奔于南巢也。至此則天之助民也，益信天命之福善禍淫，無有差僭賁飾也。粲然有文，如草木之光華。蓋惡既去，則善者獲伸，兆民信乎得其生殖矣。

陳櫟《書集傳纂疏》：福善禍淫，自是道理當如此。問，或有不如此者，何也。曰，福善禍淫，常理也。不如此，是失其常理。天莫之為而為，天亦何嘗有意。只是理自是如此。且如冬寒夏熱，此是常理當如此。若冬熱夏寒，便是失其常理。近年徑山嘗六七月雨雪。

王天與《尚書纂傳》：漢孔氏曰，夏桀滅道德，作威刑，以布行虐政於天下。言殘酷。呂氏曰，德者性之本。有以私欲滅之，故曰滅。威者性之所本，無以私欲作之，故曰作。人君天下之源，其勢甚便。作威於上，則其酷虐順流於下，使轉其機以敷德，其勢亦然耳。○漢孔氏曰，罹被荼毒，苦也，不能堪忍，虐之甚。唐孔氏曰，荼，苦也。毒，螫人之蟲蛇虺之類。○漢孔氏曰，言百姓兆民並告無罪，稱冤訴天地。林氏曰，天曰神，地曰祇。不堪其苦，無所赴愬，並告於天地神祇，以冀拯己。屈原雲，人窮則反本，故勞苦倦極，未嘗不呼天。疾痛慘怛，未嘗不呼父母也。○漢孔氏曰，政善天福之，淫過天禍之。故下災異，以明桀罪惡。譴寤之，而桀終不改。或問福善禍淫如何，程子曰，此自然之理。善則有福，淫則有禍。又曰，天道如何。曰，只是理。理便是天道。且如説皇天震怒，終不是有人在上震怒，只是理如此。又問，今人善惡之報。曰，幸不幸也。蔡氏曰，災，咎也。意當時必有災咎之事。如《周語》所謂伊洛竭而夏亡之類。○漢孔氏曰，行天威謂誅之。蔡氏曰，以天子告萬方，故稱予一人。對上帝而言，故稱台小子。陳氏曰，將天命之明威。明威，言其威之明。呂氏曰，不敢赦，深見湯不得已之心。如有所督迫而不得已者。○漢孔氏曰，明告天問桀，百姓有何罪而加虐乎。唐孔氏曰，《檀弓》雲，殷人尚白，牲用白。今雲玄牡，夏家尚黑，於時未變夏禮故也。夏氏曰，必用牡者，牲用牡，不用牝。呂氏曰，昭告者，湯無一毫私意，對越天地鬼神而爲之也。林氏曰，上天，天帝。神後，後土皇地祇也。吳氏曰，請，求也。請罪者，請加罪有夏也。○漢孔氏曰，聿，遂也。大聖陳力，謂伊尹放桀，除民之穢，是請命。吳氏曰，請命，請百姓之命也。

〇漢孔氏曰，孚，信也。天信佑助下民。桀知其罪，退伏遠屏。林氏曰，湯以桀爲罪人，武王以紂爲獨夫。蓋其得罪於天人，不復有君人之道也。〇漢孔氏曰，僭，差。賁，飾也。言福善禍淫之道不差，天下惡除，煥然鹹飾。若草木同華，民信樂生。李氏曰，賁，明也。朱子曰，言天命不差，明白易見。人得遂其生也。

朱祖義《尚書句解》：天之常道，善則福，淫則禍。

《日講書經解義》：此一節書，是言桀失君道，以見其當伐也。成湯又曰，君之於民，有綏猷之責。如此，則當體上天之心以為心矣。今夏王滅仁愛之德，而徒事殺戮之威，以敷播虐政于爾萬方百姓。爾萬方百姓被其凶害，如荼之苦口，毒之螫人，不可堪忍。咸稱冤於天地鬼神，以望其拯救。夫天之道，善者福之，淫者禍之。此常理也。今夏之淫虐已甚，故天特降災異，明示其罪而誅絶之，使不得復播虐于爾萬方百姓也。夫天以民為心。天人相與，其幾甚微，其應甚捷。後世人臣，乃或謂天變不足畏，亦何言耶。

## 宋林之奇《尚書全解》卷一五

惟皇上帝降衷於下民，若有恆性，克綏厥猷惟後。

自惟皇上帝至於賁若草木，兆民允殖，是告衆以所為應天順人，伐夏弔民之舉也。自俾予一人至於尚克時忱乃亦有終，是告之以戒慎恐懼，保邦安民之意也。詳考此篇所告，首尾本末，與《仲虺之誥》相為表裏。湯之此言，蓋發於仲虺者也。《仲虺之誥》始言天命人心之不可違，終言慎終如始，欽崇天道，永保天命之意。至於湯歸於亳，其所以告萬方者，終始之意，殆不越此。蓋仲虺之言，所謂起予者也。故張諫議曰，湯既勝桀以有天下，而慙德多焉。故仲虺作誥於前，以明夫天之所以命湯為君者，凡以民之有欲而俾乂之也。是故其書但言民有欲，而非其君以乂之則亂。惟天生聰明時乂。湯又自誥於其後，以明天之所以命予為君者，凡以有道而俾綏之也。故其為誥，至言上帝降衷於下民，若有常性，克綏厥猷惟後。夫乂民之欲以政事也，未足以盡為君之道。惟因民之常性而安其所謂道，則有教存焉，而君道於是乎至矣。是以二誥之辭，相為終始。然後湯之慙德，可以已。宜其所誥者，必要其所至也。此言可謂盡之矣。皇，大也。上帝，天也。衷者，善之本於固有者也。

《詩》曰，天生烝民，有物有則。降衷於下民，即所謂有物有則也。惟民之衷本於上天之所命，則是民之性無有不善矣。然天雖能降衷下民，不能使民保其固有之常性而勿失，故為之君，而付之以教命之任。師曠曰，天生民而立之君，使司牧之，勿使失性。謂之勿使失性者，是所謂勿使失其所降衷也。民既有降衷之性，至於順其固有之常性，以安其所謂道者，是乃君之任也。故曰若有常性，克綏厥猷惟後。既曰若有常性，又曰克綏厥猷惟後者，蓋率性之謂道。然順其性，則能安其道矣。不能順其性，則悖理而傷道。安能綏厥猷哉。古先聖王所以為教化之本，未嘗不本諸此。堯授舜，舜授禹，三聖人相授之際，而其言曰天之曆數在汝躬，允執厥中，四海困窮，天祿永終。蓋能允執厥中，則能若有常性以綏厥猷矣。不然，則四海困窮，天祿永終矣。桀紂是也。故湯欲言桀之暴虐其民，以亡天下，則以此言為先者，蓋推本乎上天所謂立君以乂民之意，是亦仲虺之意。

夏王滅德作威，以敷虐于爾萬方百姓。爾萬方百姓罹其凶害，弗忍荼毒，並告無辜於上下神祇。

此言桀之罪自絕於天，結怨於民也。夏王滅其己之德，放僻邪侈，喪其良心不復存。則是在己者既不能保其中矣，其何以若常性綏厥猷哉。如此則無不忍之心，而肆為威刑，以敷虐于萬方百姓。百姓被其凶害，如荼之苦，如毒之螫，不可堪忍也。言及萬方百姓者，蓋其作虐者廣，而怨之者衆也。自古無道之君，未有不用刑威以毒民者。若苗作五虐之刑，紂為炮烙之刑，皆所以虐者廣而怨之者衆，遂亡其國。桀之虐民，雖不詳見於經，意其亦如苗之五刑，紂之炮烙，秦之參夷是也。屈原曰，人窮則反本。故勞苦倦極，則未嘗不呼天。疾疢慘怛，未嘗不呼父母。桀之虐政加於民，民既苦於虐政無所告訴，窮而反本，則惟稱冤於天地鬼神，以冀其拯己也。故曰爾萬方百姓罹其凶害弗忍荼毒，並告無辜於上下神祇。夫天之愛民也，甚矣。東海殺一孝婦，天為之大旱。況萬邦百姓，並告無辜於上下神祇，則上下神祇安得不赫然震怒而降之禍乎。故繼之曰，天道福善禍淫，降災於夏，以彰厥罪。

## 又卷一六

作書曰，民非後，罔克胥匡以生。後非民，罔以辟四方。皇天眷佑有商，俾嗣王克終厥德，實萬世無疆之休。

王之歸亳，蓋喜其能處仁遷義，而不墜成湯之業也。於是作為簡冊之書，以稱美之曰，民非君，則無能相胥正以生。不能相胥正以生，則亂矣。君非民，則無以君四方。無以君四方，則亡矣。言君民之勢，相待以存也。夏之民，惟其遭桀之亂，不能相正以生，故相率而去，以就湯而君之。湯以民之歸之，故遂以君四方而有天下。蓋民之情，至於亂而無以正之，則固擇夫能正之者以為君之而賴之，以君四方矣。太甲之始，不明厥德。斯民已擇其所以能正之者而君之，若去桀而從湯矣。當是時，雖伊尹亦末如之何也。故太甲之不明於初，是乃取亂亡之道也。有可以取亂亡之道，而卒能處仁遷義，以念成湯之訓，此豈人力之所能為哉，蓋以皇天之於商家，眷顧佑助之，不使成湯之業再傳而遂亡也。故天誘其衷於冥冥之中，使嗣王克終厥德，則民所賴以生者，不失其正之之望矣。民不失其所望，我商家之所以君四方者，又可以保之而不失矣，是誠萬世無疆之休美也。

夫太甲之所以能終厥德者，是誠伊尹之力也。蓋非營桐宮而使居之，致之於哀慼之地，加之以放逐之名，以作其憤悱之志，則太甲亦終為下流之歸而已。而其所以奉之歸亳，作書以序其意，乃以為皇天眷佑有商，俾嗣王克終厥德，雖實一時謙抑之意，然君子能致人於悔過遷善之地，而不能必其人有悔過遷善之心。伊尹之始事湯，蓋嘗五就桀矣。豈非以夫民所賴之胥正以生者在桀，將欲使之遷善悔過而不失其所以辟四方之道乎。其所以事桀者，雖不得而盡見，然以夫所以成就太甲之德者而觀之，則其於桀五就之而不厭，所以使之遷善遠罪者，必已盡其道矣。而桀之下愚，終無自怨自艾之意，故伊尹不得已相湯而伐之。今也太甲乃能聽其訓己之言，而克終允德，非天之眷佑有商，疇克爾哉。

竊謂天之於人，其吉凶禍福之間，若未嘗有切切然與於其間者。然而要其所終而究其成，則實未嘗有錙銖之差。積善之家必有餘慶，積不善之家必有餘殃。成湯之孫，宜其餘慶之所鍾，無有不善者，而太甲為之孫。秦始皇之後，宜其餘殃之所逮，無有令淑之人，而扶蘇為之子。太甲為之孫，宜商祚遂至於亡矣。然而成湯以寬仁之德，伐夏弔民以有天下，其善之所積者厚矣，豈應一再傳而遂亡哉。故雖太甲欲敗度縱敗禮，而終克終允德，以守成湯之業。此無他，以湯之社稷有必存之理，則雖太甲為之孫而終不亡也。扶蘇之仁厚，而為秦始皇之子，則秦若可以存矣。然始皇虐用其民，以殘虐嗜殺而得天下，其不善之所積者厚矣。苟使扶蘇立，則秦未可以遽亡也。故始皇崩於沙丘，而扶蘇卒以得罪，重之以二世之暴戾，而秦遂以滅。此天實以秦之社稷有必亡之理，則扶蘇為之子，而終亦不得存也。論至於此，則是天地報應之理，雖若眇忽茫昧而不可曉，及要其極致，而究其所以然，則不啻若影響之應形聲，可不戒哉。

## 又卷二一

乃訓于王曰，惟天監下民，典厥義，降年有永有不永。非天夭民，民中絕命。民有不若德，不聽罪。天既孚命正厥德，乃曰其如台。

祖己欲格王心之非，以正厥事，於是乃訓于王曰，惟天之監視下民，其吉凶禍福無常，惟義以為常。典，常也。民之所行合於義，則天降之百祥。不合夫義，則降之百殃。祥與殃之來，皆是視夫民之義與不義如何耳。故其降年於民，有永有不永者。其不永者，非天之意固欲夭民而絕之也。蓋民之不義，其中有以自絕其命於天，故天將絕其所降之年有不永也。民有不順其德以行其義，不服其罪以改其不義，天將欲絕，則必孚信其命，降之災異，以正其德。將使之恐懼修省，反其不義而歸於義也。彼民之不知義者，則將曰彼天命其如我何。則天之絶之也，必矣。

## 又卷二二

天有顯道，厥類惟彰。今商王受狎侮五常，荒怠弗敬，自絶於天，結怨於民。斮朝涉之脛，剖賢人之心。作威殺戮，毒痛四海。

漢孔氏曰，言天有明道，其義類惟明王所宜法則。唐孔氏遂舉《孝經》則天之明，《左傳》以象天明，以謂凡治民之事，皆法天之道。天有尊卑之序，人有上下之節。三正五常，皆在於天，有其明道。此天之明道，其義類惟明。言明白可效，王者所宜法則之。據二孔之意，蓋欲與下文狎侮五常之義相屬。然而其説迂回費力。此二句但謂天道之於人，其吉凶禍福，各以其類而至，厥理甚明也。禹之征有苗，益贊于禹曰，滿招損，謙受益。時乃天道。湯之伐桀，其誥多方曰，天道福善禍淫，與此言天道其意正同。但其辭有詳畧爾。惟天之道，其禍福吉凶，如影響之應形聲，無所僭差。而紂則狎侮五常，荒怠弗敬，自絶於天，結怨於民。此其所以爲天道之所斷棄也。《中庸》曰，天下有達道五，君臣也，父子也，兄弟也，夫婦也，朋友之交也。此五者，皆是人倫之常道，故謂之五典，亦謂之五常。今紂於此五者，狎侮而荒怠弗敬，是失人倫之常道也。孟子曰，自暴者，不可與有言也。自棄者，不可與有爲也。言非禮義，謂之自暴也。吾身不能居仁由義，謂之自棄也。此雲狎侮五常，即孟子所謂自暴也。荒怠弗敬，即孟子所謂自棄也。此兩句相因而成文。漢孔氏曰，輕狎五常之教，侮慢而不行之，大爲怠惰，不敬天地鬼神。以此兩句分爲兩意，則失之。據侮五常，但謂其狎五常怠棄之而弗行爾。惟其自暴自棄，失人倫之常道，則是失其本矣。所以自絶於天，結怨於民也。

周希聖曰，天非絶紂，而紂自絶於天。民非怨紂，而紂自結怨於民。此説是也。伊尹曰，非天私我有商，惟天佑於一德。非商求於下民，惟民歸於一德。與此言正相反。使紂不自絶於天，天其忍絶之乎。使紂不結怨於民，民其至於怨之乎。此蓋言其所以致天人之怒者，皆其所自取也。自此以下，又論其所以自絶結怨之實也。天聰明自我民聰明，天明畏自我民明威。天之禍福吉凶，大抵因民而已。紂之結怨，是乃其所以爲自絶也。故武王將論其罪惡貫盈，至於上帝弗順，祝降時喪，則必先之以其暴虐於民，以失四海之心者。斮朝涉之脛，謂冬月見朝涉水者，謂其脛耐寒，斮而視之。剖賢人之心，謂比干忠諫，以其心異於人，剖而視之。此二者其暴虐之最甚者也。故首以爲言。蓋朝涉而寒者，在人情之至可憫也，而乃斮其脛。賢人之忠諫，國家所賴以存者，而至於剖其心。是可忍也，孰不可忍也。惟其忍於此，作爲刑威，以殺戮無辜，其毒痛徧於四海之人也。宜乎紂之亡，無足怪者。

## 又卷二四

五，皇極。皇建其有極，斂時五福。用敷錫厥庶民，惟時厥庶民于汝極，錫汝保極。凡厥庶民，無有淫朋。人無有比德，惟皇作極。凡厥庶民有猷有為有守，汝則念之。不協於極，不罹於咎，皇則受之，而康而色。曰，予攸好德，汝則錫之福。時人斯其惟皇之極，無虐煢獨，而畏高明。人之有能有為，使羞其行，而邦其昌。凡厥正人，既富方穀，汝弗能使有好於而家。時人斯其辜於其無好德，汝雖錫之福，其作汝用咎。

堯曰，咨爾舜，天之曆數在爾躬，允執其中。人君所以執中而立教，以為烝民之極，必自夫曆數在躬之後。蓋道之大原出於天。曆數在躬，然後性與天道合而為一。高明博厚，悠久無疆，與天地合其德，故能不見而章，不動而變，無為而成。此皇極之數所自立也。是以《洪範》之書，先五行，次以五事者，所以盡性踐形也。自是而推之於八政五紀，以和同天人之際。然後繼之以皇極。蓋聖人之教，至是而後立也。

諸儒之説，皆謂九疇之義統於皇極，故漢孔氏謂皇極行九疇之義。老蘇曰，致至治總乎大法，立大法本乎五行，理五行則資乎五事，正五事賴於皇極。此其意，蓋謂中者天下之本，本立而道生。況五疇之義必本於中。某竊以此説為不然。夫皇極在於五行五事八政五紀之後，三德稽疑庶徵福極之前者，此蓋其彝倫之序出於自然而不可易也。九疇以序言。序之先後，各有定體。設使聖人之意謂皇極行九疇之義理，五行資乎五事，正五事賴乎皇極，則是九疇當先皇極矣。今其彝倫之序，先之以五行，次之以五事，次之以八政五紀，然後及於皇極。而説者乃謂皇極為九疇之主，豈不謬哉。為此説者，徒以謂皇極之疇居五之中數也。皇極居中，可以包括上下，此説尤不可取。九疇以序而言，不以數而言之。皇極居之中數也，則以謂皇極居中以包括上下。信如此，則五紀之數四，以至於五行之數一，三德之數六，以至福極之數九，必皆以數言也，必皆有説也。今於八者之數，則皆無説，而獨於皇極則繫之中數，此蓋不通之論也，而又有所甚不可者。揚子雲作《太玄》，其書由數而起。自一衍之，至於八十一。故其圖起於中，中為一元。自一元衍而為三方，自三方衍而為九州，自九州衍而為二十七部，自二十七部衍而為八十一家，蓋以其體由中而起故也。今《洪範》之序，自初一曰五行，順而陳之，以至於次九曰嚮用五福，威用六極。苟以謂統於皇極，則是其體當亦自中而起，推而上之，則自五紀而五行。推而下之，則自三德而福極彝倫之敘，其不斁者幾希。學者知洪範九疇之序出於自然而不可易，則知皇極之疇不可不繫於五紀之後，三德之前矣。故諸儒之説，未敢以為然也。雖諸儒之説不敢以為然，然其謂聖人之治天下，必以大中為本，此則不可易之論也，但不可謂皇極為九疇之本耳。

洪範初一曰五行，則聖人之治天下，必以大中為本，其理已見於此。天命之謂性。性者，中之本體也。洪範之於五行，發明盡性之理，已繫於此矣。則聖人建大中以為治天下之本者，既由是廣而充之，至於五事敬，八政農，五紀協，則治天下之規模法度，畢備矣。次五曰建用皇極者，是推之以立教，非謂聖人窮理盡性於喜怒哀樂未發之前也。湯懋大德，建中於民。舜執兩端，用中於民。此皆建用皇極之事也。五皇極者，在九疇之序為五。其疇曰皇極，箕子之陳九疇，其八疇皆詳言其所以為是疇者，獨於皇極一疇，不言其所以為皇極，而遽言皇建其有極。斂時五福，用敷錫厥庶民者，蓋自五行至五紀，即聖人所以建皇極以教民者，非是於數者之外別有皇極也。自皇建其有極，至於為天下王，皆是聖人建極以教民之事。其文比於諸疇最為詳備。蓋聖人以先知覺後知，以先覺覺後覺，其致知格物正心誠意以修其身，舉而措之以至於家齊國治天下平者，盡在於此。故箕子反覆為武王陳之，其義無所不盡也。

皇極有二說。先儒謂皇，大也，言大中之道也。《漢・五行志》曰，皇，君也。極，中也。謂人君所建之中。二說不同，而某謂先儒之說為勝。箕子之陳洪範，蓋聖人所以為人君治天下之大法當如此。自五行至五紀，皆人君之急務也，豈至於皇極言人君建其有中乎。《湯誥》曰，惟皇上帝降衷於民。其皇字亦訓大，不得以訓君。皇建其有極，亦猶是也。《中庸》曰，中者，天下之大本，此正皇極之義也。惟中故大，惟大故中。張橫渠曰，極其大而後中可求，止其中而後大可有。此言盡之矣。不謂之大而謂之皇，不謂之中而謂之極者，何也。莊子曰，無門無旁，四達皇皇。皇也者，大而無所不及之謂也。北辰謂之北極。極者，居其所而衆星拱之謂也。是極之為言，立之於此，四方之所取正焉者也。自其本而言之，則謂之大中。自其推之以立教而言之，則謂之皇極。觀皇極二字，則聖人所以教民之意可見矣。皇建其有極而下，惟敷繹此義而已。夫天下不可以小治也。竭太倉之粟不足以飽其飢，殫內帑之帛不足以煖其寒。聖人之治天下也，固欲天下之大，萬民之衆，皆應天之五福。然苟不知操之有要，則不能治之。必若人人而為之謀，家家而為之慮，何若而富壽，何若而康寧，何若而攸好德，何若而考終命，不惟其智有窮，而力將不給矣。吾將不殫其智力，而綽然有餘裕者，惟在於操之有要而已。

夫福極之在人，各以類應。作善降之百祥，蓋善者百祥之類也。作不善降之百殃，蓋不善者百殃之類也。夫惟禍福吉凶之於善惡，各以類而相感。後之人君，惟能使民自嚮於善，則天之百祥皆將以類而應，斯民莫不各得其所欲，而無有夭閼劄瘥之病矣。故皇建其有極，是乃所以斂五福而錫之於民也。蓋人君以皇極設教，則民之過者不及者，鹹於君取中，而皆自力於為善。作善者，百祥之所集也。君建極於上，則民皆則傚於君而取中矣。故曰惟時厥庶民于汝極錫汝保極，謂其各正性命保合大和，以丕應其上也。凡厥庶民無有淫朋，人無有比德，則所謂錫汝保極也。無淫朋，無比德，則能保其極矣。

惟皇上帝降衷於下民，民之受衷于天，初無以異也。惟其因物有遷，以陷溺其良心，故相與為淫朋比德，以失其所受於天之常性。苟在上之人能建極以示之，以先知覺後知，以先覺覺後覺，則斯民知自反於善，則易直子諒之心，油然而生，相與勸勉，同趨於忠信孝悌之域。故其直己而行，無有淫朋，無有比德，斯惟皇作極。夫至於惟皇作極，則君臣上下皆入於大中至正之域矣。然所以使斯民惟皇作極者，必有其道焉。人之生也，同稟此天命之性，初未嘗有智愚賢不肖之分。然其所稟受，則有氣質之性存焉。故論天命之性，則凡受中於天者，均一性也。而論其氣質之性，則有上智焉，有下愚焉。而於上智下愚之間，乃有中人之性焉。上焉不待文王而興。上之人雖不設皇極以導之，而能自入於善。下焉者自暴自棄。上之人雖設皇極以教之，有所不從也。則是皇極之所教者，惟中人而已。中人者，可以語上，亦可以語下也。蓋使皇極之教修，則世之中人皆可以進而為上智。皇極之教不修，則世之中人皆將流而為下愚。故箕子將欲建皇極，斂五福，以錫庶民，而使之惟皇作極，則必因其性之有上中下之別，各因其材而篤焉。

凡厥庶民有猷有為有守汝則念之，此則豪傑之士，無所待於教而自歸於皇極者也。姑但念之而不忘而已，謂無事於教也。於其無好德，汝雖錫之福，其作汝用咎。此則下愚之不移，雖教之而不率。誨爾諄諄，聽我藐藐，此皇極之所無可奈何者也。故寧棄絶之而不教。必欲盡而教之，彼既不率，徒為我之過咎而已。上智之人既無事於教，而下愚之人教之又有所不從，則是皇極之所教者，惟中人而已。自不協於極不罹於咎，至於時人斯其辜，此皆所以教中人之道也。不協於極，言其所行猶未合於大中之道。雖不合於大中之道，而亦不至罹於過咎。曾子固曰，若狂也肆，矜也廉，愚也直之類。此說是也。狂也矜也愚也，所謂不協於極也。以其肆而不蕩，廉而不忿戾，直而不詐，則所謂不罹於咎也。不協於極，不罹於咎，而可以抑其過，引其不及而歸之於中道。故皇則受之。皇，大也。曾子固曰，大則受之。言非小者之所能受也。此說是也。受之則必有以教之。故繼之曰，而康而色。言當安汝之顏色以教之，如《詩》所謂載色載笑，匪怒伊教是也。予攸好德，汝則錫之福，謂中人之材雖不協于極，苟知大中之為可慕，則其好德之志形之於言。雖未必有好德之實，汝當無沮其好善之心，錫之以福也。

先儒解則錫之福與下文汝雖錫之福，皆以福為爵祿。惟孫元忠則不然。其說曰，箕子之敘皇極，其言錫福者有三焉。始言斂時五福，用敷錫厥庶民，一也。中言予攸好德，汝則錫之福，二也。末言於其無好德，汝雖錫之福，其作汝用咎，三也。先儒皆以福為爵祿，又恐不然。蓋皇極之道，本以五福為用。故凡言錫者，皆五福之理也。此説是也。蓋皇極之所謂福，與三德惟辟作福之福不同。以三德推之，非是也。故凡皇極之所謂福者，皆教之以大中之道。大中之道，五福之所由集也。建極之君，既而康而色以教之，雖有其好德之言，而未必有好德之實者，皆錫之以福。如此，則天下之中人，莫不心悅誠服，而歸於大中至正之道。故繼之曰，時人斯其惟皇之極。人既相與歸於大中至正之道，則為之君者，必有所抑揚去取以為之勸率。苟其好德，則不以其勢之㷀獨而虐之。苟其不好德，則不以其勢之高明而畏之。㷀獨者不虐，高明者不畏，惟在於好德與不好德之分而已。取捨既如是之審，則好德者必見知於上。故曰人之有能有為，使羞其行，而邦其昌，言不協於極，不罹於咎之中。人苟能至於好德，而有猷有為，汝則當有以獎勸之，使進其行於朝廷之上。則邦家賴之，其將至於昌盛矣。其未能至於有猷有為者，則必將有以為之勸率，亦使之同趨於大中至正之域。孟子曰，無常產者無常心。苟無常心，放僻邪侈，無不為已。蓋無常心之人，至於倉廩實而後知禮義，衣食足而後知榮辱，故在夫上之人有以養其常心，然後可以納之於善。故曰，凡厥正人，既富方穀，至時人斯其辜，此蓋所以待無常心之人也。謂凡厥正人之道，必先有以富之，然後可以驅而之善。穀，善也。苟不有以富之，使之守其常心而不忍為惡，則其放僻邪侈，無不為也。好者，與孟子所謂鄉黨皆好之好同，猶言有所顧藉也。夫皇極之所以待乎中才者，其始終之間，深思熟慮既如此其盡，宜其中才之人，無淫朋比德，而趨於大中至正之道。人有士君子之行，以至於比屋可封也。待之既如此其盡，而猶有不入於善者，則是自暴自棄，而為下愚之不移，是可以棄於罪戾之域而莫之恤。蓋往者不追，來者不拒，如此而已矣。是則皇極之教也。

箕子之陳皇極，其發端有雲，皇建其有極。斂時五福至惟皇作極，總提皇極之大綱於上，然後申其義於下也。凡厥庶民有猷有為有守以下，所以申皇建其有極至，惟皇作極之義也。蓋人之生，雖稟於天之性，而其所受之氣質，則不無上智中人下愚之殊。上智者無所事於教，而下愚者教之有所不入，則其教者惟中人而已。既建皇極之教，誘天下中人而納之於善，則斯民必將無淫朋比德，而同趨於公正之域，而惟皇作極矣。

## 宋史浩《尚書講義》卷一一《泰誓下》

時厥明王，乃大巡六師，明誓衆士。王曰，嗚呼，我西土君子，天有顯道，厥類惟彰。今商王受狎侮五常，荒怠弗敬，自絶於天，結怨於民。斮朝涉之脛，剖賢人之心，作威殺戮，毒痡四海。崇信姦回，放黜師保。屏棄典刑，囚奴正士。郊社不修，宗廟不享。作奇技淫巧以悅婦人。上帝弗順，祝降時喪。爾其孜孜，奉予一人，恭行天罰。

《太誓》三篇，數紂之罪，始則略言之，中則詳言之，至其末也益詳矣。

蓋當其臨陣，唯恐人無鬬志，故悉數其實以怒我衆也。王者之征，六師並行，大巡而明誓，欲人人知其罪爾。夫天道福善禍淫，顯道在人，人固一日不可不用也，是以厥類惟彰。今商王之罪，莫大於狎侮五常。五常既廢，則君不君，臣不臣，父不父，子不子。雖形存而性亡矣，其與禽獸無異矣。自絶於天，結怨於民，作威殺戮，毒痡四海。姦回則崇信之，師保則放黜之。先王之典刑不用，天下之正士悉戮。郊社不修，則天地神祇無所歆。宗廟不享，則祖宗之靈無所託。明而人倫，幽而鬼神，皆紊亂而失其敘，可謂近於禽獸矣。淫亂之行，不期而有。上帝弗順，祝降時喪，亡無日矣。武王告西土君子，故舉狎侮五常言之。蓋惟君子足以語此。苟三綱五常絶，則天理滅矣，宜乎上帝之弗順也。又舉其剖賢人放師保囚正士以告之，西土君子其不寒心以求武王為之依歸乎。故曰爾其孜孜奉予一人恭行天罰也，然則西土君子其有不用命者乎。

## 宋夏僎《夏氏尚書詳解》卷一〇

予聞曰，能自得師者王，謂人莫己若者亡。好問則裕，自用則小。嗚呼，慎厥終，惟其始。殖有禮，覆昏暴。欽崇天道，永保天命。

仲虺既備言新德之説，故此又舉其所聞以終其義。蓋能自得師者王，謂人莫己若者亡。此二句，蓋古人之言，而仲虺耳所聞者，故言予聞曰，謂我所聞者如此。蓋仲虺上既欲湯懋昭大德，又恐成湯行之不力，求之不博，故復以此儆戒之。蓋在我者至足，而不自以為足。乃能誠心博求，自得其師，則忠言日聞。雖未必王，而王業之成，基於此也。苟自以為是，而不復資於人，視人無一如己者。如是，則訑訑聲音顔色，拒人於千里之外。則讒諂面諛之人日至，而危亡之道，此其基也。故曰，能自得師者王，謂人莫己若者亡。仲虺既引此二句戒湯，故又釋之曰，好問則裕，自用則小。蓋仲虺上所聞二句，言或王或亡，相去如此之異，恐人未必信得師必可王，自用必可亡，故曰好問則裕，以能自得師則好問，好問則所聞所見者遠，人皆樂告以善道，故德優裕而有餘。德有餘，宜其王矣。謂人莫己若者亡，則自賢。而愚人胸中狹劣，曾無所容。陵人傲物，是乃取亡之道也。仲虺告湯，至此盡矣。故又嘆以總括其義，嗚呼，蓋嘆辭也。

仲虺此言，大抵謂湯之始興，既能不邇聲色，不殖貨利，至於克寬克仁，彰信兆民，則始非不善矣。所當慎者，惟在終而已。故自佑賢而下，皆所以戒湯慎終之道。故此言慎厥終，惟其始。蓋謂今日之事，惟當慎其終亦如其始可也。故戒湯於此，誠能慎終如始，於有禮者則封殖之，昏暴者則覆亡之。天道福善禍淫，不過如此。湯能行之，是尊敬天道者也。天命豈不可以永保哉。永保則傳無窮，施罔極。不但奉若而已也。蘓氏謂湯之慚德，仁人君子莫大之病也。仲虺恐其憂愧不已，以害惟新之政，故思有以廣其意也。首言桀得罪於天，天命不可辭。次言桀必害己，終言湯之勳德，足以受天下，乃因極言艱難安危禍福可畏之道，以明今日受夏，非己利，乃惟無窮之恤，以深慰湯之心，而解其慚。仲虺之忠愛，可謂至矣。然湯之所慚，來世口實之病，仲虺終不敢以為無也。夫君臣之分，放弑之名，雖一時臣子之節有不能盡，況免議萬世之後乎。此説得之。

## 又卷一七

底商之罪，告於皇天后土，所過名山大川。曰：惟有道曾孫周王發，將有大正于商。今商王受無道，暴殄天物，害虐烝民，為天下逋逃主萃淵藪。予小子既獲仁人，敢祗承上帝，以遏亂略。華夏蠻貊，罔不率俾，恭天成命。肆予東征，綏厥士女。惟其士女篚厥玄黄，昭我周王。天休震動，用附我大邑周。惟爾有神，尚克相予，以濟兆民，無作神羞。

此亦武王舉當時告神之辭，以告羣後也。蓋此篇自王若曰以下，至一戎衣而天下大定，皆武王告羣後之言。上既言我小子承文王之志而往伐紂，故此遂言我欲往伐。於是致商紂所以獲罪於天神地祇之惡，以上則告於皇天，即《泰誓》所謂類上帝。以下則告於後土，即《泰誓》所謂宜冢土。以旁則告於所過名山大川，漢孔氏謂名山，是華山。大川，是河。蓋自豐鎬往朝歌，必道華嶽，涉河。華與河在五嶽四瀆之數，故知其為名山大川也。武王告天地山川，必自言予有道。曾孫周王發者，蓋謂我乃有道之人。曾孫，本其父祖而言。且明今日之事，乃受命文考，非己敢專也。若夫周王二字，必是史官敘武成時所加，必非武王禱神時言本如此。蓋當是時，紂猶在上，武王未必稱王。如《泰誓》所謂文王但言文考，未嘗言王。惟柴望告成之後，追王太王王季文王，然後《武成》始稱太王王季文王。父祖尚不敢於未追王之前先以王言之，況己未克商，乃敢遽稱周王乎。此必不然者也。

武王告神之意，蓋謂我乃有道之人之曾孫，今將往伐商紂而大正其罪。所以然者，以商紂無道。天生庶物，人君當取之有時，用之有節也。而紂乃以暴虐而殄絶之，使不得遂其生。天生烝民，而人君當懷之以仁恩也，而紂乃以刑法而虐害。惟其不仁如此，故小人之不仁者皆歸焉。凡有逋罪而逃亡者，皆往依紂，而紂則為之宗主。萃聚衆惡，如淵而魚聚，如藪而獸聚。即《泰誓》所謂惟四方之多罪逋逃是崇是長是信是使，是以為大夫卿士也。紂所為既如此，則立朝皆小人，所謂不有君子其能國乎者是也。小人既在朝，則君子必不容。所謂仁人者，必相率而歸周。故武王於是言，我小子既獲仁人。則此所謂仁人，蓋指商之仁人，但不知為誰，亦不知其幾何人。孔氏乃謂為太公周召之徒。夫太公歸周，在文王之世，非武王所獲。周召，武王之懿親，不可謂之獲。獲者，自外而來也。至王氏則又謂為微子之徒。夫微子歸周，乃武王克商之後。若未克商而微子歸之，則微子於宗周顛覆，略無不忍之意，豈所謂仁人哉。餘故曰，仁人必是自商而來，但不知其為誰也。仁人既為周之所得，則商皆小人，周皆君子。故武王於是敢敬承上帝之命，以遏絶商紂為亂之謀畧。武王既承上帝以伐商，故當時之民，內而華夏，外而蠻貊，無不相率以為已使，而恭敬天之成命也。若不期而會者八百諸侯，則蠻夏率俾可知。有庸蜀羌髳微盧彭濮人之類，則蠻貊率俾可知。惟夷夏同歸如此，故我興師，自豐鎬西來以東征，而安慰士女。則凡為士女者，皆喜周師之來。盡盛其玄黄之幣於篚筐之中，以逆我師，且昭明我有周當有天下。所以然者，以天道福善禍淫，常有休祥者見，以震動此華夏蠻貊之衆，使之歸附我大邑周。此士女所以皆篚玄黄而逆我師也。武王所以自侈大其言如此者，其意蓋謂今日之事，民心歸附於此。則爾天地山川之神祇，庶幾相於我，使我克商，而拯救斯民於塗炭，不可棄而不保，而自取敗衂，以為爾神之羞也。故曰惟爾有神，尚克相予，以濟兆民，無作神羞。

## 宋黄倫《尚書精義》卷二五《泰誓下》

時厥明，王乃大巡六師，明誓衆士。王曰，嗚呼，我西土君子，天有顯道，厥類惟彰。

無垢曰，三篇之誓，細讀之，皆有次序。上篇言受罔有悛心不可不伐之意，中篇言既已渡河不當中輟之意，下篇言紂罪惡如此不可不誅之意。其曰時厥明，謂戊午之次日，大明而誓也。大巡六師，以明誓之，則其意之所在，無不曉然知之也。又曰天道之於義，其吉凶禍福各以其類而至，厥理甚明也。禹之征有苗，益贊于禹曰，滿招損，謙受益。時乃天道。湯之伐桀，其誥多方曰，天道福善禍淫，與此言天道其意正同，但其辭有詳畧爾。

吕氏曰，古人見得天甚分明。湯之顧諟天之明命，此湯見天分明處。武王言天有顯道，此武王見天分明處也。若夫不知天者，則見天於恍惚渺綿中，不可致詰。何者，惟盡其心，則知其性。知其性，則知天。厥類惟彰，便是顯道。大抵善惡各有其類。為善降之百祥。蓋祥者，善之類。不善降之百殃。殃者，不善之類。是聲氣之相感召也，元不幹天事。天未嘗有意於賞善罰不善。善自致祥，惡自致殃，未嘗有心於作福威。因他有善而福之，因他有惡而威之。所謂述之者天，作之者人也。

## 又卷四〇

公曰，君奭。我聞在昔成湯既受命時，則有若伊尹格於皇天。在太甲時，則有若保衡。在太戊時，則有若伊陟臣扈格于上帝，巫咸乂王家。在祖乙時，則有若巫賢。在武丁時，則有若甘盤。率惟茲有陳保乂有殷，故殷禮陟配天，多歷年所。

無垢曰，伊尹在太甲時，伊陟臣扈在太戊時，皆能格於上帝。夫天帝，一也。而周公於湯時言格於皇天，於太甲太戊時言格于上帝，何也。蓋上帝則秉禍福之權，而作善者降之百祥矣。天，則日月星辰是也。格於皇天，則日月合璧，五星連珠，甘露降，醴泉湧。山出器車，河出馬圖，鳳凰麒麟皆在郊陬，朝廷蓋可知也。格於上帝，則慮而有獲，動而有成。子孫千億，四夷來王矣。其心之體無絲毫之欺，是格於皇天也。其心之用無絲毫之欺，是格於上帝也。又曰夫乂王家者，治人事也。伊陟告于巫咸，巫咸修人事，以應桑穀之變。桑穀既消，則人事修之力也。人事修，則治與上帝之心同矣。上帝秉禍福之權，以馭萬物。人主秉禍福之權，以馭萬民，其理一也。人事不治，則有桑穀之妖。人事既治，則格於上帝。是則人主代天，無求合於天也，第脩吾人之事而已矣。又曰，巫賢之於祖乙，甘盤之于高宗，亦用格於皇天上帝，與夫乂王家之道也。然則商家所以得天命者，以此數賢輔弼之力也。周公與召公，豈可去朝廷乎。去則高矣，其如文武之業何。不去則夾輔成王，不失皇天上帝之意。使天不庸釋于文王受命，利害皎然，夫復何疑。又曰，殷之賢君，皆得賢者輔相，故皆以禮終陟升遐也。以禮終，則其死也配天而無愧矣。其道相傳如此，故殷之享國多歷年所，而不中絶命也。然則賢者所係如此，其可輕去朝廷，而不以天下國家為念乎。

荊公曰，伊尹保衡，其實一也。在成湯時，則格於皇天。在太甲時，則格於上帝。其故何哉。

文公曰，可與盡道則盡道，可與盡德則盡德。成湯，可與盡道者也。太甲，可與盡德者也。

張氏曰，天人之理，其致一也。所謂天之道者，即吾身之道是也。所謂帝之德者，即吾身之德是也。體此道而神焉，是與天同道，斯足以格於皇天矣。得此德而明焉，是與帝同德，斯足以格於上帝矣。格於皇天者，是其道之至，而與天無間也。格於上帝者，是其德之至，而與帝合一也。若夫道德有所未至，則未可以言於於皇天上帝，故特曰乂王家而已。

## 又卷四九

民之亂，罔不中聽獄之兩辭，無或私家於獄之兩辭。獄貨非寶，惟府辜功，報以庶尤，永畏惟罰。非天不中，惟人在命。天罰不極庶民，罔有令政在於天下。

無垢曰，夫民之所以治者，以典獄之官先得理之中，無私喜無私怒。以此聽獄之兩辭，則直者得理，曲者服刑。曲直在彼，而我無一毫私心變動於其間焉。所以君子有所怙，小人有所懼。

又曰，不能分兩辭之曲直者，多由私家亂之也。私家雲者，私喜私怒，其下至於納賂受賄以亂曲直者，皆是也，可不以私家為戒乎。

又曰，鬻獄得貨，人見其為寶耳，非寶也，乃聚罪狀耳。

東坡雲，辜功，猶罪狀也。古者論罪，有功其跡狀也。此意猶昔人作假山，其傅曰，此非假山也，乃血山耳。以言獄貨非寶也，乃聚衆禍耳。取禍入門，稍知利害者為之乎。而貪吏見金不見禍，其亦可哀也。故穆王指獄貨為禍，使知所警焉。

又曰，作善降之百祥，作不善降之百殃，此天理之自然者。人以冤枉求正於我，而我受人貨賂，變是為非，亂曲為直，此正作不善者也。報以庶尤，即降之百殃之謂也。天罰昭然如此，自古及今所不昧者也，其可不長久畏之乎。永畏雲者，非一朝一夕之畏也。

又曰，鬻獄而變是非，亂曲直，天乃降之殃禍，此必然之理也。豈天不以中道待人哉，惟人自取其殃禍耳。《召誥》曰，今天其命哲，命吉凶，命歷年，是哲命吉命凶命歷年之命，天何容心，惟人自取之耳。在者，謂人自取正在殃禍之命也。

又曰，人君，代天者也。庶人為不中之行，以強淩弱，以衆暴寡，以智詐愚，以勇苦怯，人君當行天命以罰之。今人君失職，使典獄者變是非，亂曲直，天乃自降殃禍，以罰不中之民。事至於此，是人君紀綱大壞，無有善政在於天下者也。何謂善政，無辜者得理，有罪者服刑，此善政也。

## 宋陳經《陳氏尚書詳解》卷四七

王曰，嗚呼，敬之哉。官伯族姓，朕言多懼。朕敬于刑，有德惟刑。今天相民，作配在下。明清於單辭。民之亂，罔不中聽獄之兩辭，無或私家於獄之兩辭。獄貨非寶，惟府辜功。報以庶尤，永畏惟罰。非天不中，惟人在命。天罰不極庶民，罔有令政在於天下。

穆王以敬而戒其臣曰，官伯，即庶官之長。族者，王之同姓。姓者，王之異姓也。朕言多懼，此穆王仁愛恤刑之本心也。吾之所以告汝者，皆出於憂懼。蓋刑乃人命所係，死者不復生，斷者不復續，安得不懼。穆王之所謂多懼，即虞舜欽恤之意也。典獄宜有以體此心。朕敬于刑，有德惟刑。朕之所敬者在刑，故不敢輕以付人，惟有德者方可使之為明刑之官。穆王實見得刑乃天之討罪。今天相下民而愛之，故以刑整齊其民。使善者有所恃，惡者無所肆，此豈非天之愛民乎。天有愛民之心，而司政典獄者，實代天以養民，故曰作配在下。既為天之配合，當有以察其難察之情可也。情之難察，莫如單辭。謂之辭之偏，而非有兩造也。在典獄者，明此心如火之照物然，無所不見。清此心如水然，無一毫之累。如此，然後可以聽單詞。苟不明不清，是在己之心未免有私蔽之，不足以為天之配矣。既曰單辭矣，又言其兩辭。天下之民所以得其治者，無不在夫典獄者能以中道而聽。夫獄之兩辭，訟者之辭，有直則必有曲，有是則必有非。直其所直而不直其所曲，是其所是而不是其所非。非則曲而非者不敢怨，是則直而是者無所冤，民安得不治乎。

如其不然，則是非曲直不當，民奚賴焉。無或私家於獄之兩辭，苟或容私其間，則兩辭必不得其正。直者未必有曲，曲者反得直矣。貨玉非寶，惟府辜功，報以庶尤。此深言鬻獄之禍。以獄而得人之貨賄者，不足以為寶，適以聚其罪之功爾。一時之間得利，則人情皆以為益，而不知其實有禍害。其報應也，必以庶尤，言百殃俱至也。永畏惟罰，天道福善禍淫之罰可畏，當永畏之，不可暫畏之而暫止也。非矢不中，惟人在命。天之于人，何嘗不中哉，人自取之，所謂自貽伊慼也。天不惟有福善之命，亦有禍淫之命，惟人在命，是自取其禍淫之命也。天罰不極庶民，罔有令政在於天下，庶民之為不中，惟司典獄者為能令之正也。司政典獄者以私心聽獄，民至於有冤不得伸，則極之民，人不罰之而天罰之。至於此，則安有令政在天下乎。此章言天罰之可畏，用刑者當去其私心，以合天之心。

## 明王樵《尚書日記》卷七

佑賢輔德至永保天命，上數節言湯之弔伐出於天命人心之不容已，此下則言君師之責既在於湯，所以仰承天命下副人心者，其道尤不易也。人心離合之幾，與前面人心相應。天道福善禍淫之可畏，與前面天命相應。以人心天命之無常，此為君之所以難也。蓋以今日言，則天與之，人歸之。誅其君而弔其民，所以順乎天而應乎人，何慙之有。以自今以後言，則民無常懷，在德而已。德苟日新而不已，萬邦惟懷，況邇者乎。志或一自滿，九族且離矣，況遠者乎。人心離合之幾，可畏如此。日新之道，在於以義制事，以禮制心，以懋昭其大德，而建中於民。其要又在能自得師而好問。若謂人莫己若而自用，則所謂志自滿者也。自滿必不能日新。不能日新，則德業自是隳矣。九族乃離而亡也，不難矣。仲虺納規之要，在日新二字。慎厥終，惟其始。終始惟一時，乃日新矣。天無常親，在禮而已。有禮者，封植之必加，如湯以七十裏而受命。昏暴者，覆亡之立至，如桀藉有祖之成業而喪亡。時惟天道，不可忽也，不可恃也，故言欽崇天道，則永保天命矣。

當時諸侯，固有賢德忠良，以不合於桀而見擯棄者。亦有弱昧亂亡，以阿附於桀而不見討者。鳴條既放之後，正命德討罪一新之初，而人心激勸之候也。故欲其於賢德者佑之輔之，忠良者顯之遂之，弱昧者兼之攻之，亂亡者取之侮之。弱昧亂亡，乃彼之所以亡，兼攻取侮惡。惡雖不同，而同於推其亡也。賢德忠良，乃我之所以存，佑輔顯遂善。善雖不同，而同於固其存也。如是，則人心激勸，莫不勉為忠良賢德之歸，邦國不其昌乎。孔氏曰，有亡道則推而亡之，有存道則輔而固之。王者如此，國乃昌盛。陸氏音義，推，土雷反。

欲與萬國同其安存者，天子之心也。彼之與亂同事而自底滅亡者，勢不得不誅其君而弔其民。亡乃彼之自取，故曰推彼之所以亡。若安存之道，則我與賢德忠良者所共也，故曰固我之所以存。

德無止法，民無常懷。憂勤惕勵，日新一日，德乃光輝，而萬邦人心繫屬歸仰者，亦常新而不厭。少或自滿，則怠荒之心乘之。德將日虧，而九族之離自此始矣。故王當懋昭王之大德，以建中道於天下。中而謂之建者，民受天地之中以生，是以有動作禮義威儀之則。自大君身上做出來與人看，而使之視以為則也。建中之道，在於以義制事，以禮制心。事有是非可否，一斷以義，則事得其宜。心者，視聽言動之主也。一於禮，而非禮不動，則心得其正。心得其正，乃能制事之宜。事得其宜，則行無不慊於心。所謂內外合德，而中道始立也。垂裕後昆，指後王言。言禮義之成法，不特與當時做樣子，而永與後王做樣子，使亦有以建中於民也。後伊尹告太甲曰，若虞機張往省括於度，則釋欽厥止率乃祖攸行。乃祖攸行，非即其制事制心之成法乎。欲太甲以之為據依，若射之省括於度，機無妄發。則湯之垂裕，誠大矣。

能自得師，孔氏曰，求賢聖而事之，可謂得之。然而能自得之意，尤當深味也。如宣帝為元帝得蕭望之，可謂得師矣。而望之之所以為賢，與其所以當尊事服從者，元帝固懵然也。則非可謂能自得師矣。自字最重。得師由我，而由人乎哉。

## 明梅鷟《尚書考異》卷三《伊訓》

古有夏先後，方懋厥德，罔有天災。山川鬼神亦莫不寧，暨鳥獸魚鼈鹹若。

宣三年，王孫滿曰，昔夏之方有德也，使民知神姦，故民入川澤山林，不逢不若。用能協於上下，以承天休。桀有昏德，鼎遷于商。《小雅》曰，方茂爾惡。

惟上帝不常。作善降之百祥，作不善降之百殃。

《康誥》曰，惟命不于常。《詩》曰，天命靡常。《易》曰，積善之家必有餘慶，積不善之家必有餘殃。《漢書・吳王傳》天子制詔將軍，蓋聞為善者，天報以福。為非者，天報以殃。

爾惟德罔小，萬邦惟慶。爾惟不德罔大，墜厥宗。

《易・繫辭》曰，善不積不足以成名，惡不積不足以滅身。又《大學傳》此謂一言僨事，一人定國。朱子謂，即此二句之意。

## 《日講書經解義》卷六

我聞吉人為善，惟日不足。凶人為不善，亦惟日不足。今商王受力行無度，播棄犁老，昵比罪人。淫酗肆虐，臣下化之，朋家作仇，脅權相滅，無辜籲天，穢德彰聞。

此一節書，是先舉古語，而後數商受之惡也。無度，無法度也。播，放也。犁字與黧黑之黧通用，是老人面上顏色。酗是醉後發怒，無辜謂無罪之人。籲天，告天也。武王曰，我聞古人有言，凡為善之吉人，其心惟在於善。雖終日為善，猶以為未足也。凡為惡之凶人，其心亦惟在於惡。雖終日為惡，猶以為未足也。今商王受其所勉力而行者，皆不循法度之事。老成之臣所當親近者，乃放棄之。罪惡之人所當斥逐者，乃親比之。又且淫於色，酗於酒，縱肆威虐，以戕害于百姓，此正所謂凶人為不善亦惟日不足也。在下之臣子見受之所為如此，亦相與習染，化而為惡，各立朋黨，互為仇讐。脅上權力，以相誅滅。其毒流於天下，使無罪受害之人無處控訴，呼天告冤。故其腥穢之德，顯聞於天耳。夫天道福善禍淫，豈能容此凶人哉。

## 宋李樗、黃櫄《毛詩集解》卷三二

其胤維何，天被爾禄。君子萬年，景命有僕。其僕維何，釐爾女士。釐爾女士，從以孫子。

黃曰，天下無可必之事，而有可必之理。春秋之時，諸侯多用蔔筮之法，而知其後世子孫之昌盛。愚嘗疑其誣，而未之敢信。何者，君子以理卜，而不以龜蔔。孔子所謂積善之家必有餘慶，積不善之家必有餘殃，皆立為斷然之辭者，以為此理之必然而無疑者也。如《中庸》之稱舜，稱武王，皆曰德為聖人，尊為天子，富有四海之內。宗廟饗之，子孫保之。夫宗廟饗之，子孫保之，是安可必哉。以其德為聖人也，則知其宗廟之必饗，子孫之必保也。此理也。詩人之意，無異於此。其前章言，君子以孝道，永錫其祚胤。而此章則言，其胤維何，天被爾祿。蓋以為吾君能以孝道錫其子孫，則其子孫將何如哉。天被之以福祿，而使之景命有僕。僕，屬也。言其景命之無窮也。夫在天雖無可必之福，而在人有可必之理。天被爾祿，景命有僕，吾非能必之於天也，吾能必之於吾君也。吾君能以孝道，錫其祚胤，則其子孫必賢，而天固有不容釋者矣。此以理蔔也，非以龜蔔也。詩人之言，非若左氏之誣也。

竊嘗讀《既醉》之詩，而至此一章，尤嘆詩人之善望其君也。人知以福祿望其君，孰知以其所以基福祿者望其君。人知以其後世子孫昌盛望其君，孰知以其子孫所從以昌盛者望其君。《既醉》之詩，始以介爾景福望其君，中以天被爾祿望其君，而終乃以景命有僕釐爾女士望其君。噫，詩人惓惓之意，末章尤加詳焉。

竊嘗觀古今治亂之由，未有不始於女士者也。周之興也，內則有大姒之賢，外則有多士之濟濟。及其衰也，內則有褒姒之嫉妒，外則有巧言之盈庭。唐明皇時，楊妃得寵於內，故在外用事者，則有楊國忠之徒。肅宗時，張後用事，故在外用事者，則有程元振之徒。籲，古今之治亂，未有不由此者也。詩人之愛其君，而望其君以無窮之福，非惟祈天之福於吾君，而且祈天之福於吾君之女士。女士之賢，而子孫從之。詩人之愛其君也至，而望其君也遠。

## 宋范處義《詩補傳》卷二四

無易由言，無曰苟矣。莫捫朕舌，言不可逝矣。無言不讎，無德不報。惠于朋友，庶民小子。子孫繩繩，萬民靡不承。

揚雄以德行忠信為聖人之裏，以威儀文辭為聖人之表。然則人主於威儀文辭，皆不可忽也。厲王不知脩德，則於威儀文辭，所失必多。故詩人於是二者，再三言之。上章既戒其謹爾出話，此章又戒其無易由言。蓋出話，則王言之出為號令者。由言，則凡言所由發，在人主亦不可苟也。捫，持也。朕，我也。自周以前，朕為通言。謂言一出口，莫能持我之舌者。逝，往也。謂言不可輕往也。讎，答也。報，效也。謂言之善否，則下必響答，所謂出其言善，則千里之外應之。出其言不善，則千里之外違之是也。德之吉凶，後必效驗。所謂積善之家必有餘慶，積不善之家必有餘殃是也。惠，順也。使人主其言善，其德吉，近則朋友順之，謂羣臣也。遠則庶民小子順之，謂羣黎也。不止是耳。其仁言善政垂於後世，子孫似續，如繩之聯與，天下之萬民，亦莫不承順之矣。

## 又卷二六

維清緝熙，文王之典。肇（召）禋迄（汔）用，有成維周之禎（貞）。

清而緝熙者，文王之典也。清以言其清明也，緝以言其可續也，熙以言其廣也。曰典，則法度禮樂皆是也。精意以享曰禋。《周官·大宗伯》定為祀昊天上帝之名，蓋取精意以享帝也。肇禋，謂文王始祀於明堂以配上帝也。周家自後稷肇祀，至成周，則郊祀配天矣。文王之典，既有成於是，又始配上帝，此周之禎祥也。謂皆祖宗積累，遂有此祥也。詩人頌商，亦曰長發其祥。《易》曰積善之家必有餘慶。《書》曰作善降之百祥，其是之謂乎。

## 宋衛湜《禮記集説》卷一二八《中庸》

子曰，舜，其大孝也與。德為聖人，尊為天子，富有四海之內。宗廟饗之，子孫保之。故大德必得其位，必得其祿，必得其名，必得其壽。故天之生物，必因其材而篤焉。故栽者培之，傾者覆之。《詩》曰，嘉樂君子，憲憲令德。宜民宜人，受祿於天。保佑命之，自天申之。故大德者必受命。

四明宣氏曰，大孝，惟於舜見之。《書》與《孟子》論舜之孝，皆言孝之始。《中庸》論舜之孝，則言孝之終。蓋《書》與《孟子》，指其事親之實。《中庸》，則發明其用功之大。

又曰，夫天人之應，至難言也。而聖賢常若有可必之論，曰，積善之家必有餘慶，積不善之家必有餘殃。今曰大德，而謂之必得其位，必得其祿，必得其名與壽。聖賢何若是為必然之論，而亦豈能盡取必於天哉。或者以有其不可必也，故為之說曰，至貴在我，所謂必得其位。至富在我，所謂必得其祿。至善在我，所謂必得其名。生生在我，所謂必得其壽。則亦以其不可必也，故為之自反之說雲耳。夫所可必者，理也。所不可必者，命也。由聲色臭味之欲，以至於四肢之安佚，《孟子》皆曰有命焉。至於夭壽不貳修身以俟之，亦曰所以立命也。是知言天下之理者，常有必然之論。而言天下之命者，則不敢有取必之說。故進乎德者，聖人之事也。名位祿壽者，非聖人之所得與也。雖然，天道之可必，亦惟人心之可必也。謳歌之所歸，從者如歸市，非有大德者不能至是。至於期之以萬年，頌之以福祿，申之以令聞名位祿壽，凡有是德者，皆人心之所共祝。人心之可必，即天理之可必也。天人之際，又當以是觀之。

又曰，天命之於人，猶其於天下之物也。均是物也，而生之有不同。天豈或私於其物哉。均是人也，而命之有不同，天豈或私於其人哉。地有肥磽，人事有不齊，而雨露潤澤之功，有得其養，有不得其養，皆因其材而篤之之謂也。惟人亦然。名位祿壽，因其有是德而畀之，無是德者不及也。《假樂》之詩，以為假樂君子，顯顯令德。又有宜民宜人之功，則受祿於天。保佑命之，自天申之。夫申之者，非有心於命之，因以申之而已。《書》曰，天其申命用休，所謂栽者培之，傾者覆之之謂也。然則大德者必受命，觀《假樂》之詩，益知取必於天者，皆可取必於人者也。雖然，素富貴行乎富貴，素貧賤行乎貧賤，素夷狄行乎夷狄，素患難行乎患難。在我固無入而不自得也，奚必區區計福祿於其後，而取必於其在彼者哉。蓋盡其在我者，聖人之德也。必其在彼者，《中庸》所以示行險僥倖之戒也。

## 又卷一三六

唯天下至誠，為能經綸天下之大經，立天下之大本。知天地之化育，夫焉有所倚。肫肫其仁，淵淵其淵，浩浩其天。苟不固聰明聖知達天德者，其孰能知之。

河東侯氏曰，天下之至誠，為能經綸天下之大經，立天下之大本。經，常也。可久而不亂，可久而能通，非誠以經綸之，不可也。經如經緯之經，綸如絲綸之綸。《易》曰彌綸天下之道是也。大本，中也。物物皆有中。天下之大本，言中之大，而盡天下之中者也。立非建立之立，如天地設位易立乎其中，與立不易方之立同。立天下之大本，則又見誠之大也。知天地之化育，知與乾知大始之知同。天地之化育，天地為之爾。知其化育者，誠也。天下之大經，庸之大者也。誠則經綸之。天下之大本，中之大者也，誠則立乎其中。天地之化育，天地之極功也，誠則知其事。故曰，夫焉有所倚。肫肫其仁，淵淵其淵，浩浩其天。焉有所倚，中也。肫肫其仁，仁也。淵淵其淵，無窮也。浩浩其天，廣大也。如是之誠，若不固聰明聖知達天德之人，孰能知之。知之，言能盡其理也。

由是觀之，中庸之道，至於誠，斯至矣，大矣，無以加矣。《中庸》言誠處不一，或因鬼神，或因政事。或自修身以言之，或自內及外以言之。或言天地之道，或言人之道。或自誠而明，或自明而誠。或言禎祥，或言妖孽。或曰自誠，或曰自道。或曰誠己，或曰誠物。或曰不貳，或曰不已。或曰如神，或曰無息。雖然不同，皆合內外之道也。然而理不可低看。如微之顯，誠之不可揜，主鬼神而言之也。鬼神，造化之跡也。造化之顯微，可窮而不可詰。如四時之代謝，萬物之死生，皆其跡也。《易》曰，原始要終。又曰，精氣為物，遊魂為變，是故知鬼神之情狀是也。如政也者，蒲盧也，體誠而為政者也。不誠，未有能化者也。為政之誠，修身為本。修身之本，自明善始，故曰不明乎善不誠其身矣。誠者天之道，誠之者人之道。自誠而明，生知者也。天之為天，亦曰誠而已。故曰天之道自明而誠，反之者也。人之為人，修道而已。故曰人之道誠則明矣，明則誠矣。誠固明矣，明而未至誠，非明也。盡其性，則盡人之性，至於贊天地之化育，與天地參者，言人能體夫誠，而至於天德，則與天地參贊，猶非天地也，德與天地並故也。致曲亦能有誠，習而至於誠化，不知為而為之矣。禎祥妖孽，應各不同。《易》曰積善之家必有餘慶，積不善之家必有餘殃。至誠一道，流通上下，與物無間，故必先知之。又曰至誠如神，非得已也。天地至誠故能成功，聖人至誠故能踐形。成功踐形，自成也，自道也。自誠自道，成己成物，非二也，一也。此皆體夫誠者也。不息不貳不已，言其誠之專也。此誠之功用也。若止言誠，則無息而已。無息，非言誠也。形容誠之體段情性耳。故又曰，經綸天下之大經，立天下之大本，知天地之化育。夫焉有所倚，肫肫其仁，淵淵其淵，浩浩其天，如斯而已。學者至此，全無著力處。非自得之，不能知也。此言形而上者也。

## 又卷一三七

子曰，君子慎以辟禍，篤以不揜，恭以遠恥。子曰，君子莊敬日強，安肆日偷。君子不以一日使其躬儳焉，如不終日。子曰，齋戒以事鬼神，擇日月以見君，恐民之不敬也。子曰，狎侮死焉，而不畏也。

講義曰，放辟邪侈，無不為己者，必陷於死，凡以其不知所謂慎。蓋禍福無門，惟人所召，無不自己求之者。君子所以辟禍，不出於慎以戒懼而已。行矣而不著焉，習矣而不察焉，終身由之而不知其道者，衆也，凡以其不知所謂篤。蓋誠則形，形則著，著則明。君子所以不揜，不出於篤，以力行而已。言輕則招憂，行輕則招辜，貌輕則招辱，凡以其不知所謂恭。蓋動容貌，則斯遠暴慢。正顏色，斯近信。出辭氣，斯遠鄙倍。君子所以遠恥，不出於恭，以不侮而已。禮義者，所以固人肌膚之會，筋骸之束也。由禮義而自強者，其色則莊，而無怠惰之容。其心則敬，而無怠惰之思。由是而充之，其志日強，而足以有思。其力日強，而足以有為。以之終身，蔑有不濟者。故曰莊敬日強。舍禮義而自棄者，恬於燕適，而不知安者之敗名。樂於放縱，而不知肆者之敗禮。於道則苟且日偷而不進，於事則苟且日偷而不治。以之終身，蔑有濟者。故曰安肆日偷。是以昔之言所貴於勇敢者，貴其能行禮義也。

## 宋張九成《孟子傳》卷五

余讀《易》，至坤之初六，觀其繇辭曰：履霜堅冰至。及聖人至此一爻發之曰，積善之家必有餘慶，積不善之家必有餘殃。餘三復斯言，乃悟魯之國祚過周之曆，至漢之初猶有禮義，為項羽堅守而不肯降漢者，皆周公積善之所致也。然自惠公以妾為妻，夫婦之倫亂矣。隱公不書即位，君臣之倫亂矣。所以公子翬擅兵，桓公弒立，慶父弒子般，又弒閔公。公子遂殺惡。及視季氏三分魯國而有其二，孟孫叔孫各有其一，公賦盡入於私家，兵權不出於公室。以至昭公逐，既不得正其終，定無正，又不得正其始。靜觀二百四十二年間，天理顛倒，惡氣蘊積如此焉。得有治安之事乎。定公用孔子權相事，誅少正夘，而男女異路，道不拾遺。飲羊之風遂息，公慎之惡亦亡。三都漸墮，侵疆來復。巍乎已有治安之象矣。而女樂壞之。以此知平公欲見孟子，而臧倉沮之者，皆非偶然也。夫何故惡氣凝結，未易消除，雖以聖賢之力，猶不能消復於冥冥之中，況其他人乎。

蓋惡氣之生，始於微茫。積稔不已，終於浩大。觸乎天，則日食星隕。觸乎地。則山崩川竭。觸乎人，則為讒夫為女子，為不忠之臣，以敗亂國家，顛覆宗社。魯自惠公以來，惡氣寖盛，至於如此，故天變地震，紛然四出，是生三桓，為時蟊螣。是來女樂，遠去聖人。是有臧倉，公沮孟子。夫出乎爾者反乎爾，此天理也。善既有報，惡豈無歸。使聖賢不得行其道者，皆天也，豈偶然哉。

夫聖賢得志，必將使君安於上，民安於下。三綱明五常正，彝倫敘風俗成。顧此大福，非祖宗積善，豈得有此報乎。此孔子遇匡人之圍，則曰天之將喪斯文也，後死者不得與於斯文也。天之未喪斯文也，匡人其如予何。遇公伯寮之愬，則曰道之將行也與，命也。道之將廢也與，命也。公伯寮其如命何。孟子遇臧倉，則曰行或使之，止或尼之。行止非人所能也。吾之不遇魯侯，天也。臧氏之子，焉能使予不遇哉。聖賢深見天意，借手於匡人公伯寮臧倉，以厄吾道，使天下無治安之望，而魯國有衰替之風，此皆惡氣之積，不可遽已也。

嗚呼，深觀此理，則君子戒慎不睹，恐懼不聞，不欺闇室，不愧屋漏，曷可已也。蓋惡氣發於一念，充於一身，行於一家。國君則大於一國，天子則又放於天下。儻知謹獨之學，於履霜之微識堅冰之至，於毫末之起知斧斤之尋，敢謂何傷其禍將長，敢謂何害其禍將大可也。若事至定公平公，雖聖賢亦無及矣。籲，可嘆也。

漢武帝嚴刑黷兵，算及舟車，榷及鹽鐵。公卿大夫，相隨下獄。連年出師，四邊騷動。處心積慮，非殺人即苦民耳。是以內則巫蠱之禍，冤及太子。外則沈命之法，殃及平民。惡氣如此，豈復有治安之理乎。是生石顯，以禍元帝。是生昭儀，以禍成帝。是生董賢，以禍哀帝。是生王莽，以禍平帝。蕭望之不知天意，而欲救之，則望之死。王章不知天意，而欲救之，則王章死。王嘉不知天意，而欲救之，則王嘉死。翟義不知天意，而欲救之，則翟義死。由是推之，終於宗社滅亡而後已。則桓帝之殺李固，興黨錮。獻帝之遭董卓，遇曹操。乃漢明冤獄之報也。

玄宗不用張九齡，德宗不用陸贄，文宗不用裴度，使有祿山之亂，盧杞之亂，甘露之亂，若有鬼神陰沮於其間者，乃太宗開基之際，殺竇建德，誅蕭銑之報也。由是推之，則孟子有不遇魯侯天也之語，其可謂深識天人之際矣。然而小人之沮君子，其說乃如是之巧，不可不知也。臧倉嬖人，安能為此。乃知惡氣感物，有以使之也。其巧如何，曰，禮義由賢者出，而孟子之後喪踰前喪，其言則有理，其事則可疑，豈非小人之害人，其說乃如此之巧乎。君子處心無愧，巧與不巧，吾何恤哉。然平公以樂正子一言，遽欲命駕。臧倉一言，遽又諾之。不復考問是非，詢諸左右，可謂輕矣。如此資質，亦安能有為乎。樂正子辨析如此，不聞有悔悟之言，以正臧倉之罪。車音既息，求賢莫聞。此何人也哉。餘既極天人之理，而又述小人之害君子之巧，而平公舉動之輕，以為後世戒。

## 又卷二〇

《易》曰積善之家必有餘慶，積不善之家必有餘殃。善惡之積，其流甚遠。故君子小人之澤，至五世而乃已。方孟子時，雖去孔子未遠，君子之澤固未泯絕。然當商鞅騶忌陳軫蘇秦張儀稷下之熾，小人之澤正爾橫流。[略]孟子力未及孔子，未能遽革其心也。賴孔子之澤尚在，而秉彝之性未盡淪胥，聊為之論養氣知言之說，盡心知性之說，尊王黜霸之說，以大其所知。故曰，予私淑諸人也。嗚呼，小人之澤，害人如此。而時君世主方且擁篲先驅，築館上舍，坐輜車以謀議，列康莊以尊大之。當是時也，出則為名寵之誘，入則聞捭闔之議，其欲信孟子盡如孔子之徒也，難矣。可勝傷哉。

## 清李光地《讀孟子劄記》卷下

孟子曰莫非命也章。

吉凶禍福，莫非命者，兼氣數而言者也。正命者，純以理而言者也。天命不能不行於氣數之中，是以吉凶禍福參差而不齊。然所謂正命者，則無往而不存焉。順受雲者，非漠然聽之之謂，上章所謂修身以俟者是也。立巖墻之下，則不知謹其身。蓋修身者之反也。又釋其意，以為修身以俟，是盡其道而死，循乎理之當然，而聽乎數之適然。則不以適然之數，而失其當然之理，此之謂正命。不謹其身，如妄行而陷於桎梏以死，雖其數之使然，而不能盡乎理之當然，則既失其當然之理，而不得委之適然之數，此之謂非正命。《集註》雲，此章與上章，蓋一時之言，所以發其末句未盡之意也。上章但言命，未嘗分別出正命來。須用此章分別。則知上章所謂不貳者，不疑於此。俟者，俟此。其究能立命者，立此而已。

如前篇之終所敘，舜說諸人屈伸之際，以為有天意存焉。夫當其窮賤困頓，非天實有意為之。蓋亦氣數使然，而天意即在乎其間爾。天下窮賤困頓之人何限，惟聖賢者以勞苦變動而光明，是能順受其正者也。其窮而濫焉以放於惡，或株而守焉以終於困者，不能順受其正者也。夫謂之順受，則其在窮賤困頓之中，亦惟信理之明，自修之篤，殆若將終身焉，豈有圖度僥倖之私哉。是以其後也，如舜之庸說之立，固所以立命也。如顏之夭冉之疾，亦所以立命也。何則，顏冉不為賢，亦疾且夭也。疾夭者，氣數所不免，而顏冉得賢焉，豈非立命也哉。藉令舜說不庸不立，不與顏冉同乎，亦何害其為立命也。

或曰，是則然也。然前篇所謂將降大任者，是天意也，正命也。何舜說是厚，而薄於顏冉。且《詩》《書》所稱降祥求福者，安在哉。曰，此又當以大運之氣數推之也。大運之亨，天將使聖賢以道殉身，其任之以天下之大者如此也。大運之否，天將使聖賢以身殉道，其仁以為之任也，不亦大乎。此皆所謂順受其正。知所謂順受其正，則降祥求福舉之矣。《易》曰積善之家必有餘慶。今有區區鄉曲之善，身不席報，而子孫享焉。猶將本德推功，而勿忘勿替也，況如顏冉者，垂無窮而敝天地哉。

大抵經傳聖賢之言命者，其別有三。一則最初賦畀之命也，《中庸》天命之謂性是也。一則中間氣數之命也，夫子所謂將行將廢得之不得者是也。一則其後應感之命也，《詩》《書》所稱保佑申命命靡常者是也。以正命始，以正命終，惟中間者氣數司之，然正命未嘗不行焉。故上章言知天事天，則不隔乎賦畀之初也。夭壽不貳，則不奪乎氣數之變也。至於立命，則雖無心於應感之際，而惟完其所受之分。然所謂克享天心，永言配命者，未始非立命之事也。自性命之學荒，則先不知賦畀之為何物，於是惑於氣數之參差，而疑聰明明威者之僭忒。王仲淹所謂天人之意否而不交者，此矣。

《告子篇》，非才之罪也，不能盡其才者也。不授氣質以權也。此篇夭壽不貳，修身以俟，莫非命也，順受其正。不授氣數以權也。皆盡性以立命之學也。或曰，氣質則因學而有變化之道，氣數則不可以轉移。二者豈可同乎。曰，如此，則廸吉逆凶，福善禍淫者，聖賢豈欺我哉。異日孟子之告君卿大夫於禍福之際詳矣，此為學者言之，則不可使之屑屑焉而存是心，故直言順受其正而已。吉凶禍福不以動其心焉，是極至之論也。

# 史　部

## 《後漢書・楊震傳》

秉字叔節，少傳父業，兼明京氏易。博通書傳，常隱居教授。年四十餘，乃應司空辟，拜侍御史。頻出，為豫荊徐兗四州刺史，遷任城相。自為刺史二千石，計日受奉，餘祿不入私門。故吏齎錢百萬遺之，閉門不受，以廉潔稱。桓帝即位，以明《尚書》徵入勸講。拜太中大夫左中郎將，遷侍中尚書。帝時微行，私過幸河南尹梁胤府舍。是日大風，拔樹晝昏。秉因上疏諫曰，臣聞瑞由德至，災應事生。傳曰，禍福無門，唯人所召。天不言語，以災異譴告。是以孔子迅雷風烈，必有變動。《詩》雲，敬天之渝，不敢馳驅。王者至尊，出入有常。警蹕而行，靜室而止。自非郊廟之事，則鑾旗不駕。故《詩》稱自郊徂宮，《易》曰王假有廟致孝享也。諸侯如臣之家，《春秋》尚列其誡，況以先王法服，而私出槃遊。降亂尊卑，等威無序。侍衛守空宮，紱璽委女妾。設有非常之變，任章之謀。上負先帝，下悔靡及。臣奕世受恩，得備納言。又以薄學充在講勸，特蒙哀識，見照日月。恩重命輕，義使士死。敢憚摧折，略陳其愚。帝不納。秉以病乞退，出為右扶風太尉。

論曰，孔子稱危而不持，顛而不扶，則將焉用彼相矣。（《論語》載孔子之言也。相扶持者，諭臣當輔君也。）誠以負荷之寄，不可以虛冒崇高之位，憂重責深也。（負荷之寄，周公霍光之儔。）延光之間，震為上相，抗直方以臨權枉。（坤六二曰，直方大，不習，无不利也。）先公道而後身名，可謂懷王臣之節（《易》曰，王臣蹇蹇，匪躬之故。），識所任之體矣。遂累葉載德，繼踵宰相。（《易》曰，德積載，載，重也。）信哉，積善之家必有餘慶。先世韋平方之蔑矣。（韋賢、平當父子，並相繼為丞相。）

## 《晉書・後妃列傳・明穆庾皇后》

明穆庾皇后諱文君，潁川鄢陵人也。父琛，見《外戚傳》。後性仁惠，美姿儀。元帝聞之，聘為太子妃，以德行見重。明帝即位，立為皇后。冊曰，妃庾氏昔承明命，作嬪東宮。虔恭中饋，思媚軌則。履信思順，以成肅雝之道。正位閨房，以著協德之美。朕夙罹不造，煢煢在疚。羣公卿士，稽之往代，僉以崇嫡明統，載在典謨。宜建長秋，以奉宗廟。是以追述先志，不替舊命。使使持節，兼太尉授皇后璽綬。夫坤德尚柔，婦道承姑。崇粢盛之禮，敦螽斯之義。是以利在永貞，克隆堂基。母儀天下，潛暢陰教。鑒於六列，考之篇籍。禍福無門，盛衰由人。雖休勿休，其敬之哉，可不慎歟。及成帝即位，尊後曰皇太后。羣臣奏，天子幼沖，宜依漢和熹皇后故事。辭讓數四，不得已而臨朝，攝萬機。

## 《晉書・外戚列傳》

詳觀往誥，逖聽前聞。階緣外戚以致顯榮者，其所由來尚矣，而多至禍敗，鮮克令終者，何哉。豈不由祿以恩升，位非德舉。識慙明悊，材謝經通。假椒房之寵靈，總軍國之樞要。或威權震主，或勢力傾朝。居安而不慮危，務進而不知退。驕奢既至，釁隙隨之者乎。是以呂霍之家，誅夷於西漢。梁鄧之族，勦絶於東都。其餘幹紀亂常害時蠹政者，不可勝載。至若樊靡卿之父子，竇廣國之弟兄。陰興之守約戒奢，史丹之掩惡揚善，斯並后族之所美者也。由此觀之，干時縱溢者，必以凶終。守道謙沖者，永保貞吉。古人所謂禍福無門，惟人自召。此非其效歟。逮於晉難，始自宮掖。楊駿藉武帝之寵私，叨竊非據。賈謐乘惠皇之蒙昧，成此厲階。遂使悼后遇雲林之災，愍懷濫湖城之酷。天人道盡，喪亂弘多。宗廟以之顛覆，黎庶於焉殄瘁。《詩》云，赫赫宗周，褒姒滅之，其此之謂也。爰及江左，未改覆車。庾亮世族羽儀，王恭高門領袖。既而職兼出納，任切股肱。孝伯竟以亡身，元規幾於敗國，豈不哀哉。若褚季野之畏避朝權，王叔仁之固求出鎮，用能全身遠害，有可稱焉。賈充、楊駿、庾亮、王獻之、王恭等，已入列傳。其餘即叙其成敗，以為《外戚篇》云。

## 《宋書・謝晦傳》

晦先舉羡之、亮哀，次發子弟凶問。既而自出射堂，配衣軍旅。數從高祖征討，備覩經署。至是指揮處分，莫不曲盡其宜。二三日中，四遠投集，得精兵三萬人。乃奉表曰：

臣階緣幸會，蒙武皇帝殊常之眷。外聞政事，內謀帷幄。經綸夷險，毗贊王業。預佐命之勳，膺河山之賞。及先帝不豫，導揚末命。臣與故司徒臣羡之，左光祿大夫臣亮，征北將軍臣道濟等，並升御牀，跪受遺詔。載貽話言，託以後事。臣雖凡淺，感恩自厲。送往事居，誠貫幽顯。逮營陽失德，自絶宗廟，朝野岌岌，憂及禍難。忠謀協契，徇國忘己。援登聖朝，惟新皇祚。陛下馳傳乘流，曾不惟疑。臨朝殷懃，增崇封爵。此則臣等赤心，已亮於天鑒。遠近萬邦，咸達於聖旨。若臣等志欲專權，不顧國典，便當協翼幼主，孤背天日。豈復虛館七旬，仰望鸞旗者哉。故廬陵王於營陽之世，屢被猜嫌。積怨犯上，自貽非命。天祚明德，屬當昌運。不有所廢，將何以興。成人之美，《春秋》之高義。立帝清館，臣節之所司。耿弇不以賊遺君父，臣亦何負於宋室邪。况釁結閨牆，禍成畏逼。天下耳目，豈伊可誣。

臣忝居蕃任，乃誠匪懈。為政小大，必先啟聞。糾剔羣蠻，清夷境內。分留弟姪，並侍殿省。陛下聿遵先志，申以婚姻。童稚之目，猥荷齒召。蔫女遷子，合門相送。事君之道，義盡於斯。臣羨之總録百揆，翼亮三世。年耆乞退，屢抗表疏。優旨綢繆，未垂順許。臣亮管司喉舌，恪虔夙夜。恭謹一心，守死善道。此皆皇宋之宗臣，社稷之鎮衛。而讒人傾覆，妄生國釁。天威震怒，加以極刑。并及臣門，同被孥戮。雖未知臣道濟問，推理即事，不容獨存。先帝顧託元臣翼命之佐，勦於佞邪之手。忠貞匪躬之輔，不免夷滅之誅。陛下春秋方富，始覽萬機。民之情偽，未能鑒悉。王弘兄弟，輕躁昧進。王華猜忌忍害，規弄威權。先除執政，以逞其欲。天下之人，知與不知，孰不為之痛心憤怨者哉。

臣等見任先帝，垂二十載。小心謹慎，無纖介之愆。伏事甫爾，而嬰若斯之罪。若非先帝謬於知人，則為陛下未察愚欵。臣去歲末使反，得朝士及殿省諸將書，並言嫌隙已成，必有今日之事。臣推誠仰期，罔有二心。不圖姦回潛遘，理順難恃。忠賢隕朝，愚臣見襲。到彦之、蕭欣等在近路。昔白公稱亂，諸梁嬰胄。惡人在朝，趙鞅入伐。臣義均休戚，任居分陝，豈可顛而不扶，以負先帝遺旨。輙率將士，繕治舟甲。須其自送，投袂撲討。若天祚大宋，卜世靈長。義師克振，中流清蕩。便當浮舟東下，戮此三竪，申理冤恥，謝罪闕庭。雖伏鑕赴鑊，無恨於心。伏願陛下遠尋永初託付之旨，近存元嘉奉戴之誠。則微臣丹款，猶有可察。臨表哽慨，言不自盡。

太祖時已戒嚴，諸軍相次進路。尚書符荆州曰：禍福無門，逆順有數。天道徵於影響，人事鑒於前圖。未有蹈義而福不延，從惡而禍不至也。故智計之士，審敗以立功。守正之臣，臨難以全節。徐羡之、傅亮、謝晦，安忍鴆殺，獲罪於天。名教所極，政刑所取，已遠暴四海，宣於聖詔。羨之父子亮及晦息電斷之初，並即大憲。復王室之讎，攄義夫之憤。國典澄明，人神感悦。三姓同罪。既擒其二，晦之室屬，縲仆獄戶。苟幽明所怨，孤根易拔。以順討逆，雖厚必崩。然歸死難圖，獸困則噬。是以爰整其旅，用為過防。京師之衆，天下雲集。士練兵精，大號響震。[略]

晦至江陵，無它處分。惟愧謝周超而已。超其夜舍軍，單舸詣到彦之降，衆散畧盡。乃攜其弟遯，兄子世基等七騎，北走。遯肥壯不能騎馬，晦每待之，行不得速。至安陸延頭，為戍主光順之所執。順之，晦故吏也。檻送京師。於路作《悲人道》，其詞曰：

悲人道兮，悲人道之實難。哀人道之多險，傷人道之寡安。懿華宗之冠冑，固清流而遠源。樹文德於庭户，立操學於衡門。應積善之餘祐，當履福之所延。何小子之凶放，實招禍而作愆。

## 《梁書》卷三一《袁昂傳》

永元末，義師至京師。州牧郡守皆望風降欵，昂獨拒境不受命。高祖手書喻曰：

夫禍福無門，興亡有數。天之所棄，人孰能匡。機来不再，圖之宜早。頃藉聽道路，承欲狼顧一隅。既未悉雅懷，聊申往意。獨夫狂悖，振古未聞。窮凶極虐，歲月滋甚。天未絶齊，聖明啓運。兆民有賴，百姓来蘇。吾荷任前驅，掃除京邑。方撥亂反正，伐罪弔民。至止以来，前無横陣。今皇威四臨，長圍已合。遐邇畢集，人神同奮。鋭卒萬計，鐵馬千羣。以此攻戰，何往不克。况建業孤城，人懷離阻。面縛軍門，日夕相繼。屠潰之期，勢不云遠。兼熒惑出端門，太白入氐室。天文表於上，人事符於下。不謀同契，實在兹辰。且范岫申胄，久薦誠款。各率所由，仍為掎角。沈法瑀、孫肹、朱端，已先肅清吴會。而足下欲以區區之郡，禦堂堂之師。根本既傾，枝葉安附。童兒牧豎，咸謂其非。求之明鑒，實所未達。今竭力昏主，未足為忠。家門屠滅，非所謂孝。忠孝俱盡，將欲何依。豈若翻然改圖，自招多福。進則遠害全身，退則長守禄位。去就之宜，幸加詳擇。若執迷遂往，同惡不悛。大軍一臨，誅及三族。雖貽後悔，寧復云補。欲布所懷，故致今白。

## 《舊唐書》卷六〇

河間王孝恭，琛之弟也。高祖剋京師，拜左光禄大夫。尋為山南道招慰大使，自金州出于巴蜀招攜，以禮降附者，三十餘州。孝恭進繫朱粲，破之。諸將曰，此食人賊也，為害實深，請坑之。孝恭曰，不可。自此已東，皆為寇境。若聞此事，豈有來降者乎。盡赦而不殺。由是書檄所至，相繼降欵。［略］七年，孝恭自荆州趣九江。時李靖、李勣、黄君漢、張鎮州、盧祖尚，並受孝恭節度。將發，與諸將宴集。命取水，忽變為血。在座者皆失色，孝恭舉止自若。徐諭之曰，禍福無門，唯人所召。自顧無負於物，諸公何見憂之深。公祏惡積禍盈，今承廟算以致討。盌中之血，乃公祏授首之後徵，遂盡飲而罷，時人服其識度，而能安衆。

## 《舊唐書·盧藏用傳》

藏用常以俗多拘忌，有乖至理。乃著《析滯論》，以暢其事。辭曰：

客曰，天道玄微，神理幽化。聖人所以法象，衆庶由其運行。故大撓造甲子，容成著律曆。黄公裁變，玄女啓謨。八門御時，六神直事。從之者則兵强國富，違之者則將弱朝危。有同影響，若合符契。先生亦嘗聞之乎。主人曰，何為其然也。子所謂曲學所習，噅昧所守，徒識偏方之詭説，未究亨衢之通論。蓋《易》曰先天不違，傳稱人神之主。範圍不過，三才所以虚中。進退非邪，百王所以無外。故曰，國之將興，聽於人。將亡，聽於神。又曰，禍福無門，惟人所召。人無舋焉，妖不自作。由是言之，得喪興亡，並關人事。吉凶悔悋，無涉天時。且皇天無親，唯德是輔。為不善者，天降之殃。高宗修德，桑穀以變。宋君引過，法星退舍。此天道所以從人者也。

## 《新唐書・魏徵傳》

帝嘗問羣臣，徵與諸葛亮孰賢。岑文本曰，亮才兼將相，非徵可比。帝曰，徵蹈履仁義，以弼朕躬，欲致之堯舜，雖亮無以抗。時上封者衆，或不切事，帝厭之，欲加譙黜。徵曰，古者立謗木，欲聞己過。封事，其謗木之遺乎。陛下思聞得失，當恣其所陳。言而是乎，為朝廷之益。非乎，無損於政。帝悦，皆勞遣之。

十三年，阿史那結社率作亂，雲陽石然自冬至五月不雨。徵上疏極言曰：

臣奉侍幃幄十餘年，陛下許臣以仁義之道，守而不失，儉約朴素，終始弗渝。德音在耳，不敢忘也。頃年以來，寖不克終。謹用條陳，裨萬分一。陛下在貞觀初，清淨寡欲，化被荒外。今萬里遣使，市索駿馬，并訪怪珍。昔漢文帝却千里馬，晉武帝焚雉頭裘。陛下居常論議，遠希堯舜。今所為，更欲處漢文晉武下乎。此不克終一漸也。子貢問治人，孔子曰，懍乎若朽索之馭六馬。子貢曰，何畏哉。對曰，不以道導之，則吾讎也，若何不畏。陛下在貞觀初，護民之勞，煦之如子。不輕營為。頃既奢肆，思用人力。乃曰百姓無事則易驕，勞役則易使。自古未有百姓逸樂而致傾敗者，何有逆畏其驕而為勞役哉。此不克終二漸也。陛下在貞觀初，役己以利物，比來縱欲以勞人。雖憂人之言不絶於口，而樂身之事實切諸心。無慮營構，輒曰弗為。此不便我身，推之人情，誰敢復爭。此不克終三漸也。在貞觀初，親君子斥小人。比來輕褻小人，禮重君子。重君子也，恭而遠之。輕小人也，狎而近之。近之莫見其非，遠之莫見其是。莫見其是，則不待間而疏。莫見其非，則有時而昵。昵小人，疏君子，而欲致治，非所聞也。此不克終四漸也。在貞觀初，不貴異物，不作無益。而今難得之貨，雜然竝進。玩好之作，無時而息。上奢靡而望下朴素，力役廣而冀農業興，不可得已。此不克終五漸也。貞觀之初，求士如渴。賢者所舉，即信而任之。取其所長，常恐不及。比來由心好惡，以衆賢舉而用，以一人毀而棄。雖積年任而信，或一朝疑而斥。夫行有素履，事有成迹。一人之毀，未可必信。積年之行，不應頓虧。陛下不察其原，以為臧否。使讒佞得行，守道疏間。此不克終六漸也。在貞觀初，高居深拱，無田獵畢弋之好。數年之後，志不克固。鷹犬之貢，遠及四夷。晨出夕返，馳騁為樂。變起不測，其及救乎。此不克終七漸也。在貞觀初，遇下有禮，羣情上達。今外官奏事，顏色不接。間因所短，詰其細過。雖有忠款，而不得申。此不克終八漸也。在貞觀初，孜孜治道，常若不足。比恃功業之大，負聖智之明。長傲縱欲，無事興兵，問罪遠裔。親狎者阿旨不肯諫，疏遠者畏威不敢言。積而不已，所損非細。此不克終九漸也。貞觀初，頻年霜旱。畿内户口，竝就關外。攜老扶幼，來往數年。卒無一户亡去，此由陛下矜育撫寧，故死不携貳也。比者疲於徭役，關中之人，勞敝尤甚。雜匠當下，顧而不遣。正兵番上，復別驅任。市物繦屬於廛，遞子背望於道。脱有一穀不收，百姓之心恐不能如前日之帖泰，此不克終十漸也。

夫禍福無門，惟人之召。人無釁焉，妖不妄作。今旱熯之災，遠被郡國。凶醜之孽，起於轂下。此上天示戒，乃陛下恐懼憂勤之日也。千載休期，時難再得。明主可為而不為，臣所以鬱結長嘆者也。疏奏，帝曰，朕今聞過矣，願改之，以終善道。有違此言，當何施顔面與公相見哉。方以所上疏列為屏障，庶朝夕見之。兼録付史官，使萬世知君臣之義。因賜黄金十斤，馬二匹。

## 《宋史・孫奭傳》

帝遣内侍皇甫繼明就問，又上疏曰：

陛下將幸汾陰，而京師民心弗寧。江淮之衆困於調發，急須鎮安而矜存之。且土木之功未息，而奪攘之盜公行。外國治兵，不遠邊境。使者雖至，寧可保其心乎。昔陳勝起於徭戍，黄巢出於凶饑。隋煬帝勤遠畧，而唐高祖興於晉陽。晉少主惑小人，而耶律德光長驅中國。陛下俯從姦佞，遠棄京師。涉仍歲薦饑之墟，修違經久廢之祠。不念民疲，不恤邊患，安知今日戍卒無陳勝，饑民無黄巢。英雄將無窺伺於肘腋，外敵將無觀釁於邊陲乎。先帝嘗議封禪，寅畏天災，尋詔停寢。今姦臣乃贊陛下，力行東封，以為繼成先志。先帝嘗欲北平幽朔，西取繼遷。大勳未集，用付陛下。則羣臣未嘗獻一謀，畫一策，以佐陛下，繼先帝之志者。反務卑辭重幣，求和於契丹。蹙國縻爵，姑息於繼遷。曾不思主辱臣死為可戒，誣下罔上為可羞。撰造祥瑞，假託鬼神。纔畢東封，便議西幸，輕勞車駕，虐害饑民。冀其無事往還，便謂成大勳績。是陛下以祖宗艱難之業，為姦邪僥倖之資。臣所以長嘆而痛哭也。夫天地神祇，聰明正直。作善降之百祥，作不善降之百殃。未聞專事籩豆簠簋，可邀福祥。《春秋》傳曰，國之將興，聽於民。將亡，聽於神。愚臣非敢妄議，惟陛下終賜裁擇。

後天下數有災變，又言古者五載廵狩，有國之事爾，非必有紫氣黄雲，然後登封。嘉禾異草，然後省方也。今野鵰山鹿，郡國交奏。秋旱冬雷，羣臣率賀。退而腹非竊笑者，比比皆是。孰謂上天為可罔，下民為可愚，後世為可欺乎。人情如此，所損不細，惟陛下深鑒其妄。

## 唐吴兢《貞觀政要》卷四《太子諸王定分》

貞觀七年，太宗謂侍中魏徵曰，自古侯王能自保全者甚少，皆由生長富貴，好尚驕逸。多不解親君子遠小人故爾。朕所有子弟，欲使見前言往行，冀其以為規範。因命徵録古來帝王子弟成敗事，名為《自古諸侯王善惡録》，以賜諸王。其序曰：

觀夫膺期受命，握圖御宇。咸建懿親，藩屏王室。布在方策，可得而言。自軒分二十五子，舜舉一十六族。爰歷周漢，以逮陳隋。分裂山河，大啟磐石者，衆矣。或保乂王家，與時升降。或失其土宇，不祀忽諸。然考其隆替，察其興滅。功成名立，咸資始封之君。國喪身亡，多因繼體之後，其故何哉。始封之君，時逢草昧。見王業之艱阻，知父兄之憂勤。是以在上不驕，夙夜匪懈。或設醴以求賢，或吐飧而接士。故甘忠言之逆耳，得百姓之懽心。樹至德於生前，流遺愛於身後。暨夫子孫繼體，多屬隆平。生自深宫之中，長居婦人之手。不以高危為憂懼，豈知稼穡之艱難。昵近小人，疏遠君子。綢繆哲婦，傲狠明德。犯義悖禮，淫荒無度。不遵典憲，僭差越等。恃一顧之權寵，便懷匹嫡之心。矜一事之微勞，遂有無厭之望。棄忠貞之正路，蹈姦宄之迷塗。愎諫違卜，往而不返。雖梁孝齊冏之勳庸，淮南東阿之才俊，摧摩霄之逸翮，成窮轍之涸鱗。棄桓文之大功，就梁董之顯戮。垂為炯戒，可不惜乎。

皇帝以聖哲之資，拯傾危之運。耀七德以清六合，總萬國而朝百靈。懷柔四荒，親睦九族。念華萼於棠棣，寄維城於宗子。心乎愛矣，靡日不思。爰命下臣，考覽載籍。博求鑑鏡，貽厥孫謀。臣輒竭愚誠，稽諸前訓。凡為藩為翰有國有家者，其興也必由於積善，其亡也皆在於積惡。故知善不積不足以成名，惡不積不足以滅身。然則禍福無門，吉凶由己。惟人所召，豈徒言哉。今録自古諸王行事得失，分其善惡，各為一篇。名曰《諸王善惡録》，欲使見善思齊，足以揚名不朽。聞惡能改，庶得免乎大過。從善則有譽，改過則無咎。興亡是繫，可不勉歟。太宗覽而稱善，謂諸王曰，此宜置于座右，用為立身之本。

## 又卷六

貞觀十六年，太宗謂侍臣曰：古人云，鳥棲於林，猶恐其不高，復巢於木末。魚藏於水，猶恐其不深，復穴於窟下。然而為人所獲者，皆由貪餌故也。今人臣受任，居高位，食厚禄。當須履忠正，蹈公清，則無災害，長守富貴矣。古人云，禍福無門，惟人所召。然陷其身者，皆為貪冒財利，與夫魚鳥何以異哉。卿等宜思此語，為鑒誡。

## 又卷一〇

貞觀十三年，魏徵恐太宗不能克終儉約，近歲頗好奢縱。上疏諫曰，臣觀自古帝王，受圖定鼎，皆欲傳之萬代，貽厥孫謀。故其垂拱巖廊，布政天下。其語道也，必先淳朴而抑浮華。其論人也，必貴忠良而鄙邪佞。言制度也，則絶奢靡而崇儉約。談物産也，則重穀帛而賤珍奇。然受命之初，皆遵之以成治。稍安之後，多反之而敗俗。其故何哉，豈不以居萬乘之尊，有四海之富，出言而莫己逆，所為而人必從。公道溺於私情，禮節虧於嗜好欲故也。語曰，非知之難，行之惟難。非行之難，終之斯難。所言信矣。伏惟陛下年甫弱冠，大拯横流，削平區宇，肇開帝業。貞觀之初，時方克壯，抑損嗜欲，躬行節儉。内外康寧，遂臻至治。論功則湯武不足方，語德則堯舜未為遠。臣自擢居左右，十有餘年。每侍帷幄，屢奉明旨。常許仁義之道，守之而不失。儉約之志，終始而不渝。一言興邦，斯之謂也。德音在耳，敢忘之乎。而頃年已来，稍乖曩志。敦朴之理漸不克終，謹

以所聞列之如左。[略]

臣聞禍福無門，唯人所召。人無釁焉，妖不妄作。伏惟陛下統天御宇，十有三年。道洽寰中，威加海外。年穀豐稔，禮教聿興。比屋踰於可封，菽粟同於水火。暨乎今歲，天災流行。炎氣致旱，乃遠被於郡國。凶醜作孽，忽近起於轂下。夫天何言哉，垂象示誡。斯誠陛下驚懼之辰，憂勤之日也。若見誡而懼，擇善而從。同周文之小心，追殷湯之罪己。前王所以致理者，勤而行之。今時所以敗德者，思而改之。與物更新，易人視聽。則寶祚無疆，普天幸甚，何禍敗之有乎。然則社稷安危，國家理亂，在於一人而已。當今太平之基，既崇極天之峻。九仞之積，猶虧一簣之功。千載休期，時難再得。明主可為而不為，微臣所以鬱結而長嘆者也。臣誠愚鄙，不達事機。畧舉所見十條，輙以上聞聖聽。伏願陛下採臣狂瞽之言，參以芻蕘之議，冀千慮一得，衮職有補。則死日生年，甘從斧鉞。

疏奏，太宗謂徵曰，人臣事主，順旨甚易，忤情尤難。公作朕耳目股肱，常論思獻納。朕今聞過能改，庶幾克終善事。若違此言，更何顏與公相見，復欲何方以理天下。自得公疏，反覆研尋。深覺詞强理直，遂列為屏障，朝夕瞻仰。又録付史司，冀千載之下，識君臣之義。乃賜徵黄金十斤，廐馬二疋。

## 《唐大詔令集》卷一二〇《討鎮州王庭湊德音》

朕嘗讀玄元書，至於佳兵者是樂殺人。因念自孩提之逮於羈丱，不三十年，必宜以安。人為國本，不以窮武為威力。顧予寡昧，敢忘遵承為追念。以興師已極，君臣之分以軫。憂而捨罪，豈非帝王之道。况王庭湊倉卒之際，本非始謀。接之以恩榮，自當展其志義。委之以鎮戎，必冀效於勳庸。禍福無門，行之則是。弛張在我，用亦何常。苟推信順，便保忠順。苟得其衆，孰非吾人。推而用之，式示榮寵。宜特捨雪，仍授檢校右散騎常侍兼鎮州大都督府長史御史大夫充成德軍節度鎮冀深趙等州觀察處置等使，應成德軍將士官吏一切依舊，待之如初。仍令兵部侍郎韓愈充宣慰使。

於戲，朕於彼三軍，惠非不至。於彼闔境，恩非不周。今弘寬大之典，以應陽和之令。使離散者見親愛之樂，暴露者歸室家之安。各宜感悦，以就寧泰。布告中外，體朕意焉。

## 又《削奪李罕之官爵制》

勑朕聞君天下者，先賞而後罰。立教化者，貴德而賤刑。其或道之以爵而不勸，是禀匪人之性，豈悛不救之謀。雖軍旅屢興，有虧區宇。而干戈勿用，何去頑嚚。邢磁洺等州節度觀察處置等使金紫光禄大夫檢校司徒同中書門下平章事守邢州刺史上柱國隴西郡王食邑三千户李罕之，閭閻下品，窟穴微生。憑厲氣以感時，依兇徒而干紀。剽刼郡縣，攘害蒸黎。水絶安流，陸無砥道。先皇帝捨於斧鑕，委以招修。唯聞屠伯之人，寧有孚人之稱。而又擅離河内，竊據東郊。谿壑貪心，涸伊瀍而不潤。烏鳶利觜，啗刺廓以成空。旋逃原野之誅，還聚萑蒲之衆。時以上京初復，羣情未安。宥十死之正刑，委三城之重地。仍加相印，俾掌兵權。冀懷再造之恩，永戢無厭之暴。而乃復招逋逸，輒留貢輸。始則結王友遇而寇攘，終則投李克用而侵軼。且山北以邢洺為要害，爾則引戎馬以屠攻。洛京以懷孟為咽喉，爾則肆爪牙而搏噬。謂其當路，終可欺天。不知祖宗垂休，祐予纘繼。中外陳懇，成我蕩平。專攻之令纔行，同德之捷已獻。度其鼎釜，無一安存。降以絲綸，用彰攻伐。其李罕之在身官爵，並宜削奪註毀。委招討使宰臣張濬駱全雍悉加存卹。

於戲，禍福無門，唯人自召。爾為將相，而不能全身。授爾旌旗，而翻聞起亂。罪在不赦，朕安敢私。凡百同盟，共懲始禍。布告中外，咸使聞知。（大順元年五月）

## 唐杜佑《通典》卷一六二《推人事破災異》

周武王伐紂，師至汜水牛頭山，風甚雷疾，鼓旗毀折。王之驂乘，惶震而死。太公曰，用兵者，順天之道未必吉，逆之不必凶。若失人事，則三軍敗亡。且天道鬼神，視之不見，聽之不聞，智將不法，而愚將拘之。若乃好賢而能用，舉事而得時，此則不看時日而事利，不假卜筮而事吉，不禱祀而福從。遂命驅之前進。周公曰，今時逆太歲，龜灼告凶，卜筮不吉，星變為災。請還師。太公怒曰，今紂刳比干，囚箕子，以飛廉為政，伐之有何不可。枯草朽骨，安所知乎。乃焚龜折蓍，援枹而鼓。率衆先涉河，武王從之。遂滅紂。

大唐武德中，淮南道行臺僕射輔公祏據丹陽反。遣趙郡王孝恭為行軍元帥討之。將發，與諸將宴集。命取水，忽變為血。在座者皆失色，孝恭舉止自若。徐諭之曰，禍福無門，惟人所召。自顧無負於物，諸君何憂懼之深耶。公祏惡積禍盈，今承廟算以致討。盌中之血，乃公祏授首之徵。遂盡歡而罷，時人服其識度而能安衆。竟平公祏焉。

## 唐莫休符《桂林風土記·開元寺震井》

天寶十二載二月，拜司空。册命之日，天雨土霑朝服。未幾，族滅於馬嵬關西。楊氏遠四知，去三惑，歷千載而慶延子孫。則禍福無門，唯所召矣。故孔明有言，勿以惡小而故為，勿以善小而不為。苟能佩服斯言，以神祇為證，則終身不居有過之地。

## 宋沈樞《通鑑總類》卷五下

明帝殺巴陵王休若。上以休若和厚，能諧緝物情，恐將来傾奪幼主，欲遣使殺之，慮不奉詔。欲徵入朝，又恐猜駭。以休若為江州刺史，手書殷勤召休若，使赴七月七日宴。至建康，賜死於第。時上諸弟俱盡，唯休範以人才凡劣，不為上所忌，故得全。裴子野論曰，夫噬虎之獸，知愛己子。搏狸之鳥，非護異巢。太宗保字螟蛉，剿拉同氣。既迷在原之天屬，未識父子之自然。宋德告終，非天廢也。夫危亡之君，未嘗不先棄本枝，嫗煦旁孽，推誠嬖狎，疾惡父兄。前乘覆車，後來并轡。借使叔仲有國，猶不失配天。而它人入室，將七廟絶祀。曾是莫懷，甘心揃落。晉武背文明之託，而覆中州者賈后。太祖棄初寧之誓，而登合殿者元凶。禍福無門，奚其豫擇友于兄弟，不亦安乎。

## 明楊士奇等《歷代名臣奏議》卷二九六《災祥》

桓帝延熹間[略]，太史令上言，客星經帝坐。帝密以問侍中爰延，延因上封事曰：臣聞天子尊無為上，故天以為子，位臨臣庶，威重四海。動静以禮，則星辰順序。意有邪僻，則晷度錯違。陛下以河南尹鄧萬有龍潛之舊，封為通侯，恩重公卿，惠豐宗室。加頃引見，與之對博。上下媟黷，有虧尊嚴。臣聞之，帝左右者，所以咨政德也。故周公戒成王曰，其朋其朋，言慎所與也。昔宋閔公與彊臣共博，列婦人於側。積此無禮，以致大災。武帝與幸臣李延年韓嫣同卧起，尊爵重賜，情欲無厭，遂生驕淫之心，行不義之事。卒延年被戮，嫣伏其辜。夫愛之則不覺其過，惡之則不知其善。所以事多放濫，物情生怨。故主者賞人必酬其功，爵人以甄其德。善人同處，則日聞嘉訓。惡人從遊，則日生邪情。孔子曰，益者三友，損者三友。邪臣惑君，亂妾危主。以非所言則悦於耳，以非所行則玩於目。故令人君不能遠之。仲尼曰，唯女子與小人為難養。近之則不遜，遠之則怨。蓋聖人之明戒也。昔光武皇帝與嚴光俱寢，上天之異其夕即見。夫以光武之聖德，嚴光之高賢，君臣合道，尚降此變，豈況陛下今所親幸，以賤為貴，以卑為尊哉。惟陛下遠讒諛之人，納謇謇之士，除左右之權，寤宦官之敝。使積善日熙，佞惡消殄，則乾災可除。帝省其奏。時宦官專朝，政刑暴濫。又比失皇子，災異尤數。

延熹九年，襄楷自家詣闕。上疏曰：臣聞皇天不言，以文象設教。堯舜雖聖，必曆象日月星辰，察五緯所在，故能享百年之壽，為萬世之法。臣切見去歲五月，熒惑入太微，犯帝座，出端門，不軌常道。其閏月庚辰，太白入房犯心，小星震動中耀。中耀，天王也。傍小星者，天王子也。夫太微天廷，五帝之坐。而金火罰星，揚光其中。於占，天子凶。又俱入房心，法無繼嗣。今年歲星久守太微，逆行西至掖門，還切執法。歲為木精，好生惡殺，而淹留不去者，咎在仁德不修，誅罰太酷。前七年十二月，熒惑與歲星俱入軒轅，逆行四十餘日，而鄧皇后誅。其冬大寒，殺鳥獸，害魚鼈，城傍竹柏之葉有傷枯者。臣聞於師曰，柏傷竹枯，不出三年，天子當之。今洛陽城中，人夜無故叫呼，云有火光。人聲正諠，於占亦與竹柏枯同。自春夏以來，連有霜雹及大雨靁，而臣作威作福，刑罰急刻之所感也。太原太守劉瓆，南陽太守成瑨，志除姦邪，其所誅翦，皆合人望。而陛下受閹豎之譖，乃遠加考逮。三公上書乞哀瓆等，不見採察，而嚴被譴讓。憂國之臣，將遂杜口矣。

臣聞殺無罪誅賢者，禍及三世。自陛下即位以來，頻行誅罰。梁寇孫鄧，並見族滅。其從坐者又非其數。李雲上書，明主所不當諱。杜衆乞死，諒以感悟聖朝，曾無赦宥，而并被殘戮。天下之人，咸知其冤。漢興以來，未有拒諫誅賢用刑太深如今者也。永平舊典，諸當重論，皆須冬獄，先請後刑，所以重人命也。頃數十歲以來，州郡玩習，又欲避請讞之煩，輒託疾病，多死牢獄。長吏殺生自己，死者多非其罪。魂神冤結，無所歸訴。淫厲疾疫，自此而起。昔文王一妻誕致十子，今宮女數千未聞慶育。宜修德省刑，以廣《螽斯》之祚。

又七年六月十三日，河内野王山上有龍死，長可數十丈。扶風有星隕為石，聲聞三郡。夫龍形狀不一，小大無常。故《周易》況之大人，帝王以為符瑞。或聞河内龍死，諱以為蛇。夫龍能變化，蛇亦有神，皆不當死。昔秦之將衰，華山神操璧以授鄭客曰，今年祖龍死。始皇逃之，死於沙丘。王莽天鳳二年，訛言黄山宮有死龍之異。後漢誅莽，光武復興。虚言猶然，況於實邪。夫星辰麗天，猶萬國之附王者也。下將畔上，故星亦畔天。石者安類，墜者失執。春秋五石隕宋，其後襄公為楚所執。秦之亡也，石隕東郡。今隕扶風，與先帝園陵相近。不有大喪，必有畔逆。案春秋以來，及古帝王，未有河清及學門自壞者也。臣以河者，諸侯位也。清者屬陽，濁者屬陰。河當濁而反清者，陰欲為陽，諸侯欲為帝也。太學，天子教化之宮。其門無故自壞者，言文德將喪，教化廢也。《京房易傳》曰，河水清，天下平。今天垂異，地吐妖，人厲疫，三者並時而有。河清猶春秋麟不當見而見，孔子書之，以為異也。臣前上琅邪宮崇受于吉神書，不合明聽。臣聞布穀鳴於孟夏，蟋蟀吟於始秋。物有微而志信，人有賤而言忠。臣雖至賤，誠願賜清問，極盡所言。書奏，不省。

十餘日，復上書曰。臣伏見太白北入，數日復出東方。其占當有大兵。中國弱，四夷彊。臣又推步熒惑，今當出而潛，必有陰謀。皆由獄多冤結，忠臣被戮，德星所以久守執法，亦為此也。陛下宜承天意，理察冤獄，為劉瓆成瑨虧除罪辟，追録李雲杜衆等子孫。夫天子事天不孝，則日食星鬬。比年日食於正朔，三光不明，五緯錯戾。前者宮崇所獻神書，專以奉天地順五行為本，亦有興國廣嗣之術。其文易曉，參同經典。而順帝不行，故國胤不興。孝沖孝質，頻世短祚。

臣又聞之，得主所好，自非正道，神為生虐。故周衰，諸侯以力征相尚，於是夏育申休宋萬彭生任鄙之徒，生於其時。殷紂好色，妲己是出。葉公好龍，真龍游廷。今黄門常侍，天刑之人。陛下愛待，兼倍常寵。係嗣未兆，豈不為此。天宮，宦者星不在紫宮，而在天市，明當給使主市里也，今乃反處常伯之位，實非天意。又聞宮中立黄老浮屠之祠，此道清虚，貴尚無為。好生惡殺，省慾去奢。今陛下嗜欲不去，殺罰過理。既乖其道，豈獲其祚哉。或言老子入西域為浮屠，浮屠不三宿桑下，不欲久生恩愛，精之至也。天神遺以好女。浮屠曰，此但革囊盛血，遂不眄之。其守一如此，乃能成道。今陛下婬女豔婦，極天下之麗。甘肥飲美，殫天下之味。奈何欲如黄老乎。

書上，即召詣尚書問狀。楷曰，臣聞古者本無宦臣。武帝末，春秋高，數遊後宫，始置之耳。後稍見任。至於順帝，遂益繁熾。今陛下爵之，十倍於前。至今無繼嗣者，豈獨好之而使之然乎。尚書上其對，詔下有司處正。

楊秉為侍中尚書，帝時微行，私過幸河南尹梁胤府舍。是日大風拔樹晝昏。秉因上疏諫曰，臣聞瑞由德至，災應事生。傳曰禍福無門，唯人所召。天不言語，以災異譴告。是以孔子迅雷風烈必有變動。《詩》云敬天之威，不敢驅馳。王者至尊，出入有常。警蹕而行，静室而止。自非郊廟之事，則鑾旗不駕。故《詩》稱自郊徂宫，《易》曰王假有廟，致孝享也。諸侯如臣之家，《春秋》尚列其誡，況以先王法服，而私出槃遊，降亂尊卑，等威無序。侍衛守空宫，紱璽委女妾。設有非常之變，任章之謀。上負先帝，下悔靡及。臣奕世受恩，得備納言。又以薄學充在講勸，特蒙哀識，見照日月。恩重命輕，義使士死。敢憚摧折，略陳其愚。

## 明黄宗羲《明儒學案》卷四九《文定何柏齋先生塘》

（《陰陽管見辨》）柏齋曰，土即地，四時無不在。愚謂金木水火無氣則已，有則四時日月皆在，何止四季之月。今土配四季，金木水火配四時，其餘無配時月，五行之氣不知各相退避乎，即為消滅乎。突然而來，抑候次於何所乎。此假象配合，穿鑿無理，甚較然者。世儒惑於邪妄，而不能辨，豈不可哀。

柏齋又曰，五行家之説，自是一端，不必與辨。愚謂學孔子者，當推明其道，以息邪説，庶天下後世，崇正論，行正道，而不至陷於異端可也，何可謂自是一端不必與辨。然則造化真實之理，聖人雅正之道，因而蒙蔽晦蝕，是誰之咎。其謂水旺於冬，猶為痼疾。夫夏秋之時，膚寸雲靄，大雨時行，萬流湧溢，百川灌河。海潮為之嘯逆，不於此時而論水旺，乃於水泉閉涸之時，而强配以為旺，豈不大謬。又謂今人但知水流而不息，遂謂河凍川冰為水之休囚，而不知冰凍為水之本體，流動為天火之化。嗟乎，此尤不通之説。夫水之始化也，冰乎，水乎。使始於冰，雖謂冰為水之本體，固無不可矣。然果始於冰乎，水乎。此有識者之所能辨也。夫水之始，氣化也。陽火在内，故有氣能動。冰雪者，雨水之變，非始化之體也。安可謂之本。裂膚墮指，而江海不冰。謂流動為天火之化，得乎哉。

人之神，與造化之神，一也，故能相動。師巫之類，不可謂無。浚川舊論天地無知，鬼神無靈，無師巫之術。今天地鬼神之説，變矣。而師巫猶謂之無，如舊也何哉。此三事一理也，特未思耳。神能御氣，氣能御形。造化人物無異，但有大小之分耳。造化神氣大，故所能為者亦大。人物神氣小，故所能為者亦小。其機則無異也。州縣小吏亦能竊人主之權以行事，此師巫之比也。行禱則求於造化之神也。設位請客，客有至不至。設主求神，神有應不應。然客有形，人見之。神無形，人不能見也。以目不能見，遂謂之無，淺矣。此木主土偶之比也。蒸水為雲，灑水為雨。摇扇起風，放炮起雷，皆人之所為也，皆人之所共知也。此雖形用，主之者亦神氣也。師巫則專用神氣，而不假於形者也。通此，則邪術之有無，可知矣。浚川論人道甚好，特天道未透耳。蓋其自處太高，謂人皆不及己，故謂己見不可易耳。吾幼時所見，與浚川大同，後乃知其非。吾料浚川亦當有時而自知其非也。《慎言》此條，乃為師巫能致風雲雷雨而言，故曰雨暘風霆天地之德化，而師巫之鬼不能致耳。或能致者，偶遇之也。至於邪術，亦未嘗謂世間無此，但有之者，亦是得人物之氣實而成，非虛無杳冥無所憑藉而能之也。如採生折割，如滌目幻視等類，與師巫之虛無杳冥能致風雨不同，皆藉人物之實氣。

柏齋又謂造化之神氣大，故所能為者亦大。人物神氣小，故所能為者亦小。其機則無異矣。愚則謂天所能為者，人不能為。人所能為者，天亦不能為之。師巫若能呼風喚雨，何不如世俗所謂吹氣成雲，噀唾成雨，握手成雷，拂袖成風，頃刻之間，靈異交至，又何必築壇勅將，祭禱旬朔，以待其自來，豈非誑惑耶。俗士乃為信之，悲哉。柏齋又謂州縣小吏，亦能竊人主之權，以為師巫能竊天神之權。愚以謂過矣。小吏人主，皆人也，所竊皆人事也，故可能。師巫，人也。風雨，天也。天之神化，師巫安能之。投鐵於淵，龍起而雨，此乃正術，亦非冥祈，不可同也。又謂設主請客，有至不至，如師巫求神，有應不應。此皆為師巫出脱之計。請客不至，或有他故。求神不應，神亦有他故邪。此可以發笑。又謂蒸水為雲，灑水為雨，揺扇起風，放砲起雷，為人神氣所為。不知此等雲雨風雷，真邪假邪。若非天道之真，不過物象之似耳。與師巫以人求天，有何相類，且師巫專用神氣，而不假之以形，不知是何神靈聽師巫之所使，抑師巫之精神耶。此類説夢，愚不得而知之。其謂愚論人道甚好，特天道未透，蓋自處太高，謂人皆不及己，故執己見不可易。又謂向時所見與浚川大同，後乃知其非，吾料浚川亦當有時自知其非。此數言教愚多矣。但謂自處太高，謂人不及己，此則失愚之心也。夫得其實理則信，不得其理，此心扞格不契，何以相信。使蒭蕘之言會於愚心，即躍然領受，況大賢乎。謂人不及己，執所見而不易，此以人為高下，而不據理之是非者之為也，愚豈如是乎。

柏齋又云，神能御氣，氣能御形。以神自外來，不從形氣而有，遂謂天地太虛之中，無非鬼神，能聽人役使，亦能為人禍福。愚則謂神必待形氣而有，如母能生子，子能為母主耳。至於天地之間，二氣交感，百靈雜出，風霆流行，山川冥漠。氣之變化，何物不有。欲氣而為神，恐不可得。縱如神仙尸解，亦人之神乘氣而去矣，安能脱然神自神而氣自氣乎。由是言之，兩間神鬼百靈顯著，但恐不能為人役使，亦不能為人禍福耳。亦有類之者。人死而氣未散，乃憑物以祟人。及夫罔兩罔象山魈水魑之怪，來遊人間，皆非所謂神也。此終古不易之論，望智者再思之，何如。

讀禍福祭祀之論，意猶為鬼神無知覺作為，此大惑也。人，血肉之軀耳。其有知覺作為，誰主之哉，蓋人心之神也。人心之神何從而來哉，蓋得於造化之神也。故人有知覺作為，鬼神亦有知覺作為。謂鬼神無知覺作為，異於人者，梏於耳目聞見之驗，而不通之以理。儒之淺者也。程張不免有此失。先聖論鬼神者多矣，乃一切不信，而信淺儒之說，何也。豈梏於耳目聞見之迹，而不能通之以理者乎。

《易》曰，積善之家必有餘慶，積不善之家必有餘殃。語曰，禍福無門，惟人所召。故知人之為善為惡，乃得福得禍之本。其不順應者，幸不幸耳。故取程子答唐棣之論，乃為訓世之正。今柏齋以禍福必曰於鬼神主之，則夫善者乃得禍，不善者乃得福，鬼神亦謬惡不仁矣，有是乎。且夫天地之間，何虛非氣，何氣不化，何化非神。安可謂無靈，又安可謂無知。但亦窅冥恍惚，非必在在可求，人人得而攝之，何也。人物巨細，亦夥矣。攝人必攝物，强食弱，智戕愚，衆暴寡，物殘人，人殺物，皆非天道之常，性命之正。世人之物相戕相殺，無處無之，而鬼神之力不能報其冤，是鬼神亦昧劣而不義矣，何足以為靈異。故愚直以仲尼敬鬼神而遠之以為主論，而祭祀之道以為設教，非謂其無知無覺而不神也。大抵造化鬼神之跡，皆性之不得已而然者，非出於有意也，非以之為人也。其本體自如是耳。於此而不知，皆淺儒誣妄，惑於世俗之見，而不能達乎至理者矣。此又何足與辨。

# 子、集部

## 汉孔臧《孔叢子》卷下《鴞賦》

季夏庚子，思道静居。爰有飛鴞，集我屋隅。異物之來，吉凶之符。觀之歡然。覽考經書，在德為常，棄常為妖。尋氣而應，天道不踰。昔在賈生，有志之士。忌兹鵩鳥，卒用喪己。咨我令考，信道秉真。變怪生家，謂之天神。修德滅邪，化及其鄰。禍福無門，惟人所求。聽天任命，慎厥所修。栖遲養志，老氏之疇。爵禄之求，秪增我憂。時去不索，時來不逆。庶幾中庸，仁義之宅。何思何慮，自今勤劇。

## 汉劉向《説苑》卷一六

天與不取，反受其咎。時至不迎，反受其殃。天地無親，常與善人。天道有常，不為堯存，不為桀亡。積善之家必有餘慶，積惡之家必有餘殃。一噎之故，絶穀不食。一蹶之故，却足不行。心如天地者明，行如繩墨者章。位高道大者，從事大道。小者凶。言疑者無犯，行疑者無從。蠹蝝仆柱梁，蚊蝱走牛羊。

## 汉王符《潛夫論》卷三《慎微》

凡山陵之高，非削而成崛起也，必步增而積上焉。川谷之卑，非截斷而顛陷也，必陂池而稍下焉。是故積上不止，必致嵩山之高。積下不已，必極黄泉之深。非獨山川也，人行亦然。有布衣積善不怠，必致顔閔之賢。積惡不休，必致桀跖之名。非獨布衣也，人臣亦然。積正不倦，必生節義之志。積邪不止，必生暴弑之心。非獨人臣也，國君亦然。政教積德，必致安泰之福。舉措數失，必致危亡之禍。故仲尼曰，湯武非一善而王也，桀紂非一惡而亡也。三代之廢興也，在其所積。積善多者，雖有一惡，是謂過失，未足以亡。積惡多者，雖有一善，是謂誤中，未足以存。人君聞此，可以悚懼。布衣聞此，可以改容。是故君子戰戰慄慄，日慎一日。克己三省，不見是圖。孔子曰，善不積不足以成名，惡不積不足以滅身。

夫賢聖修德則登其福，慶封伯有荒淫於酒，沈湎無度，以弊其家。晉平殆政，惑以喪志，良臣弗匡，故俱有禍。楚莊齊威，始有荒淫之行，削弱之敗，幾於亂亡。中能感悟，勤恤民事，勞積苦思，孜孜不怠。夫出陳應，爵命管蘇，召即墨，烹阿大夫，故能中興，彊霸諸侯。當時尊顯，後世見思，傳為令名，載在圖籍。由此言之，有希人君，其行一也。知己曰明，自勝曰彊。

夫有不善未嘗不知，知之未嘗復行，此顏子所以稱庶幾也。《詩》曰天保定爾，亦孔之固。俾爾亶厚，胡福不除。足以滅身，小人以小善為無益而不為也，以小惡為無傷而不去也。是以惡積而不可掩，罪大而不可解也。此蹶屬所以迷國而不返，三季所以遂往而不振者也。夫積微成顯，積著成鄂。譻鄂譻鄂致存亡，聖人常慎其微也。文王小心翼翼，成王夙夜敬止，思慎微眇，早防未萌，故能太平而傳子孫。

且夫邪之與正，猶水與火不同，原不得並盛。正性勝則遂重己不忍虧也，故伯夷餓死而不恨。邪性勝則惕怵而不忍舍也，故王莽竊位而不慙，積惡習之所致也。夫積惡習非久，致死亡非一也。世品人遂，俾爾多益，以莫不庶。善也此言也，言天保佐王者，定其性命，甚堅固也。使汝信厚，何不治而多，益之甚，庶衆焉不。遵履五常，順養性命，以保南山之壽，松柏之茂也。德輶如毛，為仁由己。莫予荓蜂，自求辛螫。禍福無門，唯人所召。天之所助者順也，人之所尚者信也。履信思乎順，又以尚賢，是以吉無不利也。亮哉斯言，可無思乎。

## 汉徐幹《中論·夭壽》

第十四，或問，孔子稱仁者壽，而顏淵早夭。積善之家必有餘慶，而比干子胥身陷大禍。豈聖人之言不信而欺後人耶。故司空潁川荀爽論之，以為古人有言，死而不朽。謂太上有立德，其次有立功，其次有立言。其身殁矣，其道猶存，故謂之不朽。夫形體者，人之精魄也。德義令聞者，精魄之榮華也。君子愛其形體，故以成其德義也。夫形體，固自朽弊消亡之物。壽與不壽，不過數十歲。德義立與不立，差數千歲，豈可同日言也哉。顏淵時有百年之人，今寧復知其姓名耶。《詩》云，萬有千歲，眉壽無有害。人豈有萬壽千歲者，皆令德之謂也。由此觀之，仁者壽，豈不信哉。傳曰，所好有甚於生者，所惡有甚於死者。比干子胥，皆重義輕死者也。以其所輕，獲其所重，求仁得仁，可謂慶矣。槌鐘擊磬，所以發其聲也。煮鬯燒薫，所以揚其芬也。賢者之窮厄戮辱，此搥擊之意也。其死亡陷溺，此燒煮之類也。北海孫翺以為死生有命，非他人之所致也。若積善有慶，行仁得壽，乃教化之義，誘人而納於善之理也。若曰積善不得報，行仁者凶，則愚惑之民將走千惡（一作移其性），以反天常，故曰民可使由之，不可使知之。身體髮膚，受之父母，不敢毁傷，孝之至也。若夫求名之徒，殘疾厥體，冒厄危戮，以徇其名，則曾參不為也。子胥違君而適讐國，以雪其恥，與父報讐。悖人臣之禮，長畔弑之原，又不深見二主之異量。至於懸首不化，斯乃凶之大者，何慶之為。

幹以為二論皆非其理也，故作《辨夭壽》云。幹聞先民稱，所惡於知者，為鑿也，不其然乎。是以君子之為論也，必原事類之宜，而循理焉。故曰，說成而不可間也，義立而不可亂也。若無二難者，苟既違本而死，又不以其實。夫聖人之言，廣矣，大矣。變化云為，固不可以一槩齊也。今將妄舉其目，以明其非。夫壽有三，有王澤之壽，有聲聞之壽，有行仁之壽。《書》曰五福，一曰壽，此王澤之壽也。《詩》云，其德不爽，壽考不忘，此聲聞之壽也。孔子曰，仁者壽，此行仁之壽也。孔子云爾者，以仁者壽，利養萬物，萬物亦受利矣，故必壽也。荀氏以死而不朽為壽，則《書》何故曰在昔殷王中宗，嚴恭寅畏天命，自度治民祗懼，不敢荒寧。肆中宗之享國，七十有五年。其在高宗，實舊勞於外。爰暨小人，作其即位，乃或亮陰三年不言，惟言乃雍，不敢荒寧。嘉靖殷國，至於小大，無時或怨。肆高宗之享國五十有九年。其在祖甲，不義惟王。舊為小人，作其即位，爰知小人之依，能保惠庶民，不侮鰥寡。肆祖甲之享國三十有三年。自時厥後立王，生則逸，不知稼穡之艱難，不知小人之勞苦，惟躭樂是從。自時厥後，亦罔或克壽。或十年，或七八年，或五六年，或四三年者。周公不知夭壽之意乎。故言聲聞之壽者，不可同於聲聞。是以達人必參之也。孫氏專以王教之義也，惡愚惑之民將反天常。孔子何故曰，有殺身以成仁，無求生以害仁。又曰，自古皆有死，民無信不立。欲使知去食而必死也。昔者仲尼，乃欲民不仁不信乎。夫聖人之教，乃為明允。君子豈徒為愚惑之民哉。愚惑之民，威以斧鉞之戮，懲以刀墨之刑。遷之他邑，而流於裔土，猶或不悛，況以言乎。故曰，惟上智與下愚不移。然則荀孫之義，皆失其情，亦可知也。昔者帝嚳以前，尚矣。唐虞三代，厥事可得略乎。聞自堯至於武王，自稷至於周召，皆仁人也。君臣之數，不為少矣。考其年壽，不為夭矣。斯非仁者壽之驗耶。又七十子豈殘酷者哉，顧其仁有優劣耳。其夭者，惟顏回。據一顏回而多疑其餘，無異以一鈞之金權於一車之羽，云金輕於羽也。天道迂闊，闇昧難明。聖人取大畧以為成法，亦安能委曲不失毫芒，無差跌乎。且夫信無過於四時，而春或不華，夏或隕霜，秋或雨雪，冬或無冰。豈復以為難哉。所謂禍者，己欲違之而反觸之者也。比干子胥，已知其必然，而樂為焉，天何罪焉。天雖欲福仁（一作人），亦不能以手臂引人而亡之。非所謂無慶也。苟令以此設難，而解以槌擊燒薰，於事無施。孫氏譏比干子胥，亦非其理也。殷有三仁，比干居一，何必啟手然後為德。子胥雖有讐君之過，猶有觀心知仁，懸首不化，固臣之節也。且夫賢人之道者，同歸而殊途，一致而百慮。或見危而授命，或望善而遐舉，或被髮而狂歌，或三黜而不去，或辭聘而山棲，或忍辱而俯就。豈得責以聖人也哉。於戲，通節之士，實關斯事，其審之云耳。

## 魏嵇康《難宅無吉凶攝生論》（《嵇中散集》卷八）

夫神祇遐遠，吉凶難明。雖中人自竭，莫得其端，而易以惑道。故夫子寢答於來問，終慎神怪而不言。是以古人顯仁於物，藏用於身。知其不可，衆所共非，故隱之彼，非所明也。吾無意於庶幾，而足下師心陋見，斷然不疑，繫決如此，足以獨斷。思省來論，旨多不通。謹因來言，以生此難。方推金木，未知所在，莫有食治。世無自理之道，法無獨善之術。苟非其人，道不虛行。禮樂政刑，經常外事，猶有所疏，況乎幽微者耶。縱欲辨明神微，祛惑起滯。立端以明所由，獨斷以檢其要。乃為（缺）微。若但撮提羣愚，乃舉蠶種忿而棄之，因謂無陰陽吉凶之理，得無似噎而怨粒稼，溺而責舟檝者耶。

論曰，百年之宮，不能令殤子壽。孤逆魁岡，不能令彭祖夭。又曰，許負之相條侯，英布之黥而後王，皆性命也。應曰，此為命有所定，壽有所在，禍不可以智逃，福不可以力致。英布畏痛，卒罹刀鋸。亞夫忌餧，終有餓患。萬物萬事，凡所遭遇，無非相命也。然唐虞之世，命何同延。長平之卒，命何同短。此吾之所疑也。即如所論雖慎，若曾顏不得免禍。惡若桀跖，故當昌熾。吉凶素定，不可推移。則古人何言積善之家必有餘慶，履信思順自天祐之。必積善而後福應，信著而後祐來，猶罪之招罰，功之致賞也。苟先積而後受報，事理所得不為闇，自遇之也。若皆謂之是相，此為決相命於行事，定吉凶於知力，恐非本論之意。此又吾之所疑也。又云多食不消，必須黄丸。苟命自當生，多食何畏，而服良藥。若謂服藥是相之所，一宅豈非是一耶。若謂雖命猶當須藥自濟，何知相不須宅以自輔乎。若謂藥可論而宅不可説，恐天下或有説之者矣。既曰壽夭不可求，甚於貴賤，而復曰善求壽，强者必先知災疾之所自來，然後可防也。然則壽夭果可求耶，不可求也。既曰彭祖七百，殤子之夭，皆性命自然，而復曰不知防疾致壽去夭，求實於虚，故性命不遂。此為壽夭之來，生於用身。性命之遂，得於善求。然則夭短者，何得不謂之愚。壽延者何得不謂之智。苟壽夭成於愚智，則自然之命不可求之論，奚所措之。凡此數者，亦雅論之矛楯矣。論曰，專氣致柔，少私寡欲。直行情性之所宜，而合養生之正度。求之於懷抱之内，而得之矣。

## 晉戴逵《釋疑論》（《广弘明集》卷一八）

安處子問於玄明先生曰，蓋聞積善之家必有餘慶，積不善之家必有餘殃。又曰天道無親，常與善人。斯乃聖達之格言，萬代之宏標也。此則行成於己身，福流於後世。惡顯於事業，獲罪乎幽冥。然聖人為善，理無不盡。理盡善積，宜歷代皆不移。行無一善，惡惡相承，亦當百世俱闇。是善有常門，惡有定族。後世修行，復何益哉。又有束修履道，言行無傷，而天罰人楚，百羅備嬰。任性恣情，肆行暴虐，生保榮貴，子孫繁熾。推此而論，積善之報，竟何在乎。夫五情六欲，人心所常有。斧藻防閒，外事之至苦。苟人鬼無尤於趣舍，何不順其所甘而强其苦哉。請釋所疑，以袪其惑。

先生曰，善哉，子之問也。史遷有言，天之報施善人，何如哉。荀悦亦云，飾變詐而為姦詭者，自足乎一世之間。守道順理者，不免飢寒之患。二生疑之於前，而未能辨。吾子惑之於後，不亦宜乎。請試言之，夫人資二儀之性以生，禀五常之氣以育。性有修短之期，故有彭殤之殊。氣有精麤之異，亦有賢愚之别，此自然之定理，不可移者也。是以堯舜大聖，朱均是育。瞽瞍下愚，誕生有舜。顏回大賢，早夭絶嗣。商臣極惡，令胤克昌。夷叔至仁，餓死窮山。盜跖肆虐，富樂自終。比干忠正，斃不旋踵。張湯酷吏，七世珥貂。凡此比類，不可稱數。驗之聖賢既如彼，求之常人又如此，故知賢愚善惡，修短窮達，各有分命，非積行之所致也。夫以天地之玄遠，陰陽之廣大，人在其中，豈唯稊米之在太倉，毫末之於馬體哉。而匹夫之細行，人事之近習，一善一惡，皆致冥應。欲移自然之彭殤，易愚聖於朱舜，此之不然，居可識矣。然則積善積惡之談，蓋施於勸教耳。何以言之，夫人生而靜，天之性也。感物而動，性之欲也。性欲既開，流宕莫檢。聖人之救其弊，因神道以設教，故理妙而化敷，順推遷而抑引。故功玄而事適。是以六合之內，論而不議。鑽之而不知所由，日用而不見所極。設禮學以開其大朦，名法以束其形跡。賢者倚之以成其志，不肖企及以免其過。使孝友之恩深，君臣之義篤，長幼之禮序，朋執之好著。背之則為失道之人，譏議以之起。向之則為名教之士，聲譽以之彰。此則君子行己處心，豈可須臾而忘善哉。何必循教責實，以期應報乎。苟能體聖教之幽旨，審分命之所鍾，庶可豁滯於心府，不祈驗於冥中矣。

安處子乃避席曰，夫理蘊千載，念纏一生。今聞吾子大通之論，足以釋滯疑祛幽結矣。僕雖不敏，請佩斯言。

## 陳朱世卿《性法自然論》（《广弘明集》卷二二）

寓茲先生喟然嘆曰，夫萬法萬性，皆自然之理也。夫惟自然，故不得而遷貿矣。故善人雖知善之不足憑也，善人終不能一時而為惡。惡人復以惡之不足誡也，惡人亦不能須臾而為善。又體仁者不自知其為善，體愚者不自覺其為惡，皆自然而然也。

座右之賓假氏大夫忽然作色而謂曰，固哉，先生之說也，違大道而謬聖人之言。先生曰，大道誰主，聖人何言。大夫曰，大道無主，而無所不主。聖人無言，而無所不言。先生曰，請言其所言，言性命之所由致乎。請說其所主，主善惡之報應乎。大夫曰，何為其不然也。蓋天地扶大道之功以載育，聖人合天地之德以設教。序仁義五德以檢其心，說詩書六藝以訓其業。此聖人之言也。若積善之家必有餘慶，積不善之家必有餘殃。故曰聖人無親，常與善人。六極序而隆行懲，五福陳而善心勸。三世為將，覩覆敗之權。七葉修善，有興隆之性。陳賞寵而不侯，邴昌疏而紹國，斯道家之效也。何先生言皆自然之理，而不可遷貿者哉。

先生笑而應曰，世所謂捋繩之人，繩盡而不知遷。若大夫之徒是也。敬課管陋，為吾子陳之。蓋二儀著而六子施，百姓育而五材用。用此句者，隔萬法而盡然焉。人為生最靈，膺自然之秀氣，稟妍媸盈減之質，懷哀樂喜怒之情。挺窮達修短之命，封愚智善惡之性。夫哀樂喜怒，伏之於情，感物而動。窮達修短，藏之於命，事至而後明。妍媸盈減，著之於形，有生而表見。愚智善惡，封之於性，觸用而顯徹。此八句者，總人事而竭焉，皆由自然之數，無有造為之者。夫有造為之者必勞，有出入之者必漏，有酬酢之者必謬。此三者，非造物之功也。故墨子曰，使造化三年成一葉，天下之葉少哉。蓋聖人設權巧以成教，借事似以勸威，見强勇之暴寡怯也，懼刑戮之弗禁，乃陳禍淫之威，傷敦善之不勸也。知性命之不可易，序福善以奬之。故聽其言也，似若勿爽。徵其事也，萬不一驗。子以本枝繁植，斯履道之所致。蒸嘗莫主，由遺行之所招。身居逸樂，為善士之明報。體事窮苦，是惡人之顯戮。孫叔少不理虵，長無令尹之貴。邴吉前無陰德，終闕丞相之尊。若然，則天道以重華文命，答鮌叟之極愚。以商均丹朱，酬堯舜之至聖。大伯三世，無玩兵之咎，而假嗣於仲虞。漢祖七葉，不聞篤善之行，遂造配天之業。箕稱享用五福，身抱夷滅之痛。孔云慶鍾積善，躬事旅人之悲。顏冠七十之上，有不秀之咨。冉在四科之初，致斯人之嘆。而商臣累王荊南，冒頓世居塞北，首山無解顏之鬼，汨水有抱怨之魂。康成以姓改鄉，不濟小聖之禍。王裦哀變隴木，適受非妄之災。二生居衛，覆舟之痛誰罪。三仁在亳，剖心之酷何辜。若乃側近邦畿，密近世代。非墳籍所載，在耳目之前者，至有腹藏孟門之險，心庫豺虺之毒。役慮唯以害他為念，行己必用利我為先。錐刀推其尖鋭，谿壑訝其難滿。内則百兩，外榮千鍾。内實優偃，綺羅坐列。甘膩鳴金綰，玉富逸終身。自有懷白璧而為襟，瑩明珠而成性。心不能行啓蟄之殺，手不忍折方長之條。懷殊材而莫採，蓄美志而誰眄。偏糅於冗雜之中，見底於鄉閭之末，抱饑寒而溘死，與麋鹿而共埋。享嘗寂漠，孀孩無寄。名字不聞，湮沈電滅。如斯可恨，豈一人哉。是知桀跖之凶殘，無懼來禍之將及。閔曾之篤行，勿擬後慶之當臻。故鶡冠子曰，夫命者，自然者也。賢者未必得之，不肖者未必失之，斯之謂矣。

大夫曰，若子引百家之言，則列子之為名者必廉，廉斯貧。為名者必讓，讓斯賤。若然者，則貧賤者，立名之士所營而至也。則富貴者，貪競之徒所求而得也。何名自然之數哉。先生曰，此乃一隅之説，非周於理者也。夫富貴自有貪競，富貴非貪競所能得。貧賤自有廉讓，貧賤非廉讓所欲邀。自有富貴而非貪求，貧賤而不廉讓。且子罕言命，道藉人弘。故性命之理，先聖之所憚説。善惡報應，天道有常而顯哉。譬如温風轉華，寒飈颺雪，有委溲糞之下，有累玉階之上。風飈無心於厚薄，而華霰有穢淨之殊途。天道無心於愛憎，而性命有窮通之異術。子聞于公待封而封至，嚴母望喪而喪及。若見善人，便言其後必昌。若覩惡人，便言其後必亡。此猶終身守株，而冀狡免之更獲耳。大夫於是歛容而謝曰，若僕者，所執偏迷而昧通途，守狹近而失遐曠。今承德音，渙然蒙啓，譬猶疏蜀伏尸，歷萬古而忽悟。中山沈醉，未千朝而遽醒。請事斯語，以銘諸紳。

或問曰，朱子託憑虛之談，暢方寸之底。論情指事，深有趣焉。但詳之先典，有所未達。夫人哀樂喜怒之情，包善惡之性。資待之方不足，於是爭奪之事斯興。才識均者不能相御，天生仁聖，實使司牧。樂者聖人之所作，禮者先王之所制。三千之儀以檢其迹，五音之和以導其心。設爵以勸善，懸刑以懲惡。纖毫不漏，酬酢如響。玉帛云乎，非無為所薦。鼓鐘斯合，豈自然而諧。千科滿目，靡非力用所構。百貫參差，悉由智思而造。吾子湯武之臣隸，周孔之學徒。出入户牖，伏膺名教，而云善人知善之不足憑也，惡人知惡之不足誡也。善不能招慶，禍不能報惡，是何背理之談也。且翾翔蠕動，猶知去就，况人為最靈，而同一自然之物，此豈高厚之詩，何取譬之非類，情所未達，敬待清酬。

答曰，昔盧敖北遭若士，自傷足跡之未曠。河宗東窺溟海，方嘆秋水之不多。吾子習近成性，未易可與談遠大者也。今子以屈伸俯仰，心慮所為，彫鏤剪琢，身手所作。禮樂者，聖人之所作。聖人者，天地之所生。請為吾子近取諸身，則可以遠通諸物。子以耳聞眼見足蹈手握，意謂孰使之然。身有痾疾冷熱皆不自知，哀樂喜怒興廢安在。何地有識者自知識之所在者乎，有智者自知智之所存者乎。若識遍身中，傷身則識裂。智若隨事起，事謝則智滅。果識不知識，智不知智。於是推近以達遠，觸類而長之，故知禮樂不自知其所由而製，聖人不自知其所由而生，兩像亦不知其所由而立矣。於是殊形異慮，委積充盈。靜動合散，自生自滅。動靜者莫有識其主，生滅者不自曉其根，蓋自然之理著矣。所謂非自然者，乃大自然也。是有為者，乃大無為也。子云天生聖人，是使司牧。何故唐虞疊聖，加以五臣。文武重光，益以十亂。豈天道之不能一其終始，將末代貽咎於天地。大舜大堯，非欲生不肖之子。龍逢比干，豈樂身就誅割。孔子歷聘栖遑，卒云執鞭不憚。顏稱回何敢死，終使慈父請車。彼三聖三仁，可謂妙取捨矣。天能令東海亢旱，不如理孝婦之怨。地能使高城復塹，未若救杞梁之殞。故榮落死生，自然定分。若聖與仁，不能自免。深味鄙句，理存顯然。

## 唐歐陽詢《藝文類聚》卷一六

儲宮部

儲宮

周王褒皇太子箴曰，臣聞教化爰始，詠歌不足。政俗既移，風雅斯變。伏惟皇明御宇，功均造物。改文為質，斲雕成素。皇太子洊雷居震，明两作離。春夏干戈，秋冬羽籥。叔譽慙五稱之對，師曠降四馬之恩。竊以太史官箴，虞書所誡。永樹芳烈，丞相所以垂文。深覩安危，太傅以之陳訓。敢自斯義獻箴云爾。

天生蒸民，司牧斯樹。咸熙庶績，式昭王度。惠民垂統，元良繼體。麗止離暉，惟機天啓。令問令望，聞詩聞禮。從曰撫軍，守曰監國。秋坊通夢，春宮養德。桓榮獻書，荀攸觀則。元子為士，齒卿命秩。朝服寢門，廻車作室。正陽君位，喬枝父道。臣子所崇，忠孝為寶。勿謂居尊，禍福無門。勿謂親賢，王道無偏。無為慮始，無為事先。損之又損，而全之亦全。無往不復，無平不陂。美疢甘言，鮮不為累。則哲惟難，知人未易。居室為善，分陰無棄。亡保其存，危安其位。神聽不惑，天姣斯忌。文昌着於前星，秬鬯由於守器。庶僚司箴，敢告閽寺。

## 唐李景伯《上東宮啟》（《文苑英華》卷六五一）

臣聞《書》曰，惟上帝不常。作善降之百祥，作不善降之百殃。禍福之来，惟人所召。應符影響，可不懼哉。伏惟殿下稟粹重離，摛英若木。道光儲貳，譽表元良。掃凶祲而邦家以寧，贊寶曆而皇祚方永。凡在羣品，莫不仰賴。語成功則已大矣，論盛業則已崇矣。唯當養德青宮，問安紫極，去惡除本，為善務滋。納忠讜於正人，杜浮媚於邪逕。遊心經史，引接文儒。覽古今之得失，為行事之龜鏡。日新其美，豈不盛歟。近承諂曲之徒，私進女色。莫非倡蕩，穢跡可知。將入宮闈，以為娛樂。傷教敗禮，豈復是過。及其出入矜誇，恩幸坊曲之間，能無漏泄。至如榮忝簪笏，跡預朝廷。稍涉奸私，尚為深累。況一國之儲副，萬方所瞻奉焉，可不自戒。且政之興衰，皆由化下。自上所及，若草隨風，理在必然，不可不慎。竊惟後宮命婦，員品稍多。兼選良人，固為淑麗。止足之賞，（疑）詎假旁求。此非殿下之本心，直被小人之所誤。臣實庸鄙，智識無聞。濫齒榮班，謬參宮相。職在規諫，冀申裨補。若其嘿而自守，何以上答聖恩，非直尸素之罪人，亦當神祇之所譴。敢罄愚直，以効涓塵。伏願悔已往之失，知昨非之弊。念色荒之誡，懲縱敗之言。勿近小人，無聽邪説。常恐有失，兢懼為心。則睿德被於羣方，頌聲振於甿俗。天垂福祐，永保無疆。儻蒙採納，幸甚幸甚。謹昧死奉啟以聞。輕觸威嚴，伏待斧鉞。謹啟。

## 唐呂才《禄命篇》

漢宋忠賈誼譏司馬季主曰，卜筮者，高人禄命以悦人心，矯言禍福以規人財。王充曰，見骨體知命禄，見命禄知骨體。此則言禄命尚矣。推索本原，固不其然。積善之家必有餘慶，豈建禄而後吉乎。積惡之家必有餘殃，豈刼殺而後災乎。皇天無親，嘗與善人。天人之交如影響。有夏多罪，天命勦絶。宋景修德，妖星退舍。學也禄在其中，不生當建學。文王憂勤損壽，非初值空亡。長平坑降卒，非俱犯三刑。南陽多近親，非俱當六合。歷陽成湖，不共河魁。蜀郡炎火，不盡災厄。

## 唐陸贄《論敘遷幸之由狀》（《翰苑集》卷一二）

臣前日蒙恩召見，陛下敘説涇原叛卒驚犯宮闕及初行幸之事，因自尅責，辭旨過深。臣奏云，陛下引咎在躬，誠堯舜至德之意。臣竊有所見，以為致今日之患者，羣臣之罪也。陛下又曰，卿以君臣之禮，不忍歸過於朕，故有此言。然自古國家興衰，皆有天命，今遇此厄運，雖則是朕失德，亦因事不由人。未及對詔之間，陛下遂言及宗祧，涕泗交集。主憂臣憤，人理之常。情激於衷，不覺嗚咽。旋屬游瓌請對，臣言未獲畢辭。今輒上煩，以盡愚懇。

臣所謂致今日之患是羣臣之罪者，非敢徒飾浮説，苟寬聖懷。事皆有由，言庶可復。

自胡羯稱亂，遺患未除。朝廷因循，久務容養。事多僭越，禮闕會朝。陛下神武統天，將壹區宇。乃命將帥，四征不庭。兇渠稽誅，逆將繼亂。兵連禍結，行及三年。徵師四方，無遠不暨。父子訣別，夫妻分離。一人征行，十室資奉。居者有餽送之苦，行者有鋒刃之憂。去留騷然，而閭里不寧矣。

聚兵日衆，供費日多。常賦不充，乃令促限。促限纔畢，復命加徵。加徵既殫，又使别配。别配不足，於是榷算之科設，率貸之法興。禁防滋章，條目纖碎。吏不堪命，人無聊生。農桑廢於徵呼，膏血竭於笞捶。市井愁苦，室家怨咨。兆庶嗷然，而郡邑不寧矣。

邊陲之戍，用保封疆。禁衛之師，以備巡警。二者或闕，則生戎心。國之大防，莫重於此。陛下急於靖難，累遣東征。邊備空虚，親軍寡弱。尋又搜閲私牧以取馬，簿責將家以出兵。凡有私牧者，例元勳貴戚之門，所謂將家者，皆統帥岳牧之後。是乃嘗蒙親委，或著忠勞，復除征徭，固有常典。今忽奪其畜牧事，其子孫有乞假以給資裝，有破産以營卒乘。道路悽憫，部曲感傷。貴位崇勳，孰不解體。加以聚斂之法，轂下尤嚴。邸第侯王，咸輸屋税。裨販夫婦，畢算緡錢。貴而不見優，近而不見異。其為憤慼，又甚諸方。誅求轉繁，庶類恐懼。興發無已，羣情動摇。朝野囂然，而京邑關畿不寧矣。

陛下又以百度弛廢，志期肅清。持義以掩恩，任法以成理。神斷失於太速，睿察傷於太精。斷速則寡恕於人，而疑似之間，不容辯也。察精則多猜於物，而臆度之際，未必然也。寡恕則重臣懼禍，反側之釁易生。多猜則羣下防嫌，苟且之風漸扇。是以叛亂繼起，怨讟並興。非常之虞，億兆同慮。惟陛下穆然凝邃，獨不得聞。至使兇卒鼓行，白晝犯闕。重門無結草之禦，環衛無誰何之人。自古禍變之興，未有若斯之易，豈不以乘我間隙，因人攜離哉。

陛下有股肱之臣，有耳目之任，有諫諍之列，有備衛之司。見危不能竭其誠，臨難不能効其死，所謂致今日之患，是羣臣之罪者，豈徒言歟。

聖旨又以家國興衰，皆有天命。今遇此厄運，應不由人者。臣志性介劣，學識庸淺。凡是占算秘術，都不涉其源流。至於興衰大端，則嘗聞諸典籍。《書》曰天視自我人視，天聽自我人聽。又曰德惟一，動罔不吉。德二三，動罔不凶。惟吉凶不僭在人。惟天降災祥在德。又曰，天難忱，命靡常。常厥德，保厥位。厥德靡常，九有以亡。此則天所視聽，皆因於人。天降災祥，皆考其德。非於人事之外，别有天命也。故祖伊責紂之辭曰，我生不有命在天。武王數紂之罪曰，吾有命，罔懲其侮。此又捨人事而推天命，必不可之理也。《易》曰自天祐之，吉无不利。仲尼以為祐者，助也。天之所助者順也，人之所助者信也。履信思乎順，又以尚賢，是以自天祐之，吉无不利。又曰，危者，安其位者也。亡者，保其存者也。亂者，有其理者也。故君子安而不忘危，存而不忘亡，理而不忘亂，是以身安而國家可保。又曰，視履考祥。又曰，吉凶者，得失之象也。夫《易》之為書，窮變知化，其於性命，可謂研精。及乎論天人祐助之由，辯安危理亂之故，必本於履行得失，而吉凶之報象焉。此乃天命由人，其義明矣。《春秋》傳曰，禍福無門，唯人所召。又曰，人受天地之中以生，所謂命也。是以有動作威儀禮義之則以定命。能者養之以福，不能者敗以取禍。《禮記》引《詩》而釋之曰，《大雅》云，殷之未喪師，克配上帝。儀監于殷，駿命不易。言得衆則得國，失衆則失國也。又引《書》而釋之曰，《康誥》云，惟命不于常。言善則得之，不善則失之。此則聖哲之意。六經會通，皆為禍福由人，不言盛衰有命。蓋人事著於下，而天命降於上。是以事有得失，而命有吉凶。天人之間，影響相準。

《詩》《書》已後，史傳相承。理亂廢興，大略可記。人事理而天命降亂者，未之有也。人事亂而天命降康者，亦未之有也。六經之教既如彼，歷代明驗又如此，尚恐其中有可疑者。臣請復以近事證之。

自頃征討頗頻，刑網稍密。物力竭耗，人心驚疑，如居風濤，洶洶靡定。上自朝列，下達烝黎。日夕族黨聚謀，咸憂必有變故。旋屬涇原叛卒，果如衆庶所虞。京師之人，動逾億計，固非悉知算術，皆曉占書。則明致寇之由，未必盡關天命。伏惟陛下鑒既往之深失，建將来之令圖。拯宗社阽危，刷億兆憤恥。在於審察時變，博詢人謀。王化聿修，天祐自至。恐不宜推引厄運，謂為當然。撓追咎之誠，沮惟新之望。

臣聞理或生亂，亂或資理。有以無難而失守，有因多難而興邦。理或生亂者，恃理而不修也。亂或資理者，遭亂而能懼也。無難失守者，忽萬機之重而忘憂畏也。多難興邦者，涉庶事之艱而知敕慎也。今生亂失守之事，則既往不可復追矣。其資理興邦之業，在陛下尅勵而謹修之。當至危至難之機，得其道則興，失其道則廢。其間不容復有所悔也。惟陛下勤思焉，熟計焉，捨己以從衆焉，違欲以遵道焉。遠憸佞而親忠直焉，推至誠而去逆詐焉。杜讒沮之路，廣諫諍之門焉。埽求利之法，務息人之術焉。録片善片能以盡羣材焉，忘小瑕小怨俾無棄物焉。斯道甚易知，甚易行。不勞神，不苦力，但在約之於心耳。

又陛下天資睿哲，有必致之具，安得捨而不為哉。斯道夕誓之於心，則可以感神明，動天地。朝施之於事，則可以服庶類，懷萬方，何憂乎亂人，何畏乎厄運，何患乎天下不寧。昔太王以避狄而興，周文以百里而王。是乃因危難而恢盛業，由僻小而闡丕圖。況陛下禀英姿，承寶曆。四海之利權由己，列聖之德澤在人。苟能增修，蔑有不濟。至如東北羣孽，荏苒逋誅。涇原亂兵，倉卒犯禁。蓋上元保祐陛下，恐陛下神武果斷，有輕天下之心，使知艱難，將永福祚耳。

伏願悔前禍以答天戒，新聖化以承天休。勿謂時鍾厄運而自疑，勿謂事不由人而自解。勤勵不息，足致昇平。豈止盪滌祆氛，旋復宮闕而已。愚臣不勝區區憂國奉君之至，誠有所切，辭不覺煩。伏惟陛下，不以人廢言，不以言廢直。千慮一得，或有取焉。謹奏。

## 唐牛僧孺《善惡無餘論》

《易》曰積善之家必有餘慶，積不善之家必有餘殃。則其善惡之迹，俱無餘也。不善人之子不必皆惡。若慶必加於善人，殃必加於不善人，予恐慶殃之謬加也。力人而已。余固曰，善惡慶殃，俱無餘也。餘慶勸人之善，餘殃誡人之惡。則善人之子能有不恃慶怠於善者，惡人之子能有不恣惡俟其殃者乎。末代之君，世禄之人。先見萬乘之尊我，八音之娛我，五味之飽我，黄金白璧之富我，不知兄弟得道而傳之（一有矣字），己行不善而失之，乃至乎萬乘為匹夫，世家為皂隸，烏謂餘慶之可恃乎。父善及子乎，子不善而父伐之，石碏是也。兄善及弟乎，弟不善而兄殺之，周公是也。父母與兄弟不能令子弟之不善，又可以恃餘慶於天下乎。父惡殃子乎，父出之而堯貴之，虞舜是也。母惡殃子乎，母惡之而父好之，鄭莊公是也。兄惡殃弟乎，兄伐而齊立之，桓公是也。父母兄弟不能攻子弟之善，而況餘殃可累於天下乎。且善者天下好之，常道也。惡者天下惡之，亦常道也。豈有將好惡先必稽其所自哉，必不然矣。若以勸善懲惡為意，則當懲報復於身，猶慮其不信。况欲遠懲於身後，而取人之信者乎，又不然矣。昔夫差信伍員，初善也。任宰嚭，終惡也。初善覇天下，終惡滅全吴。前慶後殃者，皆身也。太甲放桐宫，初惡也。任伊尹，終善也。初惡受拘囚，終善復天下。前殃後慶，亦身也。吴之嗣可以前慶後殃，殷之嗣可以前殃後慶乎。予固謂殃慶皆復於身也，不復乎子孫也。然予敢謂善必慶而貴，惡必殃而賤也。所以貴者，道貴也。所以賤者，道賤也。道之貴乎，孔父素王也。道之賤乎，殷辛獨夫也。餘慶餘殃，吾則不信之矣。

## 唐李德裕《陰德論》（《李衛公外集》卷二）

陳平稱吾多陰謀，道家之所禁。吾世即廢亦已矣，不能復起，以吾多陰禍也。至曾孫何，國絶。班生著陳平之言，以為世戒，理當然矣。而丙丞相纔及子顯，黜為關内侯，至孫昌乃絶。國絶三十二歲復續。而張湯杜周子孫，世有令名，皆在顯位，其故何哉。丙丞相於漢宣之德，可謂至矣。晉荀息以忠貞之故，不敢負獻公。程嬰以託孤之義，不忍欺趙氏。所以繼之以死，終不食言。丙丞相於史皇孫，微君臣之分，無親戚之情，而保養曾孫，仁心惻隱，置於閒燥。給以私財，介然拒天子之使，因是全四海之命。又奏記霍光，決定大策。既而顯徵卿之美，削士伍之辭。其深厚不伐，古所未有。夏侯勝以為有陰德者，必饗其樂，以及子孫，是宜篤生賢人，世濟其美。古所謂有後者，良謂是矣。焉在傳爵邑而已哉。張杜有後，豈用法雖深，而治者或能去天下之惡，除生人之害，所以然也。

## 又《冥數有報論》（《李衛公外集》卷四）

宣尼罕言性命，不語怪神，非謂無也。欲人嚴三綱之道，奉五常之教。修天爵以致人爵，不欲言富貴出於天命，福禄由於冥數。昔衛卜協於沙丘，為謚已久。秦塞屬於臨洮，名子不寤。朝歌未滅而周流丹烏矣，白帝尚在而漢斷素蛇矣。皆兆發於先，而符應於後，不可以智測也。周孔與天地合德，與鬼神合契。將來之數，無所遁情。而狼跋於周，鳳衰於楚，豈親戚之義，不可去也。人倫之教，不可廢也。條侯之貴，鄧通之富，死於兵革，可也。死於女室，可也。唯不宜以餒終，此又不可以理得也。而命偶時來，盗有名器者，謂禍福出於胸懷，榮枯生於口吻，沛然而安，溘然而笑，曾不知黄雀遊於茂林，而挾彈者在其後也。

余乙丑歲自荆楚保釐東周，路出方城，聞於隱者，困於泥塗，不知其所如也。往謂方城長曰，居守後二年，南行萬里，則知憾余者，必因天譴。譖余者，必自鬼謀。雖抱至冤，不以為恨也。余嘗三遇異人，非卜祝之流，皆遁世者也。初掌記北門，有管涔山隱者詣余曰，君明年當在人君左右，為文翰之職。然須值少主。余聞之愕眙，洒然變色。隱者亦悔失言，避席求去。余徐問曰，何為而事少主。對曰，君與少主，已有累世緣業，是以言之。余其年秋登朝，至明年正月，穆宗纘緒，召入禁苑，及右丞御史。有閩中隱者，叩門請見余。因下榻與語曰，時事非人。公不早去，冬必作相，禍將至矣。若亟請居外，代公者受患。後十年終當作相，自西南而入。是秋出鎮吳門，歲經八稔。尋又杖鉞南燕。秋暮，有邑子王生，引鄴郡道士至。纔升賓階，未及命席，謂余曰，公當為西南節制。孟冬望舒前，節符至矣。三者皆與言協，不差歲月。自憲闈竟十年居相，由西蜀而入，代余執憲，俄亦竄逐。唯再謫南服，未嘗有前知者為余言之，豈禍患不可移者。神道所秘，莫得預聞。

自古銜冤殁世者多矣，冥報之事，或有或無，遂使好亂樂禍者，以神道為茫昧。余嘗論之，仁人上哲，必達生知命。如顔氏之子，犯而不校。釋門達磨，了空喻幻，必不思報矣。其下柔弱無心者，力不能報。所能報者，乃中人耳。悍强任氣，如伯有灌夫之流，亦其在臨殁之際，方寸不撓，魂魄不散。唯結念於此，是以能報。夫人之捨生也，如薪盡火滅，溘然則無能為矣。達於理者，使心不亂，則精爽常存，不生不滅，自可以超然出世，升躋神明。其次精多魄强，則能為厲。冥報之事，或有或無，理在此也。

## 宋王欽若等《册府元龜》卷九四二

禍敗

古人有言，禍福無門，惟人自召。既有積善之慶，豈無禍淫之責。人事易辨，陰騭難誣。求而得之，又何怨也。觀夫蛇虺之行，溪壑之心。欺罔君親，絶棄仁義。殘忍不道，貪冒無厭。莫不十目所視，衆怒難犯。天肆惡盈之罰，鬼得復讎而誅。孽不可逭，速如影響。大則兵連禍結，災延方域。小則巢傾卵碎，辱及宗親。猶謂不幸，豈非痛哉。所以克己復禮，謙謙君子，囅然而笑矣。

## 孫奭《諫幸汾陰疏二則》（明楊士奇等《歷代名臣奏議》卷二八七）

宋真宗大中祥符四年，將祀汾陰。是時大旱，京師近郡穀價踴貴。龍圖閣待制孫奭上疏諫曰：

先王卜征五年，歲習其祥。祥習則行，不習，則增脩德而改卜。陛下始畢東封，更議西幸，殆非先王卜征五年慎重之意，其不可一也。夫汾陰后土，事不經見。昔漢武帝將封禪，故先封中嶽，祠汾陰，始巡幸郡縣，遂有事於泰山。今陛下既已登封，復欲幸汾陰，其不可二也。古者圜丘方澤，所以郊祀天地。今南北郊是也。漢初承秦，唯立五畤以祀天，而后土無祀。故武帝立祠於汾陰。自元成以来，從公卿之議，遂徙汾陰后土於北郊。後之王者多不祀汾陰。今陛下已建北郊，乃舍之，而遠祀汾陰，其不可三也。西漢都雍，去汾陰至近。今陛下經重關，越險阻，輕棄京師根本，而慕西漢之虛名，其不可四也。河東，唐王業之所起也。唐又都雍，故明皇間幸河東，因祠后土。聖朝之興，事與唐異，而陛下無故，欲祀汾陰。其不可五也。昔者周宣王遇災而懼，故詩人美其中興，以為賢主。比年以来，水旱相繼，陛下宜側身修德，以答天譴。豈宜下徇姦回，遠勞民庶，盤遊不已，忘社稷之大計，其不可六也。夫雷以二月啟蟄，八月收聲，育養萬物。失時則為異。今震雷在冬，為異尤甚。此天意丁寧以戒陛下，而反未悟，殆失天意，其不可七也。夫民，神之主也。是以聖王先成民而後致力於神。今國家土木之功，累年未息。水旱洊沴，饑饉居多。乃欲勞民事神，神其享之乎。此其不可八也。陛下必欲為此者，不過效漢武帝唐明皇巡幸所至，刻石頌功，以崇虛名，夸示後世爾。陛下天資聖明，當慕二帝三王，何為下襲漢唐之虛名，其不可九也。唐明皇以嬖寵姦邪，内外交害。身播國屯，兵交闕下。亡亂之迹如此，由狃於承平，肆行非義，稔致禍敗。今議者引開元故事以為盛烈，乃欲倡導陛下而為之，臣切為陛下不取。此其不可十也。臣言不逮意。陛下以臣言為可取，願少賜清閒，以畢臣説。

帝遣内侍皇甫繼明就問，又上疏曰：

陛下將幸汾陰，而京師民心弗寧。江淮之衆，困於調發。理須鎮安而矜存之。且土木之功未息，而奪攘之盜公行。外國治兵，不遠邊境。使者雖至，寧可保其心乎。昔陳勝起於徭戍，黄巢出於凶饑。隋煬帝勤遠畧，而唐高祖興於晉陽。晉少主惑小人，而耶律德光長驅中國。陛下俯從姦佞，遠棄京師，涉仍歲洊饑之墟，修違經久廢之祠。不念民疲，不恤邊患。安知今日戍卒無陳勝，饑民無黄巢，英雄將無窺伺於肘腋，外敵將無覬釁於邊陲乎。先帝嘗議封禪，寅畏天災，尋詔停寢。今姦臣乃贊陛下力行東封，以為繼成先志。先帝嘗欲北平幽朔，西取繼遷。大勳未集，用付陛下。則羣臣未嘗獻一謀，畫一策，以佐陛下，繼先帝之志者。反務卑辭，重幣求和於契丹。蹙國縻爵，姑息於繼遷。曾不思主辱臣死為可戒，誣下罔上為可羞。撰造祥瑞，假託鬼神。纔畢東封，便議西幸。輕勞車駕，虐害饑民。冀其無事往還，便謂成大勳績。是陛下以祖宗艱難之業，為姦邪僥倖之資。臣所以長嘆而痛哭也。夫天地神祇聰明正直，作善降之百祥，作不善降之百殃。未聞專事籩豆簠簋可邀福祥。《春秋》傳曰，國之將興，聽於民。將亡，聽於神。愚臣非敢妄議，惟陛下終賜裁擇。

六年，奭又上疏曰：陛下封泰山，祀汾陰，躬謁陵寢。今又將祠于太清宮。外議籍籍，以為陛下事事慕效唐明皇，豈以明皇為令德之主耶。甚不然也。明皇禍敗之迹，有足為深戒者。非獨臣能知之，近臣不言者，此懷姦以事陛下也。明皇之無道，亦無敢言者。及奔至馬嵬，軍士已誅楊國忠，請矯詔之罪，乃始諭以識理不明，寄任失所。當時雖有罪己之言，覺寤已晚，何所及也。臣願陛下早自覺寤，抑損虛華。斥遠邪佞，罷興土木。不襲危亂之迹，無為明皇不及之悔。此天下之幸，社稷之福也。

## 宋范仲淹《太子右衛率府率田公墓誌銘》(《范文正集》卷一三)

古稱陰有德於人者，必享厥祥，大厥後。《易》不云乎，積善之家必有餘慶。所謂不在其身，在其子孫者，信矣。

## 宋富弼《上神宗論災變而非時數》(宋趙汝愚《宋名臣奏議》卷四二)

臣伏見近歲以来，災異頻數。天文變於上，地理震於下。人情恐懼，物論紛紜。臣被詔至都，復用為相。雖蒙給假治疾，未遑朝見。而坐於私室，如在冰淵。況蒙累遣，使臣促令陛對。驚惶隕越，寢食不安。然偶於災異之間，或聞有説者不近正道，臣甚憂之。比俟入見日面具開陳，又恐差緩。蓋救患不可不急，施惠不可後時。臣夙夜揣摩，事無大於此者。今遽以狂瞽上瀆冕旒，切望聖慈更賜裁擇。

伏聞陛下自始即位，躬親萬幾，每有凶災，憂形于色。孜孜詢訪，以求聞失。此真得修講朝政，答謝天譴之道也。然臣竊知，累有人奏請，凡百災變，皆繫時數，不由人事者。不知有之乎。若誠有之，此乃姦人諂佞之説，上惑聖聰。臣所謂不近正道者也。陛下明睿英哲，必不信納。又慮姦人口才捷給，能以甘辭，致陛下或時信之。信則卹災救患，答謝天譴之意，有時而怠。怠則虧陛下之德，損陛下之政。不為宗社生民之福，無甚於此焉。臣上所云天變地震，此天下皆知之，皆見之，大可懼者也。昔仲尼作《春秋》，不書祥瑞而獨書災異者，蓋欲以警戒人君，使恐懼修德，以應天地之變，不聞以災異歸之於時數也。至西漢董仲舒，傳仲尼《春秋》之學，對武帝策曰：

臣觀天人相與之際，甚可畏也。國家將有失道之敗，天乃先出災害以譴告之。不知自省，又出怪異以警懼之。尚不知變，而傷敗乃至。董仲舒為西漢羣儒之首，所陳災異，謂盡由朝政而致，豈虛語哉。亦不聞以災害怪異歸之於時數也。夫上天之變，幽眇高邈。下民或有不見而不知者。若數路地震之異，河北特甚。則人皆見之，而親被其害，不可諱也。因而人民流散，捨棄墳墓骨肉，而適他土。去如鳥獸，茫茫不知所止。餓凍病疾死於道路者不少，甚可痛惜也。孟子對梁惠王曰，塗有餓莩而不知發，人死，則曰非我也，歲也。是何異于刺人而殺之曰，非我也，兵也。王無罪歲，斯天下之民至焉。孟子獨得聖人之道為最深，而勸梁惠王專尚仁政，不可罪歲，是亦足以為後世法。陛下宜深信而行之，可以回災異為嘉祥，變禍患為純嘏。致宗社生民之福，豈有窮也。其姦人虧德損政，諂佞不正之語，必不可令眩惑于其間也。

又臣少時讀書，頗嘗探尋天人之理。竊怪有唐韓愈柳宗元劉禹錫三子談天，皆不得其要。臣今試陳其梗槩。夫太極既判，遂生两儀。形而上者曰天，形而下者曰地。天地之間，蓋載者曰萬物。萬物至衆，不出乎動與植而已。植物不靈，不能有所運用造作。惟動物為有命，比植物為靈。然亦未能為善惡，知喜怒。獨夫人，又動而有靈者也。可以為善，可以為惡者，是人人自為者也。自為善，自為惡者，皆小焉。天地亦隨而應之以禍以福。故《書》曰，作善降之百祥，作不善降之百殃。《易》曰，作善之家必有餘慶，作不善之家必有餘殃。蓋祥與殃，衹及其人與家者也。夫所謂可以喜可以怒者，非人人之喜怒也，天下人之喜怒也。天下人之喜怒，實繫乎帝王之所為而然也。帝王所為之政和，則天下人喜，人喜則其心亦和。和氣既生，充於上下，天地自然以和氣應之。天地氣和，則陰陽順百穀成，衣食自豐，夭横不作。故民躋富壽，常懷樂康。雖欲使之為亂而叛去，必不可得也。若帝王之政不和，則天下之人不喜。不喜則悲愁怨怒，心亦不和。不和之氣既生，天地自然以不和之氣應之。天地之氣不和，則陰陽不順，百穀不成，衣食不豐，夭横並作。故民皆窮困離散，父母兄弟妻子不能相保。其不思為亂而叛去者，未之有也。天下之喜怒所以能感動天地，致禍于國家如此之可必者，何也，本緣天地萬物通是一氣所生，無有纖間。惟是氣之清者為天，氣之濁者為地。清濁之餘氣，散于天地之間，是為萬物。萬物之最靈者為人。以此觀之，天地萬物同為一　則最靈之人，豈不能以衆喜衆怒之氣，感動天地而致福致禍於國家者乎。是故先聖以萬物中獨以人配天地，謂之三才。是知人者與天地本同而末異，體均而氣通，不可輕視虚用之也。為帝王者，宜先以仁政調和人心，使之安樂自固而不叛去，以為國家永永之福。捨此而望天地順成，天下無事，决不可得也。

《尚書・洪範》九疇，八曰庶徵。謂人君行肅乂哲謀聖五善道，則雨暘燠寒風五氣時，而為其休徵。乃百穀用成，俊民用章，家用平康也。人君行狂僭豫急蒙五惡道，則雨暘燠寒風五氣常，而為其咎徵，乃百穀用不成，俊民用微，家用不寧也。夫雨暘燠寒風，雖先後說之，實則一也。然而可以為休可以為咎者，只繫乎人君為善為惡而遂分也。洪範者，二帝三王所行之常道也。後之君人者，當信而師尚之，不可謂陳迹不信用也。信之則為福，不信則為禍。《書》又曰，天視自我民視，天聽自我民聽。又曰，天聰明自我民聰明，天明畏自我民明威。夫天本無心無耳目，亦無喜怒愛威。作《書》者，假視聽聰明以為之說。故《易》曰，聖人以神道設教者是也。其實只緣天地人本是一氣，善惡動静必然相應，合若符契，間不容髮。無謂天人形體隔絶至遠，便謂两不相干，而不以為信也。氣既相貫，氣動則應。人有喜怒，天應如響。亦猶冬至一陽生，夏至一陰生，其氣眇然，人不可得而見，惟以葭灰驗之，無不刻期以應。天下人喜怒之氣，能感動天地之氣，亦皆刻期而應也。是故治天下者，直宜以仁政悦民心，和民氣，使其氣自通於天地。日星山澤，又皆有神靈主之，則必能默觀君人者所為善惡，及人之善惡，助其自然之氣，降福降禍，豈不尤速耶，豈不尤可懼耶。以此益見天地災變不可盡歸之於時數，而不修人事以應之。

然可以歸之時數者，故時亦有焉，獨堯水湯旱是也。夫堯湯之為君，必不使人心有不和之氣，以感動天地而致其水旱也。蓋堯湯大聖人，其佐亦賢。上下協心戮力，無一夫不獲，無一物失所。故其水旱不得已，可以歸之於時數也。然雖有水旱之災，而不聞有重役橫斂，勞民驚衆之事。亦不聞有流移播散，凍餒死亡於道之人。惟聞常有九年之蓄，民無菜色，而天下奉堯湯，亦如無水旱之時。愛之如父母，敬之如神明。人心熙熙，和氣不減。乃是雖遭水旱，而民不被其害，國不憂其危也。自秦漢以降則不然。凡有災變怪異，皆由時君世主不能舉直錯枉，用賢退不肖，復有不能行善道，施仁政，悦民心，和民氣，此其以人事致天地災異，必然之理也。必不可歸之於時數也。災異既作，又不能恐懼修省，行消復之道，坐視蒼生赤子，棄墳墓，離鄉土，父母妻子兄弟奔逃播徙，不能相保守。往往君自君，臣自臣，民自民，不相為恤，而不加救拯。民既如此被其害，而不悲愁怨怒以思為亂者，鮮矣。民既怨怒思亂，而國不危者，又鮮矣。彼既上下乖戾不能同心協力，以致災變害民而危亡其國，乃妄欲比堯湯水旱。以己之所致災異歸於時數，是欺天欺民之甚也，胡可信耶。

夫地者，至大至厚至靜，不可動揺之物也。古今固亦有震動之時，隨其所震大小遠近，必災患以應之。然未嘗聞數路皆震也。震且不一。有日或十數震者也，又不一日而止。有至今踰半年尚震而未止者也。是豈不為大災害耶，大怪異耶。此陛下正當窮究致震之由，推至誠行至德思所以厭塞其變以謝天之譴告焉。不然，則恐董仲舒所謂敗傷乃至者，必將不能免也。陛下即位未久，而天下但聞聖德勤儉恭孝，不聞有過。此變非由陛下而致。然陛下若不為祖宗任其事，則天地之變，誰復可以任之哉。陛下既任其事，則固宜兢兢業業，夙夜憂勤，登用正人，興行正道，思與天地合其德，而濟之以不懈，使天下皆知陛下恐懼修省，視民如傷，悦其心，和其氣，則天地之氣亦和而應之。苟如此，何患災異之不息，人民之不安乎。其姦人謀身害國，罪在殺無赦。其所説，願陛下絶之，不復留於心術而稍有所惑，其為宗社之福，邦家之慶，必不出乎此也。若陛下萬一惑其所説，以災異歸於時數，而聖懷坦然不以為懼，有司之不職者不加擇，政事之不平者不加治，萬民窮困失所者不加卹，天下人心必益愁怨而不喜，則陰陽之氣何由而和，天地之變何由而息也。

大凡姦佞之人，阿諛巧詐，善移人主之意。其説雖目前可喜，而終無益於世。其大指已達者，不過欲持身固禄。未達者，不過欲希進厚己，而都不以生靈禍福國家安危為念也。是可謂大忍人也，大姦邪也。夫違天賊民，背公棄理，臣故曰罪在殺者也。此須陛下詳觀其語，熟察其意，復以其人前後所為而參考之，則邪正自見，必不能逃聖鑒矣。

臣蒙陛下召作宰相，以疾尚未能一對天表，而不避忤犯，輒敢懇懇如此之切者何哉，蓋觀今災變不與常等，實恐姦人以脂韋善柔之説，移陛下憂勞之志，安陛下克責之心，而致陛下不專心於救患卹災，以誤陛下至大之事也。惟聖慈深賜裁察，非臣之幸，乃天下之幸，宗廟社稷之幸。

貼黄。臣以此奏詞頗繁多，然以誠激於中，惟恐陛下未賜信察。臣所以務盡犬馬之志，故不覺詞之多也。然直書實事，文字鄙拙，不敢徒事章句而已。伏望陛下萬幾之餘，時賜一覽，必亦粗有裨益。如陛下未以為狂妄之罪，即臣方敢更以管穴之見，仰塵天聽也。（熙寧元年十二月，弼既拜相，以足疾未能入見。有于上前言災異皆天數，非人事得失所致者。弼聞之嘆曰，人君所畏惟天。若不畏天，何事不可為者。去亂亡無幾矣。此必姦臣欲進邪説，故先導上以無所畏，使輔弼諫諍之臣無所復施，吾不可以不速救。即上此疏。）

## 宋石介《與範十三奉禮書》（《徂徠集》卷一五）

思遠足下辱書，謂熙道言天感應為失。天至高也，在蒼蒼而可仰者，知其天也，而不可就而測之也。天感應不感應，不可得而知。若取子厚《天説》為説曰，天地，大果蓏也。元氣，大癰痔也。陰陽，大草木也。其烏能賞功而罰禍乎。功者自功，禍者自禍，則似不合聖人六經中旨。《書》曰天福善禍淫。皇天無親，惟德是輔。非天私我有商，惟天祐于一德。天作孽猶可違，自作孽不可逭。作善降之百祥，作不善降之百殃。《易》曰自天祐之，吉無不利。樂天知命故不憂。《語》曰，君子畏天命。果不能賞功而罰禍乎。

《天説》曰，致雨返風，蝗不為災，虎負子而趨，所謂偶然者。則《書》曰，肅時雨若，乂時暘若，哲時燠若，謀時寒若，聖時風若。狂僭豫急，蒙則反是。桑穀共生於朝，雉雊于鼎。禾異畝同穎。天大雷電以風，大木斯拔。王出郊，天乃雨反風，禾則盡起。《詩》曰，貽我來麰，火流于屋。春秋時，周室弱，王道壞，五行相沴，彝倫攸斁。經書星隕日蝕，水災螟傷稼，皆偶然也。子厚直取堯水湯旱而為之説。後世昏主暴君，虐民賊物，肆情恣惑，天為譴告以示警懼。曰，堯與湯，大聖人也。猶且見九潦七旱，天豈警戒我乎。不惕厲，不修德，窮所欲，益耗荒，天豈不亡之乎。見災而懼，高宗所以中興。不畏天命，桀紂所以覆滅。如子厚之説，汩彝倫矣。天感應不感應，吾則不知。六經，夫子所親經手。吾取聖人之言而言之。子厚之説是耶，聖人之言是耶。下至乃謂人自人，天自天，天人不相與。斷然以行乎大中之道。行之則有福，異之則有禍，非由感應也。夫能行大中之道，則是為善，善降之福，是人以善感天，天以福應善也。不能行大中之道，則是為惡，惡則降之禍。是人以惡感天，天以禍應惡也。此所謂感應者也。而曰非感應，吾所未達也。人亦天，天亦人。天人相去，其間不容髮。但天陰騭下民，不如國家昭昭然設爵賞刑罰以示人善惡。《書》曰天工人其代之。《易》曰兼三才而兩之。文中子曰，三才之道不相離。又乾卦曰，先天而天弗違，後天而奉天時。揚雄曰，天辟乎上，地辟乎下，君辟乎中。天人果不相與乎，熙道通天地人者。故言人必言天，言天必言人。文中子曰，《春秋》其以天道終乎，《元經》其以人事終乎。天人相與之際，甚可畏也。故君子備之。言人而遺乎天，言天而遺乎人，未盡天人之道也。足下思之，不宣。介頓首。

## 宋蔡襄《新除宰臣梁適祖文度皇任齊州禹城縣令累贈太師中書令可贈兼尚書令餘如故制》（《端明集》卷一五）

勑。《易》稱積善之家必有餘慶，聖人之論，豈苟而已。朕每延登宰輔，財成教化者，必褒顯前人，追用愍册。既榮其家，然後可以倚辦國事。具官某祖某，德望粹美，行實惇深。竦拔之才，蟠錯而不揄。觱沸之泉，淵渟而必決。回擁陰施，啓佑令孫。諮以謨猷，寘于鈞軸。逮茲登用之始，旌夫奕世之勤。即内史之崇階，陟中臺之總録。漏恩幽壤，光顯慶門。營魂有知，其享予之休命。

## 宋黄庶《善惡有餘解》（《伐檀集》卷下）

《易》曰積善之家必有餘慶，積不善之家必有餘殃。至於堯而丹朱，瞽瞍而舜，人惑焉。解曰，堯之善及天下，丹朱恃焉，而日進於惡，其慶不足銷，故不肖。瞽瞍之不善，天下聞而懼。及其身而進於德，其殃不足銷，故名列五帝。孰謂堯之慶，瞽瞍之殃，無餘也。世之言曰，瞽鯀有積善，又曰善惡無餘，異哉。

## 宋吕陶《湯周福祚如何論》（《淨德集》卷一八）

甚矣，天道之難言也。六經之説有曰，皇天無親，惟德是輔。又曰，作善降之百祥，作不善降之百殃。又曰，積善之家必有餘慶，積不善之家必有餘殃。此儒者守之，以為定論。而謂其可必也。予攷以人事，而竇其福善禍淫之説，則亦未必皆然。

蓋昔者，司馬遷以為伯夷叔齊以義諫周，食薇而死。顏回無遷怒貳過之失，孔子美其好學，而亦夭喪。盜跖恣行暴虐，殺千人，反以壽終。天之報施善人，信何如哉。此史遷疑而未辨，學者嘗惑矣。至于班固，評張湯杜周之子孫，則又可疑焉。固之言曰，張湯杜周，並起文墨小吏，列于酷吏，皆有良子。德器自過，爵位尊顯。繼世立朝，相與提衡，至于建武，杜氏爵乃獨絶。迹其福祚元功，儒林之後莫能及也。夫蕭何曹參之才，張良陳平之智，與高祖經營天下，措之乂安。要其所以興利除害，功濟斯民，蓋亦深也。韋賢貢禹之學，匡衡薛宣之能，其輔導時君，有補于治，蓋亦多也。而其後子孫，或數十年而世絶。或一再傳而國除。彼持法刻深者，乃享祚悠長，有至建武而後絶者。豈報施之理，不得而知之歟。

竊嘗思之，顏子死，孔子謂之不幸。夫以德而夭，聖人以為不幸。則德而壽者，出于幸而已。使天之禍福，家至而人論之，則審無可疑，而聖人亦不以幸不幸為之説。而乃徧覆包含于九州之内外。為善于此者，未必蒙祐于彼。履惡于下者，未必獲咎于上。則難以一人之報施而言天矣。以聖人幸不幸之說，而求其福善禍淫之應，則天與人两不相廢，而教存于中，夫又何疑焉。且于公之善聽，其高門以自顯，豈幸哉。丙吉之陰德，則傳子而不侯，蓋不幸矣。湯周之福祚，抑可明于斯也。

## 宋歐陽脩《歐陽氏譜圖序》（《文忠集·外集》二一）

歐陽氏之先，出夏禹之苗裔。自帝少康封庶子於會稽，使守禹祀。傳二十餘世，至允常子曰勾踐，是為越王。越王勾踐卒，子王鼫與立。傳五世至王無疆，為楚威王所滅。其諸族子孫，分立於江南海上，受封於楚，為歐陽亭侯。亭侯在今湖州烏程歐餘山之陽，子孫遂以為氏。漢高滅秦，得無疆七世孫摇，復封為越王，使奉越後，而歐陽亭侯之後，因有仕漢為涿郡太守者。子孫遂居於北。一居冀州之渤海，一居青州之千乘。居千乘者曰和伯，仕於漢最顯，世為博士，以經名家，所謂《歐陽尚書》是也。其居渤海者，仕於晋最顯，曰建，字堅石。所謂渤海赫赫歐陽堅石是也。建遇趙王倫之亂，見殺。兄子質，以其族奔長沙。由是子孫復居於南。仕於陳者曰頠，威名著於南海。頠之孫曰詢。詢之子通，仕於唐尤顯，皆為名臣。其世居長沙，猶以渤海為封望。自通三世生琮，為吉州刺史。子孫因家焉。琮八世生萬，萬為安福縣令，生和。和生雅，雅生效楚。效生謨託詃。託生皇高祖府君，府君生子八人，於世次為曾祖。今圖所列子孫，皆八祖之後。

蓋自安福府君以来，遭唐末五代之亂，江南陷於僭偽，歐陽氏遂不顯。然世為廬陵大族，而皇祖府君以儒學知名當世，至今名其所居鄉曰儒林云。及宋興，天下一統，八祖之子孫稍復出而仕宦。然自宋三十年，吾先君伯父叔父始以進士登於科者四人。後又三十年，某與麗兄之子乾曜又登於科，今又殆將三十年矣。以進士仕者，又纔二人。蓋自八祖以来，傳今百年。或絶或微，分散扶疏，而其達於仕進者，何遲而又少也。今某獲承祖考餘休，列官於朝。叨竊榮寵，過其涯分。而才卑能薄，泯然遂將老死於無聞。夫無德而禄，辱也。適足為身之愧，尚敢以為親之顯哉。

嗚呼，自通而上，其行事見於史。自安福府君而下，遭世故無所施焉。某不幸幼孤，不得備聞祖考之遺德。然傳於家者，以忠事君，以孝事親，以廉為吏，以學立身。吾先君諸父之所以行於其躬，教於其子弟者，獲承其一二矣。某又嘗聞長老言，當黄巢攻破江西州縣時，吉州尤被其毒。歐陽氏率鄉人扞賊，賴保全者千餘家。子孫宜有被其陰德者。顧某不肖，何足以當之。傳曰，積善之家必有餘慶。今八祖歐陽氏之子孫甚衆，苟吾先君諸父之行於其躬，教於其子孫者，守而不失，其必有當之者矣。嘉祐四年己亥四月庚午，嗣孫脩謹序。

## 宋程顥、程頤《二程遺書》卷一五

知天命，是達天理也。必受命，是得其應也。命者，是天之所賦與，如命令之命。天之報應，皆如影響。得其報者，是常理也。不得其報者，非常理也。然而細推之，則須有報應。但人以挾淺之見求之，便謂差。且天命不可易也。然有可易者，惟有德者能之。如修養之永年，世祚之祈天永命，常人之至於聖賢，皆此道也。

## 宋蘇軾《三槐堂銘并叙》（《東坡全集》卷九七）

天可必乎，賢者不必貴，仁者不必壽。天不可必乎，仁者必有後。二者將安取衷哉。吾聞之申包胥曰，人衆者勝天，天定亦能勝人。世之論天者，皆不待其定而求之，故以天為茫茫。善者以怠，惡者以肆。盜蹠之壽，孔顔之厄，此皆天之未定者也。松柏生於山林，其始也困於蓬蒿，厄於牛羊。而其終也，貫四時，閱千歲而不改者，其天定也。善惡之報至於子孫，而其定也久矣。吾以所見所聞所傳聞考之，而其可必也，審矣。

國之將興，必有世德之臣。厚施而不食其報，然後其子孫能與守文太平之主共天下之福。故兵部侍郎晉國王公顯於漢周之際，歷事太祖太宗，文武忠孝，天下望以為相，而公卒以直道不容於時。蓋嘗手植三槐於庭曰，吾子孫必有為三公者。已而其子魏國文正公相真宗皇帝於景德祥符之間，朝廷清明，天下無事之時，享其福禄榮名者，十有八年。今夫寓物於人，明日而取之，有得有否。而晉公修德於身，責報於天，取必於數十年之後。如持左券，交手相付。吾是以知天之果可必也。吾不及見魏公，而見其子懿敏公，以直諫事仁宗皇帝，出入侍從將帥三十餘年。位不滿其德，天將復興王氏也歟，何其子孫之多賢也。世有以晉公比李栖筠者，其雄才直氣真不相上下。而栖筠之子吉甫，其孫德裕，功名富貴略與王氏等，而忠信仁厚不及魏公父子。由此觀之，王氏之福，蓋未艾也。懿敏公之子鞏與吾遊，好德而文，以世其家。吾是以録之。銘曰：

嗚呼休哉，魏公之業，與槐俱萌。封植之勤，必世乃成。既相真宗，四方砥平。歸視其家，槐陰滿庭。吾儕小人，朝不及夕。相時射利，皇卹厥德。庶幾僥倖，不種而獲。不有君子，其何能國。王城之東，晉公所廬。鬱鬱三槐，惟德之符。嗚呼休哉。

## 宋朱光庭《上哲宗乞戒約士大夫傳異端之學》（宋趙汝愚《宋名臣奏議》卷八四）

臣竊以聖人之道，純一無間。君君臣臣父父子子兄兄弟弟夫夫婦婦，誠意正心，修身齊家，治國平天下。自開闢以來，未有易此者也。堯舜禹湯文武之所以為君，周公孔子之所以為臣，以此為己任，以此為世教。明如日月，固不欺于萬世也。自後漢以來，王道寖微。胡法始乘間而入，蔓延至于晉宋梁隋。王道日衰，胡法日熾。有唐賢儒間出，力行排斥。然而邪説入人之深，譬之病者，正氣已耗，邪氣入於心腹，淪于骨髓，未易除去。賢儒出力扶道，有如珍藥良劑，僅能涵養正氣爾。聖人有言曰，窮理盡性以至於命。為吾儒者所當學也。然未嘗學也。反謂胡法了然見性，不生不死，此其高明者也。聖人有言曰，未知生，焉知死。為吾儒者所當致知也。然未嘗致知也。反謂胡法真有輪回，此又其次者也。聖人有言曰，作善降之百祥，作不善降之百殃。為吾儒者，所當畏敬者也。然未嘗畏敬也。而反謂胡法尊信，可以求福田利益，此又其下者也。緣此三惑，上智以至下愚，混然都入于迷塗而不自覺也。口誦聖人之書，身被儒者之服，而區區北面尊胡法，學性命，免輪回，求福田，所謂舍己之田而耘人之田，臣未見其得也。

方今朝廷尊尚儒術，並用賢俊，將欲發明大道，必先斥去異端，則可以振起斯文，化成天下。臣訪聞今月二十日，相國寺有一沖長老者，開堂説法。士大夫奔走其門牆環拜于座下者甚衆。當聖朝尊尚儒術之際，而士大夫不知自重，敗壞如此，可不懲之乎。臣欲乞詔執政詰問。今月二十日赴相國寺沖長老座下聽法臣寮，徧行戒勑，令今後更不得造其門，傳習異端。學官傳先王之道，禮官守先王之法。如有違經弃禮，前日亦曾至其門聽法者，并行責罰，以正違經弃禮之罪。士大夫以至民庶之家，今後亦不得令婦女入寺門，明立之禁，庶幾可以息邪説，距詖行，正風俗，明吾堯舜禹湯文武周孔之道，以開天下之惑。幸甚幸甚。（元祐元年上。時為右正言）

## 宋范純仁《富弼行狀》（《范忠宣集》卷一七）

公諱弼，字彦國。其先出於周大夫富辰之後，至高祖諱璘，因五代之亂，自齊徙居於汴。仕唐至京兆少尹，至鄧公始遷於洛，今爲河南人。初，秦國太夫人夢有天赦旌旛，鶴鴈降盈其家，覺而生公。才數歲，方戲於庭，忽大雷震。同戲兒皆奔走，公獨神意自若。人以此異之。[略]

上欲召公爲相，先遣中使諭旨曰，卿今兹無得更辭，當力疾入輔，爲宗社計。明年正月，召還京師。二月，除司空，兼侍中昭文館大學士，賜甲第一區，皆懇辭不受。復拜左僕射門下侍郎同平章事，未陛見，聞有人於上前言，菑異皆是時數，不由人事者。公遂上章曰，《春秋》書菑異，所以警悟人君，使恐懼修省。董仲舒所謂天人相與之際，甚可畏也。又孟子對梁惠王，塗有餓莩而不知發。人死則曰，非我也，歲也。王無罪歲，斯天下之民至焉。是皆不聞以菑凶歸之於時數也。在人之一身，則曰作善降之百祥，作不善降之百殃。在一家，則曰積善之家必有餘慶，積不善之家必有餘殃。一身一家，至小也。餘慶餘殃，尚因人之善惡而致。寧有國家天下之菑祥，而反歸之於天數，而無事而致，亦未聞推之於天也。陛下萬一或時而信，則救菑卹患，答謝天譴之意，有時而怠，虧損陛下之德，不爲生靈之福。無甚於此。

是時羣臣上尊號，及聽樂，上以久旱皆不受，而羣臣猶堅聽樂之請。公上言，故事，有菑變皆撤樂，恐陛下以同天節契丹使者與羣臣皆當上壽，故未止其奏。臣以爲陛下聖政維新，四海屬目，正宜彰盛德以示夷狄，願并上壽罷之，益足見陛下嚴恭寅畏之美也。上從之。即日而雨。公復上章曰，陛下答謝天譴，不爲不至。上天報應陛下，不爲不速。矧令戎使目覩中國異事，更願陛下未以今日雨澤爲喜，當以累年菑變爲懼。遠斥姦佞，親近忠良，恭畏上天，即太平可至。上即親書答詔云，義忠言親，理正文直。苟非意在愛君，志存王室，何以臻此。敢不置之枕席，銘諸肺腑。終老是戒。更願公不替今日之志，則天菑不難弭，太平可立俟也。公又上章，力陳君子小人之情僞，繫王道之消長，天下之安危。望陛下深思辨察，用舍小失，則招致禍亂，爲國大患。

## 宋葉夢得《避暑録話》卷上

林下衲子談禪，類以吾儒為未盡。彼固未知吾言之深，然吾儒拒之亦太過。《易》曰精氣為物，游魂為變，是故知鬼神之情狀。原始要終，故知死生之説。此何等語乎。若作善降之百祥，作不善降之百殃。積善之家必有餘慶，積不善之家必有餘殃。則因果報應之説，亦未嘗廢也。晉宋間佛學始入中國，而未知禪。一時名流乃有為神不滅之論，又有非之者，何其陋乎。自唐言禪者寖廣，而其術亦少異。

大抵儒以言傳，而佛以意解。非不可以言傳，謂以言得者未必真解，其守之必不堅，信之必不篤，且墮于言，以為對執而不能變通旁達爾。此不幾吾儒所謂默而識之，不言而信者乎。两者未嘗不通。自言而達其意者，吾儒世間法也。以意而該其言者，佛氏出世間法也。若朝聞道夕可以死，則意與言两莫為之礙，亦何彼是之辨哉。吾嘗為其徒高勝者言之，彼亦心以為然，而有不得同者，其教然也。

## 宋程俱《天辨》(《北山集》卷一五)

觀柳子厚《天説》，退之固有激而云，然騁豪辯而失正理。子厚為之説，亦至於芒忽两忘而止。余嘗深究天人消長之由，若有得者。因奮筆作《天辨》，矯二子歸之正，以袪君子之惑焉。

天之蒼蒼，尸者誰耶。鴻蒙穹隆，其正形耶。抑有五官以視聽好惡耶，抑又有條章政枋以司下土，若而予若而奪耶。古人於此乎疑矣。或曰，凡人之生，賦畀適定。天積氣耳，漫無記省。物生其間，自窮自達，自狂自聖。自壽自夭，自愉自病。或生而切雲漢，或老而没泥濘。自其適耳，豈足深竟。若是説者，然耶。曰，天不人不因，人不天不成。信斯言也，皆適然乎。則為善者，或幾乎熄矣。或曰，天之與人，絶處殊類。質象既别，好惡随異。譬之九土各有宜，五性不同嗜。故畸於天者人之侔，資於宋者越所棄。又安知人之所望，不為天之所厲。若是説者，然耶。曰，天視自我民視，天聽自我民聽。信斯言乎，則是天與人判為二矣。或曰，天之於物，常靳其全。故齒者不角，馳者不翾。各俾其一，非天則偏。若是説者，然耶。曰，作善降之百祥，積善必有餘慶。信斯言乎，則夷齊之餓，顔氏之夭可也。彼益稷伊周之倫，謂其不足於天爵，可乎。或曰飛塵可以蔽日，太山哭於聚蚊。必東之水，激之可使過顙。長平之敗，壽者不能獨存。人衆有時而取必，而天定亦能勝人。若是説者，然耶。曰，天網恢恢，疏而不失。信是説乎，則天之覆物也淺矣。

雖然，自堯舜以来，天下之治常少而亂常多，君子常窮而小人多得志者，何耶。蓋自堯舜禹數百載而後，當商之盛時，君子之道一行。又數百載，而後當周之盛時，君子之道一行。由漢迄唐，數千百載，其間君子小人，亦更為消長耳，不如三代之純也。君子而用，不極不久。藉令專且久，然不斥不病，則死及之。小人而在上，率常志滿意得，子孫族黨繁盛半天下。康强壽考，無一不如志者。若是何耶。嗚呼，區區之常通用捨，聖賢觀之，寒暑蚊雀之間耳，曷嘗以此動其心哉。而天亦豈以此待天下之君子也。蓋亦蚩蚩者之招然耳。今夫蚩蚩之氓，晝日之所為，孰非强凌弱，衆暴寡，狡者欺惷，薄者負厚哉。其孝於親，友於兄弟者，有幾。其臨利不忘義者，有幾。其設心平正誠實無偽不負神明者，有幾。使君子而得志，為一州則惠一州，使一路則惠一路。在朝廷位宰輔，言聽計從，則膏澤及天下。彼蚩蚩者是將怡愉安樂，而終身矣。彼晝日之所為其傾欺賊害者如此，而天乃報之以怡愉安樂，則天之所以福善禍淫之道，豈不乖刺舛繆矣乎。故必使邪佞殘賊者臨其上，為一州禍一州，使一路禍一路，在朝廷位宰輔禍天下。非惟禍天下，必至于糜爛土崩而後已。此無他，黔首之招然耳。以是推之，則《易》之慶善殃惡，《書》之視聽自民，《老子》之疏而不失，與夫釋氏之因果報應，無合而通者矣。

## 宋陳淵撰《代高左藏郡君醮詞》(《默堂集》卷二二)

臣竊聞造化無私，生成不已。雖陰陽有數，降年默定於菌椿。然禍福無門，應物自同於影響。願懺可追之悔，庶來畢至之祥。伏願臣妾汙辱微賤，凡庸陋質。蘋藻致潔，初無承祖之能。箕帚執勤，未盡事人之義。業緣火熾，罪障塵蒙。宜取戾於鬼神，當不容於覆幬。一身孱弱，百病侵凌。緜緜幾及於膏肓，奄奄僅存於喘息。卜有再三之瀆，醫無十一之功。留連日深，控告無所。是用祈哀洪造，備物真詞。少輸螻蟻之誠，冀延犬馬之齒。且有生草木，尚蒙雨露之涵濡。而久蟄龍虵，亦賴雷霆之震奮。况臣稟氣為物最靈，宜推妙化之毫芒，庶假餘生之晷刻。至誠所感，本無間於幽遐。大德曰生，亦豈遺於微賤。

## 宋王之道《廬州天慶觀物産記》(《相山集》卷二三)

世以儒釋道為三教，名雖不同，其實無二。以迹求之，但見其殊耳。予嘗觀夫習為儒釋道之學者，較其力於所事，不顧軀命以極其嚴飾，奉其祭祀而為無窮之供罔極之傳者，往往儒不如道，道不如釋。或者以為善惡因果報應之説，莫如釋氏深切著明，故能竦動羣聽如此。雖然，為儒者之説者曰，作善降之百祥，作不善降之百殃。為道者之説者曰，為不善乎顯明之中者，人得而誅之。為不善乎幽闇之中者，鬼得而誅之。玆非明其善惡之報也哉。言至於此，殆未可輕議也。今之士大夫，未有不學乎詩書禮樂而能入官者。若是則無非儒家者流也。以浮屠氏之不愛頭目髓腦國城妻子而惟佛之從，為吾儒者當何如哉。而世乃有侵學宮之地以廣其居，占學糧之田以厚其生者，良可太息。

## 宋李昌齡《樂善録》(陶宗儀《説郛》卷七三下)

心者，善之本也。究夫所本，未始不善。不幸富貴利害者汩之，故不善之心由是而生。其間能不失其本者，百無一二焉。是以無富貴，無貧賤。作善者常少，而作不善者常多，無足怪也。然予嘗目擊世間積善之士，鮮有不終吉者。故《易》曰，積善之家必有餘慶。又曰，善不積不足以成名。噫，聖人之言，豈欺我哉。

予少也賤，負笈四方，經歷世故，屢嘗患難。凡所聞見踐履，有益於人而可補於世者，未嘗不積於中。爰攄管見，裒集得若干餘事，目曰《積善録》，皆所言修身積德濟物也。願與天下善士共行之，自王公至於庶人，咸知積善之為終吉，故言不文，辭不飾。每事直述其旨，要在明道理，達倫類，辨是非，通世務。使賢愚貴賤，皆得以洞曉之。或曰，子之言可謂達理。若更加潤色，則盡善矣。余曰，不然。本朝文章之盛，超軼漢唐。所不足者，節義。區區之見，蓋在警世諭俗，利物濟人，何以文為。所患，其間類逆耳骨鯁之言，與世俗違者甚多，未免有毀譽之私。然而公言在我，好惡在彼，吾何容心哉。若夫增廣善事，削其繁蕪，則有賴於明哲君子。時淳熙戊戌冬月序。

## 宋胡宏《上光堯皇帝書》(《五峯集》卷二)

臣聞二帝三王，心周無窮，志利天下而己不與焉。故能求賢如不及，當時公卿大夫，體君心孜孜，盡下以進賢為先務。是時上無乏才，而山林無遺逸之士。士得展其才，君得成其功名。君臣交歡，而無纖芥形迹存乎其間。逮後世衰微，心不及遠，志不周物。據天下利勢而有輕疑士大夫之心，于是始有遯世不返寧貧賤而輕世肆志者。於是始有奔走于名利之途，納交于權勢之門，以僥倖富貴者。二者雖有間矣，而均為不仁。然則孔子所干者七十二君，有近於僥倖富貴矣。孟子不見諸侯，有近於輕世肆志矣。而後世仰慕以為宗師，而不以為不仁，何哉。聖人仁以為體，義以為用，與時變化，無施不可。學聖人者，以仁存心，以義處物。相時而動，亦豈必于進退哉。

臣生而愚直，力慕高遠。以聖人之道為必可行，以聖人之政為必可復，以天下之衰為必可振。抑又身逢亂離，窮處山林，閲人世之紛紜，知天心之神化。口誦古先之文，心推今日之事。靜觀興替，動見幾微。方戎馬之憑陵，痛王綱之不振。陛下宵衣旰食，招延多士，講論治道。臣於斯時，潛光獨善，有懷不陳，豈不負臣素心，上辜聖世，失仲尼孟軻之旨哉。輒忘微賤，謹用所聞，撰天下之事，陳王道之本，明仁政之方，上干天聽。[略]

孟子曰，天下之本在國，國之本在家，家之本在身。脩身本于正心，正心本于誠意。所謂誠其意者，毋自欺而已。朝廷之上可自欺也，而四方不可欺也，而天地鬼神不可欺。善惡之應，急于影響，不可不察也。伊尹曰，皇天無親，惟德是輔。民心無常，惟惠之懷。又曰，作善降之百祥，作不善降之百殃。臣愚願陛下察天理，存良心，以身先羣下，深憂如大舜，自任如周武。不牽于姑息之仁，不懾于强暴之威。立復讐之心，行討亂之政。積精積神，神而化之，與民更始，實宗社無疆之休也，豈特紓目前之禍而已哉。臣聞三綱人之本性，神化天之良能。堯舜禹湯文武，恭己盡性，德合于天。一言一行，當物情之精，中民心之會。利用出入，民所共由。故精神感通，折衝萬里。天下心服，莫測其用。《易》曰，聖人以神道設教而天下服，此之謂也。若夫德不能盡倫，而三綱廢缺。昧于神化，而政不能盡制。乃以智術利勢相傾者，則臣妾而已矣。夫天下萬事，各以類應。君萬民而為臣妾行者，必有臣妾之耻。自周平王東遷，王者迹熄。諸侯交侵，然先聖之遺澤尚存，五霸猶能明大義，奉而尊之。然文武之道，自此日敝。强侯之風，自此浸興。是以秦得逞其智力，滅六國，君天下。原其父子君臣之際，莫有當于禮義者。陵夷之漸，實始此耳。

## 宋虞儔《災異疏》（明楊士奇等《歷代名臣奏議》卷三八〇）

紹熙中，監察御史虞儔上奏曰：臣聞警懼譴告，上天所以仁愛人君。側身修行，人君所以對越上天。稽之往古，驗之當今，精祲之交，殆若符契。近者太白經天，謫見垂象。六月不雨，咎證常暘。人皆以為憂，微臣獨以為喜，何者，蓋知陛下道超象外，識照幾先，必能謹言行以動天地之大，修政事以導陰陽之和。於是焉轉禍而為福，散沴而為祥，殆猶反手焉耳。未幾，太白漸復常度，一雨遂蘇羣槁。人皆以為喜，微臣反以為憂。何者，蓋以人之常情，既得天時之助，必忘人事之修。謂天不怒，乃敢戲豫。謂天不渝，乃敢馳驅。於是焉患生於所忽，變起於不圖。可不為寒心哉。故明君見變，能修道以除凶。若其無象，是不譴告，傷敗所由而至也。

然則當憂而喜，當喜而憂，臣非求異於衆人，抑亦具聞於往訓。《書》曰，惟上帝不常。作善降之百祥，作不善降之百殃。又曰，惟天無親，克敬惟親。又曰，天難諶，命靡常。又曰，皇天無親，惟德是輔。夫天不言，所以昭然示人者，不過日月星辰之象，雨暘休咎之證而已。人君承天意以從事，必即此而觀之。臣竊詳太白之應，志在晉史。雲漢之旱，詠於周詩。皆非小變也。陛下銷變之道，捷於桴鼓。況又自初即位，曰雨而雨，曰暘而暘。年穀順成，百姓和樂。天之眷顧，蓋不偶然。其必有以致之者矣。昔唐太宗既得天下。元年，關中饑。二年，天下蝗。三年，大水。方之陛下，固不可同日而語。然太宗因天之戒，勤撫其民。變饑饉為豐穰，致貞觀之盛治。若陛下每存陟降左右之念，愈加悠久不息之誠。天其申命用休，當與堯舜比隆矣。

大抵天之於人君，其眷顧之既厚，則責望之必嚴。凡其念慮之萌，嚬笑之發，當宁焦勞之際，退朝宴樂之時。鑒觀在上，莫顯乎微。一或不至，則非天意。故天意所與，則三光全，寒暑平，風雨時，五穀熟，草木茂。天意所否，則為災異，為凶年，為水旱，為繆盭，為疾疫，如響應聲，如影隨形。事之必至，理之固然者也。臣伏願陛下仰順天意，俯修人事，庶幾我之所以對越上天者，始終而無愧。天之所以仁愛我者，愈久而無窮。社稷之福，生靈之幸也。《詩》曰，惟此文王，小心翼翼。昭事上帝，聿懷多福。在陛下强勉之而已。

## 宋朱熹《己酉擬上封事》(《晦菴集》卷一二)

具位臣朱熹，敢拜手稽首言曰，臣竊惟皇帝陛下，有聰明睿智之資，有孝友温恭之德，有寬仁博愛之度，有神武不殺之威。養德春宫，垂二十年。一旦受命，慈皇親傳大寶。龍飛虎變，御極當天，凡在覆載之間，稍有血氣之屬，莫不延頸舉踵，觀德聽風。而臣適逢斯時，首蒙趨召，且辱賜對，得近日月之光。感幸之深，其敢無説，以效愚忠之一二。

蓋臣聞古之聖賢，窮理盡性，備道全德。其所施為，雖無不中於義理，然猶未嘗少有自足之心。是其平居所以操存省察而致其懲忿窒欲遷善改過之功者，固無一念之間斷。及其身之所履有大變革，則又必因是而有以大警動於其心焉，所以謹初始而重自新也。伊尹之告太甲曰，今王嗣厥德，罔不在初。又曰，今嗣王新服厥命，惟新厥德。召公之戒成王曰，若生子，罔不在厥初生，自貽哲命。今天其命哲命吉凶命歷年，知今我初服，肆惟王其疾敬德。蓋深以是而望於其君，其意亦已切矣。今者陛下自儲貳而履至尊，由監撫而專聽斷，其為身之變革，孰有大於此者。則凡所以警動其心而謹始自新者，計已無所不用其極矣。而臣之愚猶竊有懼焉者，誠恐萬分有一，所以警動自新之目，或未悉舉，則釁孽之萌將有作於眇綿之間，出於防慮之外者。是以輒忘疏賤，而妄以平日私憂過計之所及者，深為陛下籌之。則若講學以正心，若修身以齊家，若遠便嬖以近忠直，若抑私恩以抗公道，若明義理以絶神姦，若擇師傅以輔皇儲，若精選任以明體統，若振綱紀以厲風俗，若節財用以固邦本，若修政事以攘夷狄。凡是十者，皆陛下所當警動自新而不可一有闕焉者也。臣不勝犬馬愛君憂國之誠，輒敢事為之説，而昧死以獻。謹條其事如左。[略]

其五，所謂明義理以絶神姦者，臣聞天有顯道，厥類惟彰。作善者降之百祥，作不善者降之百殃。是以人之禍福，皆其自取。未有不為善而以諂禱得福者也，未有不為惡而以守正得禍者也。而况帝王之生，實受天命，以為郊廟社稷神人之主。苟能修德行政，康濟兆民，則災害之去，何待於禳。福禄之来，何待於禱。如其反此，則獲罪於天，人怨神怒，雖欲辟惡鬼以来貞人，亦無所益。又况先王制禮，自天子以至於庶人，報本享親，皆有常典。牲器時日，皆有常度。明有禮樂，幽有鬼神。一理貫通，初無間隔。苟禮之所不載，即神之所不享。是以祭非其鬼，即為淫祀，淫祀無福，經有明文，非固設此以禁之，乃其理之自然，不可得而易也。其或恍惚之間，如有影響，乃是心無所主，妄有憂疑，遂為誣祝妖人乘間投隙以逞其姦欺。誑惑之術既行，則其為禍又將無所不至。古今以此坐致亂亡者，何可勝數。其監蓋亦非遠。苟非致精學問以明性命之理，使此心洞然無所疑惑，當有即有，當無即無，則亦何据以秉禮執法而絶妖妄之原乎。先王之政，執左道以亂政，假鬼神以疑衆者，皆必誅而不以聽，其慮深矣。然傳有之，明於天地之性者，不可惑以神恠。明於萬物之情者，不可罔以非類。則其為妄，蓋亦不甚難察。惟聖明之留意焉，則天下幸甚。

## 又《鄭公藝圃折衷（叔友）》（《晦庵集》卷七三）

折衷曰，吉人惟知為善而已，未嘗望其報也。為善而望其報，是今世委巷溺浮圖者之處心也。孟子勸滕文公曰，苟為善，後世子孫必有王者矣。是心何心哉。武王伐紂而利之，非太王王季文王之本心也。孔子謂泰伯三以天下讓，亦曰周之有天下，泰伯不襲封也。其遜國也，秖其所以為天下也歟。夫泰伯雖知季歷之賢可以繼緒保邦，而吾不若也。如使泰伯包藏禍商之心也，夫何至德之足云。

辨曰，善者福之，淫者禍之，天之道也。吉人為善固不望報，而天必報之以福。可以天道難信而不足信歟。孟子勸滕文公為善，謂後世子孫必有王者，非但告之以周家之事，是亦以天道告之也。使周不積德行仁，則子孫未必蕃衍，雖欲伐紂而利之，不可得矣。況能卜世三十，卜年八百。于公治獄多陰德，猶能逆知其子孫必有興者。當戰國之際，人倫棄而天理滅，不知為善之利。今以孟子之言為非，則將何以勸其君耶。乃謂周之天下由泰伯之不襲封也，使人人遜國如泰伯，無季歷之賢以繼之，則覆宗絶祀矣。季札之事，可不監諸。

孟子言，若夫成功，則天也。君如彼何哉，强為善而已矣。初無望報之心也。苟為善，後世子孫必有王者矣。乃為太王避狄而言。《易・大傳》曰，積善之家必有餘慶。《書》曰作善降之百祥，亦豈望報乎。

## 宋王質《趙信臣子名字序》（《雪山集》卷五）

趙信臣見其子于王景文，問字若名焉。吾為名曰善祥，字曰百卿。咨爾善祥，烏赤鵠朱，馬圖器車，麗玉葉芝，有粲于兹，其祥也歟。兹祥在物，不宅其間，不麗其軀。来如飄風，去如擲虚。是則何有，我不得居，匪祥也歟。附義而行，秉禮以趨，以手拊心，不震以瞿。以形視身，不愓以趄。父榮母安，弟肅兄愉。耳目聰明，心氣佚舒。疾癘遁藏，杭稌羡餘。家無噫聲，里無謗譽。真祥也歟。故曰，作善降之百祥。子如不言，視此古書。

## 宋樓鑰《論仁德剛德》（《攻媿集》卷二五）

臣聞乾健坤順，震動艮止，各以其甚者言之。乾之下濟，未嘗不順。坤動也剛，未嘗不健。震亦有止，而艮亦有動。聖人之德亦然。文王之武，武王之文，可知矣。人皆曰天以剛為德，人主亦以剛為德，此萬世不易之論也。在《易·大有》之盛，五爻皆陽，而君位以六居五，曰柔得位而上下應之，曰大有。《繫辭》又曰，天之所助者順也，人之所助者信也。履信思乎順，又以尚賢也，

蓋天與人君，一也。雖曰以剛為德，而尤以好生為仁。臣事陛下，于龍飛之初年，投閒一紀。再蒙收用，日夕思念。願有以裨益聖德于萬一。惟國家累聖，專以仁厚不殺為主，如積善之家必有餘慶。仰窺聖性，承忠厚之習，如必欲强為剛强之事，度亦非陛下所安。臣又求之于古，周過其歷，漢祀四百。本朝累聖相承，平治最久。究其所以，雖曰積累之厚，而周之世世修德，莫若文王。漢之結人心，無如文帝。本朝之盛，仁宗皇帝尤為隆平。四十二年之事，至今人人能稱頌之。文王徽柔懿恭，視民如傷。亹亹穆穆，順帝之則。文帝恭儉寬仁，專務以德化民。仁宗皇帝聖度如天，萬物並育。自有謚法以來，未有以仁為謚者，天實命之。夫以周漢暨本朝盛際，自文王及文帝及我宋仁宗，不以剛德為稱，而皆本仁柔以出治。陛下聖性隆寬實似之，而又謙恭勤約，身先天下。雖欲彊為剛强之事，亦有所難。誠能遠慕文王文帝，而近法仁宗，使好生上當于天心，皇恩浹洽于上下，則保治之道，何以尚玆。

臣又有愚見，敢申言之。文王之赫然斯怒，以安天下之民。文帝以嚴致平，仁宗皇帝干戈鈇鉞之誅，未嘗有所私貸。所謂仁者必有勇，此皆自仁德發之。此尤陛下所當取法也。陛下外鉏叛將，内誅姦臣。雄斷廟謨，天下聳服。臣願陛下不必改聖性之所安，而于用賢去佞收攬威權懲艾奸惡時出聖斷以裁之，則仁足以壽天下之脈，而威足以折姦諛之心。行之無倦，謹終如始，則宗社之福誠未艾也。

## 宋陸九淵《象山集·荆門軍上元設廳講義》

五，皇極。皇建其有極，斂時五福，用敷錫厥庶民，惟時厥庶民，于汝極，錫汝保極。皇，大也。極，中也。洪範九疇，五居其中，故謂之極。是極之大，充塞宇宙。天地以此而位，萬物以此而育。古先聖王，皇建其極，故能參天地，贊化育。當此之時，凡厥庶民，皆能保極。比屋可封，人人有士君子之行。協氣嘉生，薫為太平。嚮用五福，此之謂也。皇建其有極，即是斂此五福，以錫庶民。舍極而言福，是虚言也，是妄言也，是不明理也。惟皇上帝降衷于下民，衷即極也。凡民之生，均有是極。但其氣禀有清濁，智識有開塞。天之生斯民也，使先知覺後知，先覺覺後覺。古先聖賢，與民同類。所謂天民之先覺者也。以斯道覺斯民者，即皇建其有極也，即斂時五福，用敷錫厥庶民也。

今聖天子重明於上，代天理物，承天從事。皇建其極，是彝是訓。于帝其訓，無非斂此五福，以錫爾庶民。郡守縣令，承流宣化，即是承宣此福，為聖天子以錫爾庶民也。凡爾庶民知愛其親，知敬其兄者，即惟皇上帝所降之衷，今聖天子所錫之福也。若能保有是心，即為保極。宜得其壽，宜得其富，宜得康寧，是謂

攸好德，是謂考終命。凡爾庶民，知有君臣，知有上下，知有中國夷狄，知有善惡，知有是非。父知慈，子知孝，兄知友，弟知恭。夫義婦順，朋友有信，即惟皇上帝所降之衷，今聖天子所錫之福也。身或不壽，此心實壽。家或不富，此心實富。縱有患難，心實康寧。或為國死事，殺身成仁，亦為考終命。

實論五福，但當論人一心。此心若正，無不是福。此心若邪，無不是禍。世俗不曉，只將目前富貴為福，目前患難為禍。不知富貴之人，若其心邪，其事惡，是逆天地逆鬼神，悖聖賢之訓，畔君師之教。天地鬼神所不宥，聖賢君師所不與。忝辱父祖，自害其身。靜時回思，亦有不可自欺自瞞者。若於此時更復自欺自瞞，是直欲自絶滅其本心也。縱是目前富貴，正人觀之，無異在囹圄糞穢之中也。患難之人，其心若正，其事若善，是不逆天地，不逆鬼神，不悖聖賢之訓，不畔君師之教。天地鬼神所當佑，聖賢君師所當與。不辱父祖，不負其身，仰無所愧，俯無所怍。雖在貧賤患難中，心自亨通。正人達者觀之，即是福德。作善降之百祥，作不善降之百殃。積善之家必有餘慶，積不善之家必有餘殃。但自考其心，則知福祥殃咎之至，如影隨形，如響應聲，實必然之理也。愚人不能遷善遠罪，但貪求富貴，却祈神佛以求福。不知神佛在何處，何緣得福，以與不善之人也。

皇極在洪範九疇之中，乃洪範根本。經曰，天乃錫禹洪範九疇。聖天子建用皇極，亦是受天所錫，斂時五福，錫爾庶民者，即是以此心敷于教化政事，以發明爾庶民天降之衷，不令陷溺。爾庶民能保全此心，不陷邪惡，即為保極。可以報聖天子教育之恩，長嚮五福。更不必别求神佛也。《洪範》一篇，著在《尚書》，今人多讀，未必能曉大義。若其心正，其事善，雖不曾識字，亦自有讀書之功。其心不正，其事不善，雖多讀書，亦何所用。用之不善，反增罪惡耳。常歲以是日建醮於設廳，為民祈福。竊惟聖天子建用皇極，以臨天下。郡縣之吏所宜與爾庶民，惟皇之極，以近天子之光。謹發明《洪範》斂福錫民一章，以代醮事，亦庶幾承流宣化之萬一，仍畧書九疇次序圖其象數于后，恐不曾讀書者欲知大槩，亦助為善求福之心。《詩》曰，自求多福，正謂此也。

## 宋李心傳《建炎以來繫年要録》卷一四三

紹興十有一年十有二月乙丑朔，上謂秦檜曰，和議已成，軍備尤不可弛。宜於沿江築堡駐兵，令軍中自為營田，則斂不及民，而軍食常足，可以久也。仍修建康，為定都之計。先宗廟，次大學，而後宫室。

丙寅，上謂大臣曰，三代之世，士大夫盡心禮法，鮮有異端之惑。自漢明帝金人之夢，佛法流入中國。士大夫靡然從之。其上者惑於清靜之説，而下者惑於禍福之報。殊不知六經廣大，靡不周盡。如易無思無為，寂然不動，感而遂通天下之故，與禮正心誠意者，佛氏清靜之説，果有以勝之乎。至若積善之家必有餘慶，積不善之家必有餘殃，與夫作善降之百祥，作不善降之百殃者，即佛氏禍福之報也。士大夫不師六經，而盡心佛説，殊為可笑。

## 宋袁燮《居士阮君墓誌銘》(《絜齋集》卷二〇)

東萊呂君子約，某之畏友也。長子喬年巽伯，克肖厥父，議論勁正不阿。一日訪余，具言居士阮君，持身律家，信于鄉黨，有古君子風。又旬日，與阮君之子泰發偕過我。泰發出其先居士行實一編，泣且言曰，先君篤志為善，鄉評所推也。惟是窀穸有期，而德銘未立，無以昭示來世。不肖孤大懼泯没，不遠數百里，徒步重趼，敬以為請，幸哀而許之。閲其行實，則巽伯之辭也。盛有所推許，而皆著其實，可信不誣。余不敢辭，乃叙而銘之。

君諱某，字元向，婺州武義人也。昔阮氏有名孚者，仕晉為鎮南將軍，葬是邑。明招山有名瑤者，隱居不仕，廟食白楊，與明招相望。厥今諸阮皆其族類。而君之祖考，人咸稱為長者。[略]既終父喪，年幾四十，慨然有感于陶公富貴非吾願之語，遂厭科舉業，閉門不出，刻意讀書，不為章句辭藻之學。取古格言，筆諸屋壁，觀以自省。嚴于義利之辨。嘗曰，世人之所謂利者，非吾所利也。家世衣食田疇，乃于舍旁修隄防，闢曠土，植桑千本。曰，昔人稱齊魯千畝桑與千户侯等，非吾力所及。顧此豈不足耶。人有乞假，惻然與之。或負不償，亦不以綴意。宅負山近村，樵焉不忍禁也。故雖材木叢茂，而日益稀。負租者習其寬厚，督賦者狃于循良，俱弗深較。故雖名田數頃，而用不足。津梁道路有不便往來者，倡率鄉閭協力修治。貧有疾者與藥。或珍異不可得者，徧閲方書，參之《本草》，取其易辨者，亦足以愈疾。里中生女或不舉，委曲開譬之。周其乏絶，全活者衆。或以私憤鬬閲，必為平之。以故同里無深相讎隙者。

每言世道如砥，非有艱深迴曲。古人所謂作善降之百祥，作不善降之百殃。作者，所以著其修為之實。積善之家必有餘慶，積不善之家必有餘殃。必者，所以表其決定之辭。積善有餘慶，毋以小善為無益而不為也。積不善有餘殃，毋以小惡為無傷而不去也。凡與人語，必推廣此義。雖田夫野老，亦因事訓告，亹亹不厭。嘗自言，教人以善謂之忠，吾其庶乎。然非徒頰舌，必本躬行。

## 宋韓元吉《滋德堂記》(《南澗甲乙稿》卷一六)

君子行事，未嘗必其報也，而天之所以報于人，初不可期以久近。蓋嘗以世俗論之，近者在其身，久者在其子孫，皆所以為報也。故郭令公之貴，第其考者垂三十年。而漢之楊氏，為三公者數世，其理則一。而人人遂以百年之報為遠，曾不知于天地之大，亦朝暮爾。然古有言曰，活千人者，子孫有封。夫活千人猶有其事也，不幸而無所事，何用見其德哉。

聖人之事天，則曰作善降之百祥。孟子曰，雞鳴而起，孳孳為善，舜之徒也。則善者果何事也。嗟夫，今世之所謂善，雞鳴而起匍匐鬼神者有焉，口誦佛老之書者有焉，然薰茹蔬戒夫殺食者亦有焉。是固未為不善，質其行事，則或不然。吾意古之為善，有不在是。及觀孟子之説曰，存其心養其性，所以事天也。然後知古之事天，即為善矣。何也，夫天者，善之元也。善者，道之繼也。天既以性而命我，而我以道之繼者事之，則其心與性之存者，顧何假于外為。至于能活千人，則亦充其無欲害人之心而已哉。

予少寓昭武，買田在郡之東。有朱姓萃居一鄉，號多賢士。時朱君令圖為里之豪，而善不見外。循循教其子弟甚力。後十有餘年，令圖之子欽則登進士第。未幾始仕，而又以賞更其秩。鄉閭始嘆異曰，令圖之門何以致是耶。予聞而告之曰，是蓋為善之報。其所以為善，非今世俗之謂爾。及欽則將為縣于巴陵，泣而言曰，欽則齒之一命，而官于建安，吾父幸見之矣。今遂宰邑以臨于民，吾父不及見也。悲莫甚焉。歲時得以拜而事之者，墓所有堂，其為我名之而有以記之，以昭吾父之善，俾子孫視而不敢忘也。

予曰，子之先君子，所植厚矣。鄉閭猶莫得而名，而吾何足以知之。雖然，惟其不可知此，固遺子者也。吾聞之植德務滋，譬之水與木焉。其流日以深，其枝葉日以盛大。故願以滋德名子之堂，而以德之説表其上。不特俾君之子孫視而不敢忘，庶幾一鄉之賢亦敬慕而不能忘也。《詩》有之，德輶如毛，民鮮克舉之，我儀圖之。可不務乎。淳熙十年正月，潁川韓元吉記。

## 宋度正《南峰黄氏第一峰修路記》(《性善堂稿》卷一一)

嘉定十三年，正奉親赴重慶。四月初吉，次樓灘，從叔之婿黄膺辰夢得自其家來迓，時一春亢旱，至是大雨，連日夜不止，平地泥深尺。明日上第一峰望尖子山，仰而上步，一失輒退數尺，困躓久之，而後至於峰頂。峰回路轉，復俯而下步，一失輒進數尺，趨蹶久之，而後至於夢得家。坐定，正曰，是道也，西達普簡，以至於成都。東達於重慶，以通於東南。商賈之往來，冠蓋之東西行者，日不知其幾。以正之崎嶇艱阻，知人之不易也。正嘗從行都趨建陽，見晦菴先生道江山，登栖霞。栖霞之高，殆與此峯相上下。然人由之不以為苦者，好事者累石而梯級之也。今若有能如修栖霞者，積累而修之，則可使與坦塗無異，顧何難之有，夫人患不為耳。夢得之母顧夢得曰，斯言也有會於吾心，汝其圖之。

今年秋，夢得來言曰，歲幸中熟，吾奉吾母之命，命工斲石。起九月至十月，親董其事。今為八十餘丈。鄰士王之珍亦慕而為之，為二十餘丈。自今以後，過吾里者，雖霖潦之久，泥淖之深，亦無所病焉。願記之以示來者。

昔李太白賦《蜀道難》，極言蜀道之險，後人反而賡之，作《蜀道易》。蜀道豈有難易哉，特存乎此心而已。心險則難，平則易。此古今不易之路也。然正觀世之人，往往多藏厚積，不肯拔一毛以利人。其視人之饑寒窮困顛踣於道路者，如越人視秦人之肥瘠，泰然不以動其心，自以為得計也。不知多藏厚積，無益於己，而適所以愚子孫。子孫既愚，未有不敗者。敗而悔之，則已無及矣。《易》曰積善之家必有餘慶，積不善之家必有餘殃，可不信哉。夢得之家，曾不及中人，而能自竭其財力，無所愛吝。汲汲孜孜，期於濟人，使夢得得行其志，必有可觀者。夢得讀書應舉者，富於文而工於詩。詩精深圓熟，得古人律度。今其所立如此，大未可量也。夢得之母楊氏，故夔州路帥司幹官元申妹也，有柏舟之操，好仁而喜義，尤為一鄉所推重云。

## 宋魏了翁《積善堂記》（《鶴山集》卷四七）

前知普州家侯季文以書抵某曰，炎不佞，紹先人遺業，勤身州縣踰四十年。敬共夙夜，幸無顛越。今浸迫耄期，興念厥紹，不以控於執事，死且不瞑。炎之先廬，蓋五閏之季少卿周氏之遺址。我先祖評事，撤而大之。既又蕩析不常，我高祖考太中公合而葺之。開禧三年，燬於里火。炎大懼，室神賓戚，無所於位。毫積寸纍，凡十有五年，以潰于成重。惟評事所營在積善坊，則今成室之地也。於是以坊名名堂，示不忘其初，且俾後人斯言之依勿替。有引子其為我發之。

余每惟聖賢垂訓，惟盡所當事，而無計巧蘄獲之心焉，是所以異乎善惡報應之說。而攷之于《書》于《易》，則有曰作善降之百祥，曰積善之家必有餘慶。韻語相傳，若有由來。然則是與異端之所以教，有同乎。曰，否，不然也。吉人為善，惟日不足。雞鳴而起，孳孳為善。夫自朝至昃，非必盡與物接，何如其可謂善，又何如其為之也。舜居深山之中，與木石居，與鹿豕遊。顏子在陋巷，一簞食，一瓢飲。此豈有酬酢事變濟時及物之功。世之稱為善者，必曰舜顏。嗚呼，吾之所謂善，其諸異乎異端之謂善與。

乾道變化，繼之者善，成之者性。蓋善立於性，性命於善也。率是而行之，無為其所不為，無欲其所不欲，則何往而非善。朝益暮習，油油翼翼，如弗勝，如將失之。非以父母之我愛也。，亦自盡其敬焉耳。明發不寐，洞洞屬屬，如恐弗見，如將復入然，不知神之所饗也，夫亦自致其誠信焉耳。私朝齋沐，書命習容，非以求知於公所也。日暮人倦，齋莊正齊，非以要譽於鄉黨也。吾知循理盡分而為之，他人何與焉。不敢侮於人，所以自敬也。不敢欺於人，所以自明也。欺焉侮焉，人無加損，而是心之萌，敗德亂常，所喪固在我矣。善之與慶，不善之與殃，蓋同出而異名，非善惡之外復有所謂慶與殃，而亦非有所覬而後為善，有所懼而後不為惡也。

又況人之言行，或誠或偽，或公或私，惟家人為不可欺。夫使刑善於家，磬乎氣感，父父子子，兄兄弟弟，夫夫婦婦，無不各盡其分焉，則吾閨門之內，固已日由乎吉祥之中，其何慶如之。是心之傳，流及苗裔，固其所也。而一家所感，一國化之，仁遜禮義，皆由此始。則是慶所被，又不知其幾矣。董子謂人之所為，其善惡之極，乃至與天地流通，而往來無間。然則雖天地間，吉凶妖祥亦一氣之感。故因家侯之請，願相與切磋究之。家氏源深委大，侯又能恂恂守道，以保厥家。歷十五年不遷官，今以朝奉郎老於家。生八十有五年矣。

## 又《紹定六年勞農文》

照會當職，曩叨誤恩。自本路憲漕，移帥東川。既不果來，今十六年間，不自意罪謫之餘，申詔起家，再為此行。控辭不獲，冒昧一出。到官半年，未有報效。照會當職，所歷州郡，歲以二月，勸農于郊。農事既畢，則又率寮吏，以十月勞農。因相與講明風化。今仍修故事，且列勸諭如後。

一，東川之俗，素號淳朴。乃自近歲，物貴錢蘙，重以科條百出，民不聊生，浸失常心。有關風化，且如子於父母，一體而分。若兄若弟，實同一氣。至於族屬，雖有遠近，自祖先視之，則均為骨肉。今或父母尚在，而子孫析居異財。視父母如路人。兄弟乖爭，田產貲用，纖毫必較。往往迭相吞併，連歲興訟。又不幸偶無子孫，遠近族屬，爭相睥睨。死者之肉未寒，他人入室，奄有家貲，如被刼盜。甚者誣謗寡婦，撼摇當立之人。此風薄惡，漸不可長。又如甥舅之親，婚姻之家，雖由人合，實係天倫。或因貧富不侔，以勾貸而爭訟。或因孤弱無知，以欺陵而致詞。不思一到訟庭，便是仇敵。如其無理，不免犯法。縱令得理，亦已傷恩。其爭起於毫芒，其怨及於子孫。此皆長吏無以感移，惟有閉閤思過。然而為士若民，亦宜各率天常，循理安分，相期無訟。省事息爭，以召和氣，以厚風俗。

一，夫人家道之興替，傳世之久近，皆係乎心念之感。《易》曰積善之家必有餘慶，《書》曰作善降之百祥。韻語相傳，蓋有自來。然而所謂善者，只是為其所當為。如忠於君，孝於親，友於兄弟，信於朋友。皆本分當為之事。苟循理而行，則一日之間，一家之内，吉祥和氣，薰蒸為慶為祥，皆由乎此。近則一家一國興仁興遜，遠則流及子孫，垂慶無窮。却與異端之説為一善則責一報大有不同。彼朝為善而暮責報者，乃是利心，非所謂善。又有一種人，終日為不善，而諂事佛老，祈求神明。不知惡念之感，家道衰替，子孫絶滅，皆由此始。而况貨悖而入者，必悖而出。各宜儆省，同迓休祥。

## 宋徐鹿卿《己巳進故事》（《清正存稿》卷二）

進《通鑑》唐貞元五年李泌告德宗君相不言命故事云。臣聞造化之妙，在人主之一心。故曰作善降之百祥，作不善降之百殃。善即祥也，不善即殃也。非善不善之外復有所謂祥與殃也。曰德惟一動罔不吉。德二三，動罔不凶。一即吉也，二三即凶也。非是德之外復有所謂吉與凶也。夫是之謂造命。舍是而言數，在君子則有警懼之心，在小人則有危疑之心。不知造命於我，而一切聽命於天，豈所以安人心而息邪説哉。唐德宗之世，禍亂紛紜，其有以致之乎。使其無之，則必修禮樂，必明政刑，必不猜忌，必不聚斂，必不黜忠良而任姦邪，而命在戒矣。不知出此，而委之命。此李泌之所以為諄諄也。

今夫日月之薄蝕，期運之屯否，數也。而聖人不曰數而曰德，故雖值變異，而人心不搖。我宋南渡，甲子再周，歲辰適至於丙午丁未，而嗣歲三朝。太史有日蝕之占，臣子之愛君者曰，是不可不戒也。而愚夫小人誕謾和附，併為一說曰，是循環之數，不可易者。日食為之兆矣。吁，民言之可畏，如此哉。蓋國家不幸，而有靖康之事。溺奇好異者，牽合附會，以為某丙午丁未有某事為應，似矣，然非。丙午丁未而有是事者，豈少哉。至於景德淳熙，皆我朝極盛之際，亦從而為之說，是皆不根之論也。自非聖明卓然奮發，致謹於靈明虛一之境，自作元命，何以破千載之惑哉。

且自建隆而至嘉康，一百八十八年，日食於正月者四，其三在仁祖之時（皇祐元年至和元年嘉祐四年）。自建炎而至淳熙六十有三年，日食於正月者三，皆在高宗之時（紹興五年三十一年三十二年）。然無損於太平中興之盛者，以德勝也。乃若政和以後，姦臣竊柄。今日曰陰雲不見，明日曰當食不虧，亦何救於危亡之數也。是知在天者不必問，在人者所當勉。苟以天變為可懼，人言為可畏，則必自今伊始，兢兢業業，對越在天。夕而思曰，國本虛歟，宮室營歟，女謁行歟，燕飲數歟。朝而省曰，忠賢伏歟，流離衆歟，浮費夥歟，備禦疏歟。凡一事之善無不為，凡一念之非無不戒，是乃李泌所謂造命也。天意一回，羣疑盡釋。景德淳熙之盛，將復見於今日矣。

## 宋方岳《代范丞相》（《秋崖集》卷一八）

**十曰祈天命**

臣聞人君之所以祈天永命者，非牲牷玉帛祝史薦辭之謂也，非占算推測求之幽遠之謂也。蓋天命不在天，而在人。則其所謂祈天永命者，要亦求之德而已。《書》曰，常厥德，保厥位。又曰，惟吉凶不僭，在人。惟天降災祥，在德。非於人事之外，別有所謂天命也。恭惟國家，克相上帝，申命用休。天之所以顧諟者，有加無已。而卜祝之流，傳訛聽舛，妄用丙午丁未，率與咎證會逢。不知禍福無門，惟人所召。陛下不可委之於數，以為厄運當然。日監在茲，駿命不易。天人之際，影響相符。臣故以為陛下捨己以稽衆，則可以祈天命。違欲以遵道，則可以祈天命。遠憸佞而親忠良，則可以祈天命。杜讒間而廣諫諍，則可以祈天命。是則陛下一念間耳。陛下果盡此道，不沮不疑，伊邇明禋，對越無愧。上帝降鑒，方將垂億萬年無疆之休。臣不勝至願。右臣所條十事，雖若陳言，而臣積日精思，無越於此。儻其言不以人廢，少留聖心，其於睿明，不為無補。意之所切，辭不覺繁。干瀆天聽，惟陛下幸赦。

## 又《南康軍免設醮》（《秋崖集》卷三五）

拙守此來，有道士謁于路，文書銜袖，出視之，則提督官申請入宅醮例也。問之曰，為官乎，為私乎。曰，欲姥輯之安斯寢為是禱也。拙守曰，嘻，福不如是祈也。昔象山先生守荊門，歲有醮以祈民福。先生為講歛福錫民之說，以代醮事。其言曰，此心若正，無不是福。此心若邪，無不是禍。而今茲之醮，又不為民，此心果安在哉。

拙守不學，不敢講經，敢誦所聞，以諗邦人士。彼《詩》不云乎，上帝臨女，毋貳爾心。謂上帝只在此心，不必他求也。人人有此心，則是人人有此上帝。若念念是善念，事事是善事，福固不待祈而得也，所謂作善降之百祥也。若念念是惡念，事事是惡事，禍固不可禳而去也，所謂作不善降之百殃也。然則福從何來哉，從此心來也。禍從何來哉，亦從此心來也。禍福無不自己求之，此之謂也。

苟使拙守草芥其民，璽絲其郡，貨賄其獄，囊橐其家，上帝方將譴怒之，固非一瓣香所能回也。世之士大夫有以苞苴變黑白者，人皆賤之，孰無上帝而受人之私乎。拙守不敢以私瀆上帝也。惟當不昧此心，對越于上下。福禍之來，非所敢知也。修己以俟天命而已。邦人士之所以求福而避禍者，蓋亦不過如此。父慈子孝，兄愛弟敬，夫和妻柔，姑慈婦聽，上帝臨之，福莫大焉。父子不親，夫婦不別，長幼不序，朋友不信，上帝臨之，禍莫甚焉。因併布之，煩提督官鏤榜曉諭，是所謂撰述詞疏者矣。

## 宋姚勉《明州奉化縣梓潼帝君殿記》(《雪坡集》卷三三)

高安邑大夫趙侯某，以廣德史君劉侯某之書來言曰，四明，文物邦也。奉化，又邑之良也。士於斯為盛冠南省。擢甲科者，若而人。升三舍奏兩優者，又若而人。父芳子傳，兄芬弟紹，由進士科出，秉天子大政者，履迹相接。握符持節而下，遽數之不能終也。其已然者如此，後來之秀，舒華發英，續續愈大。功名之志，相與摩厲，以為握造化之柄，提名位之權，有如蜀梓潼神君，昭靈響于天下，不可以不舉之祀。乃即邑虛白觀之西廡，立像設崇殿，宇而祠之。祠始於某年某日，成於某年某月，為費若干，皆出於邑之士。願因是謁記。

予曰，神，夫子不語者也，安敢記。抑梓潼之為神也，視百祀異，願有以復之。古之時，選舉必於人。後之世，選舉寄於天。必於人，有德行道藝斯興矣。科目之設，士敝敝然日趨於文，置德行道藝為何等事。糊名考校，懵不知賢否誰孰，文眩有司目則得，焉論行。然而潛搜冥索而得之者，往往皆文行相稱士。士浮薄儇淺者，鮮克有成，成亦莫克遠到。若是者，人無所寘力矣，意必有主張是者，不曰寄之天乎。

主宰之謂帝，妙用之謂神。歐陽公所謂朱衣吏首肯者，未必無是事也。矧梓潼神君，廟食西蜀。啟封王社，載在祀典，昭不可泯者哉。祠之者宜徧天下也，豈獨奉化。雖然，謂無神而慢焉不可也，恃有神而怠焉亦不可也。神，聰明正直而一者也，依人而行。所謂依人者，豈神不能自立，依於人而後行乎。依人之所行為而禍福之耳。作善降之百祥，作不善降之百殃。夫非屑屑然人人而計之，某善某祥，某不善某殃也。皆理之自然耳。善則順於理以備百福，不善則乖於理以致衆異，故曰禍福無不自己求之者。然則後世選舉雖寄於天，盡人事以待天理之自見可也。

梓潼神君之所予者，忠也孝也，為人子而孝，為人臣而忠，非士君子職分之所當盡乎。昔仁宗皇帝嘗露香禱天，求所謂忠孝狀元者，聖君之所求，神君之所予也。覬神君之予者，豈有以副聖君之求乎。昔擢甲科，今其有出而魁天下。昔位政府，今其有出而宰天下。此奉化之士所望於神君也。魁天下者，三歲而一人，非難能也。宰天下者，古今凡幾人，非罕見也。難能者，罕見者，其名天下後世者乎，固有非止於名位而已者。此神君所望於奉化之士也。奉化之祀神君者，尚往欽哉。顧以此為記。趙侯曰，可。

## 宋家鉉翁《積慶堂記》（《則堂集》卷二）

坤之《文言》曰，積善之家必有餘慶。先儒為之説曰，善以積言，父祖修之身存之心者是也。慶以餘言，父祖積諸此身此心，所遺子孫者也。積之者源也，積而成慶，自源徂流，非由外至者也。其積者深且厚，則其成流大以遠。如長江巨河，發源乎岷峨積石，會百川衆流，東註滄海，其流無盡，由其源之來無窮也。

是故仁人孝子，深思父祖積累之艱勤，而有上棟下宇以為安，則曰吾祖吾父之所營構也。食而有左饘右粥以為養，則曰吾祖吾父之所菑畬也。以至仕而禄食，有身章之榮，車馬之奉，則又慨嘆而永懷曰，吾祖吾父積仁累善，乃弗得食其報，其報乃在我，吾何修而有此乎。歲孟春，率宗族拜省世墓，徘徊顧瞻而不能去。尊者老者貴者，視其幼者孤者，貧不能自存者，惻然興嘆曰，爾曹皆吾皇始祖一氣之所分也。皇祖積慶以逮後嗣，吾獨享其成，而不能分其惠以及宗黨，吾所内愧而不遑安也。繼自今仕而有禄食者，居而有餘財者，各分其有餘以逮其不足。喪未舉者，衆共舉之。男未室女未家者，衆協力以成之。老而無以為養，病而無以為藥，則為居廬以收恤之。俾吾祖之德澤均逮後人，夫然後有以見松楸而無餘憾矣。衆皆曰，善。遂為約以倡之。凡族大而子孫衆多者，推一人為約主。期以十年，買田為庄，名之曰義庄。漸而益之，庄成，則鰥寡孤獨廢疾者皆有以為養，無散而之四方，淪而事他業者矣。倡斯義者，先正范公，天下第一流人也。規約至今具存，海内視以為則。古瀛王君成之聚族交河，百有餘年。中更喪亂，屋廬毁焉。惟成之先隱君所居，巋然獨存。其地近於祖墓。自成之晉登膴仕，每歸必會族省掃，退而序拜斯堂，思與父祖弟姪共大厦之覆，以推廣前人遺後之澤，且將創立義莊，如范氏之約，屬余為之記之。

余惟世淪俗斁，人有同室藩墻共居，越秦憂患吉凶不相收恤者。而成之拳拳葛藟之情，以睦族為急先務，求之當世，能幾人哉。余用是不敢辭，然願有以補義規之所未及。夫祖先所以裕及其後者，詩書之業。義規既成，幸皆可以為養，然不可以無教也。延致里中宿儒，聚宗族子弟之有志於學者，俾之教之，各通一經，各為一藝，無適他途，無營他業也。席珍待聘，懷忠信以待舉可也。他年峩冠垂紳於朝廷之上，以行其所學。夫然後有光祖宗，而究顯揚之美，流積慶於無窮矣。

## 又《種德堂記》

人有問余者曰，積善降祥，有德必得其壽，信乎否耶。曰，自六經聖賢以來，有是言矣，奚其不信。蓋通天地間，惟理與氣而已。仁義忠信，理之存乎人者也。壽考福澤，氣之應乎理者也。理行而氣從，有必至之應。然必為之力，行之勇，要其久而後信。子不觀之農圃之事乎。稻粱菽蔬，所以種之必生，生之必遂者，物理之常也。然有耕並壤，而登耗之弗齊。種同時，而美惡之或異者，氣有厚薄使之然耳。理其常也，氣不可常者也。理足以主宰是氣，氣惟理之從。其不常者，皆可常也。是故上農老圃之事其事也，惟其理，不惟其氣。時而耕之，時而布之，時而灌之溉之，耘之耔之，去其稂莠之害苗者。夫然後生意流行，無所不及。理在是，則氣斯應之矣。人之有是心，猶物之有其實。操存涵養之功，則栽培種藝之事也。操之而存養之而不害，理之充於我者無不盡，則氣之應乎理者無不周。故作善降祥，有德得壽，有莫知其然而然者。《書》曰，臯陶邁種德。德而言種言邁，為之力，行之勇，要其久而後信云耳。

余寓河間之中城，與李君吉甫為隣。每造其室，見其家庭肅雍，長幼順承，子孫環侍，終日無惰容，以是敬之。退而詢諸鄉黨，則知吉甫筮仕四方，所至以善狀著聞，去而見思，其强於為善，有自來矣。吉甫葺堂既成，扁之曰種德。中子志遠，與余遊從最久，求余為發其意。前既引稼為喻，而意有未能盡者，復於此而畢其説。蓋士生斯世，莫不求為有用，種學所以種德也。種之身以及於家，以及於國，是其種工，非一朝夕所能致也。在《易》，地中生木為升，山上有木為漸。聖人於升之象，而曰君子以順德，積小以高大。於漸之象，而曰君子以居賢德善俗。蓋地中之木，由根幹而枝葉，寸寸而生，以及於丈尋。夫然後適於用。學者進德之序也。山上之木，挺特卓立，與山體俱高，足以風厲於下。君子有位之事也。積小高大，成己也。居德善俗，成物也。皆積而後升，漸而後至，吾所謂為之力行之勇，要其久而後信者也。吉甫老成，更練諸子，森然階庭。或以學問自力，或以才能奮身。他日成就，可棟可楹，可榱可桷。遠到未可量也。乃書以勉之。

## 宋李邦獻《省心雜言》

善惡報，緩者非天網踈，是欲成君子而滅小人也。

禍福者，天地所以愛人也。如雷雨雪霜，皆欲生成萬物。故君子恐懼而畏，小人僥倖而忽。畏其禍則福生，忽其福則禍至。傳所謂禍福無門，惟人自召也。

## 宋劉清之《戒子通録》卷一

唐太宗（隴西人，諱世民。為書十二篇，戒子高宗治。案《帝範》十二篇，

其首尾兩條，則節録前後序也。）《帝範》

此十二條，帝王之大綱。安危興廢，咸在兹焉。古人有云，非知之艱，唯行不易。行之可勉，唯終實難。是以暴亂之君，非獨明於惡路。聖哲之主，豈獨見於善途。良由大道遠而難遵，邪徑近而易踐。小人俯從其易，不能力行其難。是知禍福無門，唯人所召。欲悔非於既往，唯慎過於將來。擇哲王以師焉，思以古為前鑑。夫取法於上，僅得為中。取法於中，故為其下。自非上哲，不可效焉。吾在位以來，所制多矣。奇麗服玩，錦繡珠玉，不絶於前，此非防慾也。雕楹刻桷，高臺深池，每興其役，此非儉志也。犬馬鷹鶻，無遠必致，此非節心也。數有行幸，以亟勞人，此非屈己也。斯數事者，吾之深過，勿以兹為是而取法焉。但我濟育蒼生，其益多矣。平定區宇，厥功大矣。益多損少，人不以為怨。功大過微，德未以之虧。然猶盡美之蹤，於焉多媿。盡善之道，顧此懷慙。况汝無纖毫之功，直緣基而履慶。若崇善以廣德，則業泰而身安。若肆情以縱非，則業傾而身喪。且成遲敗速者，國基也。失易得難者，天位也。可不慎哉，可不惜哉。

## 宋吳如愚《種德説》（《準齋雜説》卷上）

種德之旨，發於大禹之論皐陶。必以邁為言者，蓋種德之在人，禀受於天，昭明於心，踐履於身，此乃根本在此。惟其根本在此，故以種之為貴。種也者，講學以耨之，如農夫之殖苗，日新日益，所以熟夫仁也。不種則生意不續，不續則不可久遠，而所謂根本者，斯如朽木之不可雕也。種則《繫辭》所言生生之謂易，《詩》之所言實函斯活者。於是乎發見，與天地同流。宜乎大禹以邁之一字推明其義也。武王知此，亦曰植德務滋。植德即種德義，務滋即邁義。

《中庸》論壽，斷之以子孫保之之辭。由家而論，必其乃祖乃父種之於先，若子若孫種之於後，續續不已，斯可以壽言之。壽則邁與滋之義，咸在其中矣。即一《中庸》之言，取《詩》中所言維天之命於穆不已，論文王之德之純，純亦不已，是發明至誠無息之理也。惟至誠無息，自然不已，非有所勉而然也。易言天地之道，久而不已，與此不已同義。若夫義有不可已，必待勉而不已者，乃學者進德之功也。如顔子以能問於不能，以多問於寡。孔子以為吾見其進，此知其不可已，自勉而不已者也。所以未見其止，無愧於不已之義。如冉子非不説子之道，力不足也。孔子以為今女畫，是於其不可已不能自勉，而終已之者也。所以中道而廢。其於不已之義，終不能無愧焉。夫冉子之不已，較之顔子之不已，所學固有淺深。（原本缺）用其心而不已者，則冉子之已，是亦自（原本缺）逮耳。未為得罪於名教者也。

何以言之，蓋不已有二義。有為善而不已者，有為利而不已者。雞鳴而起，孳孳為善，此不已於善者也，所以為舜之徒。雞鳴而起，孳孳為利，此不已於利者也，所以為跖之徒。人而為跖之徒，是為名教之罪人矣。於此而不知戒，聖人之所深憂也。故孔子曰，老之時血氣既衰，戒之在得，是戒其為利而不已也。當蒼頭白髮之餘，而貪多務得之念不息。勞其筋力，瘁其體膚，耗其精神，一不暇顧。其所以家傳者，守為世寶，自然流芳綿遠，豈非積善之家必有餘慶者哉。

## （漢马融）《忠經》

### 序

《忠經》者，蓋出於《孝經》也。仲尼説孝者所以事君之義，則知孝者俟忠而成之，所以答君親之恩，明臣子之分。忠不可廢于國，孝不可弛于家。孝既有經，忠則猶闕，故述仲尼之説，作《忠經》焉。今皇上含庖軒之姿，韞勛華之德，弼賢俾能，無遠不舉。忠之與孝，天下攸同。臣融巖野之臣，性則愚朴。沐浴德澤，其可默乎。作為此經，庶少裨補。雖則辭理薄陋，不足以稱焉。忠之所存，存於勸善。勸善之大，何以加於忠孝者哉。夫定高卑以章目，引詩書以明綱。吾師於古，曷敢徒然。其或異同者，變易之宜也。或對之以象其意，或遷之以就其類。或損之以簡其文，或益之以備其事。以忠應孝，亦著為十有八章。所以洪其至公，勉其至誠。信本為政之大體，陳事君之要道。始於立德，終於成功。此《忠經》之義也。謹序。

### 天地神明章第一

昔在至理，上下一德，以徵天休，忠之道也。天之所覆，地之所載，人之所履，莫大乎忠。忠者，中也。至公無私。天無私，四時行。地無私，萬物生。人無私，大亨貞。忠也者，一其心之謂矣。為國之本，何莫繇忠。忠能固君臣，安社稷，感天地，動神明，而況于人乎。夫忠興于身，著于家，成于國。其行一焉。是故一于其身，忠之始也。一于其家，忠之中也。一於其國，忠之終也。身一則百禄至，家一則六親和，國一則萬人理。《書》云，惟精惟一，允執厥中。

### 聖君章第二

聖君以聖德監於萬邦，自下至上，各有尊也。故王者上事於天，下事於地，中事於宗廟，以臨於人。則人化之，天下盡忠以奉上也。是以兢兢戒慎，日增其明。禄賢官能，式敷大化。惠澤長久，黎民咸懷。故得皇猷丕顯，行於四方，揚於後代，以保社稷，以光祖考。蓋聖君之忠也。《詩》云，昭事上帝，聿懷多福。[略]

### 證應章第十六

惟天監人，善惡必應。善莫大於作忠，惡莫大於不忠。忠則福禄至焉，不忠則刑罰加焉。君子守道，所以長守其休。小人不常，所以自陷其咎。休咎之徵也，不亦明哉。《書》云，作善降之百祥，作不善降之百殃。

## 金王若虛《贈昭毅大將軍高公墓碣》(《滹南集》卷四二)

慶源軍節度使高侯，因教授王君進士陳生来見曰，不肖不天生四年，而先君捐館舍，訓誨不得聞，奉養不及致，其為不幸可知也。逮其成長，事與心違，曷勝風樹之悲。顧瞻松楸，未嘗不流涕太息。今將刻石墓隧，以垂之無窮。事實始末雖不能詳，而故老所傳，猶能見其為人之大畧。茲敢以託。予謝非其才，而請益堅。重以王陳雅故，義不可辭，則勉為之叙次曰：

公諱顯，高邑人。其先皆農，隱弗耀。公敦樸簡静，而辭色温温。接物極愷悌，輕財務施，喜周困窮。其事親處兄弟，孝友尤篤。至教人，亦必先此。里閭宗戚無貴賤疏近，交口稱為吉人，無間言者。明昌七年五月壬午，以疾終於家，享年四十，即葬其鄉之先塋。夫人韓氏，婦德無缺，亦著賢譽，後公十九年卒。子三人，長曰慶，終本縣丞。次曰進，不仕。次曰添禄，即節度也。男孫四人，女三人。正大中，以節度恩特贈昭毅大將軍夫人，封號如例。

初，節度當再罹兵火之後，寇盜並興，道路蓁蕪，城邑頹廢，而能糾集義旅，撫安遺黎。内守外攘，以鳩完復之功。闔境晏然，遂成樂土。有司嘉其能，擢柏鄉令，累遷令職，治聲甚美，公望甚重。其福禄方隆而未艾，異時所至，詎有量者。嗚呼，積善之家必有餘慶。不及其身，則在其後。物有定理，聖賢有成言，古今有同然之效，昭乎其不可誣也。今患不能為善，為之未始無徵。高氏世居畎畝，汲汲於常流，殆與草木共腐。而一旦子孫蕃昌，門地烜赫，以為邦人之榮。推原其自，豈偶然也哉。是誠可書，故揭之以勸來者，而系以銘曰：

身雖不顯，而後也昌。壽雖不永，而所存者長。褒卹有命，紀述有章。以播其芳，以揚其光，是之謂不亡。

## 元郝經《積慶堂記》(《陵川集》卷二六)

貫萬物一理，通天下一氣耳。隨所為而應焉。種稂莠則稂莠興，種嘉穀則嘉穀殖。枳棘不可以為芝术，樗櫟不可以為松柏。斷木含生，蒸而為菌。腐草伏暑，化而為螢。彼物之微，猶若是，矧於人乎。是以聖人為斬絶不易之論曰，積善之家必有餘慶，積不善之家必有餘殃。所以立人極，定天理，使天下之人皆至於至善而止，其仁天下後世也，至矣。一國之興衰，一家之隆替，一人之通塞，視履考祥，昭昭然莫吾欺也。博陵田濟民，新其居而落之，奉觴以謂余曰，先大夫仕於國初，遂有深土，披荆棘立城市，剷除兇穢，蘇潤瘡疲，使池壘完固，疆埸不警，雖歷大變故而民得生聚安妥，免屠夷之患，復治平之舊，其德之施於人者甚厚，未嘗日之燕，遽没於世。母氏時年二十餘，保字其孤，一德不回，備極艱苦，俾余卒底於成。今始構此室，將刮磨以自樹立，復先大夫之業，報母氏之德，請名之以自厲焉。

余謂之曰，積德累功，天必報施。不在其身，在其子孫。故鄧仲華不妄殺，而奕葉貴盛。袁安理楚獄，而四世五公。王祐以百口保彦卿，而累世台輔。是其明徵大驗，照映千古。君之先世既若是矣，而君又能卓卓以自振。既受報於天，又合德於人，其有餘慶也，必矣。可名之積慶。雖然，先世之善，當益之以善。益以自修，莫為責報。夫造善言於衽席之上，目子孫於門閭之下者，是謂揠苗之善。徼倖於萬一，中誠則無有，是謂詭遇之善。包藏禍心，象恭貌仁，是謂盜賊之善。是三者非惟無慶，又足召殃也。惟積本然之善，務去三者之善，則君之世，殆未量也。其繁衍盛大昭著崇顯之日，又當為君書之。丙辰秋八月日記。

## 元方回《送張仲文教諭還宣城序》(《桐江續集》卷三三)

《書》曰作善降之百祥，此以其人之身言之也。作也者，為也。有一為善之人，則百祥即自天而降也。《易》曰積善之家必有餘慶，此以其人之子言之也。積也者，非一朝一夕也。自始祖至于今，積之非一世也。作善之近效速驗且如此，况於積善之久遠悠長者乎。

## 元劉詵《李伯玉太素脈》(《桂隱文集》卷二)

歙人張子克言，太素脈始於黄帝岐伯，伊尹扁鵲黄石公華佗孫思邈，皆秘不傳。惟陳希夷以授王朴，而此術遂布於天下。然余少時，見攻此者甚罕。故友湜溪郭公晉，能傳通之，亦默不言。近年通者頗多，友人李伯玉，得其法於鄱陽邵明善素。其傳正，故其術驗。古今觀人之法多矣，惟近取諸身為尤切。春秋公卿大夫察人禍福於動作威儀之際，一舉足，一發聲，一形於言，無不識其終身者。至秦漢間，始有論。若唐舉許負，亦能察人終身於一見。蓋雖不及春秋公卿大夫之神，而非後世之可及。惟脈則古人僅以察病，未始有以言貴賤者，豈亦所謂秘而不傳者邪。君能益精之，何患不知人哉。雖然，吾亦有自觀之道。《書》曰作善降之百祥，作不善降之百殃。夫人苟善矣，雖欲辭福，不可也。苟不善矣，雖欲辭禍，不可也。使為不善，而欲求福於脈，難矣。噫，世之人，誠能皆以是自觀，則有不待君之觀也歟。

## 元劉壎《積善堂記》(《水雲村稾》卷三)

繇延平津而東六十里，曰吉谿。溯谿而上十里，曰芷陂。乃輿地勝處，有宅兆焉，曰游氏墓阡。游居吉谿，有尚義者，曰和中居士。其存也，愛芷陂之勝，將卜墓焉。歿，諸子以葬于是。既葬，搆創其傍，曰積善堂。居士長子仲安謁予記。予曰，昔固未嘗履斯地，登斯堂也。子而欲記，為我言之。對曰，言其歲年乎，遵治命而窆於茲者，皇慶三年之冬也。葺治完美，週日甫訖，役者繼以二年之力也。言其形勝乎，則有時賢品題之什詠，在先生其為我著之。

予曰，美哉，子之名堂乎。善之為義，宏矣。若之何易言之。昔者聖人作六經，貽萬代，揭世教，輔民彝，無不以善為訓。傍出如諸子百家之説，貝多雲笈之文，亦無不以善為第一義。意者徹蟠際，貫幽顯，莫大乎善。凡其壽富而安逸，位尊隆而宗蕃衍，又無不由此乎出也。抑世固有知為善之足貴者，罕有如子知積善之為貴者。噫，子何其敏悟邪。

夫物之積也不豐，則其用也不裕。譬取帑廩焉。財賄日積，則帑常充，否則易以匱。黍稌歲積，則廩常實，否則易以虚。積善，猶夫是也。子而知所以積，則必由一念一事之善，至于無一念無一事之非善，故純乎仁愛，善乃積。間以慘虐，非矣。純乎忠厚，善乃積。雜以刻剸，非矣。純乎廉取而優與，善乃積。參以貪吝，非矣。予聞《易》為六經首，乾坤為《易經》首，其辭曰，積善之家必有餘慶，積不善之家必有餘殃。必之為言，垂戒峻切，凛如科條之不可犯，遵之者昌，背之者亡。善貴乎積，蓋如此也。

吾又聞務積善之益，宜先除賊善之病。病安在，利是已。利嘗與善對。始也勇於積善，終也流為不善，則利心賊之也。骨肉財産之争，鄉鄰疆界之競，商賈物直之計校，一迷其心，萬善俱喪，夫焉有所積。孟子曰，欲知舜與跖之分，利與善之間也。舜跖相距，何翅天壤，而其分岐，止在利善两字。吁，可畏已，亦可戒已。子歸而與昆弟兒姪會於堂，其以吾言告之。他日，予獲登斯堂，又當為精言之。仲安名以仁，弟仲和名以禮。而仲安以文學進，今為小學訓導云。

## 又《龔祥甫墓誌銘》（《隱居通議》卷一六）

新城有士曰劉尚父夢桂，與張公友善，亦工古文。景定辛酉歲，以詩義魁鄉薦，不第而終。壬戌之秋，予嘗訪之，叙宗盟殊篤。有書齋扁曰方塘，即前所謂方塘翁者也。嘗為里友龔祥甫墓誌，其文曰：

天道無親，常與善人。昔聞其言於師聃，而於里中龔祥甫疑焉。子不終養而先逝，婦勉守志而病狂。一老慭遺閔斯鞠孫，嗚呼，獨也無子，視孫。孤也無父，視祖。祖孫二人，獨孤相視，而祥甫年已七十，視蔭不能待矣，以景定二年十一月某日卒。子聲道去之已十年。婦黄，今猶寡。佛老今承重，有妄意室中之藏者，持其家事，昵親養，共觀弗救。鎰耗於室，粒耗於倉，弗考。或牽之牛，貨之家，弗治。誘是藐孤，博與游，弗迪。意將蕩其志而毁其家。言念租荼，漂摇風雨，斯天不與善乎。申包胥有言，人衆者勝天，天定者亦能勝人。祥甫受學我先師中奉大夫龍山先生，張公介先生之子淵微，今為吏部侍郎，於祥甫父子若孫，世契也。里居聞訃，為泫然曰，善人也而逝，其孫疇依。既又目擊人衆者之，為抱不平曰，不可使亡友肉未寒而有此。今惟其孤是恤，惟祥甫襄事是圖，非有司無以杜鄰胥戕者。為白於官，首黜其僕，而警其族之不咸，責親房扶持之銖銅勺粟，畢登之籍。先是祥甫為佛老請婚於予姪孫，委禽矣。侍郎謂可以相其孤奉母也，屬持柯者，有抑塞。又白於官，移文二家，同養焉。自是得所翼馮，外禦其侮，而天者其定矣。

初，侍郎廬母夫人墓，登雲蔭山，望谿南，中阬氣勢鬱鬱，以杖叩老龍曰，噫，將誰之藏也。以勸祥甫為自謀。至是卜葬，向以癸食厝，以壬戌八月某日，食詸茅。開阡，見者曰，吉。天殆興龔氏也。夫積善之家必有餘慶。而地理書亦云，天地惜至寶以賞善人。祥甫早歲屬文，有聲庠序。遭寇亂，無仕進意，遂罷舉子業，而侍郎每稱吾老友，必有取矣。殆裒雖不言，而四時之氣備歟。平居於人無忤，睦親戚以禮，撫臧獲以恩，未嘗疾言厲色。家量出入，嘗值歲凶，閉之糶者皆是，已獨發廩如常時，夫是以鄉里稱善人，吾是以必其必有報也。祥甫，字也，名應龍。世家新城。葬之前五日，佛老謀所以誌諸幽者，侍郎謂余子於祥甫，親家也。宜銘之，銘曰：

人心之初，有善無惡。無惡即善，勿刻其璞。璞也能存，宜爾恂恂。歸於其真，善人之墳。鬱鬱千春，尚克昌而子孫。

## 元胡祇遹《論道》（《紫山大全集》卷二〇）

一氣之生消，巨而大家，細而一物，禀受已有定數。當其生也，曰聚曰盛曰興，在人則為才智賢明，為貴為富，為子孫繁衍。百物百須，皆廣積豐厚。及其消也，曰散曰衰曰減，為愚不肖，為賤為貧乏，為子孫削弱，百物百須，皆從而夭折消耗。故明哲之人，至於富貴高滿，則恐懼修省，蓋見其危溢之禍將至矣。故曰慶者在門，弔者在閭。一氣倚伏，必不可免，此自然之數，不可逃者也。然則胡為而設教曰，積善之家必有餘慶。又曰大德必得其壽。無乃誑誕，姑務誘人，欲使畏戒而不為惡耳。聖人豈為誑誕哉。人自不察耳。

譬如一氣之水，置之熱風炎日之前易涸，置之陰靜固密之室則難乾。一拳之火，灰養之則遲燼，風飄薄則易消。人之盛衰亦猶是也。積善之家，當富貴之在躬，省嗜欲，薄滋味，遠聲色，務勤儉，疏貨財，抑驕矜，兢兢業業，一事一言，常恐太過。是志也，是氣也，以修已養身之餘，型而為家法，流而為子孫。其進也不鋭，故其退也不速。順受充滿稟受之定數。小人則反是，不能充滿所受之數而促之。秦二世，周八百年，蓋可見矣。顏子何為而夭，夭者，氣數之定也，點水星火是也，雖聖人亦無如之何矣。無顏子之聖德，三十之年亦不得而至矣。盜跖之壽，蓋已自促之矣，非元壽之數也。大而天地，細而萬物，消息盈虛，進退存亡，無一不同。但氣稟長短或異耳。所以然者，一氣之聚散分合也，故無斯須而或停，無斯須而不變易。聖人觀物，得始終於盛衰，審吉凶於異同逆順，故闔為闢基，貞為元本，敗為成首，成為敗基。恩生于害，害生于恩。吉凶悔吝，互相倚伏。故聖人見此，而能進退存亡，不失其正。庸人見已然，哲人見將然，明理故也。理本易明，人自不察。日中則昃，月盈則虧，寒往則暑來，壯極而衰，豈難知哉。不知者，貪而不學也，所以知得而不知喪。古人料事，無一不中，以理而言也。所以見微而知著，以往而知來，因明以知晦，即盛以知衰。太極不能不動，動極不能不靜。動生陽，靜生陰。陽生木火，陰生金水，理勢然也。故萬物萬事，無不對待倚伏，故曰慶者在門，弔者在閭。有無故之福，必有無故之禍。

易成必易敗，進銳必退速。輕諾必寡信，面諛必背非。君子小人，每每相反。至於萬物升沈用舍，貴賤多寡，無一不然。

## 元趙孟頫《程氏先塋之碑》(《松雪齋集》卷七)

至元二十四年，孟頫自布衣蒙恩，擢兵部郎中。時員外郎程君天錫，實為同僚，以故知之為詳。君天姿樂易，未嘗見愠色。家既饒財，好士而能施。視人之急難若已處之。有求者輒與，無所靳。其居官不避事。與之處，愈久而無怨。古之所謂豈弟者，君其近之。

孟頫自兵部遷直集賢，君陞郎中。孟頫既外補，君乃閒居，不復求仕進。徜徉閭里間，自樂而已。元貞元年，孟頫蒙恩召至都下，見君顔貌如渥丹，視在兵曹時不加老。然後益知其所養者為不淺也。一日謂孟頫曰，禹圭家世居蒲，金末自蒲來燕，居燕者三世矣。墳墓皆在燕。自曾祖而上，皆葬於蒲。道里之遼遠，譜諜之散亡，葬於蒲者既已不可得而考矣，既往者不可得而追矣，而今而後，不思所以傳久遠，則葬於燕者又安能久不泯哉。知我者莫如子，圖所以傳久遠者莫如子之文。子其為我圖所以傳久遠者。孟頫識君且十年，其交情如一日，欲辭則不可，乃按其行狀敘而銘之。

按程氏，其先蒲州人，世以農為業。曾祖諱浩，字浩然。性機巧，凡工事無所不解。由是舍農而工。技藝之精，出儕輩右。年八十四卒，妣羅氏。祖考諱璋，字彦玉。資剛毅，以倜儻見稱，善商賈之事，遂以致富。當金之亡，來居於燕。程氏之居燕，自彦玉始。年八十三卒，妣王氏。考諱震，字伯威，仕聖朝，為人匠打捕鷹房總管，慨慷不拘小節。既耄，乃謝事，年八十三卒。妣路氏，治家愿而有别，年八十五卒。歲庚戌，總管府君卜新塋於故燕都陽春門外三里莊，以葬祖考。戊辰，新作大都，而塋域當御道。是歲八月，程君乃改卜於看舟造吉村之原。自曾祖而下三世，皆徙葬焉。

去古既遠，好名者衆。爭取先代賢臣名士高官大爵者，冒以為其所自出，不知誣其祖之為過之大也。程君獨不然，書其行事，務不失其實，亦可謂淳實不欺矣。抑余觀程氏，累世壽皆至八十餘。至程君，起家為郎，光顯一時。家事殷厚，優遊佚老，年六十餘，若四十許人。而二子又皆秀發，足稱其家。《易》曰積善之家必有餘慶，意其上世積德之厚，故天之報施若是耶。其餘慶蓋未艾也。君娶李氏，大都人。二子，長曰昂霄，次曰仲霄。銘曰：

元貞元年乙未，七月朔日，作程氏先塋之銘。維程氏家本農也，居於蒲阪。聖元剖金，爰徙薊丘。既富壽昌，看舟造吉，實為燕程。始祖之藏，施於後人。其子子孫孫世享之。

## 又《為政善惡事類序》(《松雪齋外集》)

《書》不云乎，作善降之百祥，作不善降之百殃。善惡之應，若水之流濕，火之就燥。乃天理之自然，毫髮無爽者也。人之生也，性本皆善。中人以上，固不待勉而後為善。中人以下，或移於氣習，或狃於利欲。迷焉而不知復，學焉而不知警。惡日積而不自知。及乎天定，禍不旋踵。凡人皆爾，而仕宦者尤不可以不慎。蓋士大夫受天子命，位於州縣之上。權足以威衆，而事足以及物。善固易宣，而惡亦易播。然為善者安富尊榮，澤流子孫。為不善者毒流衆庶，身世殄絶，可不懼哉。此括蒼葉君《為政善惡報應事類》之所以作也。此書之行，其亦有聞風而善者乎。葉君名留，字景良。觀其用意，可知其為善人已。延祐六年十一月敘。

## 元蒲道源《陳逢吉字説》(《閒居叢稿》卷二一)

君子之獲福於天也，非假祝史以求之，惟盡夫己之所為而已。故《易經·大有》之上九曰，自天祐之，吉无不利。聖人於《繫辭》復贊之曰，天之所助者順也，人之所助者信也。履信思乎順，又以尚賢也，是以自天祐之，吉无不利也。今觀大有上九之爻，履六五虛中之信，而能謙退不居，志從於五，得履信思順尚賢之實，自然為天所祐。夫人能踐履誠信，謙恭巽順，尊敬賢者而親之，其獲吉宜矣。《書》曰作善降之百祥，詎不信哉。陳提舉之子名祐，夙喪父，克自樹立。葬其祖以下十餘喪，可謂孝而有志矣。今冠而未字，鄉人以為闕典。來請奉字，曰逢吉，且申其義云。

## 元吳澄《鄧衍字説》(《吳文正集》卷一〇)

友人鄧善之子衍，字慶長，請字辭於予。予曰，古者冠禮，始加再加三加醴若醮，以至于字，俱有辭，蓋悉備于周公之禮矣。亦有自脩其辭者，若《戴記·公冠篇》所載是也。而近世能言之士，多有稽諸禮經，則冠者之字也，賓為之字。字者之辭也，賓為之辭。往年虞子及之子集冠，予辱為賓，嘗辭而字之。衍也今既冠且字矣，而予瀆為之辭，得無非所宜乎。善之曰，子其毋讓。予思之，君子不自教子，而易子以教。予也因善之請，而寓勸戒於辭，以廸其子，是或教之一道也。乃為之説曰：

慶也者，人之所願慕也。惟其願慕也，是以期於長，《易》之前民用也，期於亨，期於利，期於吉。《洪範》之所嚮用者，期於壽，期於富，期於康寧。亨也利也吉也壽也富也康寧也，慶之屬也。《冠禮》之辭，曰祺曰福曰祥曰休曰慶，大率人之所期，不過是字。辭云宜之於假，釋者以假為大。朱子曰，非也。假嘏通，福也。然則古之字者，期之以嘏。今之字者，字之以慶。豈有異於古哉。雖然，慶也者，其獲也，其報也，不先其難，于何而獲。不有其施，于何而報。其難其施也，慶之本也。其本維何，《易》曰，積善之家必有餘慶，善其慶之本與。善者，天所與我，而根於心。封而茂之，彍而彀之，韞之内而有美，章於外而有輝。可以儀天下，軌後世，慶之長也，孰加焉。世俗所謂福祥休祺，又奚足算哉。

故嘗謂慶之長有三。上焉者德立，次焉者功立，下焉者言立。其長叔孫穆叔所謂不朽也。保族宜家，令聞長世，餘事爾。夫德立者，顔曾其人。功立者，葛狄其人。言立者，董韓其人也。而周公孔子兼之。吾善之，行粹才優而文古，固有立德立功立言之具矣。衍歸求於家，而得師冣之冣之進，進不已，雖董韓葛狄顔曾周孔，孰云不可馴至哉。抑予譬之於水，衍者，流之盛也。流必有源。源者，水之初也。源遠者流長，善之名原，其所積者深，而未發。將至其子而大，予是以云然。

## 又《慶原別墅記》(《吳文正集》卷四五)

新淦龔翊舜咨貽書云，去家三十里許，介新淦樂安之間，有名山隆中。形勢迴復，山麓有湫，四時不涸。心樂其地，營別墅焉。將逸吾老于斯。他日幸得全其天年，而歸于斯也。榜其屋曰慶原，敢蘄一言以療吾癖。予素聞舜咨喜佳山水，今慶原之扁，寧不謂人傑因于地靈，而期演子孫無窮之慶乎。

閲書竟，與龔之客鄒志宏可道言曰，前儒或詆《葬書》本骸得氣遺體受蔭之説，蓋未之思也。程子，知道者。以為地之美，則其神靈安，而子孫盛。若培擁其根，而枝葉茂。此言與《葬書》之説何異。夫以慶之原于地為非者，非也。以慶之原于地為然者，亦非也。得地于今，延慶于後，是慶不自天，而可以人力致也。然則慶果有原乎，抑無原乎。吾夫子言之矣，積善之家必有餘慶。善者，慶之原也。何也，地之吉，可遇不可求也。其遇不遇，由善之積不積爾。嘗見富貴之家，禮葬師，擇吉兆，自謂子孫可保數百年富貴。然不旋踵而遂陵替。祖父之用意福其子孫者，乃所以禍其子孫也。此無他，善之不積，天其肯以吉地福之乎。凡興盛之家，其始曷嘗有意于求地哉。而天自畀之，非人之私意所能求而得者也。

## 元程文海《魏國趙氏先德之碑》(《雪樓集》卷五)

夫立德制行，外有以孚于人，内有以孚于家，善亦審矣。若其晦顯，則係乎時焉，而非為善者之所急也，金源氏之末，有趙令宰元城，吏民愛之。既没，相與封樹其墳，至今謂之縣冢，此可謂善孚于人者矣。令之冢婦曰袁，寇至，攜二兒逃于鄰穴，不納。則棄己所生者於草，抱前室子以免。明日寇退，草中兒亦無他。衆義而賢之，此可謂善孚于家者矣。其孫為御史，使東南，還過潤，適秋濤大溢，冒田廬，毁城郭，失亡甚衆，存者無所得食，輒以便宜發官粟以賑，全活無筭。其後乘貳車廉訪浙部，又值饑疫，躬歷民廬，勸分所活如上。然則好善，其家法耶。先是朝廷興舉卹典，以勸臣鄰，視厥子孫之秩，追命其先有差。乃延祐二年冬，御史臺言曰，侍御史趙簡，自始通籍以迄于今，宣猷多矣。其家贈封之恩，敢請循令甲。制曰，可。贈大父琛資善大夫，大司農卿，上護軍，追封魏郡公，謚安僖。父楫，榮禄大夫，大司徒柱國，追封魏國公，謚敬惠。大母袁，母李，皆追封魏國夫人。明年春，再以表墓為請。有旨命臣某文之于碑。

謹按趙氏，魏人。曾大父藻，元城令。大父琛，潛德韜輝，七十二乃終。娶于李，生汴而卒。再娶于袁，生楫，即草中棄者也。袁有志操，勤以裕貧，儉以養節。衣食必先汴而後楫。既長，則遣楫婿於李，而為汴娶董氏焉。汴亦終不仕以養。曰進曰德，其子也，又皆賢。楫雖出居，然不忘其親，事之極孝。趍義尚交，俶儻自憙。中統初，宣撫張公某，材而辟之。辭不許，則願下就工官，以便定省。張公益賢之。後遷承事郎，織染司提舉，善於其職。嘗輸幣于宮府，獨以精良受美錦之賞。以老，上印綬去。陳書樂賓，不復與世事。張夢符書其堂曰餘慶，李受益為之記，盧處道為之銘。名士數十人，皆歌詩以屬之。大德癸卯正月十三日卒，得七十有四年。李慕用君姑之德，順而貞，睦而肅，以服飾易書教子，故皆有成。後夫四年卒，得七十有四年。子男四，曰簡，中大夫侍御史。曰亨，襄陽三司大使。曰潤，山東宣慰司照磨。曰循，雜造織染提舉。皆能官，有譽。簡端深闓亮，服膺詩書。向自澍部入為刑部侍郎，遷南臺治書，河東憲，拜治書侍御史，參議中書。河南參政晉居臺端，建白宜開經筵，講聞治道。及選耆儒，訓迪宮邸。上嘉其忠，賜貂裘犀帶。至是又有今命，父子祖孫逮于閨門，咸食善報，所謂降之百祥者歟。《書》云皐陶邁種德。夫皐陶亦豈若農圃然，日夜眷眷，遲其所殖之孳茂且實而享有其利哉。世或不察，而以種德自名，持陋而望奢，尅期延佇。小有不遂，則己固疑而怠，衆亦且笑而議之矣。夫以一婦人，當危急存亡之時，身且不保，何暇他有所計。特其真誠恤孤，保抱鞠育同於所生。及顛沛造次之頃，能不失其本心耳，又豈知今日之報乎。惟趙氏之善發於元城，濬於魏郡，而澄涵於敏惠。然非有為而為之，是故充於中而弗外見，必有後嗣若此，然後大禄。君子曰，幸哉。不然，為善者何恃。臣既奉詔叙次，為之三嘆。申以銘詩曰：

太上貴德，肫肫其誠，道既隱只，有實有聲。抑又散謞，課功責贏。或觖以對，或恑而憑。是以在昔，戒母近名。顯允茂宰，維魏之華。嗣有明哲，實昌厥家。夫出婦居，衆奔以譁。曰寇至矣，績捐其麻。左抱右提，孌孌呱呱。蒼黃怔營，一母二嬰。誕棄其一，豈獨寡情。顧此失恃，我所素矜。棄彼在我，此棄孰生。天兩全之，載歸載寧。自兹繩繩，時乃天道，我初何心。人謂其報，司徒司農。崇封顯號，湯沐大名。配食祖考，懿彼淑人。維神所勞，天道無親，恒與善人。天何言哉，委于大君。允爾趙氏，茀禄用新。言與其善，言昭其壓。咨爾雲來，爾勗爾遵。

## 元姚燧《李道復曾祖考執贈韓國公制》（《牧庵集》卷二）

於傳有言，至誠之道可以前知。在《易》亦曰積善之家必有餘慶，何天道之應，若質劑而取償。而人事之脩，如菑畬而望穫。具官某之曾祖考某，尚論其世，孰踰其家。自後唐僅十五傳，至今代實四百載。秋闈戰藝，嘗從退鷁以俱飛。晚節考槃，遂卷屠龍而弗試。猶不失一鄉之善士，矧其資上黨之素侯。源濬也則其流長，城高者由夫基厚。宜爾來裔，為我藎臣。一乃心之是期，百其身以奚恤。

與同休戚，嘗憂杞國之天。不大聲色，再抱咸池之日。將以圖報，惟有疏榮。故于三代之相承，皆以上公而為贈。於戲，汝為其曾王父，雖不及股肱于廟朝，朕命以子大夫，尚或可肉骨于泉壤。

## 元陳櫟《祭越國汪公文》(《定宇集》卷一四)

惟公秀鍾乳溪，生稟間氣。保鄉井也以仁，歸有唐也以義。生為英雄，作牧六州。宜其没為明神，而恩封八字也。惟吾古歙，公父母邦。功德所單，厚於他方。烏聊之外，行祠相望。苦竹叢祠，威靈孔彰。有禱必應，在上洋洋。吾里焉依，多壽而康。合兹四民，降之百祥。衆心蟻慕，其何敢忘。兑秋奉迎，厥有故常。神馭遍遊，爾界此疆。成始成終，豐年穰穰。有牲在俎，有酒在觴。七獻既備，明德薦香。我民報事兮，歲復歲。自今兮欽于世世尚饗。

## 元陶宗儀《説郛》卷七三下《陰德》

人之處世，不可不積陰德。夫不積陰德者，未見其有後也。故于定國父治獄多陰德，而知其子孫必興。孫叔敖有埋蛇之陰德，而母知其必貴，信有之矣。然陰德亦甚易積。不以富貴有力者，雖尋常之人，皆可積也。蓋所謂積陰德者，非謂廣散金穀，多方布施，齋設僧道，建造寺觀，然後謂之積陰德。凡為此者，乃愚人作業福，非積陰德也。或曰何謂業福。予對曰，蓋彼所聚之財，取之多不義。取不義之財，而廣布施，設齋供，故謂之作業福，非積陰德者也。夫所謂積者，常操不害物之心。出入起居，種種行方便。如此便是積陰德也。今姑以其小者言之。如蛾之赴火，螘之墮淵，而吾能救之，亦是積陰德。矧夫人有飢寒，吾能飽煖之。人有疾厄，吾能安樂之。救人患難，解人之仇怨，濟人之困貧，不没人之善，不成人之惡，不言人之過。凡此之類，皆積陰德也。積德之士，苟常以方便存心，隨力行之不已，則陰德亦厚矣。殆見天之報也，莫匪福壽之增崇，門户之盛大，子孫之榮顯，有不可辭者。予言不欺，力行之可也。

## 元程文海《高大有積慶堂詩序》(《雪樓集》卷一五)

南城高君大有，世以好賢樂善稱。趙閑閑嘗為其祖簽省書積慶堂三大字，以表樹焉。今復新其構而揭之，以奉太夫人之養，可謂肯堂矣。《易》曰積善之家必有餘慶。夫一善易能也，一慶易致也。積之為難。古人固有如孫叔敖之瘞蛇，宋景文之度蟻。適然一念之興，遂致卿相，若執券而索償。余謂是説，求之吾聖人之書，若有不相似者，終莫若舜之孳孳。夫惟孳孳於善，故無不善。又若蜀先主之戒其子曰，勿以惡小而為之，勿以善小而不為。此乃近道，乃積慶之基也。若大有之承祖敬親尚賢之意若此，吾知其慶之積也必矣。余聞高氏久，而未識大有也。吾知大有以宗人仲和僉院之言，及觀李野齋所為詩，益信。故書此，以為他日升堂會慶之本。

## 又《商繼顯子孫名字説》(《雪樓集》卷二三)

善者必傳乎，曰，君子之澤，五世而斬矣。善者必無報乎，曰，積善之家必有餘慶矣。顧其所積何如耳。蓋論其人，則當積之，至於終身。論其家，則當積之，以世世。愈傳而積愈厚，是之謂善繼。彼所謂斬也，特以一世之善而言耳。

## 元崔彧《獻寶璽書》(周南瑞編《天下同文集》卷三)

皇帝福蔭裏資德大夫御史中丞臣崔彧言，至元三十一年歲次甲午正月三十日既臣番直宿衛御史臺，通事臣庫庫楚即其衛所来言曰，太師國王之孫實廸者，嘗官同知通政院事，今已没矣。生產散失，家計窘極。其妻托克托濟農病，一子甫九歲。比相告曰，幸煩以此玉見售，得價以給朝夕之食。及出，乃玉印也。庫庫楚自惟蒙古人，不曉文字，兹故来告聞之。且驚且疑，居處不寧，乃退還私室，令取而視之。[略] 面有篆文八，刻畫動搖，位置匀適，皆若蟲鳥魚龍之狀。辨其彷彿，有若命字若壽字。心已悦之，謂毋乃當此昌運，傳國璽出乎。急召監察御史楊桓至，即讀之曰，受命于天，既壽永昌。此傳國璽文也。聞之果合前意，心神為之肅然。乃加以淨綿，複以白帕。率御史臣桓，通事令臣額森哈尚，直趨青宫，因鎮國上將軍都指揮使詹事臣王慶瑞，嘉議大夫家令臣額森哈尚，中大夫詹事院判臣布薩壽導謁，進獻皇太妃御前，啓曰，此古傳國璽也，秦以和氏璧所造。厥後有天下者，相傳寶之，以君萬國。然自前代，失之久矣。今當宫車晚出，諸大臣僉議迎請皇太孫，龍飛之時，不求而得，此乃天示其瑞應也，宜早達皇太孫行殿，以符靈貺。已蒙嘉納。翌日，令資善大夫中書左丞詹事臣張九思，少中大夫詹事院判臣布薩壽傳旨，昨所進玉寶，製造匣複，俟見皇太孫，親為付授。蓋皇太妃懿慮深遠，非臣愚所能及也。

臣等又啓，收藏寶璽之家，不知甄辨。尋常以玉求售，臣見而識之，徑持来獻。彼猶未知。望恩卹其家。蒙傳旨，賜收璽之家楮帛貳阡伍伯貫，并逮臣等。進辨其寶者三人衣服各一表裏紋銀綺素有差，以為異日旌奬之徵。臣等已詣府前敬受訖。自惟無狀，不勝慚赧。是日，金紫光禄大夫中書右丞相旺扎勒，率集賢翰林侍從諸臣入賀御前，命出寶璽，徧示羣臣。此又出於皇太妃至大至公之量。翰林學士承旨董文用等前啓曰，此誠神物，出當其時。若非皇太妃皇太孫聖感，何能臻此。丞相以下臺臣等，次第上壽。自是内外稱慶，咸曰天命有歸。

然臣聞《詩序》曰，文王有明德，故天復命武王也。今神寶之出，蓋因先帝有明德，故天命復歸於皇太孫。又曰，皇天親有德，享有道。以言皇天非有德有道，則不親不享也。又聞之《書》曰，皇天無親，惟德是輔。又曰，天命有德，克享天心，受天明命。作善降之百祥。歷觀上世詩書之旨，未有無德而致天命之歸者也。

欽惟太祖聖武皇帝，秉兹神略，始為天下除禍定亂，隆功盛德，簡在天心。

受命為天下主，累世尚德，以至我憲天述德仁文義武大光孝皇帝，德配乾坤，功包海岳。孝格宗廟，子育黎元。輿地所托，悉主悉臣。照臨無幽，咸遂生樂。施及明孝太子，錫仁慈之德，上感君親之忱，下係億兆之望。至元更號，日月重明，無為而治者，近二十年。雖由太子進德修業之洪溢，亦賴元妃内助之淵密也。敬惟皇太妃聰明淑懿，姆儀崇嚴，德量博厚，仁敬慈恕，出於天性，往古所未有也。自明孝太子升遐，内則皇孫，翼翼訓導端嚴。外則百司，班班臨御整飭。由是聖上君父，大見倚重。雖於時皇太孫未昭儲貳之托，而詹事之司未嘗一日廢缺，以見皇天之命於青宫之命，無時不在。誠非人力所能為也。

欽惟皇太孫殿下，德資剛明，才兼文武，英謀獨斷，大為祖宗屬望。遐邇歸心，聖祖憲天述德仁文義武大光孝皇帝，灼知天命之所在，久存隆顧，將付以撫軍之重。於至元三十年夏六月二十日，錫以皇太子金寶大正儲位，而後詔以出師之期，天下聞知，室家胥慶，和氣穰穰，溢於兩間。是歲秋稔，數年罕遇。

臣竊見天雖無言，統命不爽，豈期又於大行宫車晚出之後甫八日，而傳國神璽不求而出於大功臣子孫家。逮由臺諫耳目之司，直達於皇太妃御前。益見皇天托命皇太孫，誕膺龍飛，以正九五之位，俾符寶璽之文。既壽而永，永而又昌。皇天之心，大賚我皇元。繼體之君，不疾不遲，景命適至，以允四海之望者，其瑞應之兆有三。

按唐史，代宗之將為太子，先封楚王。及位正儲副而監國，楚州獻定國寶十（闕）曰，楚者，太子之封。今天降寶於楚，宜建元為寶應。蓋以寶為太子之瑞應也。明孝太子封為燕王，今皇太孫燕王之子也。將主神器，而神寶出於燕，適與前事相符，此瑞應之兆一也。又寶璽之出，正當皇元聖天子六合一統之時，宫車晚出之近，以見天心正為繼體之君設也。此瑞應之兆二也。又寶璽之出，適當月之三十日，有終而復始之義，以見先聖皇帝御世太平之功既成，俾繼體之君繼其始也。此瑞應之兆三也。合此三兆觀之，益見天命之来，際合於青宫也。

## 元王旭《衍慶堂記》（《蘭軒集》卷一二）

泰安監州石使君新第堂成名以衍慶，而請余記之。余謂慶者，吉祥之總名。而衍者，引而長之之謂也。水必有源，然後可以衍其流。木必有根，然後可以衍其枝。人之慶，必有所自。苟無以積於前，則亦安能衍於後哉。蓋慶者，天也。衍之者，人也。以人而求必於天，自勢而觀之，則見其形聲不相接，視聽不相干，而有可疑者。自理而觀之，則上下之同流，而感應之一氣，未嘗或差也。

《易》曰積善之家必有餘慶。慶在天而善在人，善愈積則慶愈長矣。是豈無自而来哉。惟君父子相承，宣化千里，其施澤於民既厚且久，余之来也暮，不及拜先使君，而遺愛在人，稱之者不容口，則固知其善之有所積矣。及與君遊，則見其襟度夷曠，氣貌温和，好賢樂善，誠實自然，真吉人也。於是退而嘆曰，石氏之慶，未可量也。使天而可必，則于公之高門。王氏之三槐，又如何哉。雖然，源深矣，而愈加疏濬之功。本盛矣，而益致培養之力。則其流其枝，豈不益長而益茂乎。是又君之所當知而加勉者也。

## 又《跋滕州積善王氏祖林事蹟後》(《蘭軒集》卷一四)

昔孟子道性善，而荀卿不以為然。因著性惡之論。蓋嘗讀而疑之。今觀諸公所述滕州王氏世德之詳，其善行所孚，不惟有以化服於鄉人，至於盜賊之凶暴，亦皆革心而信服，望門而加敬，且有害善人不祥之語。嗚呼，是孰使之然哉。此可見人心之所同，而天理之未嘗亡也。孟荀是非，亦可因是而無疑矣。

抑嘗論之，萬物資始於乾元。元者，陽之動，而所謂繼之者善也，成之者性也。惟仁所以包四德，而長衆善也。故天之生人，有善而無惡。唯其拘於氣稟，蔽於物欲，然後失其性而流於惡，以亡其天之所與。此橫渠《西銘》所以謂濟惡者不才也。好善如王氏，有以全其性，而無負於降衷，斯其為天之克肖子歟。雖然，天人一理也，感應一氣也。積之厚則發之遠，施之宏則報之豐。今王氏家肥族昌，而子孫才。其夫婦皆享上壽，此報也，非天之私也。栽者培之，理氣之自然耳。觀其愛人利物，克己忘私，莫非仁心之流行而發見者。雖聖賢之學，用力不過如此，豈直為民俗一時之勸而已哉。《易》曰積善之家必有餘慶，王氏之謂也。又曰君子遏惡揚善，順天休命。諸公有焉。

## 元劉敏中《書任氏三樂堂記後》(《中庵集》卷一〇)

任君子善示余《三樂堂記》，徵余言。惟人子愛親之心，一也。愛無盡，而天不可期。故具慶者恒難。古人言，人生七十者稀。洪範以康寧為五福。故壽而康寧者，亦恒難具慶矣。壽而康寧矣，而或昆季相戾，而且貧賤，則養不足。故得養者，又恒難。於此三者，或足其二而闕其一，或有其一而乏其二。蓋比比焉。吁，其難哉。今使去其所難，而三者吻然皆備，樂乎，不樂乎。君之父母，皆年垂九十，而神明不少衰。昆季四人，名宦俱達，承顏養志，孝友優優。然三樂備矣。其以命堂也，宜哉。傳云，積善之家必有餘慶。夫世之所難者，一旦而備焉，茲非餘慶乎。嘻，慶以善得，故養慶莫如善。任君其以君之昆季孝友傳之君之子姪若孫，俾世守之，以益其善，則所謂慶且樂者，當無時而已也。

## 又《參政張公先世行狀》(《中菴集》卷一九)

時我先人隱居濟南。一日，見公與之言，驚謂公曰，我常往來吾鄉，覽其山川秀異，謂宜有通博俊偉任重之才為盛時大用者生于其間。求之蓋二十年，未見其人。以今觀子，子其是乎。願子勉之。聞者皆知敬公矣。距今又三十年，而竟如其言。某獨悲先人之不得見也。竊嘗思之，傳稱積善之家必有餘慶。夫所謂慶者，豈非其有子孫而才且賢歟。而才賢之生，又非偶然，其必待夫山川靈異之氣，蘊蓄融液，而後為之歟。山川靈異之氣，蘊蓄融液，而生夫才與賢也，又恒必在於積善之家也歟。嗚呼，今以張氏之始終觀之，尤信。謹狀。

## 元蕭𣂏《五老堂序》（《勤齋集》卷一）

五老堂者，威寧張侯時舉暨其弟時中時獻為其父母世母叔父叔母而作也。以五親者皆享眉壽而同居，故名之。蓋時舉父詳議君，壽八十有七。母薛君，八十有四。世母王君八十有三，叔父知事君八十有四，叔母董君七十有六。年雖皆老，而視聽聰瞭，步履康彊。知事君雖嬰末疾，而精明不衰，飲食如壯者。五親者食于斯，飲于斯，燕笑語于斯。熙怡雍穆，日復日焉，不知身之老也。張氏繇祖萬户君之事曾叔祖隱君考，監軍府君之事父兄，詳議知事兩君之事祖父母父母，皆盡愛盡敬，故時舉輩遵守儀榘，愛敬二父三母，一無異焉。而五親者，平生無一言之相齟齬，尤人之最難也。

《易》曰積善之家必有餘慶，即五君之壽考康寧而觀之，則所積善不善可知已。天道不僭，寧不信哉。時舉屬余叙之，將求當世君子樂道人之善者歌詠之，以悦其親，且垂法後裔。蓋當監軍府君不忘文儒家法，雖軍旅中圖書不廢。而詳議君生而悦學，終日把玩詩卷字畫，欣然忘晷。而凡世之聲色異端雜學，一不經目。夫子之事親，苟可以悦心志娱耳目，咸得為之。弄雛戲斑，皆是也。故不能拒。不知余之文能使令尊君一解頤否。然而諸賢之作，鏘金而戛玉，韶濩奏而鸞鳳鳴，自足以悦神情，忘百慮，為引年之一助云。大德乙己丑月五日書。

## 又《地震問答》（《勤齋集》卷四）

若家範所言，自祖及孫，以至乳保，各有言行為法，此職分也。曰，然則當如之何。曰，夫子傳震之象曰，洊雷震，君子以恐懼修省。當此震驚之際，唯當畏天之威而自省。察其身心過失，急自修治而痛改之。又推求向之過失之所由來，而盡絶之。或昧而不知者，學問以明之。或既知而行有未至者，力行以實之。蓋人言行之失，人猶得而尤之。若夫心思幽隱之過惡，人不得而知者，惟自心與鬼神知之。故曰為惡於明明者，人得而誅之。為惡於冥冥者，鬼得而誅之，可不懼乎。

曰，如長平四十萬，新安二十萬，其中豈無為善之人耶。但玉石俱焚，亦古人之言也，豈無其理哉。曰，奚止於是。古固有比屋可封，比屋可誅之言矣。孟子謂富歲子弟多賴，凶歲子弟多暴，非天之降才爾殊也，其所以陷溺其心者然也。夫人心陷溺，習以成風，雖舉一國之人，皆熏染如一。生長見聞，而不知其非。不然，何以《詩》有十五國風耶。夫子首以二南，而終以豳者，又豈無意哉，其旨深矣。故善為國者，必以正風俗為本也。夫長平新安之人，以為無罪不可殺降者，為白起項羽言之也。若於趙於秦論之，則皆叛卒，豈得為無罪哉。

若夫玉石俱焚之言，以火之無別，發其下文曰，天吏逸德，則烈於猛火矣。故分別而言，但殲其渠魁，若脅從者，則罔治之。非若火也。鬼神聰明正直，豈無知耶。曰，終疑有濫者。曰，思之痛心，難盡言也。於此只當斷定，以天道與聖賢之言為决可信，决不誤人。且為善猶未獲福，為惡更欲何望。今遇此大變異，只合深自恐懼修省，唯恐悔改不及，而禍變大至。豈尚有疑惑工夫。故曰，吉人為善，唯日不足也。且為善而安富尊榮，為惡而誅死禍賊，此天理之正也。若或反之，則在君子為不幸，小人為僥倖。

又先儒之言曰，為善而得禍，是善未積。為惡而有福，是惡未稔。子將奚擇焉。人果能自省察，知其過惡，將畏懼悔改之不暇，何暇有疑。人生短景，日日改過遷善，未知畢竟能得全其天之所賦與老而歸全否。且孟子曰，仁，人心也。義，人路也。舍其路而弗由，放其心而不知求，哀哉。又曰，仁，安宅也。義，正路也。曠安宅而弗居，舍正路而弗由，哀哉。聖賢所哀，為其良心已死也。蓋人與飛走不同處，只為有此仁義禮智之心，謂之良心。若無此心，則韓子所謂其貌則人，其心則非者。孫明復亦云，人亦天地一物爾。饑食渴飲無休時。若非道理充其腹，何異鳥獸。安鬚眉人至於此，則與物類何異。可不哀哉。嘗見故老教人曰，換了你心肝者。此雖俚語，實於人有益，真起死之神丹也。

曰，聞之，天地以生生為心，而殺人如此，何也。曰，自取之也。天以陰陽五行化生萬物，流行不息，故生意無窮。惟人得其精，故最靈於物。若善用其靈，存心於義理，則天之生意常在己身。若不善用其靈，專役於利欲，遂生出私意欺偽百端，皆與天道正相違背。生生之理，隔絕盡矣。《書》云，自絕於天。又曰，非天夭民，民中絕命。又曰，非天虐，惟民自速辜。《大（原註疑作左）傳》曰，妖由人興，人無釁焉。妖不自作，人棄常，則妖興，正謂此爾。蓋天本只有生生正氣，因人所為邪惡悖戾，積此惡氣，薰蒸雜亂，則亦有乖戾惡氣也。亦猶天地之氣不時，則人病。人之氣惡，則病天地矣。故人為善，則與生氣流通。為惡，則與惡氣相感。猶水流濕，火就燥，各從其類也。如五福六極之類，皆是也。

《書》曰天道福善禍淫，曰作善降之百祥，作不善降之百殃。曰惠迪吉，從逆凶，惟影響。豈欺我哉。曰，吾知所處矣。生死修短，一聽於天。則此心虛靜，有何憂懼。曰，此其粗者耳，昔司馬牛問君子，夫子曰，君子不憂不懼。曰，不憂不懼斯謂之君子已乎。曰，内省不疚，夫何憂何懼。必日夜自察其思慮云為，一一合理，無曠人之職分，則自然心廣體胖，不知憂懼。若有未盡善不合理者，即是過惡。安得不憂懼乎。

曰，吾亦嘗自思所行，亦無甚過惡。只此平常用心，亦可矣，何必問學，而為是紛紛也。曰，此猶所謂美芹子而樂炙背者。不知天下有美於食芹，樂於炙背者，多矣。人見西子，而後歸憎其貌。不覩大公，不見自私之為小智。不知禮義，不覺物欲之害良心。故先儒有言，學者舍義禮，則飽食終日，無所猷為。所事不過衣食之間，燕遊之樂，與下民一致。夫人豈樂為下民哉。溺於所習而不自知耳。夫子謂性相近，習相遠。又曰，君子上達，小人下達。蓋言習也。古人有行年五十而知四十九年之非者。人若不知學，不以禮義切己省察，豈能自知。非但見人之不同己者為非爾。此之謂失其本心。但不知不覺。作一世惡人而死耳。

曰，觀鄉里中亦有温恭不爭競是非者，人皆稱善，亦可矣。曰，此所謂資質美者，更在學問以進之，為聖為賢，不可量也。若只如此而已，是夫子所謂鄉愿之人，似有德而非者。故曰惡莠，恐其亂苗也。惡紫，恐其亂朱也。惡鄭聲，恐其亂樂也。惡鄉愿，恐其亂德也。為其不知學問，更不能進向上去，只如此同流合汙，閹然媚于世。衆皆悦之，自以為是，以終其身，而止于此。有害聖賢大學之道也。然則聖人所惡，亦非天之所祐者也。

## 元楊椿《書虞秦公祺傳》（趙琦美編《趙氏鐵網珊瑚》卷五）

祺字齊年，蜀之隆州仁壽縣人。遠祖永興公世南，仕唐為弘文館學士。由越徙京兆，至七世孫殷。僖宗中和中，為仁壽郡通守，有惠政，號仁壽使君，卒于官，子孫因家焉。歲久家富，族滋大，率好善積德。又七世，至祺父軒，尤推行仁義。家素倚牢盆為助。宋熙寧末，廢不舉。軒出私錢二百萬以復之，歲均所以入，給諸親戚及鄉故之貧乏者。坐是益困踣，而軒夷然自得。後生祺，甫丱歲，知孝敬父母。四歲口誦數百言。既長，學愈力，咸以為軒陰德所致。軒亦曰，吾為善，能責報于天，殆是子也。祺後登徽宗政和四年進士第。初主華州蒲城簿，改資州文學教授，瀘州司刑曹事，又加安撫司幹辦公事，擢太常博士，成都鈐幹，成都通守，除利州運判丐祠，提舉華州雲臺觀。未閲歲，起為潼川府路轉運判官，尤多善政。改漕夔，後復漕潼川，以疾卒于官，年七十一。子允文，聰慧夙成，蚤由祺任補官。祺年老，遂棄官不仕。祺卒後，允文始擢紹興二十三年進士第。歷官至左丞相。祺後以允文貴，贈太師秦國公。允文，《宋史》自有傳。

贊曰，《易》曰積善之家必有餘慶，其弗信矣乎。虞氏自仁壽使君而下，世世積善，而始發于祺。至其子允文，資兼文武，蔚然為宋代中興賢相。自是子孫彬彬，蟬聯簪組。雖宋社墟，而猶有人焉不絶。慶澤所逮，不其久乎。傳謂君子之澤，五世而斬者，殆有時而不然也。至正十三年春正月，布衣眉山楊椿謹書。

## 元揭傒斯《善餘堂記》（《文安集》卷一一）

饒有善人，居安仁華蘂峰之西，玉真臺之東，華山之陽，張果峰之北。曰，胡君茂卿治獄多陰德，其祖父皆好善，鄉之長老大夫士相謂曰，《易・大傳》不云乎，積善之家必有餘慶，請以善餘名胡氏之堂。又購昭文館大學士李溥光書以遺之。至順元年，其子式入史館，與余深相好。又明年，請記於余。

余曰，夫善人，孔子猶嘆其不得見，孟子猶聞之喜而不寐。況治獄平，尤人所難者乎。茂卿之生父，蓋年四十有五矣，甚愛之。未成童，好學，孝謹，父愈愛之。我元有天下，所與共治，出刀筆吏十九，卿亦起為縣曹。然在諸曹中獨異。其治獄，情可貸者無不貸之，死可生者無不生之。民亦莫不自輸其情，而刑以不濫。縣長貳及同列多嫉怒怨惡之，而不敢言。久乃服其為人。

元貞末，縣有盜，捕久不得。尉輙以疑似捕齊民七，日搒掠，鍛鍊之獄具。

移縣，縣長貳皆喜，且得盜。立闞三木，置獄中。上遣使决且至，卿入獄語七人曰，人皆言汝等非盜，何不自言。衆涕泣，死不敢異。卿曰，汝第言，當助汝。否即旦夕死。七人遂極言寃狀。令怒不聽。卿前爭曰，七人，一邑之人皆知為非盜。以為盜者，獨尉與令耳。奈何欲殺七無罪，以逭失盜之責，失盜之責亦至死耶。令默然，竟釋之。七人歸，皆祠卿於家。頃之，以郡曹攝縣諸曹長。有為縣豪主錢穀致富饒者，豪常欲坐以事殺而并之，未得間。聞與妻前夫女姦，乃大喜曰，即坐與親女姦罪，至死。遂白縣治其事。縣得重賂，皆許諾。卿亦佯許之。及捕治，事有實，然非親女，故匿不發。豪曰，求閱其獄，盡如指意無異。獄既具上府，卿密疏女族姓及祖父名牘中，府閱獄，見所引女族姓祖父名，召謂卿曰，卿真長者，當為卿成此名，竟以異姓女杖而出之。卿為德類此名至不可數，此其尤彰明較著，人所常道之者。

後生五男，子皆秀穎出羣。曰，吾父積善，惟吾一人。吾今有五子，天與我厚矣。即日免歸田里，養親教子。縣長吏就問政事得失，隨事誠告，不及於他。父年八十一終。卿今亦七十餘矣。教五子，皆為儒。闔門雍睦，人取以為法，可謂善人也已矣。夫善者，天地之心。天之於物，無所不愛，善亦無所不愛。故曰順天者昌，逆天者亡。昔于公治獄有陰德，高其門閭，令容駟馬車，曰後必有興者，其度淺矣。然其報不爽，如取諸券。胡茂卿為吏，治獄平。身未出曹掾之間，得五子，即自貶損罷歸，若欲以其餘遺子孫者，固自有逕庭哉。

余嘗過善人之鄉，問其名，則皆喜而對。問其人，則莫不且言且頌。望其居，則竹樹葱欝，禽鳥之聲喈喈。及其門，則雞犬不驚，童僕間暇，皆充充然有自得之意。升其堂，則尊者不嚴而威，卑不令而從。凡如是，其後未有不昌者。有過番君之區，行雲錦溪之上，望玉真華蓋諸峯，求善人胡氏之家，其居人有如是者，必其處也。至順三年八月日記。

## 又《勅賜漢昭烈帝廟碑》（《文安集》卷一二）

燕俗，廟祀漢昭烈帝關將軍羽及秦蜀郡太守李冰甚虔。昭烈關將軍皆涿人，今州南十里樓桑邨即昭烈故宅，其祀昭烈羽宜以鄉里故。冰在蜀，堰江水以灌民田，又鑿石為五犀牛，以厭水妖。燕無洪河大川，歲多暴水，故涿之范陽禮智鄉，有益者，神巫王媪之子也。媪為巫五十餘年。媪死，益襲其業，如媪之神。遂合所得施與，作昭烈帝及蜀太守廟于其里前。遼陽行省平章政事今中政院使哈喇特穆爾相以私錢若干，而殿堂門廡象設器物之屬無不備。元統元年九月十日為請于上，降香幣以落其成。明年三月六日，又言之奎章閣侍書學士實喇卜使奏，命臣傒斯紀其事於石，而上皆從之。其不絶人為善之畧如此。

且天子固天下神民之主，凡有功烈于民者，宜不限以地，使天下皆得尸而祝之，以係其尚德慕義之心。然臣聞有天地即有鬼神，鬼神一陰陽也。陽其神，陰其鬼。陽變而陰化，一變一化，鬼神之道著矣。故傳曰，鬼神之為德，其盛矣乎。

謂鬼神能禍福人者，無之。作善降之百祥，作不善降之百殃。此鬼神之機，而善惡之應，皆人所自為也。雖古之巫覡禱禳祈禜，亦因其人心所感而為之應焉爾。所禱非所感，而能福人者，無之。故曰皆人所自為也。若昭烈續漢祚于既亡，關羽不事賊操而委質劉氏，李冰當秦之暴而拯民於溺，至今人廟而祀之者，豈非為善之應耶。亦其所自為也。神既以此而受福于千萬世，其所以福人者，豈肯異於其所受耶。嗚呼，陰陽也，鬼神也，極天下為能變化者也。福善禍淫而無所容其心，人可不知所自為者乎。《詩》曰求福不回，此之謂也。臣既奉詔，謹拜手稽首而著其說，復為之詩曰：

坎坎兮伐鼓，揚揚兮合舞。神之來兮如雲，神之去兮如雨。神福我民兮不知，民望神兮恐神不來。神不來兮心孔悲，神之來兮民之依，黄屋兮赤旂，左諸葛兮右羽飛。神在漢兮漢不衰，漢雖衰兮神不遺。神福我國兮踰漢盛時。長戟兮丹轂，堰江流兮灌平陸。神在蜀兮秦之福，禾黍芃芃兮妖孽伏。神福我民兮如神在蜀。涿鹿兮范陽，神之合兮煌煌。宜君宜臣兮祚靈長，五風十雨兮均萬方。廟孔碩兮薦苾芳，神永世兮兹顧享。

## 元王沂《瑞慶窩記》(《伊濱集》卷一九)

瑞者德之應，慶之表其應也。至治之世，和氣絪緼磅礴於天地間。其精者既鍾而為盛德，為奇材，為耆耋黄耇。又上而為景星，為慶雲，為甘露時雨。又下而為醴泉，為芝草，為連理之木，同穎之禾，為麟為鳳，為神馬為靈龜之屬。歌於宗廟，筆於史册，蓋已為有國者之瑞慶。若夫盛德奇材，足以表儀一世，經綸庶務，其為瑞為慶，當何如。而耆耋黄耇，則又德化之隆，承平之久所致也。其為瑞為慶，又何如哉。此乞言養老之典，授杖執醬之儀，帛絮牛酒之養所由設也。嗚呼，在上之人猶爾，而況其子若孫者乎。此瑞慶窩之所以作也。

窩為名，見方外書。康節邵子嘗名其居，而琅琊劉君文瑞取以表其親燕安之所，固宜。雖然，鍾之者天，而修之者人。今夫一粟之微既播於田，既堅既實，一穎而千萬粒，發生之力，雨露之功，雖天之為，而播種藨蓘，則亦人力也。秘監公早以潜德馴行見推鄉閭，而彭城郡君壺儀秩然文瑞，以儒術緣飾吏事，官於朝，勢且益顯。則其德之修於家者，久矣。而秘監夫婦康寧壽考，孫承曾翼命書寵章顯榮一時，有自也哉。古之人曰，作善降之百祥，信矣。文瑞求余記，既為之書其事，俾歌以為壽焉。

南薰猗猗兮化日遲遲，如煦如吹兮萬姓熙熙。芝生九莖兮靈露如飴，覆我聖澤如何不思。林有白鳥兮沼有靈龜，覆我聖澤兮其然而孰知。

文瑞悚然曰，其敢忘所自。

## 元黄溍《書申屠公墓表後》(《文獻集》卷四)

孔子之贊《易》，蓋曰善不積不足以成名，又曰積善之家必有餘慶。而孟子論君子之澤，直斷以五世。嗟乎，名之成否，慶之有餘不足，亦視夫善之積與不積何如耳。子子孫孫勿替，引之雖百世可也。内翰臨川吳先生既以善人表申屠公之墓，且登載其爲善之迹甚具。人知公之無媿於其名，而不知公以考城君爲之父，御史君爲之子，諸孫又往往能以材自見而致顯融於時。所積之厚，非一世矣。公之名則以暴著。餘慶之未艾，詎易量哉。繼述之善，是在後人。庸志諸下方以俟。

## 元許有壬《善餘堂記》(《至正集》卷三八)

松江儒學教授張景山，宋文定公十一世孫也。南渡為茶陵人。其大父名堂善餘，俾有壬擴其説，以勵其後。《易》不云乎，積善之家必有餘慶。説者謂天下事未有不由積而成者，所積者善，而福慶及於子孫。然必積累而至，非一朝一夕所能成也。[略]昔文定公為良相活天下。景山以儒為良醫活人，相為終始。善餘流慶，又將權輿於今日。景山併以語而族，使皆為善如景山，以充善餘之餘，勿使人以鐵爐步志見詬，則善矣。

## 又《樂善堂記》(《至正集》卷三九)

天生蒸民，其情莫不就福而避禍，以福可樂禍可憂也。心非狂惑，孰肯就憂而避樂。然世之儚儚焉，日趨於憂而不悟者，何哉。私意蔽其中，物欲誘其外也。嘗念人生百歲，雷電不足以喻其速，所貴於生者樂爾。而世之樂者，或紆朱懷金，高牙大纛，而不思盡其職。或拓田華第，厚殖珍貨，而不思取以義。或任俠跌踢，意氣自負，而不能檢以法。或狂誕遺世，虚無高遠，而不能揆以理。不盡其職，則責繼焉。不取以義，則怨萃焉。豪而不制，則敗。放而不反，則亂。曰責曰怨曰敗曰亂，其為憂至矣。

聖人疏食飲水，樂在其中。顔子學聖人，簞食瓢飲，不改其樂。道之在，理之得也。士之勵行者，毫釐之惡不萌於心，跬步之頃不離於正。則吾一身，豈不體安而氣平乎。事親而能孝，事長而能弟，撫下而能慈，則吾一家豈不上和而下睦乎。其施於人也大，而陶宇宙於泰和小，而一郡邑舉受吾惠。至於窮居不見，講道讀書，俯仰天地亦復終日欣欣，蓋所為皆善，則無所往而不得其樂也。東平王蒼之言曰，為善最樂，此之謂也。

鹿崖邢公蚤，著才諝歷臺閣，出典大郡，歸因世居，撤弊搆新，宏敞合度，題以樂善，徵文其中。有壬佐吏部，鹿崖為正郎，能盡其職者也。其得為善之樂者乎。晚始得子，風骨可愛。《易》曰積善之家必有餘慶，則又將及子孫而無窮。為善之樂，庸有既乎。書以為後人勸。

## 又《恭題至治御書》(《至正集》卷七三)

英宗御極，練覈圖治。拔惡木深固之柢，取豫章大材，以梁棟一世。時則有若東平忠獻王獨運亭毒，君臣千載之遇，魚水不足以喻之也。一日侍便殿，信手拈墨筆作古錢形，而以朱筆分脈理為肉好，執規矩為之，有不及者。上覽之大悦，取朱筆書皮日休詩，我愛房與杜，魁然真宰輔，黄閣三十年，清風一萬古，於其側。蓋以王為房杜也。今慶老福德亦侍側，即以賜之，福德裝潢什襲。後至元庚辰，以歸王之子今翰林學士承旨開府儀同三司臣都呼特穆爾。開府以示臣有壬，俾識其後。臣有壬於是見至治之治，其有以哉。

王偶拈筆，不作它象，而獨作九府錢法，非以其流布濟人，有功於世乎。上不書他語，獨書詩人誦房杜之句，非有契宸衷，將責以貞觀之治乎。則是遊宴之頃，未嘗有忘天下之心焉。史稱房杜不言功，持衆美効之君王。汲引士類，一善不遺。其有得於是乎。使天假以年，則唐虞都俞吁咈賡歌之風，藹然一堂之上矣。豈特房杜而已哉。噫，君臣相遇，古今所難。及其相遇，而天復中道盡之。此有志之士不能不痛悼也。嗚呼，惜哉。王之功業不終，天實為之。然痛悼之餘，復有為王賀者。玄齡後有遺愛，如晦後有槡構。今開府繼志述事，益光前烈。房杜有所不及矣。積善之家必有餘慶，誰不信矣夫。

## 元陳高《積善堂記》（《不繫舟漁集》卷一二）

積善之家必有餘慶，夫人而長言之也。然求其能行者，千萬人中不得一人焉。間有為一事善，則責報於天曰，胡其不吾福也。又望之於人曰，胡其不吾與也。再而不得報於天，不見知於人，則怠矣。三而如是，則弃其善而莫之為矣。自非篤信之士，惡乎行善而無倦哉。淮水之南，有隱君子焉，曰潘君思誠，學岐黄俞扁之術。君蓄藥於家，有疾告，無貴賤輒與藥。遇危篤則趨之，貧乏者不責其售，至數十次無厭色。嘗曰，吾聞君子為善，不惟善其身，而必有利益於人。吾既不用於時，無能利人。以醫愈人疾，濟人之生，亦仁者事也。吾從事乎此，以歲月計，則亦庶幾其善之積乎。於是名其所居之室曰積善堂云。

嗚呼，造物者之於人，固未嘗屑屑於應感，然亦未有久而不通者也。福善禍淫，皆非朝夕之所致，必由積漸而然。譬之穴土不已，則井必深而泉出矣。覆簣不已，則山必高而物生已。今潘君之善，惟能積之而不已也，則彼造物者豈無感應乎哉。况天之報施善人，不在其身，則在其子孫。我知潘氏之後，必大也。使為君之子若孫者，皆思所以襲行君之善，則為天之所祐助，豈不益綿遠而弗替乎哉。予既美之而重勉之，而又欲其後人之知繼也，故勉之。

## 元吳海《祠堂記》（《聞過齋集》卷三）

昔先君子嘗書積善于家以自命，其在外亦書之，在器或書之。先君子没，海懼其久而遂泯也，用揭之祠堂，詔不忘焉。夫善人，所固有也。生而莫不善，天地之性為性也。發而為情，亦未始不善也。耳目鼻口，累乎欲。視聽言動，出乎己。物我相形，萬事相感，利害相權也。日用酬酢之間，有不得其正焉，斯其為不善也。反之而善，非取于外也。存其固有者而已矣。故雞鳴而起，孜孜焉。一言之發必稽，一為之施必慎。晝之所營，夜以自考。夜之所息，旦而驗之。造次顛沛不敢忽，而況其餘乎。

夫莫高于天，天者高之積也。莫厚于地，地者厚之積也。莫大于聖人，聖人者，盛德之積也。然則君子為善，可以有已乎哉。抑古人有言，善必積而後成，惡雖小而可懼。夫善惡之勢，常相持也。此長則彼消，彼長則此消。善一日不積則隳，一念不繼則怠。成者易毀，隳者難全，甚可畏也。海之以是銘者，亦惟先志是述，將垂之無窮。海之不肖，敢不戰兢夙夜。他日將見先人于地下，惟是後世子孫，奉承不替，則海實大願焉。《詩》云無念爾祖，聿修厥德。銘曰：

人性至善，出乎自然。孰能安之，其動也天。衆人不能，氣拘物誘。本心既放，遂失其有。子孝臣恭，夫正婦從。豈人實為，惟帝降衷。視聽有常，言動有則。一毫不順，乃害于德。嗚呼夙夜，敬之戒之。勿縱爾欲，勿興爾私。欲勝則流，私勝則蔽。怠勝則滅，巧勝則偽。人心孔熾，善端實微。初六履霜，堅冰以之。精致其知，勇致其力。纖惡不為，善乃可積。積日為月，積月為時。三百六旬，積而為期。積縷成杼，積粒成庾。縷粒或遺，于積奚取。父積遺子，祖積遺孫。孫亦有後，來昆仍雲。凡是衆善，皆我固有。匪為人積，曷其不可。己則不善，又以加人。不愧于心，不畏于天。恭惟我考，垂言立則。爾不能孝，爾罪罔極。

《易》曰積善之家必有餘慶，積不善之家必有餘殃。嗚呼，可不慎與。

## 元舒頔《章氏族譜序》(《貞素齋集》卷二)

君子修身，必本於孝。孝莫大於敬親。自吾親推而至於高曾，同此一氣。下而及乎曾玄，傳此一氣也。傳曰，身也者，親之枝也。敢不敬乎。自高曾至於吾身，幾世矣。由吾身而及乎曾玄，又不知幾世矣。傳愈久，支愈遠。厥宗紀系，此家譜所由作也。爰自壬辰，兵戈騷擾，譜之存者有幾。予每思至此，太息不已。適表姪章子明袖出家譜一編，丐予弁首簡。其容貌甚恭，其禮意甚勤，其懇請甚確。顧予耄且悖，筆硯廢已久。然子明之祖母，予從姑也。義不容辭。

案章之先，齊太公支孫封鄣，其後以國為氏云。去邑為章，子孫因之。唐季，康州刺史及居浦城。五代間，枝葉繁盛。太傅仔鈞洎夫人練氏，陰功碩德，載培載植，用昌厥後。故慶曆名相，嘉佑元魁，彬彬輩出。南渡時，倉部員外郎遷昌化，亦多顯者。翊之子槱樵［檦］，詡之孫鑄鑑，皆相繼登第。翊主徽州婺源簿，槱主信州玉山簿，樵知處州，檦通議大夫。鑑通奉大夫，爵錢塘縣開國伯。鑄福建轉運使，淳淮東總領所幹辦官。祖康，平江府軍諮祭酒，祖邵知浦江縣。頎之桐陵縣主簿，運之從仕郎。運之往來父兄宦邸，道過瀛，愛其山水清勝，因置田莊，謂昌化為浙東最僻靜處，有勢則易以興，無人則難於守。鋭志遷瀛川奠家焉，且以信義結鄉人。鄉人無老幼貴賤，咸仰其為丞相苗裔，指其居則曰丞相之第也，指其墓則曰此丞相家之墓也。最為鄉人所尊重。今幾世矣。流風遺韻，猶有存者。豈非祖宗之積德有漸而致然歟。

傳曰，積善之家必有餘慶。今觀之章氏，詎不信然耶。雖然，人稟天地之中以生，賢不肖異類，雖聖人亦未如何。子明之父，寧國路同知。父，麟公。兄，旌德尉子良，皆學博行醇，有古循吏風。方將斂其為郡邑者施於家。然則茲譜也，豈徒作哉。記曰，霜露既降，有悽愴之心。雨露既濡，有怵惕之心。子明於家譜，拳拳不忘，迨知孝之本歟。若夫家世之興隆，雲仍之顯達，又在後之人所積何如。勉爾子孫，以副所期，敬之哉。

## 元楊維楨《善慶堂記（有詩）》（《東維子集》卷一八）

至利在天為一元，在人為百善。故善必有慶，和之致也。然庸人為善，與君子異。君子安處善而慶自至，庸人徼慶而為善。慶非彼徼而得之也，徼者慶之叛也。二者公私相去，不能以取，故天下之慶，不得於庸人一時竊取之私，而得於君子日用善行之積也。孔子於坤之《文言》曰，積善之家必有餘慶。君子不以善小而不為。惟善小而必為，故其積也日登焉。若山日倚焉，若海積之厚者，慶之長也，故曰有餘慶。

崑之張君景罡，築室兵之陰夏駕之易，歲聘碩師教子弟。其中日交接賢相友治酒事，必升堂講古飲禮，黃髮番番，文衷班班。青紳翠丱，沓列後前。自以為宋獻魏國公後百年餘澤，尚演為四世相望之慶。故名其堂曰善慶。番陽周伯温父為大書顏之而未有記之者。景罡既觴予堂之所，且遂徵記。

予以崑，古嘐邑也。其俗競節物，信禨祥。雖世家大姓，咸尚佛事鬼，徼福田為利，未見有以詩書禮義為務，而得餘慶之長，合孔子之言者也。今於張氏之門見之。於乎，張氏之慶，必復其始，當有子孫名世者作矣。故予樂畀之文曰：

鐵江沈沈，其流長深，奕奕新堂，有書有琴。有橋在高，有梓于陰。君子慶只，少伊氏之覃。宜爾家屋，和樂且湛。鐵江湯湯，其流深長。奕奕新堂，鳳鳴于陽。左書右琴，其椅其桐。君子戾止，嘉賓式燕以慶（叶）。子孫樂只，壽考不忘。

## 元李繼本《祭許生文》（《一山文集》卷七）

嗚呼，死生命也，懸於天而不可以力為。修短數也，寓於人而不可以智計。孰能燭其理於命數之中，而扣其道於天人之際。謂作善降之百祥。有德而無位，仁者之不壽，孔子之接淅以行，窮阨而轉走。顏子之操瓢與簞，夭死而莫救，使天下賢聖顛倒惶惑，而以自咎。謂不善降之百殃。讒諛得志，不肖者比肩。盜跖之橫行，侏儒之飽死。使天下凶暴貪噬，攘敓藉以得志。若許生璘之死，豈非命數使然，不可以力為而智計者耶。

嗚呼，璘哉，使天而使之壽，則德可使甄陶，行可使砥礪。浸淫乎詩書，沉潛乎仁義。收視反聽，以凝其神。滌瑕盪穢，以養其氣。敷玉潤揚金暉，以周旋乎高明光大之地。鄉里稱善人，國中有顏子，卿相呼小友，品題作佳士。一言取宰相，三長典國史。其才之逸，如九河崩奔，泗溟蕩潏，而兩儀為之軒輊。如蛟龍之得水，上下於天，莫窮其詭異。其文之雄，如丹葩之芬腴，青雲之綺麗，明珠之射濤波，白璧之出氛翳。今天而使之夭，徒悼夫隕霜之殺菽，黃壤之埋玉。去白日之昭垂，襲厚夜於窀穸。等浮世於蝸角，逐飛光於駒隙。朝菌不為晦朔所移，蟪蛄不為春秋所役。苗而不秀，秀而不實。堂之未升，室之未入。根之未培，實之未食。未定之天，未完之質。夫誰得而致詰。

且夫天之生物，細大不齊。同歸於斃，何異蜩與鷽鳩，決起而飛，槍榆枋而笑鵬飛之九萬里，寓形大塊而莫能與天壤相弊。何異覆杯水於坳堂之上，芥為之舟而斯滯。如是而生，如是而死。夫孰窮其涯涘。嗚呼，天不生汝，則一氣永存，而精神蟠鬱於青天。天而生汝，則一朝永逝，而骨肉澌盡於黃泉。五百年吾不知其宿契，二百歲吾不知其永年。天耶人耶，莫探其玄。命耶數耶，莫測其淵。故爲之文，以寫靈襟之磊，而寄冥感於渺綿。尚饗。

## 明朱元璋《諭安南國王陳煒伯陳叔明詔》（姚士觀编《明太祖文集》卷二）

朕聞春秋諸侯之國，皆自喪其福，然後相繼而滅亡者。云何，蓋謂逆君命而禍黔黎，故天鑒若是，有不可逃其禍也。假使當時之諸侯惟天王之命是從，豈不同周之固，何期捨長富貴而貪高位，致富貴若草杪之朝露。賢不云乎，毋為禍首，毋為福先。

爾叔明自臨事以来，國中多事，民數流離。此果爾兄弟慕福而若是耶，抑民有怨而致是耶。然固往者不可諫，豈不知来者之可追。《易》不云乎，積善之家必有餘慶，積不善之家必有餘殃。斯言若行，則天意可回。

且天地之廣，掌民者衆。若邦有道，固封疆勿外求，則世為永福。若越境而殃他民，則福命未可保也。爾安南與占城忿争將十年矣，是非彼此，朕所不知。其冤未伸而讐未解，將如之何。爾叔明如聽朕命，息兵養民，以遂天鑒，後必無窮之福矣。若否朕命而必為，又恐如春秋之國自取之也。聖人有云，以道佐人主者，不以兵强天下。何也，其殺伐之事好還，故知者不為，爾其圖之。鑒春秋之失，豈不美乎。

## 又《諭元丞相魯爾詔》

天地惡盈而好謙，其德好生而惡死。此非時人新造之言，乃亘古至今明驗也。朕云如是，蓋謂卿等，當元天更運命之時，卿帥騎步，堅忠貞之節，捍禦邊陲，已十一年矣。每嘗遣人通問，未得回報。今再差人詣所在，以禦寒之衣作微禮。卿能受賜，不傷人命，以修後嗣之德，豈不智人也哉。朕言至此，惟卿以智量之，勿為愚者所迷。《書》云作善降之百祥，作不善降之百殃。惟順理則吉，故玆詔示，想宜知悉。

## 又《祭淮安侯華雲龍文》（又卷一八）

昔皆民人爾，因世亂歸朕，今有年矣。雖無獨建奇功，隨衆勤勞多著，念爾勳舊，特加侯爵。朕以燕地之重，託爾任守，務在軍安民樂。委以燕相，更望輔弼。何期數年間，軍勞民怨。詢其所以，乃爾巨府院，擅工役，害衆成家。《書》云作善降之百祥，作不善降之百殃。推爾之故，莫不去賢而近愚，忘所以報。神人共怒，致令如是歟。抑爾前生壽數有定，而若此歟。然當在生之時，可為善而不為。今事已往，其幽冥處判無私已在目前。是非還自知否。朕有誓曰，生封侯而死謚以公，著為常典。爾生前守爵而害官民，法不當公。止葬以侯禮。且薄情不厚，所以責之也。爾其聽之。尚饗。

## 明劉基《天説上》（《誠意伯文集》卷八《覆瓿集》）

或曰天之降禍福於人也，有諸。曰，否。天烏能降禍福於人哉。好善而惡惡，天之心也。福善而禍惡，天之道也。為善者不必福，為惡者不必禍。天之心違矣。使天而能降禍福於人也，而豈自戾其心以窮其道哉。天之不能降禍福於人，亦明矣。

曰，然則禍福誰所為與。曰，氣也。曰氣也者，孜孜焉為之與。曰，否。氣有陰陽邪正分焉。陰陽交錯，邪正互勝。其行無方，其至無常。物之遭之，禍福形焉。非氣有心於為之也。是故朝菌得濕而生，晞陽而死。靡草得寒而生，見暑而死。非氣有心於生死之也。生於其所相得，而死於其所不相得也。是故正氣福善而禍惡，邪氣禍善而福惡。善惡成於人，而禍福從其所遇。氣有所偏勝，人不能禦也。

曰，然則天聽於氣乎。曰，否。天之質，芒芒然氣也。而理為其心。渾渾乎，惟善也。善不能自行，載於氣以行。氣生物而淫於物，於是乎有邪焉。非天之所欲也。人也者，天之子也。假於氣以生之，則亦以理為其心。氣之邪也，而理為其所勝，於是乎有惡人焉。非天之欲生之也。朱均之不肖，而以為子，非堯舜之所欲也。蟯蛔生於人腹，而人受其害，豈人之欲生此物哉。

曰，然則天果聽於氣矣。曰，否。天之氣本正，邪氣雖行於一時，必有復焉。故氣之正者謂之元氣，元氣未嘗有息也。故其復也可期，則生於邪者亦不能以自容焉。秦始皇王莽是已。曰，跖之壽，操懿之得其志，而子孫享之，豈天之有所私耶。曰，氣之復也，有遲有速。而人之生也不久，故為惡之人，或當其身而受罰，或卒享福禄而無害。當其身而受罰者，先逢其復者也。享福禄而無害者，始終乎其氣者也。以懿繼操，以裕繼懿，不於其身，而於其後昆。謂天之有所私，不可也。故見禍福而謂之天降于人者，非也。氣未復而以禍福責於天，亦非也。不怨天，不尤人。殀壽不貳，修身以俟，惟知天者能之。

## 又《天説下》

或曰天灾流行，陰陽舛訛，天以之驚於人與。曰，否。天以氣為質，氣失其平則變。是故風雨雷電晦明寒暑者，天之喘吁呼噓動息啓閉收發也。氣行而通，則陰陽和，律吕正，萬物並育，五位時若。天之得其常也。氣行而壅，壅則激，激則變。變而後病生焉。故吼而為暴風，鬱而為虹蜺，不平之氣見也。抑拗憤結，迴薄切錯，暴怒溢發，冬雷夏霜，驟雨疾風，折木漂山，三光盪摩，五精亂行，晝昏夜明，瘴疫流行，水旱愆殃，天之病也。霧濁星妖，暈背祲氛，病將至而色先知也。天病矣，物受天之氣以生者也，能無病乎。是故瘥癘夭札，人之病也。狂亂反常，顛蹶披猖，中天之病氣，而不知其所為也。雖天亦無如之何也。

惟聖人有神道焉。神道先知，防於未形，不待其幾之發也。堯之水九載，湯之旱七載，天下之民不知其灾。朱均不才，為氣所勝，則舉舜禹以當之。桀紂反道，自絶于天，則率天下以伐之。元氣之不汩，聖人為之也。

曰，然則人勝天與。曰，天有所不能，而人能之。此人之所以配天地為三也。曰，《書》曰作善降之百祥，作不善降之百殃，非與。曰，此天之本心也。而天有所不能，病於氣也。惟聖人能救之。是故聖人猶良醫也。朱均不肖，堯舜醫而瘳之。桀紂暴虐，湯武文醫而瘳之。周末，孔子善醫而時不用，故著其方以傳於世，《易》《書》《詩》《春秋》是也。高文光武，能於醫而未聖，故病少愈而氣不盡復。和安以降，病作而無其醫。桓靈以鉤吻為參苓，而操懿之徒又加鴆焉。由是病入於膏肓，而天道幾乎窮矣。

曰，然則元氣息矣乎。曰，有元氣乃有天地。天地有壞，元氣無息。堯舜湯武立其法，孔子傳其方。方與法不泯也。有善醫者舉而行之，元氣復矣。作《天説》。

## 又《雷説上》

有夫耕於野震以死。或曰，畏哉，是獲罪於天，天戮之矣。劉子曰，噫，誣哉。何觀天之局也。一夫有罪，天將自戮之乎。天生民而立之牧，付之以生殺之權，而又自震以討焉，惡用是司牧者為也。曰，天鑒于民，有隱匿焉。人罰弗能及也，而震以威之。微顯闡幽，神道也。曰，惡，是何言也。古帝制刑，以為天下均，故執刑如執權，因罪之輕重而前卻之。又不敢專而聽於天，曰天討也。夫是之謂贊天地之化育。今曰天又自以震戮人罪，吾不知天之所自戮者以何等罪乎。謂其積之極，人不能勝而戮之邪，則天下之為人子而不孝，為人臣而不忠，為人長而不慈，為人幼而不遜，為人友而不義，為人妻而不順，賊義戕仁，縱私而滅公，倚勢而行姦，乘約而肆淫，人言而獸心，陰慘而陽和，磨牙吮血，朘膏刮骨，擅威作福，殘害正直，而逭于司寇之誅者，不為不多矣。豈司雷者有所畏乎，乃不一有戮，而庸夫乎戮焉。使彼有以覘天之意，而謂天之所怒在彼，而所容在此也，則恃以不忌，是天以震勸逆而濟禍也，豈天道哉。必不然矣。

曰，然則雷何物也。曰，雷者，天氣之鬱而激而發也。陽氣團於陰必迫，迫極而迸，迸而聲為雷，光為電，猶火之礮也。而物之當之者，柔必穿，剛必碎。非天之主以此物擊人，而人之死者適逢之也。不然，雷所震者大率多於木石，豈木石亦有罪而震以威之邪。

## 又《雷說下》

或曰雷有神焉，有諸。曰，人曰有之。曰，然則雷神所為而非氣矣。曰，否。雷與神，皆氣之所為也。氣也者，無所不能為也。忽而形，倏而聲，為雷為神，或有或無，不可測知。人見其忽而形也，而謂之神。夫神也者，妙萬物而無形，形則物矣。是故有形而有質者，有形而無質者，有暫者有久者，莫非氣所為也。氣形而神寓焉，形滅而神復於氣。人物鬼神，或常或變，其歸一也。曰，既為神也，而曰不能戮人罪，何邪。曰，神，形而暫者也。彼且不能久其形，惡能求罪人而戮之。

## 明陶安《眥母高氏慶壽詩序》（《陶學士集》卷一三）

行臺管勾眥君母高夫人壽八十有四歲，其誕辰當仲冬二十有四日，搢紳之士賦詩為壽。惟天報施善人，恒稱其宜。德之厚者福隨而厚，此理之可必者也。

夫人早有令儀，以禮法自持。長適名門，其良人字伯元，善事親，讓兄弟以田宅，仁於闔族，濟物樂施，卓義聞于時。朝賜旌表，亦由夫人能輔佐君子，以成其美焉。諸子訓以義方，由是管勾入仕，温雅謙謹，以禄奉養，恪恭子職。夫人雖深居閫閾，教令不出于外，然觀伯元所行，及管勾在官，則夫人之賢可知矣。

夫人在室為賢女，相夫為賢婦，教子為賢母。厚德如此，是固宜享康祺，登于頤耋，聰明彊健，食息安逸。有孫有曾，垂裕者盛。其福之厚，方來而未艾，然後知報施自天，其理果可必也。傳曰積善之家必有餘慶，又曰天之生物必因其材而篤焉，信有徵矣。

于時新陽布和，綵庭燕集，拜舞稱觴，承顔怡愉，莫不嘉嘆夫人之夫婦齊年，而樂其子孫之英秀。又從而祝曰，夫人之壽，如松柏斯茂。夫人之福，如川流斯續。如山如阜，如金石永久。有命推恩，錫封榮侈，綿綿脩齡，其自今始。

## 明王禕《處善堂記》（《王忠文集》卷一〇）

南昌楊君克安家，世以篤厚稱。君異時仕，嘗佐名州帥大閫，奕奕有聲譽。而被服儒雅，粹然君子人也。其所居之堂，扁曰處善，間來求予文以記之。

嗚呼，乾道變化，繼之者善，成之者性。蓋善立於性，命於善。是理之具於吾心者，何其純於善而不雜也。是故率是而充之，無爲其所不爲，無欲其所不欲，何往而非善哉。然而君子爲善，惟日不足。一日之中，非必皆與物接也。何如其可謂善，又何如其爲之夫。亦曰吾知循理盡分而已耳，不敢侮於人，所以不自侮也。不敢欺於人，所以不自欺也。侮焉欺焉，於人奚所加損，而一念之萌，敗德亂常，所喪固在我矣。不自侮不自欺，所以持吾敬也。持吾敬即所以循理盡分而充乎是心之善者也。

且舜居深山之中，與木石居，與鹿豕遊。顔子在陋巷，一簞食，一瓢飲，豈必皆與物接哉。而世之稱爲善者，必曰舜顔焉，殆亦推其是心而論之耳。今克安之居於斯也，惟日孳孳，惟善之是處，充是心焉，雖至於舜顔可也。考之於經，有曰作善降之百祥，有曰積善之家必有餘慶。作之積之，夫皆即是心而充之，事所當事，初曷有計功蕲獲之心，而祥慶之臻，有不期而自至。至是則身之所處，無乎非善，而與善爲無間矣。大抵爲善與不善，惟家人爲不可欺。夫苟處善於家，聲孚而氣感，父父子子兄兄弟弟夫夫婦婦，無不循乎理而盡其分，則閨門之内已日由於吉祥，而何慶如之。是心之傳，流及苗裔，固有可得而徵者矣。嗚呼，君子處善之効，其言可誣也哉。是庸誦予所聞，書以遺克安，因請揭之以爲記。

## 又《卮辭（并序）》（《王忠文集》卷一九）

至正戊戌之歲，自秋徂冬，予挈家避兵縣南，往來鳳林杏溪之間。朋友離散，又絶無書可觀，心邑鬱不自聊。間因追憶疇昔所聞見者，志之於簡。以其為言乃夫人所同好，故名曰《卮辭》，用以質諸同志者焉。[略]

天不可知也，可知者理。命不可必也，可必者義。明於理，則合天。安於義，則盡命。

道成而不獲於天者，命也。時至而不用於人者，性也。命在天，性在人。在天者不可强而致，在人者不可苟而從。人之欲為善也，由乎一念之烈而已。反而求之，克而致之，盗跖有不可為堯舜者乎。

君子所恃者，善而已。善者，福之萃也。善由於己，福由於天。由於天者不可以必得，由於己者固可以必為。吾知為吾所可為者而已。所不可必得者，吾安敢以取必哉。以吾所可為，此吾之所為恃也。

善惡之致禍福，如景響之應形聲也。積善在身，猶長日加益而人不知。積惡在身，如烈火銷膏而人不見。君子觀夫禍福之重輕，可以驗乎善惡之深淺矣。是故善無隱而不彰，惡無微而不著。

福善禍淫，天之道也。《易》曰積善之家必有餘慶，積不善之家必有餘殃。世亦有為善而蒙禍，作惡而受福者矣。古語有之，猖蹷而活，先人餘烈。貞良而亡，先人餘殃。

## 明貝瓊《留耕堂記》（《清江文集》卷一六）

秦王翦將兵伐楚，請美田宅甚衆，且言為王將有功不侯，故及臣請之，為子孫業。翦之智如此，其子孫有能耕者乎。漢田蚡治宅，甲諸第，田園極膏腴。至請考工地益宅。蚡之盛如此，其子孫有能耕者乎。天下之人，有無窮之心，必有無窮之計。及一再傳，而忽焉冰釋，何其暴也。若于定國之高門，張安世之金貂，七葉繇於方寸，所存世久而益昌，非止一時而已。《易》曰積善之家必有餘慶，此理之自然，不可誣者。故舉其人，以槩古今焉。奈何不務樹德。往往笑刀腹劍，陽予而陰中，以快一己為事，則非善於為謀矣。

四明之何鈞玉先生，名其室曰留耕，其千百而什一歟。先生有長者風，里中爭者，不白之官而白之先生。性尤急於養。遇貧無養者，輒周之。或貸而不能償者，悉焚其券。縣東有一資國閘，數壞於水，為築外防，捍衝激之患，一方受其利。又長塘為四明永嘉天台會稽之衝，有水亭於以休往來者。後毀於兵，人皆病焉。先生復新屋若干楹，風雨有所庇矣。蓋其忠厚仁恕，出於天性。以為利於己者狹，不若利於人者廣。雖九野之土，阡連陌亘，不足以喻其方寸。而子孫耕於後者有餘，奚必如王翦田蚡之所為，屑屑以憂其貧也乎。

先生既没，人猶稱之。其子孫好學力行。洪武五年，以明經薦於春官。則樹德之效已見於今日，是不祈報於天，而所以報之者不爽。將使如于張之門，繼繼繩繩，歷數百世未艾也。余雖不得造先生之居，嘉其所積之厚，而樂為其後人道之。洪武七年夏五月既望，檇李貝瓊記。

## 又《具慶堂記》（《清江文集》卷二七）

國子生四明之定海戴習者，宋朝奉大夫埴之六世孫也。見余中都而告曰，吾父年今四十有九，母亦五十矣。耳聰目明，過於少壯者。而吾兄弟二人，又同室而居，如春之和，其心樂焉。因名其堂曰具慶，取《楚茨》詩人之語也。敢以記請。

余嘗論天下之樂，繫乎人者可必，而出於天者不可必。可必者，世之所恒有。不可必者，世之所不恒有也。孟子曰，父母俱存，兄弟無故，非樂之出於天而不可必者乎。當四方無事之時，求之於人，而能有之者已鮮。况乎兵變之後，方數千里，或隕於矢石，或夭於疾疫飢餓。父母俱存而無故，益又鮮也。習之處山海斗絶之地，不為矢石之所隕，不為疾疫飢餓之所厄。一門克享耆艾，以睹洪武太平之盛，是符詩人之所謂具慶者矣。嗚呼，君子三樂之一，尤人情之同。欲使有父而不及事其母，有母而不及事其父。有父母在，兄弟或離散分處，是皆不足於心，又烏得而為樂也。若習之具慶，則既足於心矣。今分教相臺三年，將上京師受官而歸也。春朝月夕，奉其二親，杀韝鞠跽，稱觴為壽，其樂又何如哉。此天也，非人之所能致也。

余因而推其本矣。《易》曰積善之家必有餘慶。初，埴之事理宗也，為將有仁義之稱，而無虎暴狼殘之慘。好讀書，嘗著《六經講義》，而鼠璞論，深刺時之不辨名實者。後忤丞相賈似道意，遂斥之於外以終。然其所積者已厚，而天之報之也亦必厚矣。故習有人所不可必之福，豈不知其所自哉。尚益綿延其慶於無窮，而大朝奉之世可也，於是乎書。

習字原學，通敏好學。早從吾友桂公彥良，胡公舜咨遊，而人多推許云。

## 明蘇伯衡《譚益之墓誌銘》（《蘇平仲文集》卷一四）

公諱應辰，字益之，姓譚氏。伯衡所為著行述，諱安榮君，君則公父也。母賀氏。府君素仁厚好施予，號稱長者。吏卒至其門，謹避之。

歲庚午大祲，無賴子群然具姓名稱貸于富家，不問允不允，輒發廩取粟。且至府君所，府君以民命方急，欲因以乞之。公曰，借使因而乞之，彼未必以為惠也，徒長効尤者耳。兒有以處之矣。乃集鄉隣與之粟曰，積此將為爾衆備也，幸相與守之。衆欣然願盡力。無賴子計沮，官尋亦捕寘于法。嘗有質田于府君者，既而其人欲自剄，冀歸其田，府君惴惴然。公曰，何畏也。出語其人曰，數畝之田，與七尺之軀，孰重。我家翁未嘗不可以誠動。爾若以誠告，田無不歸者。今計顧出此，將執爾送官，況肯歸爾田乎。其人蒲伏求免，乃釋之。[略]

元之將亡，大家右族棄骨肉去墳墓，散之四方。而其後無噍類者，豈少哉。濟獨克保其宗祧於播遷之餘，而又克立功成名，有禄入以供祀事，斯《易》所謂積善之家必有餘慶者矣。推原本始，播以銘詩，俾子孫知其所自，禮亦宜之。其世系見府君行述中。乃銘曰：

譚在成周，附庸之國。後併於齊，子孫四出。以國為氏，世有顯人。公居湘潭，端明之孫。材足有餘，而不樂仕。儲德于身，以開令子。桓桓令子，既武且文。為天子使，望于一軍。孰流之長，匪源之濬。惟本也豐，其枝斯盛。爾孫爾曾，視此刻銘，尚思厥自，益謹其承。

## 明烏斯道《書王君國寶傳後》（《春草齋集》卷四）

嘗讀司馬氏《史記》，班氏《西漢書》，有循吏酷吏佞幸諸傳，其所以示勸懲，亦切已。至范氏作《東漢書》，又有傳獨行逸民者，固以民風益偷，而懲勸之意愈切也。

會稽潘先生多吉，為臨沂王君國寶作傳，亦可謂獨行矣。君性孝友，剛介不詭隨。嘗出貲，息内兄弟財爭之訟燎。償逋偽鏹，不敢以誤人。飲食其友，三十年始終如一。君之知趙張二姓隸於人，出金贖之。杭郡大雪，囊粟以濟親故。久逋之券，病中悉焚，使無言于後。憐鬼婦之言，瘞其骸。沈妖廟之象，絶其祟。見舟航之阻，開上流以去其杙。是皆人所難行，而君能行焉，異哉。然東漢獨行，范氏謂此蓋失於周全之道，而取諸偏至之端。君不矯俗，不沽名。所慮深長，惠於人甚大。庶幾中庸之行，豈不足為世勸而可敬者乎。

《易》曰積善之家必有餘慶。君雖止司征以歿，今子德璋，孫魯方，為時顯用，榮其親，聖人豈欺我哉。且吾觀左氏，豕人立而啼，及吾得請於帝之言，儒者多以為誣。以君鬼婦事論之，亦足解儒者之惑也。

## 明方孝孺《題積善堂記後》(《遜志齋集》卷一八)

為善而至於君子，人之所能必也。為君子而富貴且有後，非人之所能必也。世之人不為其所可必，而妄意於所難。必脩於身者無成，則委之如當然。望於天者不獲，則怨且疑，以理為不足信，其惑不亦甚乎。人之宜為君子，而不可為小人，出於性分之固有，非為利達而為之也。使慕利達而為善，其心已陷於小人之歸，尚何暇天道之怨哉。予觀顯庸於斯世者，多昔者質厚敦朴之士之子孫。蓋斯人之為善，出於天性，而未嘗知外物之可慕，故有以合乎君子而得天道之祐，非偶然也。

河南按察副使會稽徐公，以積善名其堂，以昭其祖考之善，而推其福禄之所自，且以勉其後之人。夫徐公之顯，由前人之積。則夫後人之所憑藉者，豈不在公之所為乎。公之為人，御下寬默有容，而持身甚謹，衆咸服之。以為君子而不自以為才，是宜為天道之所祐者也。尚於其嗣人徵之。

## 明周是脩《積善堂詩序》(《芻蕘集》卷五)

余讀前翰林解君《積善堂記》，暨賢士大夫所謂詠歌之詩，而知西昌横塘吳氏慶源之遠。吳氏由虔刺史相，迄今二十餘世居横塘，宗族蕃衍不下數千百指。有豐於資産而以好施為心者，有儋於爵禄而以種德為務者，有俊傑而能文以載道者，有恬退而養高以厲操者，弗殫紀也。與余交曰士賢者，秉性剛毅，負才穎敏。遊四方，多取知於大人君子，故其聞也廣，其見也超，人皆信其有識之士，道而評之者如出一口。歸則端居自適，參會衆理，因思其先世累葉淳龐，肆其本固末茂。承承繼繼，以有今日。善之積於既往者，為不薄矣。為子孫者，又可不人人以善自勉，期不負於厥先，則善之積於方來者，容可以不厚乎。斯堂之所由名也。吳氏之善，積之而無已，宜士賢念之而不忘，揭之以名堂，其佑啟之意，深矣。解君安得不取之，而諄諄為之記。賢士大夫又安得不喜聞樂道，而彰彰於詠歌之音乎。然則斯堂也，斯善也，斯記若詩也，即士賢之心與。為士賢之後，將並傳於悠久。其所謂衮衮而生者，無足異矣。《易》曰積善之家必有餘慶，吾於横塘吳氏徵之，且書此以為積善堂詩文序。

## 又《永慶堂記》(《芻蕘集》卷六)

廬陵西南五十里，禾川之水滙而為梁潭。潭之滸，為白沙翠竹江村，左控石頭之高山，右挾陽臺之秀嶺。鷓鴣之磯，金牛之渡，連絡乎上下。中則平原膏土，嘉樹清流，名門右姓，侈然而居者，棋布星列。若禮庭蕭氏，其尤也。

蕭氏自宋元以來，世積醇德，至禮庭而益大。壯遊四方，以殷資正氣，獵獵有聲朝野間。性端重，寡言笑，不妄交與，人稱其有古君子風。二子伯瑋伯琦，俱英俊謙敏，式亢其宗。予平居時，耳禮庭父子之為人熟矣，而未之相接也。及奔走宦途，忽五六載。由汴邸還朝，備員衡府官。伯瑋至京，則見其姿茂而體丰，言温而氣和。喜之，而信乎名下之無虛士。因舉所建永慶之堂，請予為之記。

予嘗讀《易》，至坤之《文言》曰積善之家必有餘慶，又曰善不積不足以成名。未嘗不輟書而嘆曰，嗟乎，甚矣。人之不可以不善，而善之不可以不積也。積而至於成名，積之於身之驗也。積而至於有慶，積之於家之驗也。積之為言也，守之而不使之或失，崇之而不使之或替。夫一動而善，再動而善。馴而至於衆動，莫不善焉。善之積於身者，盛矣。一世而善，再世而善，引而至於百世，莫不善焉。善之積於家者，厚矣。惟其盛，惟其厚，則其名之立，慶之演，炳炳琅琅，綿綿延延，固自有不期然而然者矣。堂以永慶名，其不有見於斯乎。

然則蕭氏之善，積之於先世，不為不厚。而有慶於今世也，宜矣。繼今以往，蕭氏之善，積之其可不厚，而永其慶於後之世乎。為蕭氏之胤者，容可不以前人之心為心，而孜孜以積善為務。世以繼世，賢以繼賢，誓無負於前人名堂之意，則天之報之，豈不有衮衮而生者，以紹八葉之相業，續三瑞之芳聲。愈久而愈光，愈遠而愈大。演其慶於亘千百年，而至於無涯乎。吾以是為蕭氏子孫望。若夫堂制之高廣，軒楹之華朴，圖書琴瑟之新古，奉祠祀教子弟待賓親禮儀之豐備，心志之祗勤，朋壽繁祉之充溢於堂中者，是皆俟夫郡邑之達人文士，登斯堂而歷詠之，以垂於不朽。予不及紀也。是為記。

## 明解縉《積善堂記》(《文毅集》卷一〇)

仲尼曰，積善之家必有餘慶，以釋坤之初爻履霜堅冰至意也。蓋事必從微而至著，君子當務其微。必自幾而至成，君子當守其幾。必自始以至終，君子當保其始。故又曰，善不積不足以成名。小人以小善為無益而弗為也，以釋噬嗑之終爻，互相發明，示人以善之當積也。

夫自一念之善，一事之善，以至百千萬事之善。自一日之善，一時之善，以至百千萬年之善。自一人之善，至於一家之善，一國天下之善，為百千萬年後世之善。善之所積，慶之所餘也。一念之善有一念之慶，萬念之善有萬念之慶，百千萬年之善有百千萬年之慶。必其善有餘然後慶有餘，未有善無餘而慶有餘也。亦未有善有餘而慶無餘也。善外無慶，慶外無善。君子但覩其善之積，而不期其慶之餘。他人但見其慶之著，而不覩其善之微。則夫積善者，豈非君子傳心之要歟。

鄱陽大舟許氏宗由，其先來自樂平之銘口，盛宗也。遂以積善名其堂，而遣其令子正印來求記。其有味於仲尼之訓也，其得傳心之妙也。危微精一，所以積也。四端萬行，所謂善也。凡壽考康寧，富貴福澤之來，皆所不求而自至。視以慶餘名堂者有間，其知本矣。其自銘口之宗，所積盛矣。而大舟之積，又可見矣。其父祖以上不待言，其父子子孫之積，容有間乎。雖然，其請記也，非欲有增益於此乎。聞曹武惠王方冬不忍移其瓦甓，慮傷蟄蟲。宋正獻公少時，見羣螘墮水，編橋渡之。此皆小善，而出於至誠，無所為而為之者。推類充之，真積力久，善之所及，庸有既乎。是可以為斯堂之記。

## 明梁潛《重修白沙靈祐廟記》（《泊菴集》卷三）

廬陵上流三十里曰白沙，有廟曰靈祐。相傳以祀宋高陽關都部署康公保裔也。按史，公初以彰國之節守高陽。契丹入寇，范廷召求援於公。公比至，而廷召宵遁。敵騎圍公數重，左右請易甲以逃。公曰，臨難無苟免，此吾效死日也。大呼入戰，連數十合，殺傷甚衆。矢既竭，猶奮空拳以擊賊，遂死之。公死二百年，宋失其故都，而公之神亦徙而南焉。

公洛陽人，死河間久矣。英魂毅魄，猶凛然不可汙如此。當是時，有身為將相，富貴尊榮，而忍於背君父以向事讐仇者，其有愧於公何如也。史稱公謙遜謹厚，崇儒好禮，則公於死生去就之義，必有見焉，豈尋常武力之士而已哉。公既著神南土，其精爽之在物者，益赫然陰威慘烈，真能使神奸懾伏。而民之奔走奉承者，亦罔敢或怠。水旱疾疫，禱之而輒應。於乎，公之靈，明盛矣。

夫惟古雄勇忠烈之士，秉大節臨大難，奮不顧身，死而其神上通於天，以佐事上帝，至於焄蒿悽愴之際，發見昭著，有不可遏者。蓋其生平耿耿自見者，不隨物而俱盡。與陰陽造化同其樞機，屈伸變化不可測度。而或感之以至誠，亦無不應者，蓋理之常，無足怪也。而道家者流，謂公為疫部之帥，察善惡而司疫焉，是不必然也。夫為善降之百祥，為不善降之百殃者，天之道，而亦人事之必至者。公何預焉。彼巧祈曲禱以求免於罰而徼惠焉者，皆惑也。

公自真宗贈侍中，南渡後，所在郡縣，復有以公封號為請者，遂進爵為王。公之父諱再遇，後周時從宋太祖征澤潞，亦力戰死大行山下，民為廟祀於其所。白沙之有廟，創自宋紹定辛卯。既燬而復興者屢矣。近其民又改創之。既成，主廟事某求予文記之。予恐民怵公之威，而不知公之烈也。故論述其事，俾刻之石，使祀公者有以考焉。

## 明胡儼《張處士墓誌銘》（《頤庵文選》卷上）

余昔寓華亭，得為善之士老而彌篤者，一人焉。余所游者，字示卿，諱文珤，姓張氏。後山處士，其號也。自余去華亭，十有三年矣。每與賢士大夫論善人，富而好禮若處士者，不多見。聞余言者，雖不及識處士，蓋亦想見其人焉。今年春，友人趙友同來京師，賫天台陶九成狀一通，致處士之孫完之意，來請銘。

按狀，處士之先，世為中州人。有仕宋從南渡，遂居杭。七世祖某，嘗游華亭，愛其山水，乃結廬於干山櫻珠灣，而徙家焉。五世祖某又遷鳳凰山之陽。曾祖通好施予。每大雪中，掃地布粟，以飼飢禽。壽九十有三。祖顯，通天官陰陽之學，壽八十有四。考俊，勤敏有才畧，壽七十。處士器宇魁岸，天資穎發。每自策勵，務進於善。其事親也，奉養無違。居喪毀瘠，哀慕終身。其處昆弟也，無間言於親戚，務盡恩意。其自奉也，衣止布帛，食無重味。其教子孫也，以忠孝勤儉為本。其於鄉黨州閭，或婚喪，或患難，或凶荒，或疾疫，或貧不能存。凡以急告者，悉應之，無悋色。晚年喜與方外之士游。羊豕鴈雞之畜，非賓祭不殺。或出見漁獵，輒市其所獲而縱之。遇杠梁圮弗治者，亦完而新之。以故人咸稱長者。永樂元年九月十四日，以微疾，諸孫扶掖端坐。問日支干，不及他事，夷然而逝。享年九十。配孫氏，先處士十九年卒。子男一，麒，亦先卒。女一，適盧祥。孫男二，彬完。曾孫男三，暐旼東。以是年十月二日卜兆余山之原，與孫氏合葬焉。葬之日，遠近傾赴，執紼者屬路。傳曰，積善之家必有餘慶。以余所聞所見於張氏，自其先世以來，及處士之身，家故多資，皆以康寧而享壽考，將不謂之積善之長乎。若處士克全五福，以昌厥後。天之報施善人，有由然哉，其可銘也已。

銘曰：善之積，慶斯獲。躬壽康，後逢吉。識諸幽，瑑兹石。

## 明王紳《善寶堂記》（《繼志齋集》卷七）

凡有血氣者，皆有嗜欲。而嗜欲之深者，其惟人乎。人有嗜欲，而志向不審於善惡之機，其禍福所由分也。惟仁人君子，能超乎庸俗之表，故所志自與庸俗異。孰知庸俗之所志，乃仁人君子所深悼者也。

試嘗語於人曰，珠玉錦繡，無用於世者也。唯道德仁義，古今之共寶，日用之不可缺者。彼必呀然詆笑，以為愚。噫，是豈真愚者哉，其所志不同也。昔石季倫富擬封君，窮奢極侈，以恣其欲。及身辱家僨，始悟為財所累。龐德公恬於勢位，躬畊壠畝，獨能遺子孫以安。二者之志向，其禍福為何如哉。

剡溪之上有傅氏。傅氏之秀有叔友，與其從子士明士儀士信，皆和易謹飭，入以孝悌修于家，出以行義聞于鄉。蓋一鄉之善士也。一日相與言曰，天道無親，以善為親。《易》曰積善之家必有餘慶，是則善者固人之大寶也。況人稟二氣以生，即賦之以健順五常之性，固無不善者也。及乎情欲熾而天理微，於是向之所云，如牛山之木，戕伐於牛羊斧斤者非一端，而所存無幾矣。每見世人如浮漚起滅者何限，皆由不知以善為寶，而敗厥良彝也。

且吾家自顯考剡溪府君，治業畎畝，不務外慕，有龐公之德。孜孜為善，不奇貨利，無季倫之僭。政傳所謂楚國無以為寶，惟善以為寶者乎。今以其遺我後人者，可考而不誣。故吾等得以安享之也。今吾等苟能繼承先志，則異日子孫，又豈不吾若哉。是則善寶者，得非吾家相傳之心法歟。遂謀以善寶名其堂，且来徵文為記。

予既嘆夫人之嗜欲為禍福之機，顧其志向何如耳。今叔友子姪為能審於此，惟先志是承，吾見其父作子述，代續世傳，而餘慶之流綿綿曷既乎，董子有言，積善在身，如日加長，亦其意也。

## 明文皇后徐氏《内訓·積善章第八》

吉凶災祥匪由天作，善惡之應各以其類。善德攸積，天降陰騭。昔者成周之先，世累忠厚。暨於文武，伐暴救民，又有聖母賢妃，善德内助，故上天陰騭，福慶悠長。(騭音質。〇騭，定也。暨，及也。言為善而獲吉祥，為惡而召凶災，匪天之降是於人也，而實各以類應。人惟行善，而所積既久，則天命降鑒，陰定於上。周自后稷始封於邰，十世而至太王，十二世而文王始受天命，十三世至武王伐紂救民，遂為天子。聖母賢妃，蓋指太任太姒邑姜也。聖賢之君繼作，而又有聖母賢妃以善德而助於内，故上天陰騭，使周家福慶，悠久而綿遠也。)

我國家世積厚德，天命攸集。我太祖高皇帝順天應人，除殘削暴。救民水火。孝慈高皇后好生大德，助勤於内。故上天陰騭，奄有天下，生民用乂。天之陰騭不爽，於德昭若明鑒。夫享福禄之報者，由積善之慶。婦人内助於國家，豈可以不積善哉。(奄，大也。乂，安也。言天之所以陰騭於上者，由人之德之所感召，故無所差爽。天之鑒照甚明，而享福禄之慶者，皆由於積善之所致也。此序國家受命隆興，與成周同一積善之慶也。)

古語云，積德成王，積怨成亡。荀子曰，積土成山，風雨興焉。積水成淵，蛟龍生焉。積善成德，神明自得。自后妃至於士庶人之妻，其必勉於積善，以成内助之美。(此引古語與荀卿之言，以見積善之不可已也如此。)

婦人善德，柔順貞静，温良莊敬。樂乎和平，無乖戾也。存乎寬弘，無忌嫉也。敦乎仁慈，無殘害也。執禮秉義，無縱越也。祇率先訓，無愆違也。不厲人適已，不以欲戕物，以是而内助焉，積而不已，福禄萃焉。《易》曰積善之家必有餘慶。《書》曰作善降之百祥，此之謂也。(祇音支，愆，丘虔切。〇柔順貞静者，柔順利貞，以合乎坤静之德。温，和厚也。良，易直也。莊敬，誠一之至也。婦人善德，無過於此矣。乖戾，違背也。弘，大也。秉，執也。縱，放。越，度也。祇，敬。率，遵。先訓，先代之訓言也。愆，過。違，背也。厲，虐害也。適，便也。欲，私欲也。戕物，殘傷於物也。萃，聚也。言婦人能全是數者之善，而行之無所違，則積善之福，必源源而至矣。故引《易》《書》之言以終之，以見天下之事，未有不由積而成。家之所積者善，則福慶及於子孫。善必積而後成，惡雖小而可畏。丁寧申戒之意，切矣。)

## 明楊士奇《善安堂詩序》(《東里續集》卷一四)

吾邑劉文復，和易惇信，而重氣義。鄉人士多樂與之交。今年来京師，京師士大夫亦多愛其為人。知其家有善安堂，為之詠歌，文復以屬予序。予念童丱時識文復，其家在縣城中。其時城中有騁私智，欺愚弱，致厚貲者。高堂重屋，歌舞絲竹。歡樂之聲，以夜繼晝。孰不自意可以終其身，及其子孫於無窮哉。而文復與其兄存禮，謹謹自守，不敢苟求所欲。於理分之外，日以奉親為樂。作龍洲書館，延師教其子，所資非饒裕，而仰事俯育之餘，以濟貧乏不靳也。迨予弱冠，求向之盛富而極樂者，忽然若烟消，若澌盡，無復遺餘。而文復一家之內，父子祖孫兄弟，孝敬慈愛，天倫之樂，視昔弗替而益加也。豈非所由之道，安危之異哉。

夫人置其身其家，亦若置器焉。置於安亦安，於危亦危。為善者，置安之術也。《書》曰作善降之百祥。《易》曰積善之家必有餘慶，善固天之所祐也。其後文復之父至八十有八，母八十有七，其兄弟皆垂白無恙。其子長而知學，斯其得於所祐者然歟。故書予所見者於諸賢詠歌之首，使讀者知為善之必有徵，且欲安者當知所擇術也。

## 又《蕭以軏哀辭後》（《東里續集》卷二三）

前永新令四明烏繼善先生所為泰和蕭以軏哀辭，以軏之子德鄰介其從兄德賁，求余識一言。余少識以軏，知其有厚德，因三復斯文，嘆曰，此於以軏，非有所溢譽，而烏先生亦非可以溢譽人者。言雖約而意已切。至事雖畧，而他可類見，其可寳也已。

夫孝弟，百行之源也。心存乎孝弟，積誠不已，可以通天地，格鬼神，致福祥。以軏孝弟之行，著矣。而烏先生惜其年不永，若有疑於天道。夫天道報施，固有不在其身，在其後之人，如三槐王氏之類者。以軏雖不幸蚤卒，卒之時惟有德鄰，纔數歲，而今既壯矣，温然端厚，日勉於善，以植其身，興其家。數子森然，蚤莫力督其學，皆有可望。天道之於以軏，豈不信乎。烏先生特未之蚤見耳，見之烏有所疑哉。惟夫誶箕鬩墻者，而終獲福祥，則是天之道不可信。然此亦必無之事矣。孔子曰，積善之家必有餘慶，積不善之家必有餘殃。夫善莫先於孝弟，棄孝弟，不善莫大焉。故因烏先生所言，而推明之。蕭氏之子孫，宜世世寳此，以知所務也。

## 明楊榮《御編為善陰隲書頌（有序）》（《文敏集》卷八）

洪惟皇上，以天錫勇智之資，鋭意於古昔聖帝明王之治。夙夜孜孜，以振起斯文為己任，以敦德勸善為天下先。即位之初，首詔設科。幸國學，修大典，崇奨儒術，興行禮義。由是詩書絃歌之化，衣被六合。無有遠邇，翕然大同。人莫不曰，天下已治，風俗已淳。惟皇上謙冲之心，尚以為未足，乃以聖人之道具載六經，燔滅於秦，穿鑿於漢，晦盲否塞千五百年。逮至宋之諸儒，雖已發明表章之，然其奥義微旨，尚或有遺，不無詳此畧彼之患。於是特發宸衷，命儒臣類而纂之，授以成法，備載聖賢之言，蒐輯諸儒之説，由是六經四書之旨，聖人之道，粲然而復明。書成，名曰《性理大全》。遂命刻梓賜之羣臣，頒于天下，使學者一覽莫不豁然貫通，咸有以造乎閫奥，以為聖賢教人之言，雖無不備，若曰積善之家必有餘慶，積不善之家必有餘殃。又曰作善降之百祥，作不善降之百殃。又曰德惟一，動罔不吉。德二三，動罔不凶。又曰惟天陰騭下民。其善惡之理，警戒之意，不一而足。而凡古人為善獲報者，亦皆載之簡册，歷歷可指。然而簡籍浩穰，難以披閲。垂拱之暇，乃取古人有陰騭而享其福慶顯有明效者，彙次世代，系其姓氏，著其事蹟，仍各為論斷以附其後，且為詩以列之。凡一十卷，名曰《為善陰騭》，頒示四方，家傳人誦。俾舉目之際，莫非為善之事。游心之頃，莫非種德之機。於是罔不躍然興起。樂於為善，而思有以享其報也。皇上之所以陰騭於斯世斯民而納之於泰和仁壽之域者，又何其至哉。四海之民生乎今之世者，實為幸矣。

臣榮叨逢盛世，列職詞林。進得依日月之光，退得盡文翰之職。屢承聖訓，諄切懇至。恩眷之隆，榮幸已極。今既喜覩聖道之復明，樂斯民之盡善，安得不鋪張盛事，以昭示於無窮乎。謹拜手稽首而獻頌曰：

惟我聖皇，纘承大統。夷夏同春，南面垂拱。乃敷文教，乃幸辟雍。暨于遐邇，絃聲渢渢。乃召儒生，乃修大典。殘者以完，微者以顯。載惟聖道，具乎六經。秦焚漢蝕，謬説肆興。千數百年，是非蠭起。有宋諸儒，克究厥旨。紬繹系緒，研窮窔奥。搜精獵微，以明斯道。其言浩浩，萬里散殊。學者望洋，莫測其樞。乃劘羣編，乃集衆論。類聚倫分，式昭大訓。嘉惠萬世，頒布四方。性罔或昧，理無弗彰。復念斯民，未悉歸善。陰騭罔修，懿德弗踐。古有善人，天道昭然。既顯其躬，福澤綿綿。其人雖亡，善行猶在。史傳百家，孰不備載。乃輯乃編，俾會于一。從古迄今，靡有遺失。民既獲此，一覽粲然。作善之應，降福自天。惡德弗滋，善念斯著。如彼善人，户曉家喻。四海之内，皞皞熙熙。戴白垂髫，惟善之為。惟皇之德，與天同大。宵旰孜孜，動罔或懈。惟皇之仁，與物皆春。涵和發育，惠無弗均。博施濟衆，堯舜猶難。惟皇神聖，恩周八寰。皇弗自聖，虛已謙冲。澤深斯溥，德大乃容。臣作頌歌，載拜稽首。聖壽萬年，天長地久。

## 又《餘慶堂記》（《文敏集》卷九）

江西布政使司左參議田君伯邑，余之同門友也。其材器宏偉，而學識博達，以明經登永樂甲申進士第，歷官郎署，超拜今職。聲績焯然，時論莫不以為賢。然君之心則不自足也。恒念曰，吾幸蒙國恩，備位藩垣，皆吾先人積德之所致，吾豈敢忘哉。乃顔其所居之堂曰餘慶，蓋取《易・文言》積善之家必有餘慶之義也。今年冬，君以朝賀來京師，因請余記之。

余惟天人之理，流通無間。循理而行，則善積而致慶。悖理而行，則惡積而致殃。不啻如桴鼓影響之相應焉。然君子惟知循理而已，初不必其獲慶於天。而天之錫慶，不於其身，必於其子孫，若持左契以相付，此天之可必者也。

余嘗序君族譜，因得考其世德，蓋自君之高祖以降，代以儒術從宦。司風紀録刑獄者相繼，而皆長厚務德，其所積深矣。積之深者發之盛。君之所以致位顯榮而克亢厥宗者，豈偶然哉。雖然，不有於前，孰為啓之。不有於後，孰為承之。

今日之慶，固由其先之所積。其後之慶，豈不由於今日之所積乎。矧君位居方岳，其所設施，則一方之民被其惠利。苟推仁不已，其善之積而致慶於後，詎有涯哉。然則君之世澤，不惟有以承之，抑且有以大之也。傳曰，德厚者流光。余於田氏有望焉，庸記以俟。

## 明金幼孜《齊壽堂記》(《金文靖集》卷八)

華亭諸文亮氏，司教京兆之九年，秩滿得漳州之長泰縣學教諭。將行，來請於予曰，吾昔家居時，嘗構堂為奉親之所，名之曰齊壽，所以期吾親於高年者也。今將歸為吾親壽，幸先生賜一言為記，庶以為諸氏子孫之榮，敢再拜以請。

予辭不獲，則告之曰，壽者，人之所同欲也。故洪範五福之疇，壽為之先。然不可强而致。是以世之介眉壽以享有多福者，甚不多見。其或幸而黃髮兒齒，則嗣世之賢，舉案之樂，又有不得以盡其美者焉。何哉，蓋壽也者，天之所錫，福之所鍾也，非人力所可强致者也。苟為不然，其誰克有之，此世之所以躋高年者為難，而孝子仁人得二親之康寧壽考者為尤難也。

今文亮昆弟，既得夫人之所難，又能盡美於其所尤難，則齊壽之堂詎可無作，而作又可無記乎。予想其昆弟之處此也，二親期頤，鶴髮交映，綵衣斕斒，子婦先後奉觴上壽，歌《南陔》之篇，頌和樂之章。又賡之以《既醉》太平之什。方是時也，愛日之誠，油然而無已。婉愉之樂，藹然而相得。是雖有猗陶之富，金張許史之貴，韓彭之勳爵，尚誰與易之。然斯樂也，非人力也。福之所鍾，天之所錫。其視世之幸而得其難者，為何如哉。

抑嘗觀之，昔人能有是樂者，不過老萊子、歐陽詹以及郭元振、包龍圖數人而止耳。夫數子之外，豈無其人哉，蓋不具其慶也。矧夫之數子者，或以行義稱，或以政績顯，於是其親之壽，不唯享有盛福於當時，而史牒之書，光采輝耀，傳至今不朽也。然則文亮昆弟既樂二親之壽，以是而名其堂，又必徵諸翰墨，以圖詔之後世者，良有以也夫。

雖然，福者壽之源，德者福之基。自今諸氏兄弟子姓，其惟德是植，則福壽之盛，固未艾也。若夫德之不脩，而一以諉諸天，則豈余之所敢知。坤之《文言》曰，積善之家必有餘慶，斯堂之謂矣。姑書此揭諸堂間，庶有徵於方來云。

## 又《書積善堂卷後》(《金文靖集》卷一〇)

予觀天下之物，皆由積而後成。水之積，由涓流而可以江河。土之積，由寸累而可以為岡巒。人之於善也，今日積之，明日積之，又明日而積之。進進不已，而其餘慶可以及子孫。觀之渤海孫氏可見矣。

孫之先，以忠厚起家。有曰得才者，樂善好施予。賙窮卹匱，汲汲焉，力行之不怠。鄉人目之為長者。得才之子成甫，尤篤志於善。輕利重義，居鄉里恂恂焉，不為表暴。教其子克讓克恭，底於成立。克恭由鄉校登成均，為兵部司務，擢陞員外郎。嘗念其祖考積累之勤，而不敢以忘也，乃名其堂曰積善。國子祭酒胡公既序而詩之，復來徵予言。

予聞之於《易》曰，積善之家必有餘慶，《書》曰作善降之百祥。天人感應之理，可徵不誣。今孫氏之祖若父，既勤勤焉啓迪之於其先，而克恭兄弟復勉勉焉繼承之於其後。所謂水益增而深，山益增而高者。吾知孫氏餘慶，沾溉於後人，以傳之無窮，蓋未可量也。展卷三嘆，遂書以歸之。

## 明王直《世德堂記》(《抑菴文集》卷一)

吉水王佐功載署刑部員外郎，有名于當時。間過予言曰，佐，右軍之裔，唐御史大夫文庭之二十一世孫也。惟我祖宗傳世之遠，其善慶之積可知矣。自六世祖槐軒至高祖德翁，以及先祖泰然處士，先考好信先生，皆服仁佩義，恂恂敬讓。其德之修於己而及于人者，未之或間。故先考嘗以世德名堂，蓋彰前人之美，且勉善繼於將来也。佐服膺不忘，而思傳之遠，敢請記于先生。

夫君子之所以興其家者，豈有異道哉，務德而已矣。其傳之久近，必視其德之淺深。淺不足言也，深豈一日之積哉。是故為賢子孫者，既賴前人之德以有立，則必思善繼而不窮。其德有繼，則其傳也益遠矣。《易》曰積善之家必有餘慶。積之云者，累累而蓄之，非一世一人之善也。積之之久，則其慶有餘矣。王氏自晉唐以来至於今，其歷年之多，子孫相傳之久如此，豈一世一人偶有片善之可見者所能哉。

禮曰，先祖有美而弗知，不明也。知而弗傳，不仁也。今功載之考，能知其祖之美，而取世德以名堂，可不謂之明矣乎。功載又欲託諸文字而以傳之遠，不謂之仁不可也。父子相繼不替，而引長之。辟之江河之流，奔放肆大，必極其所至而後已，則夫世德之堂，不亦光遠有耀哉。抑又聞之，前人之德，不可以不繼，而不可恃也。負恃其德，而不知所以繼，未有能善其後者。晉之欒氏是已。以武子之德而不能庇其孫，則黶之汰虐禍之，而亦恃之罪也。武子之德，晉人思之，如《甘棠》之思召公，而猶不足恃，況下于武子者乎。由是觀之，為人子孫者，其所務可知也。故因記斯堂而道之。

## 又《積慶堂記》

積慶堂者，鴻臚卿楊君思敬新作之堂也。思敬初有宅在南薰坊，其居也久矣。而廛市之喧，日相聞。且生齒之繁，不足以容也，求吉地處焉。張氏有園若干畝，在明時坊，幽雅閒曠，無囂塵之雜，然以為弗便于己也，欲售焉，乃歸重價而得之。相方定位，度材命工，作奉先之祠，禮賓之堂，寢處之室，子孫之舍。棲書史有齋，植花卉有亭。庫庾廚廐之類，凡所宜有者，靡不畢具。繚以周垣，前為重門。材則求諸商旅之市，工匠百役之人，各因其暇而募焉。瓦甓坏釘黝堊丹漆諸物，不間小大貴賤，悉以財致之。一夫之力，一毫之費，無所仰于人。總為之屋若干間。計其直與傭及飲食之資，凡用白金若干兩而後成。經始于某年某月某日，而以某年某月某日訖工。高明華好，稱其為公卿大夫之居。思敬乃治酒肴，盛賓客，於此堂以落之，請名于少保楊公。公曰，思敬遭遇聖明，以才行顯，享富貴者四十餘年，而經營締構，其盛如此，皆其尊府德善所致，思敬又能繼之也。宜名堂曰積慶之堂。衆皆曰，然。因請記于公，公不果作。至是思敬以屬予，予何能申其義哉。

夫慶者，福之謂，而善其本也。孔子曰，積善之家必有餘慶。積之云者，豈一人一事之美哉。父子祖孫皆躬行仁義，而世濟其美，夫是謂之積。譬如為山，始於一簣，累累而加焉，其用力不怠，則高九仞不難矣。慶之積而有餘者，由善之積無已也。苟或戾而止焉，則福慶之及于後，安能無間哉。昔嘗聞之，晉之欒氏，貴卿之家也。武子之德，晉人思之，如《甘棠》之思召公，可謂盛矣。子黶以汰侈繼焉，故咎及其孫而僨其家。由是觀之，前人之德雖盛，而貴于能繼。善繼而不窮，則其慶有餘矣。楊氏德善之積，今已受其福而及于子孫。為子孫者，服詩書禮義之訓，惇孝弟忠信之行，親君子，遠小人，非法不言，非道不行，以求無忝于祖考，則可謂善繼。福慶之来，當益盛。而斯堂也，光遠有耀矣。夫欲記其事以傳諸遠，俾子孫百世守之，思敬之意也。為之記而不以告，非忠于言者也。故為述其積累之勤，與夫創造之難如此，以示其後之子孫，庶朝夕覽之而自勵也。

## 又《孝義堂記》(《抑菴文集》卷二)

正統六年，上在位七年矣。四方無虞，萬物咸遂。尚慮有水旱之灾，詔有司積穀以為備。閭右之民感天子之仁，皆争出粟以佐官，有至二千石以上者。朝廷降勑，旌之為義民，勞以羊酒而給復焉。江陰周珪孟敬，與兄孟德謀曰，先祖有美而弗知，不明也。知而弗傳，不仁也。昔吾祖伯源公，惇德樂義，以大其家。敷施於人博矣。吾父繼之，而弗克永世。今吾兄弟幸而有餘積，皆祖考之遺也。生既未嘗沾一命之榮，死又無以垂不朽，豈非為子孫者之過哉。即白於廵撫侍郎周公，願出粟六千石以歸有司，俾自為斂散，庶幾斯民永有利焉。以是為先祖請命，使得假寵於地下，子孫實嘉賴之。周公重其孝義，具以聞。天子為遣使持勑，追號伯源為義民，而旌賞孟敬，亦如令。江陰士大夫遂取孝義名其堂。孟敬来京師，謝恩闕下。退而告予以名堂之意，且以記為請。

憶前刑部侍郎段公時舉為予言，周氏有詩禮之訓。家雖富，未嘗用以自豪。振人之急甚于為己，豈惟細民恃之以不飢，凡官府有所趣辦而未之能得者，多資仰焉。予識之。今識孟敬，而觀其所為，與其祖之德，信夫善無不報，而仁者必有後也。

抑聞之，孝為行仁之本。孟敬之義，乃所以為孝。孝莫大於成身與成其親。成身成親，豈有外于仁義之道哉。孟敬于是二者，既知所務矣，尚益充之，使仁義不可勝用，然後為至。《易》曰積善之家必有餘慶。積之不已，則福之萃於家，亦豈有已哉。孟敬勉之。

## 又《陳氏世德録序》（《抑菴文集》卷六）

行在通政使司左通政江寧陳君恭字孟起，與予交久矣。嘗謂予曰，陳氏世為曹人，在宋有義甫者，官至龍圖閣待制。宣和中，金人入汴，佐李綱城守有功。後從高宗南渡，至建康家焉，故今遂為江寧人。其後皆以材武立功勳致禄。位歷三世，曰執中，有文武才，積官至都統制，爵為開國男。生子文德，通判溧陽州，有惠愛於民。子辛之，仕元為淮南鹽課提舉。政脩名立，生五子。其第四則我中憲公中行。通經博古，號當世名儒，嘗為江東明道書院山長。太祖皇帝初渡江，求得之，待以殊禮，俾參軍謀，論治道，補益弘多。天下大定，屢授以顯官，皆不就。上知其誠實，不之强。然所以親厚寵錫之者，雖元勳貴戚不過也。蓋無日不在上左右。其所言者，皆正道，未嘗以私。天下之人多陰受其賜，始終尊榮，莫與為比。此恭之高曾祖禰也。

惟我先世，皆位通顯，以光裕後嗣。而先公之荷隆眷，太宗皇帝亦嘗以諭侍臣，至今有能言者，可考信不誣。恭慮久而或泯，自龍圖而下，凡有述作，以昭德垂光，與朝廷制命，所以寵終而褒往者，備録成書，以示子孫，名曰《陳氏世德録》，子為我序之。

予嘗自謂通政君仕宦三十年，才行表然，為今世所重。其進於福禄榮名，蓋未艾。雖云能自脩，當必有啓佑之者。乃今得聞之，何其盛哉。《易》曰積善之家必有餘慶。積之云者，蓋累世之德之所加厚者也。積之之厚，斯慶澤有餘矣。其陳氏之謂乎。江河之流，固有其本，而又增益之，然後奔放肆大，愈久而愈無窮。故家大族之所以盛者，祖宗積德以啓之，子孫務德以繼之也。陳氏之子孫，考於斯，而知先世之德，皆思善繼而不忘，則所以增美於是書者，將百世有耀矣。是為序。

## 又《世彩堂記》（《抑菴文後集》卷一）

君子之致福於其身，豈偶然哉。蓋德者，人之所得於天者也。得之於天而保之不失，夫是之謂順天。順天者，天固祐之，俾之壽考康寧，子孫衆多，享豐亨豫大之福，此天所以彰其德也。成周詩人之於君子也，既以無疆無期祝其壽矣，又推言夫所以得壽者，而曰德音不已，德音是茂。其意猶未已也，又極言之，至於保艾爾後乃已焉，豈非以有其德者固可以得壽，猶必保養其子孫蕃衍盛大，然後為福之全。於乎，何其善言君子也。

今劉氏以世彩名堂，亦何其與詩之意相似邪。蓋劉氏在宋為仕族。嘉定中，有厚南者，官至朝請大夫，其尊府鈍齋先生，以承議郎致事，而其德望重當時，遭遇慶典，亦累封至朝請，年登九十，孫曾滿前，康强如少者。初度之辰，其諸子孫大置酒合樂以為壽。一門四世，綵衣交映，而命服金紫，煌煌如也。縣大夫率其僚屬與縉紳君子，皆來賀，歡動里閭，因名曰世彩之堂。凡能賦者，歌詠之。永樂中，劉氏有名本者，取進士，官翰林。韓憲王嘗問世彩事曰，此一時之榮，而焜煌後世，為更書世彩堂牓，俾揭焉。

夫自嘉定至今，屢更變故。人事之可感者何限，而世彩之堂獨存，非誠光遠有耀者哉。而其子孫服詩書禮義之訓，以取科第躋顯榮者，蓋久而彌盛。於此尤可以觀德矣。予聞之孔子曰，積善之家必有餘慶。積之云者，進而不已之謂也。前人之德盛矣，為子孫者必當思所以繼，因其本而加厚焉。苟進而不已，則慶澤之傳於後也，有餘矣。主客郎中亜，劉氏之傑然者也，復以堂記屬予，故為之記，且以勉其後人焉。

## 又《具慶堂記》

監察御史李君大用，名其奉親之堂曰具慶，而求記於予。蓋其父存敬甫，惇本尚實，恭而能讓。其母劉氏，以柔惠淑善宜其家，宗族化之，鄉里法焉。大用為御史，以端厚勤慎，知名當世，朝廷嘉之，而推本於父母之賢，於是封存敬甫為御史，劉氏為孺人。蒼顔白髮，而命服輝映，李氏之族，鄉人之老長，莫不相賀以為榮。堂之所以取名蓋如此。

昔孟子論人之至樂，而以父母俱存為之首。則父母俱存，蓋人之所甚欲也。然而存者有之矣，至於康強無恙而得食其子之禄，蓋難也。食其子之禄者有之矣，至於受封爵之榮，拜寵嘉之錫，光顯於當時，賁飾於後世者，尤難也。今大用之父母兼得之，此豈智力所及哉，天也。天之厚於李氏如此，抑豈出於偶然者耶。

予聞之《書》曰，作善降之百祥。存敬甫所以脩於身化於家而儀於鄉黨者，善也。善固天之所佑，則其受於天，安得不厚且備哉。世之人有任智力奔走終其身，以干寸禄希一命而不可得者，不知善之當務而已。然則存敬甫，豈所謂脩其天爵而人爵從之者邪。

抑又聞之，大用曾大父謙，仕元為御史大夫。大父克名，隱居行義，常賙邺其鄉里，是皆有及人之善矣。存敬甫能繼續之，大用又克承藉而引長之如此，天惡得違李氏哉。辟之松柏，生於高原，甘澤滋於上，沃壤培於下。其大百圍，長千仞，理之必致也。然則存敬甫之福，蓋未艾哉。大用名笴，為御史幾九年。所以榮其身顯其親者，當益進，則斯堂之慶，將不益厚且備乎。姑為之記以俟。

## 又《積善堂記》(《抑菴文後集》卷三)

泰和城西曾氏，自成都提舉安強兄弟以文學著，至寶慶通判如驥又以節義顯，故曾氏遂為望族。通判孫國定，國定子俊甫，俊甫之子叔仁。叔仁生賢可德可，再傳至自省自清，皆世積忠厚，不忝其先人。予幼時識自省自清，寬裕篤實，恭儉簡静，未嘗有非禮之言，不正之行。田園池沼滿近郭，諸老朝夕杖屨往來，不在西陌在東阡，人咸尊重之。

又嘗讀智林塔記及仰山祠碑，而知修塔建祠及甃登科之路七八里以達於祠者，皆叔仁所為。叔仁尤好善，孜孜不已，此特其一端耳。然後信夫曾氏所以悠久者，雖提舉通判之澤，而後人承藉封植之厚，亦不可誣也。叔仁嘗作堂，而以積善名之，蓋欲紹其先以裕乎後。今其曾孫保正，世守焉。懼其先人之意不白也，來求予文以為記。

嗟夫，保正之志，誠可尚也已。昔之人，氣勢熏灼於一時，以擴大其基業者，皆欲傳之百世而不窮也。然而勃焉以興，忽焉而仆，名田甲第不能終其身而有之，或一再傳而影没跡絕無遺餘者有矣，其所積者不足以善後故也。其有行仁義，法先聖，守詩書之微言，伸吟於朝夕之間。或遂顯且貴矣，乃益以法度自守，不敢一置身於不善之地，其强且大，雖不能赫奕以動人，然而一畝之居，百畝之田，傳之愈久而猶存者，豈獨子孫之能善繼哉，所積者不同故也。《易》曰積善之家必有餘慶，積不善之家必有餘殃，此之謂也。

夫善者，天理之摠名，而積非一事之謂也。蓋自洒掃應對起居飲食之微，以至於事親從兄忠君親上隆師取友仁民愛物之實，皆是也。惟皆循其理而無違，則德成於身，而澤垂於後矣。子不見夫陂澤乎，是水之所鍾也。深，則其流也遠。雖有旱暵，不為憂也。若洞庭彭蠡，則所積者愈廣，而所出者愈無窮。子慎積之哉，毋縱怠以止也。則可以不愧乎祖宗，而有裕於子孫矣。是為記。

## 又《重慶堂記》(《抑菴文後集》卷四)

重慶堂者，舒城鄭氏奉親之堂也。鄭氏於舒為大家，代有顯人。國朝以來，德善之積而致壽考之隆者，又一時之盛，而重慶之堂所以作也。監察御史時為予言，其世祖父以文，初以養親不仕，而篤於孝敬。今年九十，樂善之志不衰。以時伯父景陽，貴封南京刑部右侍郎。祖母王氏，年八十，亦封淑人。時忝家教，取進士，官御史。幸蒙天子之寵命，父景顒得封為監察御史，母王氏封太孺人，賜勅命。叔景高則以舉義納粟賑饑，亦賜冠帶，榮其身。今三世之親，壽考光榮而聚於一堂，歲時稱慶，內外姻屬皆在焉。懽忻和樂，藹然充溢於其家，因以重慶名堂，其亦可謂稱情也矣。願為記其事，以垂久遠。

予謂君子致福於其身，不偶然也。蓋德者，人之所得於天。得之於天而保之不失，然後天佑之，俾康寧壽考，而子孫榮盛，此天所以彰其德也。成周詩人之於君子也，既以無疆無期祝其壽矣，又推言其所以得壽者，而曰德音不已，德音是茂。其意猶未已也，又極言之，至於保艾爾後乃已焉，豈非以有其德者固可以得壽，猶必保養其子孫蕃衍盛大，然後為福之全。於乎，何其善言君子也。天之於人，惟善則佑之，身其康强，子孫其逢吉。觀時之祖與父，則其為善之應可知矣。

孔子曰，積善之家必有餘慶。積之云者，非偶一為之而止，而善亦非一行之可名也。人之於善，累累而不已，則天之錫慶，亦源源而不窮。鄭氏之祖父既積之於前，而時又善繼於後，則福禄之來，名爵之加，將愈久而愈盛矣。故為之記，亦以勉夫後之來者。

## 又《南岡李氏族譜序》（《抑菴文後集》卷九）

泰和南岡李氏，唐西平忠武王晟之裔也。蓋忠武之子憲，由江西觀察使節度嶺南，其子游為宜春守，故憲罷鎮，遂家宜春。游之弟鍇又析居分宜之白芒，歷十二世，至公儀為大庾簿，老而歸。其子禹輔，奉遷於南岡，遂為南岡始祖。三傳至英叔，元授柏興路同知，亦以老不赴。柏興孫如春為南安推官。柏興貲積累巨萬，有田園山林之富，池臺館宇之華，花卉竹樹之勝，又有四方賓客之往來，相與極觀遊之樂，觴詠之娱，歌舞音樂之奉，蓋比之封君。迨至南安子伯顒伯昂，遭遇世變，盡失之。然當時風流勝槩，人至於今能道也。伯昂之子桓圭信圭，又以文學才行，皆出為縣令，而皆有名。李氏詩書簪紱相傳，何其盛而且久哉。

蓋西平有大功德於唐，足以庇賴其子孫。而柏興之澤，又有及乎鄉邑。其大者，脩碉石槎灘二陂，堰江水以溉田，多至三十餘萬畝，皆為上腴常稔之田，民之賴其利者不少。李氏之福，當與陂水同流，而陂水豈有窮哉。況又承之以詩書之習，是宜其久而盛也。

桓圭信圭家食時，嘗修輯其族譜，自南岡七世又上泝至忠武，凡二十一世。支分派别，粲然明甚，其意豈特正倫理篤恩誼哉，將以示子孫，使知其本源而思繼之也。《易》曰積善之家必有餘慶，然則積善固承家者所宜務，謂之積者，累而蓄之之謂也。自言行之微以至人倫之大，無不盡其道。始於其身，貽及乎子孫，而皆不違焉，則其積也厚矣。善者，天之道也。人能為善，則天必佑之。為之者繼繼而不窮，天之佑之亦繩繩而不已。則家之盛，雖至百世未艾也。信圭弟介圭，謹飭而好脩，其志亦欲有立於世，又取是譜增續之，持以求予叙。予既與其二兄遊，而又嘉介圭之志，故為序之，亦以勉其為子孫者。

## 又《瑞蓮詩序》（《抑菴文後集》卷一〇）

瑞蓮詩若干首，士大夫為少保永嘉黄公作也。

公謝病歸，就閑曠以自適，處於椒岡壽徵菴，蓋其尊府静菴先生壽藏之前之室也。公既完墻宇，治封樹。菴前有池，則種蓮其中。庚戌之夏，花盛開，有同茄並蔕者，鄉人聚觀，皆欣嘆曰，此黄氏之祥也。於是繪為圖，而歌詠作矣。公使直序其首。

直聞之，祥者，人感而天應之者也。語曰，作善降之百祥。又曰，和氣致祥。蓋和氣者，善所感。祥者，和氣之發也。公忠於朝廷，而孝於親，其感於天也，久矣。永樂中，公在京師。堂前之菊，有聯芳而並榮者。静菴先生壽藏之初營也，甘露零其上。當是時，人固知其為福之兆矣。公由是歷三朝，官一品，而當弼亮之任，德業聞望，天下敬而仰之。静菴先生以公貴，亦蒙恩封少保。年九十餘，尚康強無恙。公歸，而父子怡然，俱享盛福，是豈特愈於今之人，雖古之人亦少有及者。得於天也，至矣。及是而蓮又表瑞焉。蓮，花之君子也。蓋曰黄氏之福，乃君子之德所致，非偶然者。天於黄氏，何其篤厚明顯如此哉。

公今纔七十，雖有微恙，而精神不衰。漢之胡廣，年已八十，猶在三公位。史稱其心力克壯，練達治體。公年少於廣，而精練過之。今國家圖任舊人，豈能終老於外哉。爵禄之盛，尚當於他日見之矣。瑞不徒作也，因偕序其詩以俟。

## 又《有慶堂詩序》（《抑菴文後集》卷一二）

君子之世其家者，不苟然也，務善而已矣。積善於躬，豈為家計哉。然而往往昌其家，此天所以佑善也。天之不可必，舊矣。然善者天佑之，君子不求必於天，而必於為善。必於為善而獲佑於天，天蓋可必矣。《易》曰積善之家必有餘慶，誠知其果然也，此豈無徵於天道哉。

浮梁戴氏，所謂務善以世其家者也。戴氏自晉中書侍郎夔南渡，家建業，至唐再徙於新。宋之南也，錢塘令璋又徙家浮梁。自夔至今兵科給事中弁若干世，以儒入官者不少矣。給事之祖東山先生，兄弟皆明經篤行，不及仕而卒。其父嗣安先生，年幾七十，以善行稱一鄉。而其母亦淑善有儀法。給事兄弟七人，喜其親之齊壽也，作堂以奉之而請名焉。嗣安先生以為今日得昌大者，皆祖宗積善之餘也，取《易》之語，名之曰有慶之堂，蓋承先啓後之意寓焉。京師士大夫皆為賦詩，而以序屬予。

予謂善者天之道，為善者人之道。人道盡則天道應之，善其本，慶其效也。然善謂之積者，聚而有之之謂也。自倫誼之大而至萬事之理，皆躬踐而實得，斯可謂積矣。積之盛，則貽慶也益遠。江出岷山，合蜀衆流，出三峽為荆江。又匯沅湘漢沔之流，洞庭彭蠡之瀦，汪洋衍迤，東注于海，萬古而不息者，其本盛也。戴氏先世，以積善為務，既流慶於今矣。今之所積以遺後者，盍亦觀於此乎哉。給事兄弟皆謹於為善，其於諸子尤拳拳以善為訓。有慶之堂，洒掃有繼矣。故為序其詩，亦使觀者有所興起焉。

## 又《衍慶堂詩序》（《抑菴文後集》卷一九）

士之能世其家，誠可謂難矣，何哉。蓋前之積者當於我乎繼，而後之來者亦於我乎法。不有以為繼，則將墜其前。不有以為法，則莫裕其後。此世其家之所以為難也。夫前人之能卓然立者，豈一日之積哉。詩書禮樂之習，孝弟忠信之行，為之以漸，體之以誠，持之以久，然後能卓立而自振，其意亦有望於後之為子孫者也。後之為子孫者，因前人之澤而疏導之，使遠而無窮。引長之，使流而不息。斯其所為賢子孫者矣。

萬安郭部嚴伯恂，與其弟仲侃季誾，蓋可謂嚴氏之賢子孫者也。嚴氏本泰和大家，自南唐以來，代有顯者，蓋其文學才行有足重於世，非特以貲力富也。其析居郭部者，幾世矣。然皆不失前人之望。伯恂之尊府所達，尤以才智重於鄉，鄉人號之曰達泉。前禮部侍郎劉公子高，為書達泉二字以華之，而尚仁蕭先生為之記。至伯恂兄弟，皆讀書，有孝友之譽。克充廣其田廬，而益思所以繼前裕後者，於是命其堂曰衍慶之堂，其志可知矣。

夫慶者，福之謂，而有其本也。《易》曰積善之家必有餘慶，《書》曰作善降之百祥，而詩人所謂自求多福者，必本於永言配命，是豈可苟得哉。自夫君臣父子夫婦長幼朋友之倫，以至萬事之作止，而皆循其理焉，則善斯備矣。福慶之來，孰禦哉。而後又有以繼之者，則善澤之長，其又可量邪。彼勃然而興，忽然而亡，良田巨室不能終其身及其子孫者，蓋其所積者異也。

嚴氏之先，既以善受福，傳之於今，蓋五六百年矣。伯恂兄弟又以善自勉，而疏導之，引長之，使其子孫亦能如其志，而誠於善，則嚴氏之福，豈有已也哉。予與嚴氏有世好，而未得與伯恂兄弟遊，然聞之熟矣。因其甥王維用特取進士在京師，得諸公衍慶堂之詩，而求予序之如此。既以示其兄弟，又以嘆夫能世其家之難也。詩凡若干首。

## 又《馮氏世德淵源序》（《抑菴文後集》卷二三）

祈門縣令浮梁馮誠録其世系事實為一卷，名曰《世德淵源》。因兵科給事中戴君弁請予序其端。戴君之言曰，馮於浮梁為著姓，其始居歙之黄墩。在宋之時有諱宣者，為潤州判官。其子羽，官至户部尚書。羽之孫實，為宣州推官。蓋衣冠之族也。實曾孫三人，始自黄墩徙浮梁，擇勝地以居。長曰某，居東鄉之高嶺。仲某，居南鄉之湘湖。季某，居北鄉之禄角，皆蕃盛。誠，則湘湖之後也。其前之顯者多矣。

元季兵燹，族譜殘缺。誠之曾祖退安先生良輔，嘗加考訂，而於本宗特詳焉。蓋誠五世祖諱光夫，號月屋先生，以明經為宋長薌書院山長。四世祖諱國綱，號南窗先生，仕元為蘭溪州都目。曾祖退安，隱居不仕，以學行為人師。祖大志，洪武中聘召論治道，以疾辭歸，老於家。父溪翁，號漁樂，閒居樂道，以吟詠自適，蓋超然於物之外者。誠幸蒙家訓，以科第入官，恒慮世德之久而昧也，乃録以示後人，俾善繼之永勿墜，願先生為序之。予不得辭。

夫所謂碩大之宗者，皆由世德之盛，然後能維持於久。蓋仁義得於己，斯足以獲乎天。天固維善是佑也。然昔之人有務德而不至於久者，未有不德而能久者也。務德而不至於久，蓋莫之能繼也，況於不務德者哉。是以君子貴世德也。晉之欒氏，貴卿之家也。武子之德，晉人蓋比之召公。子黶以汰虐繼之，及武子之施沒，而黶之惡彰，故盈蒙禍以債其宗。由是觀之，前人之德不足恃以久，而唯能繼其德，斯可以傳於久。然則為人後者，奚可不務德哉。《易》曰積善之家必有餘慶。積之云者，累而蓄之之謂也。積之誠厚，則其慶有餘矣。馮氏子孫，尚世世勉之哉。是為序。

## 又《司馬温公家訓後》(《抑菴文後集》卷三六)

《家訓》一通，温國文正公司馬先生作。公之道德功業，百世之望也。其言之存，皆足以示法天下，豈特此訓可遺子孫哉。然誦其言，則必深究其義，乃能有得於心，而可以善後。不然，亦徒然而已。積金以遺子孫，將使之足於用，而不肖者恃此以自豪，廢禮冒法，卒以危其身而敗其家，則金之害也。書以載聖人之道，修己治人之本在焉。苟積書而不讀，則亦豈能有益哉。故積書雖賢於積金，而子孫之致力於書，則不可必。惟有德者斯能獲乎天，而昌大其子孫，此公之所務也。

德原於天，而莫大於仁義。仁義充於身，而以及人。雖不求人知，而亦不責其報，然天則知而佑之矣。孔子曰，積善之家必有餘慶，天之可必蓋如此。由是而知公之言，信乎其可法也。然竊思之，積德雖可獲乎天而昌其子孫，亦貴乎子孫之善繼。恃前人之德而不務德以繼之，而欲取必於天，亦難矣。欒武子之德，晉人思之，如《甘棠》之思召公。其子黶以汰虐承之，及武子之施没，而黶之惡彰，故盈受其禍以覆其宗。前人之德不可恃，而不可不繼。必欲繼之，讀書明善，其本也。苟積之不倦，而繼之無已，則獲乎天有窮哉。

清江陳君秉剛，與予同年取進士。今為令晉江。人有染絲織公此訓以傳世，君得而寶之。蓋亦欲積德以裕後也。持來京師，求予題。予故題其說，以勉其為子孫者。

## 又《題凰岡蕭氏族譜後》

《凰岡蕭氏族譜序》一通，今少傅楊先生為諭德時，為信立作也。蕭氏居凰岡，世以積善著聞。其先世之老長，予不得而識之。游學校時，始識信立於朋輩中，最號惇厚。其言行必依於禮，予敬之，而信其先世之有善不誣矣。其後予出官京師，信立亦充貢入太學。久之得經歷，人謂蕭氏素積善而未有顯者，宜信立之食其報。未幾而信立卒，人又謂天道佑善，而於信立其爽如此，豈其説不可信邪。

予謂孔子曰，積善之家必有餘慶。天道雖遠而難知，然聖人之言則可信。且所謂慶者，豈必仕而後然邪。子孫之福，久而益盛，非慶之長者乎。後予以憂歸，過凰岡，見其比屋而居者，如魚鱗，皆蕭氏子孫，而其人皆恂恂然，無傲惰之氣，乖爭淩犯之俗。於是知蕭氏積善之慶，固在於此，豈問仕不仕哉。

信立為諸生，年已過四十，而未有子，其心以為憂。然予觀其行，而知其必有後也。今信立有子三人，皆能讀父書，而孟震遂被薦舉，出為當塗訓導，亦卑讓肫肫有可喜者。安知積善之報，不於孟震見之哉。孟震重楊先生之作，既用冠其譜矣，乃以其真蹟表為軸，持以詣予曰，生將常寘之座上，思自勉於善道，以不忝其先世與少傅公之言，先生幸有以教之。於乎，予何以教孟震哉。先儒有言，吉人為善，惟日不足。守是，足以為賢子孫，足以光前而裕後矣。孟震其無怠哉。故題其說而歸之。

## 明曹端《曹月川集·附·年譜》

二十一歲，志意堅定。內不溺於章句文辭之習，外不惑於異端邪說之謬，卓然以斯道為己任。有老僧素諳釋典，鄉人甚敬信之。

時先生歸省，鄉人陰令僧詰先生曰，秀才勤學篤孝，但不言神佛，未善。

先生曰，事之如何。

僧曰，佛主輪迴，神主禍福，事則報本。

先生曰，物本乎天，人本乎祖。人能敬天而不違，尊祖而繼志，是謂報本。若事神佛，而言行違禮，何云報本。且佛法自漢明帝始入中國，漢去開闢數千餘年，豈漢以前無輪迴，獨漢以後有輪迴哉。神如關某李某等，皆漢世人，豈漢以前無主禍福，獨漢以後有主禍福哉。

僧曰，輪迴不可逃，惟佛救度之。事佛者升天堂，不事者墮地獄，不可不信。

先生曰，人，氣聚則生，氣散則死。猶旦晝之必然，安有死而復生為人，生而復死為鬼，往來不已，為輪迴哉。天堂無則已，有則君子登。地獄無則已，有則小人入。如不分君子小人，苟能事佛，一槩升天堂。苟不事佛，一槩入地獄，决無此理。且所謂天堂地獄，安在。自古及今，誰見乎。不過僧家設之以嚇愚民爾。使人皆事佛，不夫婦。乾坤內不過百年，無人類矣，佛法將安施。故曰，我道如依三界說，乾坤不過百年空。

僧無以對。久之曰，禍福不可逃，惟神能佑之，不可不事。

先生曰，作善降祥，作惡降殃。禍福之來，人為感之。使人不積善，見禍而諂神求免，神本至公，豈受枉法之贓而倒禍福之柄乎。夫積善之家必有餘慶，積不善之家必有餘殃。天道福善禍淫，鬼神不能移也。如不分積善積惡，苟事神者一槩受福，不事者一槩受禍，豈有是理。《書》曰惠迪吉，從逆凶。鬼神何與。

僧無以對。曰，公說神佛皆不足事，歷代何以立教門崇祀典乎。先生曰，佛出西方，本以化導西人。西人事之，中國可乎。故韓文公《佛骨表》云，人其人，火其書，廬其居。明先王之道以道之。至於神之有功德於民者，其祀典亦不敢僭禮。天子祭天地，諸侯祭山川，大夫祭五祀，士庶人祭其祖先。上得以兼下，下不得以僭上。今一郡一邑，神祀數百。一村一落，神祀數十。家家事天地，人人祭山川。甚者昊天上帝與五嶽及忠臣烈士同坐一室，共饗一祀。悖禮傷教，不可勝言。魯公三望，《春秋》譏之。季氏旅泰山，孔子非之，况庶人乎。古者民不祀非族，神不歆非類，故狄梁公奏黜江南淫祠千餘，為此故也。彼釋家妄說輪迴，惑世誣民，滅天理矣。拋妻子，離父母，滅人倫矣。雖事神佛，無以救滅理亂倫之罪，况能報本耶。舍中國先王之法，從事西方空寂之教，舍劬勞罔極之恩，周旋釋氏悖逆之像，謂之忘本可也，豈能報本。如欲報本，棄而幼習，歸而故家，拜父母於堂上，饗祖宗於地下，納室生子，思以繼續宗祀。上則供賦税，下則守禮法。仰以事其父母，俯以畜其妻子，此所謂出幽谷而遷喬木也。報本之道，舍是何以哉。

僧默然良久，曰，秀才言是也。恨年老不能從學耳。咨嗟嘆息，以杖擊地者久之。

## 明劉球《楊氏重慶堂記》(《兩谿文集》卷六)

鄞大姓楊氏之堂，以重慶名者何。榮四親之壽，厚彝倫之樂也。楊本慈湖先生之裔，家鄞之江心里，六世矣。世守詩禮，惟善是寶。其鄉之人，艱于食者，多仰其賑。匱於財者，多仰其貸。有急難者，多仰其援濟。莫不稱之曰，好善之家焉。今楊氏後人有名寔字誠之者，以明經領正統辛酉鄉薦矣。而祖孟輝年七十有四，祖母方氏年七十有三。父灝年五十有一，母張氏年五十有二，皆在堂無恙。寔與其弟寅，人皆有子，而克盡孝。一門之内，四世相親，晨夕問安，則孫隨子後。歲時稱壽，則父侍子前。怡怡愉愉，甚得其懽。以故其堂有重慶之名。

寔上春官不偶，將抱其能歸，而以圖後舉。属禮部員外郎王君仕華來請記。夫重慶之樂，固人情所願得，而亦古今所難致者焉。蓋有仁賢之子孫，而父祖之壽考弗逮，固不得有是樂也。有壽考之父祖，而子孫之仁賢未至，亦不得有是樂也。父祖壽而子孫賢，以克有是樂者，豈非天福其家乎。天之所以福之者，又莫非善積之厚所致也。

楊氏家鄞以來，世累有善。至寔父祖，而俱有彌年，克享至養以全盛樂者，豈非天福善人之明驗哉。《易》曰積善之家必有餘慶，楊氏足以當之矣。雖然，寔能益學增業，以崇其出身之階，則欲隆其慶而顯其親也，又當有道。因記而復期之以遠大云。

## 又《左衡鑑傳》(《兩谿文集》卷二四)

左衡鑑諱璇，安福金田人。幼世父祖業為儒，求《春秋》經世法於邑庠者二十餘年。學通行立，連以所能試鄉闈，不得舉。間推以誨人，人有被其澤者。後由歲貢升國學，家貧無所資，惟攜一童，俾傭櫛於市以取給。僦舍僅容榻，服食澹如也。然常閉户讀書賦詩，攻楷法，若甚安焉。無所營於外也，故學益進。居京師八年，擢知海鹽縣。在官，衣服飲食如在國學時，惟汲汲於興民利祛民患。民之良者無不相賀，以為得明宰。其無良者仇之，卒以懲奸致誣來京師，疏以自白。既得白，而病没旅寓，得年五十一。

初，衡鑑同里有劉侃友倫者，少衡鑑四歲，亦志於儒，與衡鑑同。侍前侍御退山胡先生，其資性慧於衡鑑，而慮謀不逮。其見聞不多於衡鑑，而文敏焉。其為人則皆雍雍肅肅，謙約坦易，可好不可惡也。故並稱善其鄉。衡鑑在邑庠，挽友倫與俱，故二人者出入必隨，言論無不合，功名事業皆期於成也。及衡鑑不得舉，而友倫得之，人謂衡鑑必不樂。衡鑑曰，吾與友倫共學，友倫之舉也，我預有榮矣。即請於有司，旌其閭。為經營其上春官道路費尤力。時諸應舉者，始焉莫不傾心決腹，自比於親骨肉之相得。一旦挫不得舉，則視舉者若奪其有，輒出怨言以相睚眦如仇讎，有遂絶而不與交者。獨衡鑑於友倫，欣然若此，故君子不多友倫之舉，而多衡鑑能無娼疾焉。其後友倫下第没，京師人多悲之，然莫衡鑑甚。及衡鑑没，人悲之，痛於友倫焉。友倫無子，衡鑑一子曰繼周。

嗚呼，古云作善降之百祥。又曰天道無親，惟善是與。若衡鑑友倫，得非所謂善人耶。皆連蹇不遂，客死千萬里之外。天之於善人，乃如是耶。然古之人，有聖如伯夷死於餓，賢如顔淵死於夭。天道固有不齊也。今百世之下，稱伯夷顔淵之仁無異辭者，以有君子公論施於文字間，能壽其名，信其所傳，使不與彼之不德而富貴者俱至泯滅無聞，猶足補天道所不及於萬一。不然，則為善者，不懼必怠，皆以善為不足為，為之無益於己之存亡也。故傳衡鑑且及友倫，見二人之善，雖未食報當年，然可稱之後世名於無窮，庶幾為善者不惑焉。

## 明徐有貞《徐氏襲慶菴重修記》（《武功集》卷四）

禮不墓祭。墓而為之享祠，禮乎。曰，禮無之也，其義則有取焉。先王之世，卿大夫士之祭有廟，士庶人之祭有寢，固無事乎墓祭也。漢立原廟，後世因之，而卿大夫士庶始有為祠以享於墓者，其於禮則遠矣。然原其為心，則固有孝子順孫追遠報本之意焉。君子於此其可深非之耶。

光福徐氏，吳之望族也。家于鄧尉之陽，而墓于其山之陰。以昭穆而數之者，餘十世焉。國初，季清之曾大父建寧司訓良輔，始建享祠於墓左，春秋合族而祭，即今之襲慶菴是也。菴之建，距今蓋七十餘年，而日就隳圮。季清顧之嘆曰，先祖之祠，子孫坐視其廢，吾罪多矣。遂請於族長汝航而新之。其祭享之儀，一循良輔之規焉。季清乃具始末謁予請記，以示子孫。

於乎，季清其賢矣哉。世之不肖子孫，藉先世之業而莫之能振，視父祖墳墓有如路傍之廢塚。荆榛不剪，狐兎不驅。薪其樹而貨其田，曾無戚念於中，亦獨何心哉。觀於季清之拳拳以奉祠為意，而唯恐弗逮，其順悖豈不遠乎。君子於是乎有以賢乎季清也。雖然，予猶有所告于季清。古之所謂孝子順孫者，以其克繼承乎父祖之志也。廼曾祖之為是菴，而以襲慶名之，固將以貽慶於爾子孫，而冀之世繼其志焉耳。《易》曰積善之家必有餘慶。是慶之致，必以積善也。善不積，慶何由而致。季清於是孜孜焉，以善繼之。廼子廼孫又孜孜焉，以善繼之。則天之福善，必世祐之。徐氏之慶，其可量乎。是為記。

## 明童軒《與進士陶希文論葬書》

承示郭景純論《葬書》一册，凡八篇。予讀之，其言簡而要，其理順而明。視他葬書膠於禍福利害者，大有徑庭矣。然有可疑者三，有不信者一。

蓋景純之在江左，號為博學高才，多識奇字。所著《江賦》，史稱其詞氣雄偉。以今觀之，信然。使此書果為景純所著，其間必多證事據理，而先王葬埋制度，與夫《藝文志·宮宅地形》亦考求所自，未應鑿空架虛，而為是無稽之言也，矧其文字有不類乎。此其有可疑者一也。

夫列傳所載，景純妙於陰陽曆算五行天文卜筮之術，為人禳災轉禍，通致無方，無慮數千言。其末止載景純以母憂去職，卜葬地於暨陽，及為人葬龍耳二事。而所著有《洞林》《卜韻》《音義》《圖譜》《三蒼方言》《穆天子傳》《山海經》數書，亦無《葬書》八篇。世次久遠，口耳相傳，其間如蕭吉所撰，大抵與景純不殊。不知草廬何據以為景純書也，此其有可疑者二也。

且景純為人，所葬必背凶而趨吉，必向福而避禍。其歷世，必欲其久。其門户，必欲其昌。此固無俟於言也。然則何為卜葬暨陽，卒致雙柏之禍。豈謀於人者密，而圖於己者疏耶。此其有可疑者三也。

《商書》有曰，作善降之百祥，作不善降之百殃。蓋以善惡係於己，禍福聽諸天，不可以探取而或得，不可以智計而苟免，所謂莫之致而至者是也。今此書所載，本體得氣，遺體受蔭。乘其所来，則貴富而吉昌。犯其所害，則貧賤而凶厄。使其言果信，則禍福不係於天，而係於地勢之美惡也。善惡不證於人，而證於山形之向背也。豈理也哉，

夫死者之葬於地，猶生者之宅於家。府第者，王侯之所宅也。廨宇者，官吏之所宅也。村舍者，民庶之所宅也。營壘者，軍旅之所宅也。脱民徙於營壘，果能易而為軍乎。軍徙於廨宇，果能為官吏乎。官吏徙於府第，果能為王侯乎。何也，富貴貧賤，初非壘舍府第所能移易故也。今以庸賤之人，欲穴富貴之山，以利其福，是何異於徙壘舍府第而欲移易其富貴者耶。其有不可信者此也。故諺有之曰，屋下人無福，山頭土不靈。此言雖鄙，實可以破千載之惑。属有目疾，不能詳書。不知足下以為何如。《葬書》奉上，希檢納萬萬。軒再拜。

## 明何喬新《瓊臺叢塚記》(《椒邱文集》卷一四)

瓊州之城西四十里許，一水之上，有叢塚數處。今禮部尚書邱公仲深之祖資政府君取元末國初以来死於兵刑者之遺骸露胔焚而瘞之於此也。瓊在大海之南。元季，中原大亂。瓊去燕都萬里，使命不通。時沙張二帥守瓊，威權素奪，不能制其下。繇是土豪與峒黎，相挺為亂。副帥陳乾富者，土人也。其族子瑚起於萬州，擁衆攻瓊。乾富聞之先遁，瓊被圍幾半載，城中食盡，羅雀掘鼠，煮皮革食之，饑死者大半。沙張二帥突圍奔海北，城遂陷。賊人據之，四出剽掠，遇人輒殺。數里間，死者枕藉。

我太祖高皇帝既定天下，以中原士民有相與悖亂者，既誅其身，放其子孫于瓊。又有北部西蕃種族仕元為顯官，既已降附，慮其懷二心，亦遷於此。未幾，有上變告遷人謀為亂者，乃遣都督陳方亮往圖之。方亮至，集遷人於郡城之北，

悉坑之，非我高皇帝之意也。又城西有亂葬岡，凡兵死刑死不能葬者，悉委於此。白骨縱橫如積薪。風雨之夕，飛燐煒煜，啾啾似聞鬼嘯聲，暮夜人不敢行。

府君距此僅數里，惻然愍之。乃捐貲募人拾其骨，聚為數堆。請僧道如其法煉度之，因坎而瘞之，加土封培如夏屋然。每歲清明，設酒祭之。子孫相承以為常。至今鄉人過其處者，輒指相語曰，此邱公埋骨塚也。府君既以壽考終，而仲深登進士第，擢翰院編修，累遷至今官。朝廷推恩，贈府君資政大夫禮部尚書。說者以為積善之報也。

往歲太醫院吏目臨江楊億嘗以醫遊瓊，為予道其事。予以問公，公具言其詳如此。及公將歸老，語予曰，先祖叢塚，為我記之，庶幾先祖之善，永有傳於後世焉。

予惟掩胔埋骼，先王仁政之一也。然有司之責耳。府君以布衣行之，仁及朽骨，其陰德大矣，宜夫天之陰祐之也。予嘗聞宋王則之反，遣明鎬討之，久不下。又遣文彥博繼往。鎬慮彥博奪其功，悉發城外塚，取其釘板，以供攻具之用。斂其屍，悉焚之，下令急攻。及賊平，鎬以功遷參知政事，未數月而卒，人以為發塚之譴也。

嗟夫，鎬以發塚，而身不獲久享其禄。府君以埋骨，而子孫世食其報。合二事觀之，孰謂天道果無知乎。世或謂善惡報應為浮屠之說而不之信。《書》曰作善降之百祥，作不善降之百殃。《易》曰積善之家必有餘慶，積不善之家必有餘殃。聖人固言之矣，豈獨浮屠氏哉。予故詳識府君之事，使世之人知天道孔昭，而力於為善焉。府君諱普，字得寅。嘗仕為臨高縣醫學訓科云。

## 明李東陽《茶陵譚氏族譜序》（《懷麓堂集》卷六三）

譚於茶為望族，余曾譜其系於行人司副矣。及讀先國史集，其序西郭之支派里居書香宦轍為較著。過宋司空相國處堯墓，又有關西尚有子孫賢之句。余益羡譚氏之其發也遠，其流也長。

郡以譚為右，而西郭，其譚之翹楚也。會韶僉判時中，南寧令時用以譜蠹欲梓，馳書請序。余維譜者，紀世族昭世德。世族者，易而靡定，如天道之運行於上。寒暑往來，剥復相繼。世德者，據而可久，如原泉之流行於地，江淮河漢，今古不息。理數應爾。大抵氣厚者發必暢，根深者枝必榮。是以古之君子，必敦德以綿族。誠如《詩》云樂只君子，邦家之基。

譚氏孝行忠貞，世堅其節。秉禮和義，世篤其修。以故唐咸通間，鼻祖可奕而下，三世得金吾將軍。進頗兄弟三人，衍十八弘。弘伸長子全仁派，居清水，由清水而城南，而星沙昭港，住址疊遷。在宋不數世，成進士者十八人。其尤著者，彥成翁世勳，立朝勁節。建炎初，封端潔公，贈延康殿大學士。蒙松柏有心，於歲寒始見。璠璵至寶，豈烈火能遷。之宸褒，郡祀鄉賢。第一十六世，為釋褐狀元提舉用式，以其子昭賓，中理宗神童科上第。早世疑城南舊宅不利，占徙城西。西郭之發祥，蓋昉諸此。至十八世，為鄉舉武昌教授印南。南之子湘州刺史天佑，此其顯於元者也。國朝洪武間十九世，為乙丑進士中書惟善。又一世，為處士德明，後以子貴贈。其子為戊辰進士，大理正卿璧。兄子為鄉魁祭酒子發，廬州教授子高。又一世，為行舉，任本州訓導。惟仁越二世，即今時中時用也。後先濟美，宦武繩繩，而弁冕時髦，噪聲藝林，積行待舉者，更駸駸乎未有艾焉。先集之序西郭曰，積善之家必有餘慶，其洵然歟。

余與譚氏通家，聲氣應趾，美前言，且樂誌其盛，為厥裔敦忠教睦之一助。因允茲請，用弁其首云。

## 明羅欽順《永慶堂詩序》(《整菴存稿》卷八)

《易》曰積善之家必有餘慶。有餘之為言，足乎一己而及於後世之謂也。天有顯道，福善而禍淫。慶固不可以苟得。其有受天之慶，至於數世而未已者。善之積，非一朝一夕之故也。

邑姻蕭君希道，嘗以永慶名堂，其諸積善之家矣乎。蓋惟有餘，是以克永。衆目攸睹，華扁昭然，其豈無其實而姑假是名以為其堂之美稱乎。惟蕭氏居吾邑東南桃源里，至今數百年。世之遠者姑未論，自君曾大父德贊翁以至於君，奕世以忠厚著聞。於凡分內之事，則相率為之。分外之事，一不為。是以既明且昌，而其勢猶盛，庶足以興事，富足以行禮。有和樂之美，而無憂患之干。其已然者既不可誣，而方來者益有可冀，此堂之所以以永慶名也。鄉邑士夫見而知者，韙其名。聞而知者，嘉其實。於是永慶堂之詩作焉。

善固人情所同好也，慶亦人情所同欲也。以其所同然者而發之詩，而永慶之義無餘蘊矣。古詩刪定於宣聖，得三百十有一篇，大抵皆美刺之作。蓋因其人之善惡，或婉致其辭，或直陳其事。其為體雖不一，要以明是非，寓勸懲焉。今永慶堂有詩，或古或律，或五言或七言，雖與三百十一篇之體不同，然於義為美。雖美，而其辭無溢，足以使人知勸，是豈不可傳乎。於是君之姻楊君顯祖以求余序。余於卜氏之學，未之習也。然竊以為是詩傳其子孫，則今日之慶，當思所以延之。或傳於他姓，則蕭氏之慶，當思所以同之。蓋是詩之作，雖緣於一人，而其義之所以為勸，固無不可。讀者試以余言求之，其必將有得乎。詩凡若干首。

## 明顧璘《新安唐氏永懷册序》(《息園存稿文》卷一)

璘聞顯姓茂族，有貽必先，豈惟基慶迓休延及支裔，抑亦重統正方得所似續云爾。新安唐氏，其茂且顯者乎，何其多賢也。

初，璘為廣平令，識今按察公於平鄉。愷悌宜民，遹駿有譽。璘退然慚之，殘不敢履乎其位。繼又聞其季氏起進士，為名御史。繼又聞其羣從殿元，公以多聞崛起，至動鬼神，多所見奇兆，竟魁天下。其他子姓彬彬，繼起不絕，固心駭之。夫何唐氏得天之厚，稟性之良，萃茲一族也乎。非有道焉，不至是也。今獲讀乃祖槐川翁墓表，且表仇太君之節，然後信璘之善觀人之世矣。

槐川翁孝而能思，弟而能儉，任而安，直而義。處隱約而能理人。視其先世，若教授公之道詣，山長公之篤行，紀善公之牧愛，雖所遇罔齊，亦謂不替其範矣。仇太君之為節也，力貧躬苦，撫孤安嫠，卒保其家，而興其子孫，有下國貞臣託孤之烈，守國之艱焉。由是二道，以內外範諸唐氏。以家則子，以國則臣。譬之飲食，習調劑也，而奚多賢之駭。故福禄顯融，皇天所以應德厚善，亦若磁砥在側，金乃就之，有不能以釋焉者。天人相與之符，何其昭哉。

是故觀唐氏之先，可以知人道矣。《詩》曰貽厥孫謀，以燕翼子。其先有焉。觀唐氏之後，可以知天道矣。《易》曰積善之家必有餘慶，其後有焉。觀察公思述祖德，彙其銘誄之詞，附諸家乘，璘故得而序之。

## 又《天解》（《息園存稿文》卷七）

世儒多言天道，吾惑焉。昔者子貢曰，夫子之言性與天道，不可得而聞也。夫子罕言天道，世儒乃多言，何哉。或曰，世衰教微，愚不究理道，一切僥倖於利害禍福之際，儒者患之，故言天道，以斷其疑，止其欲，使不至於猖狂無極也。亦孰知愚者難悟，併爲善之意亦復衰止乎。故王莽曰，天生德於予，漢兵其如予何。此説天者之害也。

愚謂天道之本，質力功効，因量召應者也。言自然者亦近之。主宰之謂帝，賦與之謂命，其實一也。率其當然，無所因就，是之謂道。適然而然，莫之致而至，是之謂數。數也有道焉，君子不謂數也。

馬必以乘，牛必以耕，刀必以割，繩必以束，舟必以浮，車必以載。克任則勝，不克則敗，此天道也。其或有顛蹶折絶覆溺之禍者，皆數之適然，非吾所能慮。吾慮其克與不克焉爾。顔淵之夭，盗跖之不誅，失其常者也。若天地之怪變然，故儒者數稱焉，弗可以自沮也。

《書》曰惠迪吉，從逆凶。《易・大傳》曰，積善之家必有餘慶，積不善之家必有餘殃，此天道之本也。文王係比之彖曰，原筮元永貞，无咎。此言自審有德，乃免咎也。周公係履上九爻辭曰，視履考祥，其旋元吉。此言自考无虧，乃得元吉也。此君子承天之意也。談道行義，而欲外大禹文王周公孔子之教者，吾不知之矣。

## 明王守仁《諭俗四條（丁丑）》（《王文成全書》卷二四）

為善之人，非獨其宗族親戚愛之，朋友鄉黨敬之，雖鬼神亦陰相之。為惡之人，非獨其宗族親戚惡之，朋友鄉黨怨之，雖鬼神亦陰殛之。故積善之家必有餘慶，積不善之家必有餘殃。

見人之為善，我必愛之。我能為善人，豈有不愛我者乎。見人之為不善，我必惡之。我苟為不善，人豈有不惡我者乎。故凶人之為不善，至於隕身亡家而不悟者，由其不能自反也。

今人不忍一言之忿，或争銖两之利，遂相搆訟。夫我欲求勝於彼，則彼亦欲求勝於我。讐讐相報，遂至破家蕩産，禍貽子孫，豈若含忍退讓，使鄉里稱為善人。長者子孫，亦蒙其庇乎。

今人為子孫計，或至謀人之業，奪人之産，日夜營營，無所不至。昔人謂為子孫作馬牛。然身没未寒，而業已屬之他人。讐家羣起而報復，子孫反受其殃。是殆為子孫作蛇蝎也。吁，可戒哉。

## 明韓邦奇《湖廣高竂巡檢司巡檢贈文林郎山西襄陵縣知縣尚公墓表》（《苑洛集》卷七）

正德丙子六月十八日，公卒。坵淺土，越三十餘年。嘉靖辛亥二月二十六日，公子主事君薰等，葬公于縣東高原祖塋之左。朝邑韓苑洛表其墓曰：

北條之水有長河，西合於崑崙，東分為九河。九曲圜乎華夷。北之水，惟河為大也。南條之水有長江，上連乎洞庭，下會于彭蠡。一水限乎南北。南之水，惟江為大也。人見河之大，則仰思星宿之海。人見江之大，則仰思岷陽之泉。納漢沔受蘭賨，萬流奔趨，遡流而源，汪洋溯湃可知矣。使河非星海，則行潦耳，將朝盈而夕涸。使江非岷泉，則雨集耳，將秋澤而春乾。安能其大若是乎。傳以顯揚為孝之大者，非以其子之賢可以蓋前人之過愆，非以其子之貴可以榮前人之封號。潛德幽行，前人冥冥之仁，因是而可徵也。古之人，三公奕世楊氏，放雀之仁著矣。九卿顯名于氏，治獄之仁著矣。

公雖殁矣，公之嗣子若蘭若薰若芳，聯翩仕籍。而薰以進士為部屬，芳以鄉舉為縣令。二君才名濟濟，異日崇階大拜，未可量也。非公陰德之隆，何以致是。夫陰者，人不得而知也。若顯德著聞，或以名彰，或以位貴，或以禄富。身積其德，身受其報，非陰也。必蓄德盈缶，泯然無聞於終世，然後不盡之福，衍及後人。而前之善始著焉。公位不過下士，禄不過代耕，名不過見知於閭里。使非二君，亦曠野蕭然一荒塚耳。故觀公者，當觀於崑崙九河洞庭彭蠡，以遡於星宿之海，岷陽之泉可也。若公居官而守官箴，居鄉而篤鄉誼，居家而肅家政，如狀之所列，人之所知者，特沱潛既道灉泒支流耳，不足以盡公也。

《易》曰積善之家必有餘慶，蓋以子孫之慶歸前人之善焉。公諱達，字伯通，姓尚氏。關內西安之武功人。以掾士授山東青州府永阜倉大使，改授義河馬房草廠大使，改授湖廣高竂鎮巡檢司巡檢。以薰襄陵縣知縣，三年考績，贈公如其官。生于正統乙丑六月初五日，卒于正德丙子七月十八日，享年七十二歲云。

## 明湛若水《格物通》卷一一

劉向曰，福生於微，禍生於忽。日夜憂懼，惟恐不足。臣若水通曰，天人有交勝之理，禍福有倚伏之機。何也，其所由來者漸矣。不知其萌而謹之，則福將日替，而禍將日熾矣。可不畏也。惟能反之於心，而乾乾以終日，則人可勝天，禍可使福。故曰禍福無門，惟人所召。禍福無不自己求之者，惟明主獨觀禍福之原，而謹之於豫可也。

## 明莊昶《壽鮑翁六十序》(《定山集》卷七)

天地果無數乎，曰，有數。天地果有數乎，曰，無數。天地果何如，有無數乎。曰，以數言則有數，以理言則無數。一元十二會十二萬九千六百者，天地之數也。夫天地有數，而況於人乎，而況於物乎，此天地不能無數也。以理言之，顔子貧且夭也。然知其貧且夭也，而人可以不學夫顔。盜跖富且壽也，然知其富且壽也，而人可以學夫跖。閔然禦人於國門之外，蕩然自賊於淫亂之區，而曰吾有命吾有命者，道固如是乎哉。此邵子之學，而二程子之所以不屑為也。

往年浙友余中之過我溪雲，以皇極經世之學授予。讀其書，至王天悦所謂推以某甲之年月，必得某甲之時日，而後富壽。必先以某甲之年月，而後賤貧。以至水陸舟車之所産，東西南北之所居，精粗巨細之事，無不皆然。而至所謂福善禍淫，作善降之百祥，作不善降之百殃，畧無一二。授受之際，予雖口唯其義，而曰一事不知儒者所耻，而心實不敢以為學也。其故何哉，蓋以仲尼顔子之樂為周程的派，不敢為隔壁好聽之語以亂我吟風弄月之真。花柳鳶魚為程家生意，而不敢以雷從何起之贅以奪吾起處而起之妙。

天下之事，固各有真理，人固各有真見也。新安鮑翁六十，溪南吳以魁之戚，蓋賢而得數之壽者。以魁父子萬古西山實深契我，托以一言。而理數肯綮，正在我輩之所運斤，而又不得有所以惜於翁也。昔人謂天下之事不離於數，亦不執於數。翁之壽也，其可執於數乎。

## 明夏尚樸《積善堂記》(《東巖集》卷三)

兄子貞，聰明剛果，足以有為。使能致力於學，亦可以取一第，見用於時。幼年，予嘗攜之出外讀書，粗知句讀。不幸予父兄相繼淪喪，不勝公私之叢委，乃棄其業而總理家政。性勤稼穡，知天時地利，雖老於農圃者有所不逮。早起而晏眠，糞多而力勤。歲之所獲，率倍鄰壤里族。游惰者興起，皆知以勤生力穡為事。盜竊由是少熄。予嘗賦詩貽之，有阿咸也解作農師之句，觀者皆以為然。晚以食指頗繁，故居不足以容，改築於其東。有堂可以供賓祭，有室可以備棲息。簷阿崇峻，廉隅整飭，有足觀者。別築書屋數楹，延師以教子孫。課農之餘，偃仰其間。時取古書翻閱，粗識大義。雜植花卉於庭。每到閒時，輒為予置酒，延賓以為樂。酒酣成詩，率有奇氣。觀其襟度如此，亦足以有為。顧乃使之老於農圃，而不自知此，則予失教之罪也。堂成之初，舉酒為壽，而請名於予，懇求一言以為訓，因扁之曰積善堂，且進諸子於前而詔之曰：

積善之家必有餘慶，積不善之家必有餘殃。夫所謂積者，豈一朝一夕之故哉。

蓋自祖宗至於子孫，無不善之人。自幼小至於終身，無不善之事。自念慮之微，至於事為之著，不敢以不善之心介乎其間，夫是為之積。行之已誠，積之既久，則其世澤流衍洋溢，豈可以一二世計哉。昔后稷躬親稼穡，受封於邰。千百餘年，至文王受命以有天下。卜世卜年，卒過其歷，視夏商為獨長。此無他，世積忠厚故也。周人世守以為家法，故伯禽撫封於魯，而周公之所以教之者，不越君子忠厚之道。其言具載《論語》，故能與國同休，至於久而後失之。逮今子孫，蔓延天下，不可數計。而乃知古今人同，家國理一。其所以廢興存亡，容有異乎哉。

予家自先世以來，素以忠厚聞於鄉。予先君中憲大夫，先妣太恭人，其存心制行，又汝輩之所習見，故能致有今日。予竊一第以為官，汝輩受一廛以為氓。門閭粗改其舊，豈偶然之故哉。第恐子孫狃於宴安，不知持盈守成之道。或有殉利以忘義，剥人以豐己者出於其間，世澤之延促，未可知也。庸書此以為訓，其詳具在六經子史，取而觀之，當自見矣。何俟區區之言耶。故曰，與治同道罔不興，與亂同事罔不亡。又曰，積德百年，其後必昌。斯言豈我誣哉。

## 明萬廷言《市汊東嶽行祠記》（黄宗羲編《明文海》卷三六九）

古者論善惡禍福之際，必歸於天與鬼神。曰作善降之百祥，作不善降之百殃。又曰福善禍淫，其言不一而足，其故何哉。蓋人情易忽於善惡，而恐懼於禍福。善惡者，禍福之原也。推其所懼，本於天與鬼神，曉然類應，使民必為善，必不敢為惡而已矣。嚴於冥冥之中，而非以為有所私與也。驗於昭昭之錫，而非以為有所私受也。推無可懼於測量之外，而警所易忽於感格之微。故其責常在人而不在神。是以神人交修，而福澤降。至於後世，民心日濫。濁亂五常之精，類應之道爽而民疑。以為福有所從與，不必為善而可以私謁也。禍有所從受，不必為惡而可以私避也。禍福之原，一歸於鬼神，而不知自反。諂佞横生，邪氣日積。夔跂燐炫，假託依憑。祝詛祈禳，遍滿天下。趨於其所懼，而蔽乎其所忽。神人交亂，天地日月山川嶽瀆之靈，所以鼓風霆而澤雨露，薰蒿悽愴，與此心忠信神明相為感應者，反闇然欝而不暢，微而不章。以是而求旱潦札瘥之不作，阜民生而介祺壽也，不可得矣。

嘉靖中，予為祠官。考案祀典，有意乎反古正今，以端民趨。會改官而止。嗟夫，是豈古人神道設教之本意乎。

市汊鎮，舊有東嶽行祠，不知其所創始。廟貌清肅，冕而垂旒，儼然帝者之尊。萬曆癸酉，居民某某等，又閣於廟後。肖僊妃其中，而外為石坊，以逆江勢。粢牲華篆，歲事益脩，因求予文為記。

予按，東嶽，泰山也。虞舜首祀，秦漢更用封禪。至宋，則有天齊仁聖大帝與僊妃元君之號。國朝悉去焉，止稱泰山之神。是今之崇徽，皆所不當有，而王孫媚灶，傳稱獲罪於天。季氏旅於泰山，以為不知禮，則尤非民所得祀者，況行祠乎。神之正直尊崇，未必歆於此矣。然予謂聖人之大德曰生，東方生物之府，嶽神主之，其德盛矣。夫神以生道福民，靈應異於羣嶽，非私福。民以生道報神，嚴事異於羣祠，而非私報。神之接於民也仁，民之交於神也義，雖法與地所不得祀，而神人相與之意，則公矣。自是鎮民日虔，而神無不在。牖吾民以生養之正，年穀順成，災害不作。報所可懼而警所易忽，為臣而忠，為子而孝，與國人交而信。使民曉然知徼福之必本於善也。亦庶乎忠信神明之相感應者乎。因敬為之記，而繫迎神送神之章，以道民志：

神之來兮海岱，輦金烏兮飛霞。佩西山南浦兮雲蓋，顧我民兮不嚴以愛。（右迎神）

## 明項喬《風水辯》（唐順之《稗編》卷五八）

或問葬地風水之説，子信之乎。予應之曰，葬，送終大事也。人子之事親，舍是無以用其力矣。故卜葬安厝，自天子達於庶人，古今共之。必親之體魄安，庶人子之心安。予非盡人之子歟，而獨不信之乎。

但所謂風者，取其山勢之藏納，土色之堅厚，不衝冒四面之風與，無所謂地風者也。所謂水者，取其地勢之高燥，無使水近夫親膚而已。若水勢屈曲而環向之，又其第二義也。程子所謂務令其後不為城郭，不為道路，不為溝池，不為耕犂所及，不為貴豪所奪，其義已明且盡矣，予安得不信之乎。

曰，然則風水蔭應之説，子亦信之乎。曰，吾聞之矣，死生有命，富貴在天。仁人者，正其誼不謀其利，明其道不計其功。人子之葬其親，求親之體魄得安足矣。借使有蔭應之理，亦非孝子仁人之所圖也，況萬萬無此理乎。今夫子於父母，生欲美其宮室，死欲安其宅兆。其孝思之心，一也。父母之於子，生則欲其福利，死而有靈，其冥庇默護之心，亦一也。但氣聚則生，氣散則死。形既朽滅，神亦飄散，復將何物以為子孫蔭乎。

試以生前論之。重門密室，上莞下簟，人子所以安其親者，至矣。其親於此而假寐焉，形神尚如故也。厥子孫或近出閭里之間，或遠遊千里之外，或蒙人笑罵，或被人搆害，其親亦熟於鼾睡，而不知顧矣。況朽滅之形，飄散之神，而能蔭應子孫於數百年之後乎。

曰，信斯言也，易重卜筮，先聖王何以使人敬鬼神定吉凶也。且齋明盛服，以承祭祀，而洋洋如在，又何物使之乎。曰，此皆聖人神道以設教耳。其欲天下有報本反始之心，故赫其靈於祭享，而歸之實理，若或使之者。要其感應，則如木實之相傳，實以子孫神氣而會合祖宗之神氣，故如或見之，如參前倚衡之説耳。非祖宗真有形像在於其上，在於其左右也。其教人卜筮者，則因理以定數。託蓍龜之神明，使人順性命之理耳。非謂福可倖求，禍可倖免也。故曰，易為君子謀，不為小人謀。若必求蔭應之説，則易所謂鬼神者，是乃奸宄之囊槖也。有是理乎。

曰，蔭應之説在形體，亦有然者。不曰堅土之人剛，息土之人美乎。曰，土氣之能蔭人，猶地道之敏樹也。人與樹，皆天地生氣之所在，故土地之生氣能蔭之，即栽者培之之謂。若朽骨已在傾覆之數，雖天地生生之大德，不能復生之矣。不能復生，而謂其能乘生氣以反蔭生人，有是理乎。借使有是理也，骨肉朽斃，而魂氣無不之也。其靈亦不過與生前等耳。生前雖堯舜之神明，不能庇朱均之子，而謂其死后反能蔭應之乎。是生不如死，人不如鬼。率天下而崇鬼道也，不亦左乎。然則蔭應之説，古無有也。有之，自郭璞始。璞也《葬書》之設，果自為乎，抑為人乎。如曰自為，則蔭應未及其子，而刑戮已及其身矣。豈有拙於自為而巧於為人者乎。然其書曰，葬者，乘生氣也。此人子不忍死其親之意，吾無容議也。其曰銅山西崩，靈鐘東應。則本東方朔滑稽之説，當時孰有親見其事而耳聞之者。朔嘗謂蟠桃三千年一開花，三千年一結子。朔已得三偷焉，亦將謂朔之言為足信乎。又謂木華於春，栗芽於室。如人受體於父母，本骸得氣，遺體受蔭，似也。然華於春者，生木也。芽於室者，生栗也。使朽木在山而腐栗在室，亦安能乘春氣而復華復芽，此亡骸之不足以蔭遺體，彰彰明矣。借使足以蔭焉，則一父或生數子，皆遺體也。而或蔭或不蔭，又何説以通之。

或又曰，子不見磁石之能翕鐵，暴骨之能滲血，一氣有感通之理乎。曰，氣感通，如磁石於針固也。然石之於針，能翕之而已，果能化小為大，化輕為重，如所謂鬼福之能及人乎。

或曰，吾見某家葬地善，其子孫見當昌盛。某家不善，其子孫見當衰微，如影響之應形聲，多矣。子獨不信之乎。曰，盛衰有相尋之理，天地亦有終窮之時。此會逢其適焉耳，非葬地之故也。有違禮而火化水化其祖宗，無葬地，亦或有昌達者矣，則何居。昔之善擇形勝以建都，比崩，遂葬於是者，莫如堯舜禹湯文武之為盛。然堯都平陽，舜都蒲坂，禹都安邑，湯都亳，文武都鎬京都洛。當其都會之初，人固以為山川之靈應矣。至今山川尚無恙也，其子孫不復見。有禹湯堯舜文武之再出，又將誰諉乎。

或曰，此則天地之大數也。姑舍是，而以小者論之。寬閒之野，多村落焉。或風氣環抱，則煙火相望。或山川散逸，則四顧寂寥。歷歷可指數也，而子不信之乎。曰，此生地能蔭生人，予前已言之矣。然又有説焉。村落雖有美惡，其初原未嘗有人也。及人見村落環抱，乃相率而居之，而成村落。或遂村落能蔭人也，子何疑於是乎。大抵天地山川，各有旺氣。隨方隨時而遷轉，不可執著者也。當其氣之方會，雖海上無人之境，亦足以生人，不必青龍白虎朱雀玄武之相湊合也。及氣之衰，雖名山大川，通都巨鎮之形勝，而或變為荒莽無用之區矣。人之貧賤富貴死生壽夭，要皆關於氣運之隆替，此理之常，無足怪者。若謂由土蔭焉，是上天之命，反制於一抔之土。謂有地理而無天理，可乎。故謂某地時乘生氣，則可。謂某地必龍虎湊合，而後能乘生氣，則不可。謂某地時乘生氣而以安親之體魄，則可。謂某地能乘生氣活白骨以蔭子孫，則不可。然此龍虎之説，施諸東南，猶有山川之可據。若北方一望坦然，雖公侯伯之祖龍，同一土饅頭也，孰藏風，孰止水，孰為龍，孰為虎，孰為朱雀玄武哉。或者又以土之稍高者為山，下者為水，是求其説而不得，又從為之辭也。

或曰，子之言詳矣，則吾既得聞命矣。胡程子大儒也，謂培其根而枝自茂。朱子大儒也，兆二親於百里之遠，而再遷不已。子以程朱為不足法乎。曰，程朱，信大儒也。然以其事其言論之，則亦何能無疑。其曰地之善者則其神靈安，子孫盛，若培其根而枝葉自茂。不知所謂根者，果有生氣者乎，抑既朽者乎。如曰既朽之根，而培之以求枝葉之茂，不可得矣。兆二親於百里之遠，而再遷不已，謂朱子純孝之心，惟恐一置其親於不善之地，可矣。若謂緣此求蔭，恐非聖賢明道正誼之本心也。況生則同室，死則同穴，中古以來，未之有改也。使二親而有靈，夫豈安於百里之睽離，而不抱長夜之恨乎。其所以屢遷者，或亦藉以求蔭焉耳。嗚呼，其求之也力矣，何后世子孫受蔭，不過世襲五經博士而已。豈若孔子合葬於防，崇封四尺，未嘗有意蔭應之求，而至今子孫世世為衍聖公耶。是故蔭應之説，本不難辯，奈何聰明智巧者，既援程朱以為口實。其冥頑者，又附和而雷同焉，宜其説之熾行於后世也。

自生民以來，未有盛於孔子。事親如孔子，足以立人極矣。不師孔子而必師程朱乎。雖然，程朱實善學孔子者，其嘉言善行，足以佑啟後世者多矣，此特賢者之過，偶一之失焉耳。率其素履，而畧其一節，又豈非善學程朱者乎。

或曰，程朱不忍以朽骨視其親，故示人培植而極力以遷移之，子無乃忍死其親而不得為孝乎。曰，事親不可不孝，論理不可不詳。不以便安其親而動求利其子孫。或貪地而暴柩，或爭地以破家。或兄弟惑於某山某枝之説，而反為仇讐。至有終身累世不葬，遂失尸柩不知其處者。吾懼天下後世之無孝子也。故憂之深而言之切，慮之遠而説之詳耳。

或又曰，如子之論，皆粗迹，皆常理也。蔭應之理，不疾而速，不行而至，莫知其然之謂神，是豈可以粗迹求，常理定乎。曰，道器不相離，中庸不可踰。君子言近而指遠者，正謂理之常。求窈冥茫昧不可測度之説，以駭人聽聞，眩人心志，在王法之所必誅，聖賢之所不赦，而可以為天下法乎。聖而不可知之謂神。曰不疾而速，不行而至者，正謂由此常理而行之，以至於熟，則有莫知其然而然者耳。若舍常理而別求其神，是即所謂怪也。怪，孔子之所不語。奇中焉，人皆信之矣。不知此即子產所謂是亦多言，豈不或信者也。安可執一以御萬乎。

雖然，舍常理而談神怪，固非所以率人。脩常理以光祖宗，獨不足以求蔭乎。《易》曰，積善之家必有餘慶。言祖宗有正蔭也。《詩》曰，無念爾祖，聿脩厥德。永言配命，自求多福。言自脩當獲正蔭也。此則程朱各有註疏，吾輩不可一日不講求者，乃聖賢之信之乎。然術家語涉怪誕，而或正傳古今之定理，不假葬地而響應者也。近世有識者，又謂風水可遇而不可求。其意蓋謂風水蔭應借使有之，亦惟孝子仁人能承受之，而非可以力求者。此納約自牖之説，以意逆志，是為得之。問者曰，唯唯。

## 明萬民英《星學大成》卷二六

善惡不宜混處，吉凶要在分居。源清流遠，始榮復見於終榮。本固末滋，後吉何殊於先吉。原守雖然無咎，流行尤怕為災。體用皆强，始終盡吉。流行雖惡，猶如潢潦之無根。原守皆醇，尤勝膏粱之有味。造化體用，固亦如是。限數流行，亦當細推。主或有虧，限須得地。諸限以洞微為上，逐年惟小限可推。竹羅苟能，論則休咎潦然。碧玉若明，推則吉凶洞若。雷公急脚，尤防入斗尅身。斗底黄泉，亦怕傷身居煞。子午卯酉，實為去路。寅申巳亥，須憑鬼門。一不可拘，二須敢斷。吉凶同會，較量重輕。星曜交臨，尤宜詳究。命强限弱，渾如逆艇之上灘，命弱限强，猶似槁苗而得雨。始終發禄，亦聯限之吉星。首末破財，乃一生之凶限。福財俱背，斷無吉曜之可言。刑煞若臨，須信凶年之將至。吉星臨限，富可享而貴可求。凶曜當宫，禍將萌而壽將折。如限裏全空，則未必為福。宫中有主，則豈能致災。禍福無門，脩短有數。脩為由命，倚伏在人。此論實珠珍之比，推源乃碧玉之名。兹不虚傳，固宜實寶。

（此篇詳舉諸家限數，言原守者，當生之星也。言流行者，流年之曜也。若原守體用皆在高强，而流行凶惡亦無大害。苟或主本有虧，要觀限途得失。諸家限數，所當悉推。有名洞微限者，一二本限裏，三四對照衝。三合五六載，其年見吉凶是也。有名竹羅限者，開端隔節數三宫，逆行零順幾年終。若見遠時數二節，零年交入甚宫中是也。有雷公急脚斗底黄泉限者，皆以子午卯酉為去路，寅申巳亥憑鬼門。一順一逆而互推之是也。有逐年小限者，自命宫起，當生之年而逆推之是也。然諸家之限，須以洞微為上，小限次之，竹羅次之，黄泉急脚又其次之。洞微飛限，遍乎一周。逐年小限，輪於二六。竹羅重三方之主。黄泉急脚，因其命限俱弱者，而交併於二六之門，亦所當推。若吉凶同會，須較量彼此之重輕。星曜交臨，當詳究本末之强弱。或命强限弱，渾如逆艇上灘。雖載重而莫能進。或命弱限强，猶似槁苗得雨，雖受滋而莫能生。聯限皆是吉星，主始終之發禄。一生無非凶限，斷首尾之破財。福以居身，財以養命。二主星俱背，又何有吉曜之堪言。刑者刑難，煞者地煞。在明暗加臨，必須防凶年之鈎動。然行限怕空，臨宫喜實。若限裏對合俱空，豈能為福。若一空對合有主，未必為災。是以禍福無門，脩短有數。脩為由命，倚伏在人。善通造化者，固當不二以聽天，又當居易以俟命可也。）

## 明章潢《圖書編》卷六

論所占吉凶悔吝乃心上知來之幾。

易之有占，所以知來也，故曰極數知來之謂占。又曰，占事知來。知來之占，全在幾上。而幾之可驗者，吉凶悔吝而已。為善則吉，吉者心之安處也。為不善則凶，凶者心之不安處也。自凶而趨吉，則悔。悔者，心有所悟而必欲改也。自吉而向凶，則吝，吝者，心有所羞而不欲為也。此皆天命之本然，而良知之所不容自已者。故四者在心，皆謂之德。聖人以神道設教，特借此以示人，欲其知本心之明，不從外得也。

禍福無門，惟人自召。蓋謂幾在我也。故禍福將至，善必先知之，不善必先知之。善不善，非吉凶所先見之幾乎。舍此而求未至之禍福，則有假於讖緯術數，而命自外來，人謀不能與，亦何益矣。故周之興也，卜世三十，卜年七百，而卒不如其言。蓋德有厚薄，則運之長短因之。而推測之術，豈足以盡天下之變乎。借使欲以推測盡變，則亦當因其植根以觀枝葉耳。誠能即止而有知，正可趨吉避凶，以為安身之地，而徒事口談，則亦足以招禍矣。

## 明張永明《積陰德》（《張莊僖文集》卷五）

《易》曰積善之家必有餘慶，積不善之家必有餘殃。易六十四卦，凡事不言必，獨於積善積不善以必字斷之，以其感之必應也。夫有陰德者必有陽報，有隱行者必有昭名。此誠天地不易之理。

蓋人有一二善，未必便有善報。人有一二惡，未必便有惡報。然今日作一善，明日作一善，積之不已，人欽神佑，福慶必來。今日作一不善，明日作一不善，積之不已，人怨神怒，禍殃必至。故聖人繫易，又申之曰，善不積不足以成名，惡不積不足以滅身。成名即慶也，滅身即殃也。豈惟身名已哉。易之所謂餘者，言其殃慶尚及子孫也，可不畏哉。

## 又《語録》

欲為君子，非積行累善，莫之能致。一念私邪，立見其為小人。故曰終身行善猶不足，一日為惡自有餘。禍福無門，惟人自招。人能行善，福雖未至，禍自遠矣。人若行惡，禍雖未至，福自滅矣。

## 明李夢陽《余公挽歌詩序》（《空同集》卷五七）

余公為河南按察司副使，三月亡何遽卒。其友人李子哭之，見其挽者歌之。一歌之，百和之。乃喟然而嗟也，曰，予觀詩書六藝之文，至於論天道備矣。其最明著，伊尹曰，作善降之百祥。夫然後孤行特出之士，恒恃此而不懼。不平也，則呼曰，天乎，天乎。故寧隱忍轗軻，終不肯降志辱己。苟與世推移，亦冀求伸於將來。乃今不然，善不必壽，惡不必夭。作忠者罹憂，造偽者顯遂。視彼蒼蒼，方夢夢黲黲耳。則所謂天者，安在哉。是以比干剖死，屈原見放，顏回短折，孔孟隱約。撫迹遭事，使人憤惋悲歌，長嘆涕下，不能自已。故曰長歌之哀，甚于痛哭。今觀余公，乃亦若此之倫矣。

周公之言曰，視履考祥。又其詩曰，求福不回。夫余公自為邑令，為臺諫，暨今為按察副，其履具載傳志。其回與否，至彰彰可考也。往余在朝，蓋親見余公行事。謇諤貞諒，是古賢之流也。乃今弗究也，又弗壽也。祥與福，固如是乎。彼所謂天者，安在歟。如是，雖欲使人不憤惋悲歌，長嘆涕下，不可得矣。

故歌者，導鬱者也。詩者，敷志者也。挽者，宣悼者也。今諸為余公作者，誠不出于鬱悼則已，使誠出于鬱悼，則所以傷其志者，必有甚于痛哭者矣。或曰顏夭蹠壽，以變言耳。彼信能與世推移，取富厚顯貴，多金玉貨財，安知其後之不喪也。余君即弗究弗壽，然天下皆知余公之賢也，又安知其非子孫之利也。《詩》曰，既克有定，靡人弗勝。亦謂是耳。李子曰，誠若是，則諸為余公哀者，亦可以少紓焉矣。

## 明王世貞《儲慶堂記》（《弇州四部稿》卷七七）

此御史中丞洛陽温公之堂。堂何以名儲慶也。《易》不云乎，積善之家必有餘慶。儲之為言，積也。非久，其胡能積。蓋温公之自稱曰，吾先大夫以明經困公車，久而始成進士。又久而授行人，行人久而一遷户部郎，竟不獲拜璽書以没。而又久之，不穀奉先大夫之教，以成進士。授行人，皆獲從先大夫後。遂任御史，滿考，贈先大夫如不穀，而始拜璽書之賜。其辭署曰，若實儲慶，以開喆嗣。蓋自是而始有禄耕之餘，乃即先大夫之舊廬而稍拓之。不穀再荷上寵靈，用中丞節撫趙魏，尋撫關中。則先大夫亦遂獲中丞贈，而有二子，源淳。其長者冠鄉書，而次亦廩學宫。蓋庶幾徵慶矣。凡不穀之所以有今日者，孰非天與人主之賜也，然而孰非先大夫之儲也。

先大夫位不盈德，名不暢實，施不靳報，善不近聞。博取乎學，而寡洩其秘。博修其行，而寡成乎名，即所謂儲慶者。先大夫能儲之，而不能自名之。人主胡以知之也。夫人主之言，天言也。天發慶於冥冥不自顯，而託人主以顯。固然，乃至天不自言，而人主亦代之。言於十載之前，而徵於十載之後，則固不穀先大夫之所獨也，不穀何敢忘。且以于公之門焉而高，王公之堂焉而槐。彼其所為儲而獲慶，若執左券矣。然猶自為之而自言之，孰若夫人主之代吾先大夫言也。不穀故舉而顏之堂，庶幾為吾及子孫者，一食焉，舉足焉，而不敢忘夫人主與天之貺，而先大夫之所為儲，吾子以為何若。

余謝不敏，則謂温公之所名堂者，有三善焉。其必稱天之慶者，仁人之厚也。必稱人主言者，純臣之則也。必稱先大夫儲者，孝子之思也。且温公，洛人也。不聞夫周之先，自姜嫄氏誕后稷之穡，以逮公劉，乃積乃倉，及古公而後聿來胥宇。其累善也，若銖寸而不厭。其受報也，歷數千百年而不爽。人固知古公之有堂室，而不知其先公之為儲者久也。雖然，老氏有云，保此道者不欲盈。夫惟不盈，故能蔽，不新成。夫蔽者，晦光也。不新成者，不蘄為新功名也。蔽不新成，此豈所以為儲之道，而日損者日益。故曰，聖人終日行，而不離輜重。蓋何嘗頃刻忘儲哉。公之先大夫諱新，公名汝璋。吾未能他悉，公其按吾吴，能持風裁，為赤子去蟊賊，功德於吴民甚大，是真能繼先大夫儲者。故為本《易》之所繇名，而以老氏之旨終焉。

## 又《藝苑巵言一》(《弇州四部稿》卷一四四)

《易》奇而法,《詩》正而葩。韓子之言固然。然《詩》中有《書》,《書》中有《詩》也。《明良喜起》、《五子之歌》,不待言矣。《易》亦自有《詩》也。姑舉數條以例之。

《詩》語,如齊侯之子,平王之孫。威儀棣棣,不可選也。父母之言,亦可畏也。天實為之,謂之何哉。中冓之言,不可道也。送我乎淇之上矣。大夫夙退,毋使君勞。反是不思,亦已焉哉。匪報也,永以為好也。知我者謂我心憂,不知我者謂我何求。心之憂矣,其誰知之。他山之石,可以攻玉。皇父卿士,家伯冢宰。仲允膳夫,棸子内史。發言盈庭,誰敢執其咎。如匪行邁謀是用,不得於道。心之憂矣,云如之何。或出入諷議,或靡事不為。成王之孚,下土之式。文王曰咨,咨女殷商,而秉義類。白圭之玷,尚可磨也。斯言之玷,不可為也。於乎不顯,文王之德之純。學有緝熙于光明。至於文武,纘太王之緒。以入《書》,誰能辨也。

《書》語,如日中星鳥,以殷仲春。蕩蕩懷山襄陵,浩浩滔天。明試以功,車服以庸。無怠無荒,四夷來王。任賢勿貳,去邪勿疑。疑謀勿成,百志惟熙。四海困窮,天祿永終。朕志先定,詢謀僉同。鬼神其依,龜筮協從。百僚師師,百工惟時。臣哉鄰哉,鄰哉臣哉。罔晝夜頟頟,罔水行舟。下管鼗鼓,合止柷敔。簫韶九成,鳳凰來儀。萊夷作牧,厥篚檿絲。厥草惟夭,厥木惟喬。火炎崐岡,玉石俱焚。佑賢輔德,顯忠遂良。兼弱攻昧,取亂侮亡。推亡固存,邦乃其昌。聖謨洋洋,嘉言孔彰。惟上帝不常,作善降之百祥,作不善降之不祥。惟天無親,克敬惟親。民罔常懷,懷於有仁。一人元良,萬邦以貞。厥德靡常,九有以亡。若作和羹,爾惟鹽梅。罔俾阿衡,專美有商。我武惟揚,侵于之疆。取彼凶殘,我伐用張。于湯有光,如虎如貔,如熊如羆。月之從星,則以風雨。式敬爾由獄,以長我王國。又無偏無陂,以至歸其有極。總為一章。

《易》語,如見龍在田,天下文明。終日乾乾,與時偕行。西南得朋,乃與類行。東北喪朋,乃終有慶。密雲不雨,自我西郊。其亡其亡,繫于苞桑。伏戎于莽,升其高陵。三歲不興。賁如皤如,白馬翰如。君子得輿,小人剝廬。見輿曳,其牛掣。其人天且劓。載鬼一車。先張之弧,後脱之弧。困于石,據于蒺藜。入于其宮,不見其妻。震來虩虩,笑言啞啞。旅人先笑後號咷。乾剛坤柔,比樂師憂。臨觀之義,或與或求。以入《詩》,誰能辨也。

抑不特此。凡《易》卦爻辭彖小象,叶韻者十之八。故《易》亦《詩》也。秦以前為子家人一體也。語有方言,而字多假借,是故雜而易晦也。左馬而至西京,洗之矣。相如,騷家流也。子雲,子家流也。故不盡然也。六朝而前,材不能高,而厭其常,故易字。易字,是以贅也。材不能高,故其格下也。五季而後,學不能博，而苦其變，故去字。去字，是以率也。學不能博，故其直賤也。

## 明王樵《壽思筠光禄君七十序》（《方麓集》卷五）

吾邑蔡氏，自緩翁以布衣教里中，為賢大夫松石劉公所禮待。今其往還書尺具在。至其子健翁，其孫筠亭公，始大以儒顯。健翁與予先君子為莫逆交，筠亭公又與予兄潔菴公為莫逆交。其交也，以道義忘形，始終無間。蓋人歷三世，而代閱四朝矣。先君在金陵時，有懷故園詩録寄健翁云，一番風两送新秋，想見園林事事幽。紫翠繞庭牽虎耳，珠璣堆案剥雞頭。碧池露折蓮房滿，香徑風梳柳帶柔。為報主人多貯酒，歸時須判約頻遊。誦此詩，可以想見當時相與之意，真率儉朴，可與司馬公洛中之會同風矣。

予少時，猶及識健翁及筠亭公。至于思筠，則相處至于白首。積善之家必有餘慶，壽固其首。乃若健翁筠亭公，經明行脩，未沾一第，天其能無意于善人之後乎。後發者，其必有人焉。思筠晚而益健，且生多男，固天錫難老之徵也。當身親見之，用書以俟，因以為祝。

## 明孫繼皐《壽祝太君邵太孺人八袠敘》（《宗伯集》卷三）

吾邑令海寧許侯，自江西之上饒移劇吾錫。鳌蠹剔垢，與封内更始。不半歲，邑以改觀。吏畏而民懷，赫然神明之宰也。侯顧婎就余，間私余。凡不穀所繇厠朝籍濫兹民社寄者，微獨燕貽之以也，亦惟是吾祝氏之稱太舅母者邵太孺人，其為德於吾許甚大，而望不穀甚厚。不穀念之，不敢忘。

蓋吾海寧之士族著者，獨四姓甲，而祝於許為尤甲。始，吾王母祝之歸吾王父儒官公也，許壁立矣。太孺人憐之，若同産也者。而後吾王母獲寄居托食，以無仳離也。惟吾王父，亦若贅子也者，以安於讀。長子若孫，以安於老，而後不穀有今日也。不穀之髫也，太孺人奇愛之，曰，許母有孫乎。隸諸生，喜舉於鄉，又喜舉南宫，益又喜不穀亦且勉自淬厲，以遥慰太孺人。於祝而後，太孺人若有以慰吾王母地下也。夫不穀不敢忘吾王母，敢忘太孺人。

余聞之異焉。易之睽，二女同居，不同行。而太孺人本情扶義，不衰門間親，不外黨眨戚。挈而與之相朝夕，終其身無厭棄也。雖天篤許祜，以有聞孫，微太孺人庇度，不及此，斯之為烈。以方世俗簪笄者流，不大逕庭哉。

侯又言，太孺人，名家女也。父為比部公，嘗批逆鱗，謫戍邊。嫁贈公，贈公拙生計，太孺人斥裝遣流轉，拮据而後，能以其家饒也。贈公有子，太孺人延師，盛供具，身自為督。而後伯子成進士，令祁門，入郎比部，以有今封。仲亦遇恩選，策名公車也。太孺人又最好施。凡里中梁圮者，廟頹者，饑待炊，寒待絮者，一切仰太孺人。或取責不即償，火其券，曰，姑俟若異世耳。太孺人雅習書，居恒手《太上感應篇》，持誦奉行，寶若帝符。又轉以示人，願人人向善也。於是太孺人今年政八十矣，神明不衰，顔加渥健，匕箸無恙。

余聞之愈益異焉。《書》不云乎，作善降之百祥，作不善降之百殃。故感應之理，如影傳形，如鼓答桴，不可誣也。太上之指，以謂欲求地仙，當立三百善。欲求天仙，當立一千三百善。夫善亦何數算之。有太孺人，非浮慕為仙也，乃其陰行善，亦若營家。然銖两而殖之，歲月而府之，其殖也不見其多，其府也乃見其積。積則圓滿，圓滿則仙矣。世豈復有金函玉笈天書洞章，軼兹《感應》一編之上者哉。且仙者，往往嘆滄海三變為桑田矣。以太孺人耳目所睹記，姑無暇他論。即許氏鄉者，席鴻伐而中微，何闇吻也。今者亢弱宗而大顯，又何焜燿也。菀枯盛衰，迭運互乘，而滄桑在人寰矣。太孺人亦何必身踐所謂西池南嶽者，遊於紫虚雲林之間，而始乃名真仙乎。太孺人即不求為仙，壽兹無期矣。

抑余又有説於此。今夫至人繕形，達人繕名，故名壽為上，形壽次之。昔魏陽元為甯氏貴甥，卒成宅相。其外祖母實前識之也。侯為令屬耳，而聲華已冠絶江左。峩峩臺省，先猷不亡。趾美紹聞，勳業何量。余知侯之貴，將在日月之際，而他日傳侯事者，且推隆外氏，以太孺人之名，與天壤俱敝也。彼岡陵松柏之喻，曷足為太孺人壽。侯輾然起謝曰，藉子之言也。奚啻壽太孺人，不穀藉手報劉矣。拜使者，馳海上。以春仲五日張之初筵佐酌者。

## 明馮從吾《辨學録》七十九章（《少墟集》卷一）

世之論善惡禍福報應，皆歸之佛氏，此大不然。積善之家必有餘慶，積不善之家必有餘殃。作善降之百祥，作不善降之百殃。惠廸吉，從逆凶。非吾儒之言耶。羿善射，奡盪舟，皆不得其死。然禹稷躬稼而有天下，又指其人以實之矣。至于史傳所載，尤為章明較著。蓋善惡禍福報應，昭昭不爽，此自是天地間實理實事，原非幻妄，原非渺冥，故曰夫微之顯，誠之不可揜如此夫。曰誠者，言其實有此理，實有此事也。彼佛氏之説，怪誕不經，誠不足道。而或者乃以天地間如此實理實事，反歸之佛，豈未聞吾儒餘慶餘殃之説耶。語云，一念而善，景星慶雲。一念而惡，妖氛厲鬼。嗚呼嚴矣。右七十九章。

## 明倪元璐《倪文貞講編》卷二

孰能與之。對曰，天下莫不與也。王知夫苗乎，七八月之間，旱則苗槁矣。天油然作雲，沛然下雨，則苗浡然興之矣。其如是，孰能禦之。今夫天下之人牧，未有不嗜殺人者也。如有不嗜殺人者，則天下之民，皆引領而望之矣。誠如是也，民歸之，猶水之就下，沛然誰能禦之。

與，是歸往。周正建子，其時七八月，即今之五六月也。孟子义述已與梁王問答之言説道，王又問我曰，今天下民各有主，孰肯棄其主而來歸我乎。我對曰，天下之百姓，莫不欲得所依歸，趨向仁君者也。王知夫苗乎，當夫七八月之間，亢暘苦旱，則田禾枯槁。天忽油然而作雲，沛然而作雨。將見解澤一施，苗之枯者忽轉為榮，浡然興起，誰得而遏止之乎。今天下之諸侯，有牧養斯民之責者，無不爭城爭地，糜爛其民，未見有不殺人者也。如有不好殺人者出乎其間，亦如大旱之時潤以甘雨，天下之民皆延頸瞻望，欲得之以為君矣。心誠向之，身將焉往。將見民之歸趨之也，猶水流之就下，其勢沛然，亦誰得而抑阻之哉。蓋饑渴之時，易為飲食。萬方嗷嗷，仁主之資，道固然也。孟子所述告梁襄王之説如此。

臣按篇中人牧二字，最是警醒動人。蓋未有以牧養為名，而可以殺戮為事者也。代天牧民者，惟賴天子。代天子牧民者，惟賴守令。臣竊謂守令之能，全不在於武健搏擊。守令之所以守土禦寇者，亦不徒恃保甲鄉兵。但是愛民如子，民心愛戴者，其境内自無盜賊。即有他盜來侵，百姓亦自能為他効力死守，如古者尹鐸之守晉陽，至於沉竈産蛙，民不叛去。尹鐸未嘗知兵，只是平日之政，不以繭絲催科殺人，故雖以智伯之强，合三國之衆，不能克之。一方之牧如此。元后作民父母者，益可知矣。

大都政事之可以殺人者，不止一端。聖王之治天下，無論寬嚴，總歸於神武不殺。蓋此不嗜殺人之心，即是天之生理。在人身為元氣，在宇宙為太和。人主常存此心，不惟盛德感人，抑且以和召和。凡天地間吉祥善事，自然與之相會。故曰元者善之長，又曰作善降之百祥。自古及今，惟有仁勝不仁，未聞以殺止殺。後世人主，有意勵俗。但知亂國用重典，激而用殺，不知亂世之民，偏不畏殺。至于民不畏殺，天下事尚可言哉。

## 又《倪文貞集》卷三《制誥》

**刑部福建司主事王肇坤**

勑曰，夫刑者，聖人所以厲教天下，文明之歸也。《易》賁旅之德綜於火離，取諸此矣。是故不宜付之法吏，而宜付之通儒，甚明爾。具官某，仁義之學，注為哀敬。詩書之氣，被於簡孚。精聽審稽，以佐其長。郵罰是麗，倫要可求。奇請他比，則不為也。自頃風俗寇宄，暴悖日出，禁之不止，人用泯棼。朕欲稍糾以嚴，示世難犯，而所司不察。或為刻深，刻深之治，豈曰嚴耶。若斯明清，庶幾德禮，用俾有衆，知朕下車之心，是則子之忠也。夫皋陶之曰邁種，伯夷所以折民，豈意朕之庶臣，有能明此者乎。兹以奏績授爾，階承德郎。嗚呼，爾道之平，可以宰世，其敬之哉。《書》曰，慎厥始，惟厥終。終以不困。

**父**

勑曰，凡天之道，明報而已。故或報其德，而報諸其子，未為遼邈也。明王則之。或報其功，而報諸其父，或亦宜然爾。王文焕，乃具官某之父。聚義連仁，有如襞緝。觀其茂體，鋒岸俱夷。自可民比無懷，世還繩結。而當意激義起，任俠周施。一州之人，悉同憂患。傾舟分宅，復何以加。是故于閭宜容駟馬。今爾子惟良折獄，淑問有稱。本厥由來，能不汝尚。用封爾為某官。維《易》有之曰，積善之家必有餘慶，亶其然哉。

## 清孫承澤《春明夢餘録》卷二九《宗人府》

明太祖《自敘世德碑》。

本宗朱氏，出自金陵之句容，地名朱巷，在通德鄉。上世以来，勤農桑。五世祖仲八公，娶陳氏，生男三人。長六二公，次十二公。其季伯六公，是為高祖考，娶胡氏，生二子。長四五公。次即曾祖考四九公，娶侯氏，生子四。初一公，初二公，初三公，初四公。初一公凡四子。初一公配王氏，為祖考妣，有子二人。長五一公，次即先考諱世珍。元初，籍淘金户。金非土産，市于他方。以先祖初一公困于役，遂棄田廬，携二子遷泗州盱眙縣。先伯考五一公十有二歲，先考纔八歲。先祖營家泗上，置田治産。及卒，家日消。由是五一公遷濠州鍾離縣。其後因至鍾離居。先伯考性淳良，務本積德，與人無疾言忤意，鄉里稱善人。先伯娶劉氏，生子四人，重一公，重二公，重三公，生盱眙。重五公生鍾離。先考君娶陳氏，泗州人，長重四公，生盱眙。次重六公，重七公，生五河。某其季也。先遷鍾離，後戊辰年，先伯公有孫六人，兵興以来，相繼寖没。先兄重四公，有子曰文正，今為大都督。重六重七俱絶嗣。

曩者父兄因某自幼疾，捨入皇覺寺中。甲申，父母長兄俱喪。次兄守業，又次兄出贅劉氏。某托跡緇流。至正二十四年，天下大亂，諸兄皆亡。淮兵大起，掠入行伍。乃招集義旅，兵力漸衆。因取滁和。龍鳳三年，帥師渡江，駐兵太平。為念先考君常言，世為朱巷人，宗族俱存。平日每有鄉土之念，即訪求故鄉宗族之所。遂調兵取句容。明年，克金陵，而朱巷距城四十里。族父兄昆弟四十餘人至，始得與之叙長幼之禮，行親睦之道。但朱氏世次，自仲八公之上，不可復考。今自重八公高曾而下，皆起家江左。歷世墓在朱巷，惟先祖葬泗州，先考葬鍾離。此我朱氏之源流也。

爰自金陵太平駐師開府，為基本之地，實鄉郡焉。屢歲征伐，拓境吴楚甌越，方數千里。由是累有顯爵，乃龍鳳九年三月十四日。内降制書，曾祖考為資德大夫江南等處行中書省右丞相上護國軍司空吴國公。曾祖妣侯氏，吴國夫人。先祖考稱大夫江南行中書省平章政事上柱國司徒吴國公，祖妣王氏，吴國夫人。先府君開府儀同三司録軍國事平西右丞相吴國公，先妣陳氏吴國夫人。以閏月十三日，祇謁隴上，焚香告祭，遵舊典也。重念報本禮行宜厚，今勉建事功，匪由己能，實荷先世靈長之澤，垂衍後昆。報恩三代，并為公，以遂子孫者之至願。《書》曰作善降之百祥，《易》曰積善之家必有餘慶。先祖父積功累善，天之報茂于厥後。凡我子孫，皆當體祖宗之心，蹈德存仁，以永其緒于無窮，是吾之所望也。于是備書于後，以傳信將来，有所考焉。

按，明緒本顓頊，周諸侯國于邾，漢司空朱浮裔。太祖不肯冒附名族，惟以所知德祖為始祖。其見過於漢唐遠矣。

## 清顧炎武《日知録》卷二《惠迪吉從逆凶》

善惡報應之説，聖人嘗言之矣。大禹言惠迪吉，從逆凶。惟景響。湯言天道福善禍淫。伊尹言，惟上帝不常，作善降之百祥，作不善降之百殃。又言，惟吉凶不僭，在人。惟天降災祥，在德。孔子言，積善之家必有餘慶，積不善之家必有餘殃。豈真有上帝司其禍福，如道家所謂天神察其善惡，釋氏所謂地獄果報者哉。善與不善，一氣之相感。如水之流濕，火之就燥。不期然而然，無不感也，無不應也。此《孟子》所謂志壹則動氣，而《詩》所云天之牖民，如壎如篪，如璋如圭，如取如攜者也。其有不齊，則如夏之寒，冬之燠。得於一日之偶逢，而非四時之正氣也。故曰誠者天之道也。若曰有鬼神司之，屑屑焉如人間官長之為，則報應之至近者，反推而之遠矣。

## 清朱彝尊《感應篇集注序》（《曝書亭集》卷三五）

浮屠老氏之學，雖戾于儒者之言，至其自修之勤，則一也。釋氏有因果之説，道家亦有感應之篇。然福善禍淫之原，《易》《書》《詩》著之詳矣。夫曰禍福無門，惟人所召。本閔子馬之詞。吉凶之報，如影隨形。同孔安國《尚書傳》。若其自省之嚴，涕唾不敢北向，夜起不敢裸露。以為明神居焉，懼或殛之。庶幾合乎君子慎獨之旨矣。夫鬼神之為德，莫備乎聖人之言。自二氏之説興，而言鬼者歸之釋氏，言神者歸之老氏。小人之為不善，其畏人之心，恒不勝其畏神鬼之心，故以《易》《書》《詩》喻之。彼謂迂闊而莫之信。易以二氏之説，無不悚然共聽。非真窮其義而樂其言，無他，信生于所畏也。因其畏與信而導之，則為力也易。君子之於佛老，惡其無用于世。苟有以善天下之權，無戾乎儒者之旨，則未嘗無取焉。求其同歸于善而已。宛平劉先生宣人，俾工刻《感應篇集注》以行。先生，儒者也。其道德文章，悉本聖人之訓。獨勤勤斯編示人，夫亦謂老氏之徒，其自修之功，猶嚴且慎。若是為君子儒者，宜何如焉。是則先生用意之微，予遂不揆檮昧而序之也。

## 清閻若璩《潛邱劄記》卷一

《易》曰，積善之家必有餘慶，積不善之家必有餘殃。此主數而言也，理在其中矣。明太祖有言曰，為惡或免於禍，然理無可為之惡。為善或未蒙福，然理無不可為之善。此主理而言也，數有所不足道矣。又曰，彼為善而無福，為惡而無禍，特時有未至耳。又未嘗不以數言也。

## 清周召《雙橋隨筆》卷二

世傳楊椒山先生喜鴉而惡鵲，以為鵲報喜近於諛，不如鴉之示人以禍為甚直也。余以為不然。蓋天之生人與物，賦形有定。鳥鳴之有異，猶人聲音之有南北清濁重輕也。鵲聲清，故人聞而好。鴉聲濁，故人聞而惡。好之甚而至於喜，則必為福之兆也。惡之甚而至於懼，則以為禍之兆也。人心自以喜懼為禍福，與鴉鵲之鳴何與哉。先生惡鵲而喜鴉，是以鴉與鵲果能示人以禍福也，必無此事。

大凡拘忌之人，疑而多畏。故事無大小，必擇時日。語言文字之稍涉不祥者，眼不敢見，耳不敢聞。門墻籬壁之間，必有迎祥戩穀福禄等字。若此者，謂可以致福耳。聞之《易》曰，積善之家必有餘慶，積不善之家必有餘殃。《書》曰，作善降之百祥，作不善降之百殃。未聞終日稱祥説瑞，揀曆占時，可以彌灾集慶者也。余一生不信陰陽，毫無忌諱。事至即行，未嘗擇日。多有相笑以為過於矯者，余亦株守如故焉。

## 清施閏章《重建東嶽廟記》(《學餘堂文集》卷一八)

古之祀神者，祀而不瀆，敬神而不聽于神。自天子至庶人，各有祀典。非其所祭則不敢祭，所以明禮辨義也。泰山為五岳長，《書》稱柴望，岱宗巡狩于是乎始。蓋天子所有事也。其在境内，惟魯侯得祭。季氏矯舉，孔子譏之，况其下焉者乎。是以古者五岳視三公，未有封號。其從事泰山者，有祭告而無封禪。封禪之説，著于《管子》，而所稱七十二君，殆不可攷。自秦漢迄唐宋，好言封禪。用是有宫觀祠廟之役。且人其神，而帝王其封號矣。明洪武間，始正其名曰東岳泰山之神。有大事遣使，奉天子册書祭告。雖未舉巡狩之典，而與古柴望之義一也。今去古益遠，祭義不明。俗尚禱祀，士女重趼累繭，影赴響臻，趨事泰山無虚晷。崇廟飾宇，史巫紛若，以覬覦其所欲得，不幾以神為市乎。

濟南府治，去泰山百里而遥，所在多祀岳神，城南岳廟為甲。昉自宋元，歷明弘治萬曆，增修至再。崇禎已卯災，前提學涂君倡議募修。年閱二十，費累鉅萬，復其舊而廣之。朱甍碧瓦，榱棟巍峩。左右層宫復殿，羣神畢祀。余秩滿將歸，道士任志德及諸父老，丐文以記。余乃昌言于衆曰：

此古天子柴望之所，先魯侯之所守祀，而大夫以下之所不得祭者也。若毋以神食于我，而謂神之假易也。夫捍災禦患，出雲為雨，有功德于民者，皆祀之，所以答神貺也，非諂也。《書》曰，惠廸吉，從逆凶。皇天無親，惟予善人。《易》曰，積善之家必有餘慶積，不善之家必有餘殃。《詩》曰，懷柔百神，及河喬嶽。福善禍淫，天之道也。敬鬼神而遠之，智者之事也。帝出乎震。震，東方也，萬物之所始也。岱為東岳，出雲雨，不崇朝徧天下，而此邦為岳麓，被澤尤先且厚，宜不敢忘神之賜。今竭力致誠，雲集雷動，入廟中，尊之如天地，畏之如雷霆，可謂敬矣。其反而思曰，某事善，可告神。某事不善，神必怒我。恐懼修省，相與薰為善良。去其矯誣，以告亡罪于神。夫然後風雨以時，菑患用息。豐黍稷而穀士女，神所憑依，將在是矣。不然，瀆神求福，鬼瞰其室。若毋以神食于我，而謂神之假易也。諸父老聞之，憬然曰善。遂書其詞為記。

## 清陳廷敬《經解二（易）》（《午亭文編》卷二六）

畜卦之義，蘇氏説之已盡。其言曰，小畜之畜，乾也，順而畜之，故始順而終反目。大畜之畜，乾也，厲而畜之，故始厲而終亨。君子之愛人以德，小人之愛人以姑息。見德而愠，見姑息而喜，則過矣。

初九欲進之意，無已也。至于六四，遇厲而止。六四之厲，我所謂德也。使我知戒而終身不犯于災者，四也。小畜之説輻，不得已也，故夫妻反目。大畜之説輹，其心願之，故中无尤也。三乾並進，故曰良馬。逐馬不憂其不良，而憂其輕蹺易道，以至泛軼也。故利艱貞。九三，乾之殿也。故相與飭戒閑習其軍徒，則利有攸往。

上，上九也。上利在不忌，三利在必戒。童牛，初九也。牿角，械也。童牛無所用牿，然且不敢廢者，自其童而牿之，追其壯雖不牿可也，此愛其牛之至也。豶豕，豮豕也，九二之謂也，有牙而不鷩也。豮豕也不鷩，則可畜矣。大畜之畜，乾也。始厲而終亨。初九，陽之微者也。而遂牿之。故至于九二，雖有牙，而可畜也。其始牿之，其漸可畜。其終，雖進之天衢可也。童而牿之，愛以德也。故有喜，不惡其牙而畜之，將求其用也，故有慶。

凡物有以相德曰喜，施德獲報曰慶。孔子曰，積善之家必有餘慶。天衢者，上之所履，而不與下共者也。德有以守之，雖有以予人，而莫敢受。茍無其德，雖吾不與，而彼將有取之者。上九之德，足以自固，是以無忌於乾，而大進之。其曰何天之衢者，何天衢之有，而不汝進也。夫惟以天衢進之，而乾大服矣。

## 清毛奇齡《嘉定李氏功行録序》（《西河集》卷四三）

《書》曰，天道福善禍淫。《易》曰，積善之家必有餘慶，積不善之家必有餘殃。此即桑門因果之説之所自昉也。顧禍福因應，吾儒有其理而無其事，故禹稷得天，有窮被殪。仲尼每置之勿論。而史傳伯夷，且有顔氏早殞盗蹠考終之疑，而其後桑門立教，著為果報，遂致《法苑珠林》諸録，竟與《楞嚴》《法華》並垂佛藏。

予束髮時，或有授予立命編者。時崇禎之季，袁氏所著，方盛行於人。考其為説，大抵昌言禍福因應，而以己事實之。然止袁氏一事已耳。其後數年，漸有條列其事于其書後者。又數年，當國朝初年，則又變而為《感應篇》，取道家《太上感應》一書而句釋之，且疏事其下，而於是吾儒與道，亦皆各有因果之録先後行世。

夫吾儒為善不必得福，為惡不必得禍。而老氏無為，原以上德不德為道德之要，即桑門上乘，亦何嘗有善惡兩途可墮因果，而其理其事，則未必非獎善絀惡者之所見端也。

練川李九蘭，負君子行。少時以藝文雄于鄉，既而避草澤，闔户不出。今老矣，自思獨行無可為及人者，乃著《功行録》四卷，分出處方外閨闈四則，每則則又分若干格，格若干條。其為格甚具，而為條頗煩。至每條則又列言論于前，而紀事實于後。蓋合理與事而一之，使讀之者見聞雜出，理事並著。按而行之，瞭若指掌。

夫生人不古，久矣。聖王教令不行于世，而國家律法刑政桁楊刀鋸，顯然在人。以為入此則生，出此則死。然猶有閔然蹈死不少畏者。夫人畏名義而為善者，十不得一。畏刑法而不為不善者，十不得二。而有如導之以淺近之言，示之以時俗之行，成敗禍福，歷歷不爽，則雖才識過人，素稱特達者，猶然相顧咨嗟，惕焉感興，而況夫婦知能，其讐于昭昭，而警于冥冥者。閭巷相觀，蓋往往而是也。彼夫章句之子，守理過拘，惟恐稍涉禍福，即有類于佛氏之所為。以為正誼明道，不計功利，盍亦取是書而誦之，可乎。

## 又《日南和尚增釋感應篇序》(《西河集》卷五〇)

無所為而為善，不必有所為而不為不善，世有幾人。下此則第以有為之學，分别善否。雖夫子不答南宫括，佛氏言因果，即是下乘。而要之，福善禍淫與三緣五覺之説，彼此並行。惟道教言太上者，則不及焉。自趙宋理學祖述老氏，濂洛大儒皆以華山道士為之宗，于是談道教者，小變其習。諱為我之學，而講大同。因之有《感應》一篇，流傳人間。而《宋史》之輯《藝文志》者，遂編入之。迄于今，天下之舍因果而談感應者，非一日矣。

越州日南和尚，繼弁山之席，闡導諸方。將以不二法門，絶一切因緣，而乃較論《感應篇》以示世，世遂疑西來心印，降而為道士無賴。變言禍福之所為，而予不謂。然少時聞二氏之學，輒起攻訐。而既而誨之，三教本不同，而同歸于善。雖道之所謂善，或非吾之所為善，而其為感應之善，則無勿同也。

《易》不云乎，積善之家必有餘慶，積不善之家必有餘殃。此為陰陽言之也。性也，繼之者善也。《中庸》不云乎，禍福將至，善必先知之，不善必先知之。此為至誠言之也。道也，明善所以誠身也。《伊訓》不云乎，作善降之百祥，作不善降之百殃。此為凡為君者言之也。治也，合天下而同歸于善也。然則三教無異同，道術無大小。以此見性，以此誠身，即以此治世。善之為用，亦大矣。

日南自作《百善圖》，以為修一善心，破百種惡。修百善，則惡亡矣。夫以有善無惡之性，修為善去惡之身。進而治盡善無不善之天下，吾未見以善為事之為禍事也，吾未見以善為言而猶曰非吉人之言也。然則道書何害焉。

## 清李光地《講義一·吉凶悔吝无咎》(《榕村集》卷二三)

臣謹案，人事之有吉凶悔吝，亦如四時之循環也。吉屬春，吝屬夏，凶屬秋，悔屬冬。吉者，祥和之氣，故屬春。然吉之後，必有肆意徇情之事，而可羞吝者。亦如春後之有夏，陽盛既極，微陰萌生也。凶者，慘殺之氣，故屬秋。然凶之後，必有愧恨感悟之心，而圖改悔者。亦如秋後之有冬，陰道既窮，一陽來復也。恥過作非，可以招禍，故吝必致凶，亦如夏後之有秋，陰氣漸盛，必至摧傷也。改過遷善，可以求福，故悔必致吉，亦如冬後之有春，陽氣漸長，馴致休和也。

吉者必有所得，凶者必有所失，悔者必有所憂，吝者必有所虞。（虞者，安也，樂也。）吉凶，其已著者也。故曰，言乎其失得。悔，自凶而趨吉。吝，自吉而向凶。其未形者也。故曰，言乎其小疵。四者之外，又有所謂无咎焉。則如四時之有中氣也，又如五行之有土也。人無日不在吉凶悔吝之中，亦無日不欲避凶而趨吉者。然避凶之心勝，必至于害而苟免。趨吉之心勝，必至于利而幸邀。惟君子之心則不然。曰，吾求无咎而已。求无咎者，修其可吉之道，而無心于獲吉。至于既吉，而其惴惴于无咎之心常在也。去其取凶之道，而亦無意於避凶。不幸而凶，而其怛怛于元咎之心，常安也。是故震无咎者存乎悔。悔者，所以能无咎之機也。悔而无咎，則可以至于吉矣。吉而无咎，則不至于可吝矣。吝而无咎，則必不至于凶矣。凶而无咎，則亦無所可悔矣。故曰懼以終始，其要无咎，此之謂易之道也。

凡此者，皆以常理言爾。天下固有作惡而獲吉，修善而遇凶者。然此其變也，非常也。變者，不足以勝常者，故曰貞勝。貞者，常也。言以常者為勝也。天地陰陽，亦有愆過。然而以常者觀示也。日月光景，亦有災謫。然而以常者著明也。天下之動，氣數參差，人事錯糅，固紛然而不齊矣。然既以常道為勝，則其所常者，豈有出于一理之外哉。故曰，天下之動，貞夫一者也。禹曰，惠迪吉，從逆凶。惟影響。益曰，滿招損，謙受益。時乃天道。成湯曰，天道福善禍淫。伊尹曰，惟上帝不常。作善降之百祥，作不善降之百殃。此之謂貞夫一，而其道常伸于千古者。彼夫回邪之福，无妄之災，時所偶致，不久而復其常耳。吉凶悔吝生乎動，而貞乎一。此《易》所為因貳以濟民行者也。

## 清《世宗聖訓》卷一九《訓臣工一》

十二月庚辰，上諭内閣：年来冬月封印之後，政務署有餘閒。朕手書福字，賜内外大臣。諸臣奏謝，皆稱受朕賜福之恩。此世俗之言，非正理也。朕何能以福賜諸臣哉。不但朕也，即上天，亦豈能以福私與一人哉。《書》曰惠廸吉，從逆凶。又曰天道福善禍淫。《易》曰，積善之家必有餘慶。《詩》曰，自求多福。古聖人之垂訓，深切著明如此。從来善惡之報，如影隨形。福緣善慶，視乎其人之自取，他人不能助纖毫之力也。且所謂福者，不在乎富貴貧賤之間。有富貴人之福，有貧賤人之福。或貧賤之人，循理守分，無患無憂，其心志安舒，四體暢適，轉在富貴人之上。是人人各有其福也。朕之每年頒賜福字者，蓋欲諸臣觸目警心，時時存可以獲福之心，行可以獲福之事。如詩人之所言，自求多福。則諸福集於其身矣。諸臣又嘗言，賴朕之福。此言亦屬非是。蓋必諸臣皆有福，方為朕之福。是朕實賴諸臣之福也。又必天下百姓皆有福，然後為吾君臣之福。是君與臣皆賴百姓之福也。願與諸臣共勉修福之道可耳。

## 又卷二〇《训臣工二》

雍正十三年乙卯正月壬辰，上諭內閣：朕每見天下督撫有司等，於人命盜案，查審定擬時，曲為開脱，以行其婦寺之仁。意謂寬宥一人，可以種陰德於冥冥之中。不知君與臣皆任教養斯民之責，平時不能殫教養之道，使之不陷於重辟，在吾君臣已有不得辭之過。然尚屬伊等干犯法紀，自取其罪。國家設立科條，原以禁暴除姦，使人共守，非可枉法市恩。是故刑罰之設，乃不得已而然。至於水旱災荒，天時有不齊之數。鰥寡孤獨，人生有所遇之窮。彼寧塡溝壑，而不肯為匪者，率皆良民。似此無辜之赤子，不幸而遭值困阨，朕以牧養斯民之任，寄之天下督撫有司，而不能保護撫綏，登之衽席，乃視同秦越，聽其饑餓流離。此孟子所謂受牧牛羊，立而視其死者。天高聽卑，必加重譴。而顧欲於命盜案中，曲活一二有罪之人，以冀倖邀福報，何識見顛倒，一至此乎。

朕望天下督撫，董率有司，屏棄虛文，敦尚實政。平時則勸農教稼，闢地墾荒，崇儉黜奢，儲糧積粟，以立其根本。偶遇旱潦，即據實奏聞，殫心區畫。俾澤中鴻雁，共慶樂郊。有此濟人利物之功，方不負父母斯民之職。較之曲活一二罪人者，相去奚啻霄壤耶。至於樂善好施，史稱義舉。扶危濟困，人有同心。周禮以六行教萬民，孝友睦婣，而繼以任恤。可見任恤之道，與孝友竝重也。鄰里鄉黨之間，原有休戚相關之誼。以己之有餘，濟人之不足，在我本為不多之費，而在人已為當厄之施。况民有秉彜，自然觀感興起。衆擎易舉，利益孔多。從來積善之家，必有餘慶。一人行善，則慶在一家。衆人行善，則慶在衆姓。果然風俗淳良，號稱仁里。則和氣致祥，天道之感應，捷於影響。凡水旱災祲之戾氣，悉變為五風十雨之休徵矣。

然興仁樂善者，乃鄉隣長厚之風。而鼓舞旌揚者，則大吏有司之責。如所屬內有紳衿士庶，惠愛鄉閭，力行善事，該督撫等當優禮褒嘉，加意培植以表揚之。應題請者，即行題請。將朕此旨刊刻頒布，務使遠鄉僻壤人人知悉。

## 又卷二六《厚風俗》

十一月壬午，上諭內閣。朕聞閩省漳泉地方，民俗强悍，好勇鬬很。而族大丁繁之家，往往恃其人力强盛，欺壓單寒。偶因小故，動輒糾黨械鬬，釀成大案。及至官司捕治，又復逃匿抗拒，目無國憲。兩郡之劣習相同，而所屬之平和南勝一帶為尤甚。

朕思上天陰騭下民，與以至善之性。故云民之秉彜，好是懿德。雖五方風氣不齊，而本善之性，則有善而無惡。漳泉之民，亦未有天秉獨異者。其所以不善之故，則因俗尚囂陵，漸成積習。耳聞目見，皆剽悍桀驁之風，而無禮讓遜順之氣。遂令本然至善之性，陷溺而不自知也。其中即有善良之人，亦不過自潔其身，實難以數人之力，挽風俗之澆漓。

朕自臨御以來，屢頒諭旨，訓廸内外黎庶，詳明諄切，至再至三。自通都大邑，至僻壤遐陬，咸使之家喻户曉。而各省民風，漸能奉法循理，不敢蕩檢踰閑。且如最難化者，莫過苗蠻猺獞之人，近亦頗知革面革心，有欣欣向化之意。豈漳泉内地之民，轉不如苗衆等之悔過遷善革薄從忠，而甘於自暴自棄，陷身法網乎。朕心深為不忍，特降諭旨，切加訓導。

《易》曰積善之家必有餘慶，積不善之家必有餘殃。《書》曰作善降之百祥，作不善降之百殃。此言善惡感召之機，捷於影響。作姦犯科之人，既為王法所不宥，必為天理所難容。禍福利害之間，判然两途。則爾等亦何所憚而不為善，何所利而為不善乎。大抵居鄉之道，親睦為要。保身之道，循分為先。毋以强陵弱，毋以富欺貧。毋以智侮愚，毋以衆逼寡。毋為行險僥倖之事，毋為干名犯義之行。父老子弟，聯為一體。鄰里鄉黨，視若一家。相友相助，息訟息爭。使朝廷旌為義鄉，有司表為仁里。身名俱泰，刑罰不加。天下樂利之事，安適之境，無過於此。况閩省文風頗優，武途更盛。而漳泉二府，人材又在他郡之上，歷來為國家宣猷効力者，實不乏人。獨有風俗强悍一節，為天下所共知，亦為天下所共鄙。何不翻然醒悟，共相勉勵，而成禮義仁讓之鄉乎。著該督撫仰體朕心，時加訓誡。更立勸懲之法，實力奉行。務俾俗易風移，以副朕一道同風之至意。

## 清《世宗上諭八旗》卷六

雍正六年七月初五日奉上諭：據河東總督田文鏡奏摺内稱，河南府孟津縣天平街居民翟世有，以耕種為業。雍正六年四月初三日，有陝西三原縣人秦泰，販買棉花，携銀一百七十兩，遺失在路。翟世有赴地耕種，見而拾獲。欲俟原主尋找給還，守候一日。及歸，告知伊妻徐氏，徐氏亦勸夫給還。至次日，始見秦泰招帖，遂報明鄉地，將原銀給與，絲毫不取。秦泰因招帖原有均分之約，且感其恩惠，欲踐約酬謝。而翟世有固辭不受。似此義舉清操，實為難覯。已經給扁賞銀，並飭縣立碑，以示獎勵。謹具摺奏聞等語。

夫天下之治平，在乎端風俗。而風俗之整理，在乎正人心。若人之存心果能守法奉公，安分知足，則不貪苟得之財，不為非理之事。衾影無愧，俯仰寛舒，而和氣致祥，自然災害潛消，諸福畢至，子孫並獲安享，所謂積善之家必有餘慶也。若存心不端，曖昧苟且，損人利己，巧取貪求。雖獲目前之微利，而違背天理，暗中必遭天譴。得此失彼，不足補償。又或心存妄想，輕棄鄉閭。以致困苦饑寒，迫為匪事。或身填溝壑，或干犯刑章。子孫流離，莫歸故土，所謂積不善之家必有餘殃也。古訓昭垂，確乎不爽。朕愛養黎元，教誨諄諄，至詳且悉。惟期薄海内外，革薄從忠，以成蕩平正直之治。而地方大吏有司等，既不能躬行禮讓，以為民之倡。復不能懇切周詳，以宣朕之訓。是以還淳返樸之風，不多槩見。朕心實企望之。

今見孟津翟世有之事，乃風俗休美之明徵，國家實在之祥瑞也。朕心深為嘉悦。田文鏡化導獎勸之功，亦於此可見。蓋秉彝好德，人心所同。十室之邑，必有忠信。宇宙之大，兆民之廣，豈無崇廉尚義之人。祇因大吏有司，不以民風淳薄為念，或遂至於湮没不彰耳。果能化導訓廸於平時，而遇忠孝節義之人，必敬禮表揚，以為衆人之勸，則奮發興起，豈不成比户可封之俗乎。翟世有著給與七品頂帶，仍賞銀一百兩，以旌其善。

凡人境遇之豐嗇貧富，皆有一定之數，不可以倖而致。假若貪者有餘而廉者不足，則是定數不足憑，而天道不可問矣，有是理乎。無奈世人貪心一萌，遂於明白淺顯之理，不能知覺。而見利思義不拾遺金，便為古今罕覯之事。如翟世有者，乃耕田力作之農民耳。未必備讀先聖之詩書，取法古人之行誼。而天性樸誠，不欺暗室。用能化導其妻，共成義舉。是以神明默佑，揚表芳徽。令聞達於朝廷，拜章服帑金之賜。且將紀名於史册，流譽於無窮。倘但計一時之利，所得不過百餘金，為數幾何，用輒易罄。以今日之榮名較之，其多寡豈啻霄壤之分哉。觀翟世有之一節，必其平日存心忠厚，正直公平，是以上蒙天鑒，錫兹美事。倘人人觀感興起，皆能如此存心，則不但成讓路讓畔之休風，而本人亦必受上蒼之嘉祐，荷國家之恩榮，詎不美歟。

上年京城内有鍘草夫役名六十一者，於伊草車内拾得銀五十兩，不肯私取，當官呈出。隨經該管官員奏聞，朕已降旨獎賞。此事與翟世有之還金相類。翟世有六十一，皆齊民也。而能戒貪知足，砥礪廉隅。彼居官者，身列縉紳，羣黎賴其表率。為士者，名標庠序，百姓奉為楷模。而乃暮夜餽貽，婪贓納賄，公門出入，網利營私，不守官箴，不端士品。今聞翟世有六十一之事，其能無愧於心乎。朕為人心風俗起見，特將田文鏡奏摺發出，頒此諭旨。著内外地方官員，通行曉諭所屬官民人等知之。特諭。

## 清《世宗上諭内閣》卷一五一

雍正元年六月十八日，浙江巡撫臣李馥謹奏，為遵旨奏明事：臣於三月十六日，密陳閩省情形，奉御批，命臣細訪密奏。仰見聖心加意海疆，無微不及。臣即密令親信子弟，四處體訪的實，乃敢奏聞。

查臺匪越獄六十餘人，官兵追至土牛大樟地方，當場殺傷及擒回梟示者共五十八人。投江溺死及餓斃山中者六人。計皆全獲，匪類盡絶，地方帖然。全閩人民，共沐聖主仁恩，安居樂業，至於天語丁寧諭臣，於隣省地方舉錯，偶有得失，彼此箴規，互相勸戒。仰見我皇上廓然大公之至意。臣雖至愚極陋，守分不敢越俎。然偶有見聞，敢不彼此規戒，合德同心，共襄盛治。所有閩省近日情形，據實奏明，伏祈睿鑒。謹奏。

覽爾所奏，朕疑懷已釋。君臣一體，天下一家。休戚相同，何分彼此。惟期諸臣，共以一誠相孚，無絲毫間隔於其間。何慮四海不致昇平，蒼生不蒙福澤也。

隱諱承順，最為陋習，朕深不取。切不可以仰慰朕懷為詞，而涉於阿諛逢迎之跡。戒之勉之。

再諭：粵溯道統之傳，堯舜以至周公孔子，聖聖相承，精一不雜，原無藉於釋道。自漢以來，三教流傳，炳若三光，屹然鼎峙，歷千百年而不廢不墜，豈非道並行而不相悖歟。吾儒正心率性，釋家明心見性，玄門修心煉性。以言乎體則同。聖人之明德新民，如來之自利利他，太上之度人無量。以言乎用又同。《中庸》曰，戒慎乎其所不睹，恐懼乎其所不聞。内典云，六塵涉境，心不隨緣。《道德經》云，不見可欲，使心不亂。以言乎進修工夫，亦未嘗不同。何下士往往以管蠡之見，縱横辨駁，以逞其胸臆。蓋止據形迹而論，而實未窺其奥藴也。其言以為二氏之學，全無關乎世道人心。而孰知有不然者。

夫積善之家必有餘慶，積不善之家必有餘殃。理載於《周易》。善惡之報，如影隨形。義著於《感應篇》。四生六道，因果輪迴之秘諦，散見於大藏諸經。其所以警戒提撕，誘掖奬勸，若合符節。究其指歸，無非勉人為善而已。況細而閭閻里巷，遠而海澨山陬，有不可以禮樂維持詩書訓導者，而二氏之教，皆足以感發其皈向之誠，消磨其隱微之慝。由是觀之，釋道寧無補於王化也哉。試問中國將此三途，去二留一，能乎否耶。不能，則何必分門立户，互相排擠，有若聚訟。

然顧兹末法，黄冠緇流，下愚者多。率皆餓夫懶漢，苟希利養，以故招提蘭若，竟成藏垢納污之地。此輩猶如穀之有稗，粟之有秕。惟在分别孰稗孰粃，豈可併穀粟而概棄之乎。朕向來三教並重，一體尊崇。於奉佛敬仙之禮，不稍輕忽。每見章句之士，鄙薄二氏。動輙輕蔑擯斥，而託名理學者尤甚。及考其操履，與理學真詮又大相徑庭。此不過井蛙籬鷃之徒耳，何足與較。浙江俗稱僧海，乃衲子卓錫勝地。近十年来，不特指月清機宗風透徹者罕見，即精通教律者亦未聞其人。叢林凋謝，可勝太息。汝仰體朕意，於公務之餘，留心護持，使不至過於寥落傾頹，不必著相莊嚴也。此諭汝自領會，毋令衆知。何也，士子聞之，徒為好佛之譏。釋子聞之，致增我慢之相。其中庸流，或因而縱肆，甚至紊亂清規，有干法紀，是朕憐之而反害之也。密之。

## 清《御覽經史講義》卷一九《詩經》（編修秦蕙田）

我其夙夜畏天之威，于時保之。

朱子曰，夙夜畏天之威，然後天命可以長保矣。

臣謹按，聖賢學問之道多端，一言以蔽之曰，畏天而已矣。何則，天之道，誠也。誠者，不欺之謂也。夫欺之名，人所不樂受，顧往往蹈之而不知者，由其心之無所畏也。故必使其心知有所畏，而後能直其心而無敢欺。則可畏而不可欺者，莫有如天矣。小人不知畏天，故自欺欺人，其究至於披猖潰敗，而不可問。君子惟知畏天，故戒欺求慊，謹幾慎獨，而無一時一事之苟且。

第欲畏之，必先知之。朱子曰，儒者以窮理爲先。理者，天理也。天者，自然而然，不假勉強，不差毫髮，有幾微謬戾，是違天也。有幾微造作，是背天也。有幾微疏忽放縱，是慢天褻天而棄天也。故儒者之於理，必極深研幾，至於一旦豁然而後已者，亦唯曰知天而已。知之，故畏之也。

夫既曰畏之，則非徒明其理也。其威之靈顯赫奕，而若有憑者，尤彰著而不可掩。程子曰，上天之載，無聲無臭。其體則謂之易，其理則謂之道，其用則謂之神。故説神如在其上，如在其左右。而只曰誠之不可揜如此夫，徹上徹下不過如此。《詩》曰陟降厥士，日鑒在兹。又曰神之格思，不可度思，矧可射思。孔子曰，吾誰欺，欺天乎。夫以古之神聖賢人，其性情之純粹，學問之淵深，必且什百於衆人。而於處心積慮發謀行事之際，卽於欺者或寡矣。然觀其夙夜之間，動色相戒，兢兢焉，業業焉，恐懼悚息，而不敢忽者，豈非天之昭假降鑒，誠有不得不畏者乎。

且夫威之可畏，其感應實有通於呼吸者。《易》曰積善之家必有餘慶。《書》曰皇天無親惟德是輔。蓋天，非特蒼蒼在上之謂。其自九天而上，九地而下。自吾之皮毛骨髓，以及六合内外，無非天也。是以動一善念，而天知之。動一不善念，而天知之。善則應之以祥，不善則應之以殃。無他，自感自應也。自感自應，所以爲誠也，所以爲天也。

然則學者之畏天也，宜如何。曰，毋自欺而已。毋自欺，則愼獨而已矣。夫隱微之地，一念初起，其善也孰知之，其不善也孰知之。然人不知而己獨知，且最眞最切，至見至顯，無過於此者，是乃所謂天也。於此而能愼，則去僞存眞，不欺其天也。衹不欺其獨也。不愼，則私欲横肆，天理微滅，欺其獨也，實欺其天也。儒者之學，所爲舜蹠之關，人禽之辨，喻義喻利之别，爲己爲人之分，宜莫切於此也。是以古聖王，嚴恭寅畏天命自度。自宫寢燕遊，及班朝涖政，總將之以敬畏之心，而臨之在上，質之在旁，默默感孚於無間。故陰陽和而風雨時，五穀成而萬民順。長保天命，其以此歟。而儒生所以立身行己以事上者，尤莫切於不欺，誠於屋漏衾影人所不見之地，刻刻以畏天爲事。樸誠自矢，而緣飾不萌。則庶幾有以自主，而不入於小人之途。於以求聖賢之道，不遠矣。

## 清《御選唐宋文醇》卷三

此篇與《與衛中行書》，皆昌黎見道之言，讀者所宜深玩。其謂造物者好惡與人異心，又謂都不省記，極柳州《天説》，而相去千里。蓋彼正言以為天固然，此則抑揚其詞，以申其合天之義，非正言也。

《易》曰，先天而天弗違，後天而奉天時。凡現今之窮通得喪壽夭，皆後天也。其所以窮通得喪壽夭如此者，有先之者焉，非今之所得而預也。若其介福於方来，垂光於後世，則皆現今之出言制行為之先。既有以為之先，則天勿能違也。天時者，天理也。言理則未必其皆時，言時未有不造極乎理者。猶之言正則未必其皆中，言中則未有不造極乎正者也。

奉天時，則合天矣。合乎天，而窮也，喪也，夭也，是其有先焉者之不可知，非今合天之所招也。合乎天，而通也，得也，壽也，亦其先焉者之不可知，而無礙乎今合天之所兼得也。由後而視今，則今固為先焉者矣。社稷之子，或在畎畝。畎畝之人，或在社稷。然而在畎畝者，又或以基德。在社稷者，又或以基亂。後者見其然，而不知曩之然。則曰，天之好惡，與人異心。又曰，無乃都不省記。不知天無心，亦無省記，唯弗違乎其先焉者而已。必以心語天，則理乃天之心。奉天時，則合天之心。誠奉天時，則窮通得喪壽夭，皆非其好惡之所存矣。人心尚非所存，而謂天之心存乎哉。

无妄曰，不耕穫，不菑畬。耕者必穫，然當其耕時，無可穫也。菑者必畬，然當其菑時，無所為畬也。責穫與畬於耕且菑之時，而謂地之好惡與人異心，抑或都不省記，豈非惑歟。良農耕耳菑耳，寧有疑地之無穫與不成畬而釋耒者哉。昌黎之言，截斷先後，專責現今之合天與否。誠達於天道，篤行君子也。

# 《為善陰騭》書及相關材料

## 《尚書・洪範》

惟十有三祀，王訪于箕子。

（孔安國）傳：商曰祀。箕子稱祀，不忘本。此年四月歸宗周，先告武成，次問天道。

王乃言曰，嗚呼箕子，惟天陰騭下民，相恊厥居。

傳：騭，定也。天不言，而默定下民。是助合其居，使有常生之資。

我不知其彝倫攸敘。

言我不知天所以定民之常道理次叙，問何由。

陸德明《尚書音義》：

陰，默也。馬云，覆也。騭，之逸反。馬云，升也。升猶舉也。舉猶生也。相，息亮反。助也。彝，以之反。

孔穎達《尚書正義》：

此箕子陳王問己之年，被問之事。惟文王受命，十有三祀，武王訪問於箕子，即陳其問辭。王乃言曰，嗚呼，箕子，此上天不言，而默定下民，佑助諧合其安居，使有常生之資。我不知此天之定民常道，所以次叙。問天意何由也。

傳，商曰祀，周曰年。《釋天》文。案，此周書也。《泰誓》稱年，此獨稱祀，故解之。箕子稱祀，不忘本也。此篇箕子所作。箕子，商人，故記傳引此篇者，皆云《商書》曰，是箕子自作明矣。序言歸作《洪範》。似歸即作之，照在武成之前，故云此年四月歸宗周，先告武成，次問天道。以次在《武成》之後，故知先告武成也。騭即質也。質訓爲成，成亦定義，故爲定也。言民是上天所生，形神天之所授。故天不言而默定下民。羣生受氣流形，各有性靈心識。下民不知其然，是天默定也。相，助也。協，和也。助合其居者，言民有其心，天佑助之，令其諧合其生。出言是非，立行得失，衣食之用，動止之宜，無不稟諸上天，乃得諧合。失道則死，合道則生。言天非徒賦命於人，授以形體心識，乃復佑助諧舍其居業，使有常主之資。九疇施之於民，皆是天助之事也。此問答皆言乃者，以天道之大，沉吟乃問，思慮乃答。宣八年《公羊傳》曰，乃，緩辭也。王肅以陰騭下民一句爲天事，相協以下爲民事。注云，陰，深也。言天深定下民，與之五常之性。王者當助天，和合其居所，行天之性。我不知常道倫理所以次叙，是問承天順民何所由，與孔異也。

宋胡瑗《洪範口義》卷上

騭，定也。王乃問而言曰，嗚呼，箕子，欲問箕子而先嘆者，所以重之也。言天不言，而默定下民之命，又且相助合協其居，而使有常生之資。定下民之命者，或貧或富，或貴或賤，或夭或壽，莫匪天定之使然也。然則既有短長之命，又定其貴賤之材，而且助合其居，使有恒産，則如懋稼穡以足食，勤蠶桑以有衣。使樂歲上可以供給父母，下可以畜妻子。凶年免於死亡。莫非天之佑而使然也。故曰，王乃言曰，嗚呼箕子，惟天陰騭下民，相協厥居。

宋蘇軾《書傳》卷上

騭，升。彝，常也。倫，理也。天人有相通之道，若顯然而通之，以交於天地鬼神之間，則家為巫史矣。故堯命重黎，絶地天通，惟達者為能。默然而心通也，謂之陰騭。君子而不通天道，則無以助民，而合其居矣。故武王以天人常類之次，訪箕子。

宋林之奇《尚書全解》卷二四

此武王所問之意也。漢孔氏曰，天不言而默定下民，是助合其居，使有常生之資。蓋其意以騭訓定，而《史記・宋世家》舉此文，亦以為惟天陰騭下民。先儒解釋多用此説。然騭之訓定，無所經見，難以取信。案《爾雅》曰，騭，升也。《方言》曰，魯衛之間為升騭。則騭之訓升，其來尚矣。《漢・五行志》舉此言，而應劭之註，以騭訓升，蓋取諸此。惟天陰騭下民，相協厥居，此蓋《洪範》之大要也。楊子曰，陽椎五福以類升，陰幽六極以類降。雖有吉凶善惡之不同，然天之生斯民也，性無有不善，而命無有不正。惟斯民之情，因物有遷，失其性命之至正，故有陷於六極不能自出者。非其性之本然也，皆其愚不肖之自取耳。若乃天之所以陰騭下民，相協厥居，而使之各正性命，保合太和者，未嘗不升之以福也。惟相協厥居，而升之以五福，故其生斯民而立之君，其使之贊化育，而輔相裁成之者，必在於建皇極而斂五福，以敷錫庶民者，實君師之任也。武王惟知天之陰騭下民，相協厥居，而未知人君所以取夫陰騭之常理者，其本末先後當如何也。故曰，我不知其彝倫攸敘。

《大學》曰，物有本末，事有終始。知所先後，則近道矣。蓋欲求治道，而不知本末先後之序，則倒行逆施，無自而成。故武王未知彝倫之攸敘，則勤勤懇懇，致恭盡禮，以訪于箕子，而不敢緩。為箕子者，不得不以所聞而告之也。傳曰，禮恭然後可與言道之方，辭順然後可與言道之理，色從然後可與言道之致。自我聞在昔以下，皆箕子諄復反覆，歷陳治天下之大法如此之深切著明無所不盡者，蓋以武王禮既恭，辭既順，色既從，則箕子之言不得不盡之矣。

宋史浩《尚書講義》卷一二

惟皇上帝降衷于下民，則所謂皇極者，固天地萬物之所同賦也。天以是道降於下民，是曰陰騭，陰相之也。蓋雖為下民，未嘗不受所謂中而生，則父母胚渾之前，中已具矣。惟因物有遷，迷其所賦，故為愚為不肖。苟悟大中之道是吾固有，存之以誠，持之以久，則無所往而不為中。堯以惟精惟一之中傳之舜，舜以命禹。湯得此道于數百歲後，故仲虺曰，建中于民。孟子亦曰，湯執中。又數百歲而傳之文武。文武豈不知所謂中乎。然而不言。訪于箕子者，以箕子亦得是道，武王心膽相照，目擊而存，故欲發箕子之對，使此道顯于當時，而行乎後世也。武王引箕子以為助者，以箕子為當世父師，一言可以信萬世故也。上帝既降衷于下民，而使之相協厥居以自安，安則道生焉。順道而行，則父父子子兄兄弟弟夫夫婦婦以至朋友長幼無不得其敘也。武王豈眞不知此者耶。謙虛退託，以來箕子之言爾。

宋夏僎《尚書詳解》卷一七

武王以即位十一年伐商克商，二年然後訪箕子以治道，則《洪範》之作，正在武王之十三年也。商紀年曰祀，周紀年曰年。此周書，不曰年而曰祀者，林少穎謂傳紀引此篇皆亦為商書，則此篇之作，蓋箕子為武王陳之，退而自録其答問之辭以為書，故以祀言。然今文不以為商書，而曰周書者，雖箕子所録，周史啓而藏之故也。

余謂此説雖通，然史官於人君，言動無不書者，豈有武王訪箕子，其事如此之大，史乃不録，而箕子自録之理。則此篇必是周史所録。其言祀者，乃史官不欲違箕子之志，故以祀言，見其不用周正，有不臣之意。如淵明於義熙以後，有所著述，但書甲子，不書其年號也。訪，蓋就而問之也。蓋武王奉箕子歸周，必為之館舍。今欲問道，故不敢召從王所，必往就箕子館舍問之，所以重道也。此二句，蓋史官將叙洪範，故先言其年月與往問之迹，以見《洪範》之作，乃武王十三年往就箕子而問道，故箕子為武王陳也。

自王乃言曰以下，即王問箕子之言也。此篇答問，皆言乃言曰，孔氏引《公羊傳》曰，乃，緩辭也。天道大，沉吟乃問，思慮乃對也。蘇氏謂乃，言之難也。王虛心而致問，箕子辭遜而後對也。二説皆通。武王既難其言，然且必先言嗚呼，又呼箕子而後問之者，嗟嘆所以重其事，呼其人所以致其問之之意也。

箕，殷封之國，子爵也。箕子蓋以子爵而封於箕也。天下既為周，武王猶以箕子呼之，亦從其舊，不敢違其不臣之志也。然武王之問，必言惟天陰騭下民，相協厥居，我不知其彝倫攸叙者，蓋武王之意，以謂上天愛民甚深，雖天人之相去，上下異勢，邈絶不通，然降衷秉彝，與夫起居日用飲食之間，上天初不以其所居之在下而絶之，必於冥冥之中陰有以升之，使之相通，而輔相保合其生生之理，如五行之所養，五事之所賦，與八政五紀。凡九疇之叙，皆天所以默升斯民，使上下相通，而相協其居者。今武王實奉天子民，則所謂裁成其道而輔相其宜，盡法上天愛養斯民之道，以為天下利者。實武王責也。武王實欲以是道訪箕子，使之一二剖析，於是問之曰，是道也，天所以相協斯民者也，我當發揮之，而終始本末先後常倫，我實未知其叙果如何。所以然者，蓋自託以不知，乃所以發箕子所能言之秘也。

宋時瀾《增修東萊書説》卷一七

乃者，武王不敢輕其言，又嗟嘆以發之。惟天所以默相下民，使之和合，各得其居。上棟下宇，夏葛冬裘，飢食渴飲者，是孰使之然哉。人君代天理物，輔相裁成之責甚重，而我不知彝倫之所由敘。苟不知彝倫攸敘，輔相裁成何賴焉。武王天命已定，乃自視君職之缺然。如湯既克夏，曰俾予一人。輯寧爾邦家，朕未知獲戾于上下。輯寧者，相協之謂。聖人相傳之心，一也。君職在焉，曰未知，曰不知，所以無愧於君職也。且武王豈真不知邪。堯以是傳之舜，舜以是傳之禹，禹以是傳之湯文武周公，道統已在，況親得之於文王之正傳，又有周公為之左右輔相，安有不知。觀其言曰，惟天陰騭下民，相協厥居。苟其習不察，行不著，將以下民為自生自養，烏知天之陰騭者哉。武王蓋灼見聖學之無窮也。大抵堯舜禹湯文武相傳之道統則一，其間節目，必有本原。所以堯舜禹曰若稽古，傅説告高宗曰學于古訓，而武王必證於箕子。

宋黃度《尚書説》卷四

乃，有繼之辭，非倉卒而問也。陰，默。騭，定。相，助。天地之性，人為貴。天默定之也。相助之，使協其居，人君之職也。仁人之安宅，義人之正路。曠安宅而弗居，舍正路而弗由，難矣。彝，常。倫，類。武王自謂不知其所由敘，將無以協民之居。逸居而無教，則近於禽獸，豈天惠民之意哉。

宋袁燮《絜齋家塾書鈔》卷九

十有三祀，武王之十三年也。惟十有三年，武王伐殷。既殺受，立武庚，故以箕子歸而訪洪範焉。商曰祀，周曰年，今此以祀書者，蓋此書箕子之所作也。箕子之所作，則猶商書也，故從其本稱也。曰十三者，記武王之十三年。曰祀者，記商家之所稱也。此一句，蓋兼商周而言。謂純于商，則天命已墜矣。純于周，則此書固箕子之書。箕子未嘗臣周也。純于商固不可，純于周亦不可。曰十有三祀，兼商周而言，其意深矣。

此事甚重，武王不敢輕問，故謂之王乃言曰。箕子不敢輕答，故謂之箕子乃言曰。乃之一字，慎重之意也。武王謂人禀天地英靈之氣，獨超于萬物，此蓋冥冥之中，陰有以升之也。騭之為言，升也。獸聚則爭。今人羣居族處，歡欣和協，常理秩然，而不至于亂，此必有所以然者。韓昌黎所謂夫鳥俛而啄，仰而四顧。夫獸深居而簡出，懼物之為己害也，猶且不脱焉。弱之肉，强之食。今吾與文暢安居而暇食，優游以生死，與禽獸異者，寧可不知所自邪。其所謂自，即其所以然者也。武王謂我察乎人之羣居而不至于亂，而不知其所以敘者，何自而然。武王亦可謂善問矣。此理未嘗不在天下，常人懵而不察，武王獨能察焉。思而疑，疑而問，斯所以為聖人歟。

宋蔡沈《書經集傳》卷四

騭，職日反。相，去聲。〇乃言者，難辭，重其問也。箕子稱舊邑爵者，方歸自商，未新封爵也。騭，定。協，合。彝，常。倫，理也。所謂秉彝人倫也。武王之問，蓋曰天於冥冥之中，默有以安定其民，輔相保合其居止，而我不知其彝倫之所以敘者如何也。

宋黄倫《尚書精義》卷二八

孔氏曰，騭，定也。言民是天所生，形神天之所授，故天不言而默定下民。羣生受氣流形，各有性靈心識。下民不知其然，是默定也。相，助也。協，合也。助合其居者，言民有其心，天佑助之，令其諧合其生。出言是非，立行得失，衣食之用，動止之宜，無不禀諸上天，乃得諧合。失道則死，合道則生。言天非徒賦命於人，授以形體心識，乃復佑助諧合其居業，使有常生之資。九疇施之於民，皆是天助之事也。

無垢曰，騭，升也。夫陰升下民，而不顯示其符。不如是，則神怪民惑，而奸人得志矣。人君，代天造化者也。相協厥居者，乃人君之職。相，助也。協，和也。居其所禀常性也。天以五行陰升之，人君以五事至福極助和之，則天為萬物父母，元后作民父母之説行矣。夫惟助和其性，當有常理次叙。而武王未之學焉，此所以下訪而問也。

張氏曰，道散而為五行，五行之在天地之間也，一始一終，而終始有不可窮之彝。一先一後，而先後有不可亂之倫。是故方生方死，方死方生，新故相仍，往来相繼。此其彝之不可窮也。天一地二，天三地四，天五地六。天七地八，天九地十。此其倫之不可亂也。因其不可窮也，故推使之通。因其不可亂也，故辨使之治。此彝倫之所以得其敘者，天也。敘之者，人也。

武王欲知其彝倫攸敘，所以道箕子而使之言也。

陳氏曰，騭，升也。天降格於民，民升達於天，使其性命之理，陰有以相通也。天之使是民相通其道，蓋將以助民而協其居。所謂助民而協其居者，資之以生生之道也。水火土金木，自是而用矣。九疇自是而起矣。武王言我不知其常倫之所敘，是咨之以九疇之次序也。

宋陳經《尚書詳解》卷二四

王乃言曰，嗚呼，先嘆而後問，不敢輕於發問也。騭，升也。相，助也。協者，和合也。居者，其所安也。彝，常也。倫，理也。天之與人，以是理也。蓋陰有以升之，而日用之間，冬裘夏葛，饑食渴飲，君臣父子兄弟夫婦，良知良能，居之而各得其安者，無非天有以相助而使之和合，此即常理也。人相與雜處於覆載之間者，若無常然之理，則何以能協厥居。必至君臣如仇敵，父子如豺狼，長幼無倫，夫婦無別。反天之經，賊民之行，豈有次第哉。惟其有是理，自然有是叙。以其非人之所能為也，故歸之天。《詩》曰，天生烝民，有物有則。民之秉彝，好是懿德。物則即大法也，彝即彝倫也。天以是付之人，日用而不能知。武王亦以為我不知，蓋人主者，叙此彝倫為人道立極者也。苟不能知此理之所自來，則何以理民物，所以必問。雖然，道之正統，自堯舜傳之禹湯文王則武王傳之久矣，曷為而不知也。曰，此武王之所以聖也。維天之命，於穆不已。若武王自以為知，則非武王矣。吾於是知堯之兢兢業業者，此心也。大舜之克艱者，此心也。禹之孜孜，文王之純亦不已，孔子之我無能焉者，亦此心也。不如是，何以能傳道哉。

宋錢時《融堂書解》卷一〇

相，佑助也。王既訪箕子，于是乃言，先儒謂武王聖人，于常道非真不知，繆為不知而發此問歟。是不然。聖人之于常道，固無不知。若夫垂世立教，所以綱維斯道之大法，則容有不盡知也。故孔子問禮問樂問官，苟知矣，何問之有哉。武王克商，急急奉箕子以歸，親訪其館，首問此事，最是武王定天下規模第一著。洪範九疇自禹之後，千有餘歲，未嘗顯于世。今也一問而盡得之，豈細事也哉。

宋趙善湘《洪範統一》

商曰祀，周曰年。《洪範》，周書。稱祀，蓋箕子自序其事，而周史因而書之也。王訪于箕子，就見之也。武王可使箕子歸周，不能使箕子朝王，道不可屈也。方念天下之民未安其居，彝倫不得其叙，道在箕子，而可臣致之乎。武王訪之，不為失尊。訪而問之，遂陳洪範。箕子不為失節。武王所以聖，箕子所以仁也。乃言者，徐然後言。曰嗚呼箕子者，感嘆之辭。武王何心于有天下，以彝倫之失其叙，天命在周，武王不獲已而有之。然箕子，亡國之宗臣也。始見之頃，寧無韞然于心乎。惟天陰騭下民，莫不欲安其居，而輔相協和之，則在有土之君。受不能相協民居，使至于亂。武王代興，未知彝倫攸叙，其心恐懼，訪箕子而後問。武王之心，天之心也。所問，天之道也。天錫禹洪範九疇，而傳之箕子。箕子不得其位行之，而武王以箕子歸，首及於此。洪範之傳，不在武王乎。

宋胡士行《尚書詳解》卷七

降衷秉彝，起居飲食，凡民所以生者，皆天也。人主代天裁成輔相，可不知乎。武王豈真不知哉。聖學無窮，與湯未知獲戾之心，一心也。

元吳澄《書纂言》卷四上

乃，難辭。嗚呼，嘆辭。嘆而後言，重其事也。陰，默。騭，定。相，助也。協，和也。相協厥居，謂厚其生，利其用，正其德也。彝倫，常道之次序，指洪範九疇而言也。叙謂各有條理也。凡九疇之序，皆天所以默定下民，而相恊其居者也。

元陳櫟《書集傳纂疏》卷四上

纂疏。愚案，《爾雅》騭，升也。升之訓，優于定。如躋民仁壽之意。天下之常理，先後本末，各有自然之序，非人之所為。乃天之所叙也。斯民之生，其上棟下宇，羣居聚處，是孰使之然哉。天意之陰騭默相，蓋存乎其間，而常理即寓乎其間。理或高出乎無極太極之表，而其實不離乎日用常行之間。武王于陰騭相協，而繼以彝倫之所以叙。攸者，所也。即所以然之意，武王其默識之矣。姑退託于不知以問耳。

元董鼎《書傳輯録纂註》卷四

乃言者，難辭，重其問也。箕子稱舊邑爵者，方歸自商，未新封爵也。騭，定。協，合。彝，常。倫，理也。所謂秉彝人倫也。武王之問，蓋曰天於冥冥之中，默有以安定其民，輔相保合其居止，而我不知其彝倫之所以敘者如何也。

輯録。彝倫，指洪範九疇而言。竊意箕子在商，潛心九疇之學。如文王之潛心于八卦。殷滅之後，武王恐其學不傳，故訪而問之。且退託于不知，以發其言。東齋《集傳》。

元王充耘《讀書管見》卷下《洪範·惟天陰騭下民》

天陰騭下民，是無形聲可驗，故武王不知彝倫之所敘者何由。蓋治天下，不過欲敘彝倫，使君君臣臣父父子子，則天下治。若君不君，臣不臣，父不父，子不子，則天下亂。彝倫果何由而得其敘哉，有九疇以維持之，則彝倫敘。無九疇以維持之，則彝倫斁矣。是九疇自九疇，彝倫自彝倫。彝倫是人之五常，九疇是治天下之大法。而傳以彝倫之敘，即九疇之所敘者，非也。夫治天下，莫急于五行。所以天生五材，民並用之。缺一不可。民非水火不生活，故九疇以五行為先。人有所養而後可以修己，故次之以五事。己既修而後，可以治人，故次之以八政。五紀是作歷以合天，皇極是人君以身立教，三德是先後之以刑賞。柔克者，作福賞也。剛克者，作威罰也。或剛或柔，或正直，随時制宜，是又能因時制變矣。然人有不能決，則相率而聽于天。七稽疑是也。庶徵則因效驗之見于天者，以為之省驗。福極是因效驗之見于人者，而為之勸懲。九者，聖人所以治天下之具，其序雖有先後，而其中蓋無所重輕。傳者以前四疇為皇極之所以建，後四疇為皇極之所以行。牽強無味。蓋皇極不過九者中之一耳，安得以此一疇總括九疇。且五紀作曆稽疑卜筮，于建極何相干乎。九疇非始于禹。如卜筮起于伏羲，作曆始于黃帝。堯舜以來，皆從事五事以修身，皆用刑賞威福以為治，豈待禹而後有乎。蓋聖人迭興，立法創制，先後錯出而無倫。至此敘為九章，而聖人治天下之大法，首尾完具，粲然如指諸掌，則自禹始耳。故曰，洛出書而九疇敘。

明胡廣等《書經大全》卷六

乃言者，難辭，重其問也。箕子稱舊邑爵者，方歸自商，未新封爵也。騭，定。協，合。彝，常。倫，理也。所謂秉彝人倫也。武王之問，蓋曰天於冥冥之中，默有以安定其民，輔相保合其居止，而我不知其彝倫之所以叙者如何也。

朱子曰，彝倫指洪範九疇而言。切意箕子在商，潛心九疇之學，如文王之潛心于八卦。殷滅之後，武王恐其學不傳，故訪而問之，且退託于不知以發其言。

新安陳氏曰，斯民之生，其上棟下宇，羣居聚處，是孰使之然哉。天意之陰騭默相，蓋存乎其間，而常理即寓乎其間。理雖高出乎無極太極之表，而其實不離乎日用常行之間。武王於陰騭相協，而繼以彝倫之所以叙攸者，何也。即所以然之意，武王其默識之矣。姑退托於不知以問耳。

陳氏雅言曰，此武王訪於箕子之辭。武王意謂天陰騭下民，而相協其居，人君代天理物，必仰承天意以治民，而使其居之順其常，得其正，以無負上天陰騭相協之心者。其道在於叙其秉彝人倫也。我欲叙之，不知所以叙之之道當如何。此問箕子以為治之道也。箕子於是告以洪範九疇，為為治之大法。蓋九疇之叙，即彝倫之所叙也。

明王樵《尚書日記》卷九

按，陰騭者，生人生物，皆天地之動機。一動一靜，皆不外乎氣機。當五性感動之時，而仁義中正之理，隱然有不可移易者存焉。若天有以定之也，有定之中，事事物物，莫不各有當止之所。得其所則安，失其所則悖。即董子所謂人受命于天，固超然異于羣生。入有父子兄弟之親，出有君臣上下之誼。會聚相遇，則有耆老長幼之施。粲然有文以相接，驩然有恩以相愛。此人之所以貴也。生五穀以食之，桑麻以衣之，六畜以養之。服牛乘馬，圈豹檻虎，是其得天之靈，貴于物也。此等與生俱生，不可判離。故曰保合人事之當然，即天理之自然，故謂天之輔相而保合之也。

夫陰騭相協，是常倫有自然之敘。自羲農以來，所以民彝物則各得其正，秩然得其敘于天下者，必有其道。而非我所知，願子為我陳之焉。

程子曰，聖人能使天下順治，非能為物作則也。惟止之各于其所而已。止之各于其所，聖人所以敘彛倫也。洪範九疇，聖人使天下順治之道也，非能為物作則，惟止之各于其所，順乎陰騭相協之妙而已。陰騭相協，彛倫天敘也。洪範九疇，彛倫攸敘也。自五行至五福六極，天人相因。天下事，大綱出不得此九者。世間只順了個陰騭相協之妙，便常倫常敘。自古聖人，只理會得此而已矣。

明陳第《尚書疏衍》卷四

治道必天人參也。惟天愛民，故默定下民於冥冥之中矣。君則相助上天，和協其民，而使之得所，必有常理次序，而我不知此，所以訪於箕子也。孔傳曰，天不言而默定下民，是助合其居，使有常生之資。如此，則專言天，而若無與於君然者，豈武王發問之意乎。蔡註因之，謂天安定其民，輔相保合其居止，誤矣。惟王肅以陰騭下民為天事，以相協厥居為民事。言天默定下民，與之五常之性。王者當助天和合其居所，行天之性，是問承天順民何所由也。肅蓋得經之旨矣。

明黃道周《洪範明義》卷下之上

陰騭下民，本之於天。相協厥居，參之於地。彛倫攸叙，稽之於人。是三極之總也。《易》曰，立天之道曰陰與陽，立地之道曰柔與剛，立人之道曰仁與義。陰陽剛柔，一仁義也。仁義在天，以騭陰陽。在地，以協剛柔。武王所問，箕子所答，皆是物也。

《日講書經解義》卷六

此二節書，是記武王訪道于箕子之詞也。王是武王。訪，問也。箕是國名，子是爵。陰騭者，默定之意。彛倫，常道也。史臣曰，惟武王十有三祀，既克商而有天下，乃屈天子之尊，親就箕子而訪之。蓋箕子，商之賢人。知古帝王治天下之道，故武王以師禮尊之，而不敢以臣禮待之也。

武王乃嘆息而言曰，嗚呼，汝箕子，惟天于冥冥之中，默有以安定其民，為之輔相保合其所當居止之理，具于人心為秉彝，由于人身為人倫。天佑民而作之君，固以敘此彝倫之責，寄之于我矣。我欲敘之，而不知其所以敘之。汝其明以告我可也。

蓋武王于得天下之初，他務未遑，而先孜孜于訪道之誠如此。商曰祀，周曰年，稱十有三祀者，順箕子之志，是以存商人之號而不廢也。就而問之者，重道而忘勢也。推本于天之陰騭下民，而求彝倫之所以敘者，思無負君師之任也，真可為萬世法矣。

清王夫之《尚書稗疏》卷四上《陰騭》

騭，牡馬也。陰，牝易牡。陰騭云者，言陰陽之用也。在陰陽之體曰陰陽，以陰陽之用施生者，曰陰騭。天所以大生者，一陰一陽之道，絪緼而化生者。陰之騭之之用，五行一陰陽，陰陽一五行。陰騭下民，即五行之居上以統八疇者也。八疇以體五行之用，而五行實秉二氣之用，以用於八疇。武王聞道已夙，故知二氣之用，必有以協於五行之位而不亂者，特於其始終次第對待合得，以人贊天，上下一揆之理，俾人得順其敘以成事者，或有疑焉。舊已聞箕子之深於其學，故自謂不知而問焉。

陰騭之用二，而疇有九，則叙立而無缺。疇有九，而自初一至次九，以順而立。一九二八三七四六，損益於五，以合而成。五四三，八一六，七二九，以序而行。一三五七九，二四六八，以類而辨。則居之協其位者，相求相因，而倫以叙矣，合之而四十五。四十，陰也。五，陽也。離之而一二三四五六七八九。一三五七九，陽也。二四六八，陰也。陰有其體而用亦陰，陽有其體而用以騭。陽別言用，而陰即體為用者，陽施陰舍之義也。九疇統於中五之五行，五行統於二氣之陰騭。水木土，騭也。火金，陰也。水之一，火之七，木之三，金之九，土之五，騭也。其六二八四十，陰也。則箕子所陳，正與武王所問者，相得而章也。

傳註不此之察，而曰騭，定也。既不諧於騭字之本訓，抑訓陰為陰用之陰，而云天不言而默定下民，則天特不以口言，而鼓以雷霆，潤以風雨，運以日月者，天下之色，皆天之色。天下之聲，皆天之聲。何嘗韜戢光響，暗有所定，而使人不得聞乎。暗用而故默之，是天可以有言而故不言。諺所謂懸羊頭賣狗腿者，奚可以此誣天哉。史稱西伯陰行善，君子謂之誣，以有心而近於姦也。文王且必無陰用，而況於天。若徒以無唇舌齒齶之嘵嘵者謂之陰，則將以大聲疾呼為陽，其益陋矣。

清朱鶴齡《尚書埤傳》卷一〇

陳第曰，孔傳天不言而默定下民，助合其居，使有常生之道。蔡傳因之。如此則專言天，而若無與于君，豈武王發問之意乎。惟王肅以陰騭下民為天事，相協厥居為君事，得經之旨。

清李光地《尚書七篇解義》卷二

騭者，陟也。自民以言天，則曰降。降中降祥之類是也。自天以言民，則曰陟。謂其存乎上帝之心，其性其命，皆默與天通，故曰陰騭也。如此，則天之愛民甚矣。必篤生賢聖，相助上天，以協民之居。協居者，謂使之各得其所也。《易》曰，輔相天地之宜，以左右民。武王又嘗曰，惟其克相上帝，寵綏四方，皆謂是也。順天保民之道，必有經常條理，舉而措之，是謂彝倫所敘。

## 明成祖朱棣《爲善陰騭》(《四庫存目叢書》)

《四库总目提要》——《爲善陰騭》十卷（内府藏本）

明永樂十三年官撰。頒行前，有成祖自製序。所采共百六十五條，各以四字標題，加之論斷，并系以詩。

### 序

朕惟天人之理，一而已矣。《書》曰，惟天陰騭下民。蓋謂天之所以默相保佑之於冥冥之中，俾得以享其利益，有莫知其然而然者，此天之陰騭也。人之敷德施惠于人，不求其知而又無責報之心者，亦曰陰騭。且人之陰騭，固無預於天。而天之所以報之者，其應如響。嘗博觀古人，往往身致顯榮，慶流後裔。芳聲偉烈，傳之千萬世，與天地相為悠久者，未有不由乎陰騭之所致也。然而代有先後，時有古今。簡籍浩穰，難於編閱。萬几之暇，因採輯傳記，得百六十五人，復各為論斷，以附其後，并系以詩。次為十卷，名曰《為善陰騭》。特命刻梓以傳，俾皆有以顯著于天下，且令觀者不待他求，一覽而舉在目前。庶幾有所感發，勉於為善，樂於施德。而凡斯世斯民皆得以享其榮名盛福於無窮焉。故序。

永樂十七年三月十三日

### 為善陰騭目録

第一卷

丙吉不伐　　陽雍給漿
盛吉泣囚　　陳臨善政
杨寶救雀　　卓茂循良
伏湛分俸
第二卷
鄧禹不殺　　王丹化俗
鍾離憫恤　　李善保孤
袁安出罪　　魯恭三異
黄香憂濟　　郭躬寬平
曹褒坐免　　赵憙徙黨
史弼守正　　韓韶發廪
陳寔止盜　　劉寬温仁
孫鍾飯客　　劉翊濟衆
王忳敦義
第三卷
仲堪葬棺　　许遜昇真
毛寶放龜　　文瓘無怨
大亮仁厚　　道琮葬友
唐臨不冤　　嚴譔詳審
仁傑申理　　有功仁恕
郭震助喪　　延年免難
楊旬寬惠　　羅珦給藥
裴度仁恤　　韋丹活黿
崔郾周給
第四卷
弘敬延壽　　李珏平量
敏中護遺　　孫泰重義
熊慎放魚　　元之不貪
范宰擇嫁　　彦賓還女
劉軻改葬　　劉翱禁溺
建中補漏　　禹鈞行善
曹彬仁惠　　王祐公直
公瑜輟資　　王永減税
王濟利民
第五卷
若水察誣　　堯叟濟人

## 為善陰騭卷之一

### 蔣王靈應

蔣子文，廣陵人也。豪縱好飲，不拘行檢。嘗自謂己骨青，死當為神。漢末為秣陵尉，逐盜至鍾山下，賊擊傷額，因解綬縛之，有頃而亡。吳先主初，其故吏見子文於道，乘白馬，執白羽扇，侍從如平生。見者急走，子文追謂之曰，上帝以我正直無私，多行陰騭，命我為此土神，以福尔下民。尔可宣告百姓，為吾立祠。吳主以為妖言，不之信。後有蟲入人耳，及火災之患。吳主乃封為中都侯，加印綬立廟，其患遂息。因改鍾山為蔣山，表其靈異。晉蘇峻作難，列營山前，兵勢甚盛。郄鑒禱於廟，以祈陰助。比臨陣，峻方乘騎督戰，忽見神人介冑揮劔擬峻，馬蹶而墜，被擒斬之。苻堅入寇，會稽王道子以威儀鼓吹求助廟下，奉以相國之號。堅因望見八公山上，草木皆作人形，風聲鶴唳，皆以為晉兵所至。憮然有懼，大敗而還。宋孝武帝孝建初，加相國大都督中外諸軍事，封王爵。梁武帝天監中，旱甚，詔神求雨。一日，當神上忽有雲如繖，倏忽霖雨大降。帝備法駕，躬謁謝焉。時魏军圍鍾離，神報許扶助。既而無雨，水忽驟長，遂挫敵人。凱旋之後，廟中人馬足皆沾泥濕。南唐主以神勝敵剋亂，為人除害，追謚莊武，仍令有司修飭廟宇。宋仁宗景祐二年，增修宏麗，賜額惠烈。自是，凡遇旱潦，叩之立應。疾病祈求者，無不痊愈。數百里中，生民咸所仰賴。我太祖高皇帝，龍飛淮甸，削平僭亂，统一寰區，定鼎金陵。神陰加佑助，功莫大焉。朕荷皇考皇妣鞠育恩勤，斯須無間。受自幼歲，以疾疢所嬰，嘗致禱于神，冀加保佑。果蒙神庇，尋獲痊安。由是恒履康吉。恭膺天命，撫御華夷。海宇奠安，民物繁阜，莫非神之貺也。遂加封神為忠烈武順昭靈嘉祐王，歲時致祭焉。

夫忠貞英烈之士，生於世也，豪邁不羈，流俗罕識之。然其一念之誠，悠久不息。苟可以利邦家安衆庶，雖捐軀殞命，有所不顧。是以歿而為神，必能護国庇民，助顺殄逆，救災卹患，扶善懲邪。雖處幽冥，而威靈烜赫，凛然如生。使遠近見聞者敬畏尊奉，恒亨血食，良非偶然也。觀於蔣子文可見矣。子文生於漢末，在鄉里不拘細行。仕為邑尉，乃能勤勞徇物，慷慨憂時。及追逐草竊，奮不顧身，竟以死勤事。其秉心不回如此。既而復以靈異昭示於人，當時為之立廟，以妥其靈。尔後誅叛逆，安國家，蘇旱潦，拯疵癘，澤被中區，續昭後代。千有餘載，英靈儼存。以至儲祥集慶，默祐朕躬，協應休徵，嗣承大業。陰功厚德，奚可名言。是宜褒封爵秩，載在祀典。歷萬世而不刊也。猗歟盛哉。

詩曰　青骨生来異衆人　　自知死後必為神
　　　果然血食逾千載　　廟貌巍巍久更新
又　漢季為官尉秣陵　　窮追草竊竟捐生
　　英魂耿耿常如在　　萬古千秋顯聖靈
又　身騎白馬氣揚揚　　故吏相逢大道傍
　　立廟妥靈民受福　　火災蟲患悉消亡
又　蘇峻提兵逼石城　　鍾山左右盡連營
　　當時郄鑒求神助　　誅戮渠魁晉室寧
又　苻秦南寇逼淮淝　　陰賴神靈壯國威
　　草木疑兵風鶴應　　雄師百萬總奔馳
又　當年北虜寇鍾離　　大水俄生即退師
　　欲識神功何處是　　廟中人馬足沾泥
又　天祐蒼生啟聖明　　神能效順助威靈
　　金陵定鼎基圖壯　　物阜民安樂太平
又　昊天罔極德恩隆　　曾叩神靈祐朕躬
　　果沐洪庥承大業　　加封徽號答神功
又　鍾山佳氣日絪緼　　廟宇森嚴爵位尊
　　護國庇民功德大　　緜緜香火永長存

## 二真成仙

徐知證，系出偃王之後，五代時南唐人。與其弟知諤，並英邁絶倫，寬仁愛物。忠君孝親，崇信三寶，同心好善。精勤至道，修齋設醮，日常持誦玉皇真經并寶號。兄弟俱事吳。其後知證封江王，知諤封饒王。鎮金陵，戰守有備。撫輯流亡，控扼二十餘州。氓征就寬，軍給以饒。休鑾洞蜒，守條死要。稚耋嬉遊，連手歌謳。上無所怨，下无所讎。江南之民，舉賴以安。後奉命帥師攻閩，恐良善荼毒，乃發至願，每五更望北拜斗，早膳恒素食，祈殄兵革。所至勞来百姓，諸郡望風以城降。父老簞食壺漿，擁道迎之。次峽江，有潰卒數百，阻山為亂。立命殲其渠魁，餘卒棄甲呼舞，不戰而收，民皆安堵。雖田園蔬稻，一无所犯。乃相與謀曰，此吾復生之父母也，立祠於鼇峯以祀之。未幾，兄弟相繼仙去，遂為斗中都水使者。出入天宫，積行累功，默佑下民，俾人皆盡忠行孝，崇信三寶。遇歲旱，民禱祠下。祠前潭水深不可測。俄有靈蛇出，蜿蜒于几桉間，色如丹砂，雲起潭面，竟日不收。詰旦果雨，歲大熟。一日，潢溪霖潦暴溢，田稼墊溺。衆方狼顧失色，忽見有役夫千羣，競操畚鍤，疏其源，決其流，水竟不為民害。已而俱失所在，乃神兵也。滄峽灘石峻險，舟船上下失勢。水工叫呼祈佑，感雲中有黄旗隱隱，即帖然無虞。凡民居有不戒于火者，有蝗蝝傷其稼者，叩之則反風滅火，蝗輒飛去。又為符藥以施人，凡嬰疾弗愈者，服之無不立效。祈子息者，服之即得嗣續蕃昌。由是民安物阜，田里晏然。閩人劉彝守桂州，交趾蠻賊寇邊，陷欽連等州，彝震懼莫知所為，齋戒默禱，賊果潰去。其後韓世忠戰大儀鎮，吴玠戰和尚原，俱遣將士衛國，效八公山草木之靈，使敵遥見旗纛旌麾飞扬山谷，鐵騎百萬，行陣嚴肅。鉦鼓之聲，震動原野。不待交兵而已敗北。靈蹟顯異，不可備述。一日黄籙齋筵，忽聞天樂鳴空，祥雲環繞，仙官導從甚都。乃感天帝，遣神人頌誥，封江王為九天金闕明道達德大仙，顯靈溥濟真人。上管上清天文院，便宜行事。行文昌司禄上宰僉書天機省事。妻涇國夫人許氏，顺助仁惠仙姑，兼管太乙延生右真司事。饒王為九天玉闕宣化扶教上仙，昭靈博濟真人。主管下元地府諸司，便宜行事，權南極注生上相僉書雷霆玄省事。妻衛国夫人陶氏，善助慈懿仙姑，兼管元皇北陰注生司事。仍封父忠武真人，母仁壽仙妃。比者朕躬遘疾，默運化機，大闡靈貺，翊衛左右。頃刻不離，施以靈符，濟以天醫妙藥，随言随效，感應如響。使困敉之體，既危而即安。沉痼之疾，盡貺而復舊。斡旋之力，同於更生。感神之惠，銘刻不忘。是用祝册，加封伯曰清微洞玄沖虚妙感慈惠護國庇民洪恩真君，涇國夫人加封貞應仙妃。仲曰高明弘靜沖湛妙應仁惠輔國佑民洪恩真君，衛國夫人加封恭静仙妃。神父曰翊亮真君，神母曰淑善仙妃。舊號俱如故。大新閩地祠宇。又於京都建立行祠，以安神棲，特敕所司嚴奉祀焉。

夫為人臣而功施社稷澤被生民者，必生為英傑，死為明神。雖百世之下，福佑生靈，陰翊皇化。觀知證知諤，以世胄之裔，事主季世。乃能靖難一方，保全其民。暨攻閩中，按甲入境。首除亂兵，脱民降鏑之慘，措之衽席之安。是以人心感激，靡克報稱，乃立生祠以祀之。逮其仙去，禦大災捍大患，使民無凶荒疵癘之憂，遂休養生息之樂。功成行滿，上感天心。錫號真人，叙列仙品。比者斡運化機，大闡靈貺，愈疾朕躬，是用加以徽號，新其祠宇。處奉享祀，以答神休。斯皆累積陰功之所致，故昭昭不朽，與天地相為悠久。夫豈偶然而已哉。

詩曰　事親盡孝事君忠　　華萼聯芳孰与同
　　　更復精勤脩至道　　並分茅土受王封
又　當年駐節向金陵　　萬里江南不識兵
　　　師入七閩人按堵　　幾多福澤在生靈
又　歲旱靈潭起蟄龍　　大施霖雨作年豐
　　　潢溪水落民無患　　滄峽舟船險更通
又　蝗無傷稼火無過　　田野均蒙惠澤多
　　　徧給靈符蕃子息　　更能愈疾起沉痾
又　桂郡揚靈却寇蠻　　現奇更效八公山
　　　神兵百萬填山谷　　頓解重圍頃刻間
又　靈符妙藥出天醫　　翊衛微躬不蹔離
　　　起疾神功難報稱　　再生感惠此心知
又　随聲應感不移時　　斡運功参造化機
　　　馭氣乘風遊八極　　天宫陟降闡靈威
又　生為名將建高勳　　行滿成仙福有因
　　　京國鰲峯長廟食　　丹書錫號證天真
又　威靈濯濯更洋洋　　衛國安民績愈彰
　　　不獨聲名昭日月　　永同地久與天長

## 魏顆從治

魏顆，晉大夫魏武子犨之子也。犨有嬖妾無子。犨疾，命顆曰，必嫁是。疾革，則曰，必以為殉。及卒，顆嫁之。曰，疾革則亂，吾從其治也。魯宣公十五年，秦桓公伐晉，魏顆敗秦師于輔氏，獲杜回。回，秦之力人也。顆見老人結草以亢回，回躓而顛，故獲之。夜夢老人曰，余，而所嫁婦人之父也。尔用先人之治命，余是以報。晉侯賞顆以狄臣千室。

夫為善獲報，理之必然。况能活人之子於濱死之際者乎。此魏武子妾之父，所以報於顆也。夫以武子遘疾之初，固有嫁妾之命矣。及其病革，復命以為殉。苟為殉，則死必矣。使顆不惟其初而遽從後命，烏有得生之理。女既不生，其父將必憾於地下矣，奚報之圖。雖然，顆之為此，亦以成其父之美耳，又豈責於報哉。然則妾父之報，不惟表顆之孝，而又表顆之仁。陰騭之大，孰有加於是乎。其受狄臣千室之賞，宜矣。

詩曰　當年為殉命諄諄　　嬖妾倉皇分隕身
　　　魏顆若非遵治命　　那能復作世間人
　又　老人結草意殷勤　　不忘當時活子恩
　　　作善由来天有報　　聖賢垂訓豈虛言

## 叔敖埋蛇

孫叔敖，楚人也。為兒時，嘗出遊，見两頭蛇，叔敖殺之。曰，無留以毒人也。比還，憂而不食。其母問故，叔敖泣而對曰，人言見两頭蛇者必死，兒今日見之，恐死無日矣。母曰，蛇今安在。曰，恐他人又見之，已埋之矣。母曰，無憂，汝不死矣。吾聞之，有陰德者必有陽報。德勝百祥，仁除百禍。天之處高而聽卑，尔必興於楚。及長，為楚令尹。令尹，楚相也。享有壽考而歿。其子封于寢丘四百户，以奉其祀，後十世不絕。

夫人行陰騭，固未嘗必求天之知而責其報。然天高高在上，無物不體，未嘗不報。誠以禍淫福善，天道之常。冥冥之中，感應之理，有不可誣。觀叔敖埋蛇之事，蓋可徵也。當其見蛇殺而埋之之際，方且憂死之不暇，曷嘗冀天之報耶。然卒以不死，得享上卿之榮，而食天之報者，由其一心有爱人之誠。善念一發，感通于天。其母知其然，叔敖蓋不之知也。及其後也，果如其母之言。天之報施於善人者，如是其驗乎。於乎，叔敖以童稚之年，能行陰騭，故生為名臣，身享安榮。歿傳青史，流譽万世。噫，彼不務行陰騭，而專欲嫁禍於人者，亦獨何心，真叔敖之罪人也。比其為惡，身罹刑憲而蹈危禍者，亦由其所自招也。豈不哀哉。

詩曰　叔敖陰德為埋蛇　　善感天公報不差
　　　萬古芳名播青史　　不同朽腐混泥沙
　又　善好為時惡莫為　　多行陰騭有天知
　　　試看楚相埋蛇事　　善念纔興福報随

## 隋侯獲珠

隋侯见大蛇被傷而治之，後蛇含珠以報。其珠徑寸，純白。夜有光明，如月之照。可以燭百里，故世號為隋侯珠。

嗚呼，蛇本毒螫之物，人所畏惡之者。隋侯見其被傷，愍其創殘而治之，不以毒螫而棄之，使蛇之得生者，實隋侯一念之仁也。隋侯仁愛之心，施於毒螫之物尚如此，其於人，豈有不仁愛之乎。所以致蛇含珠以報者，非蛇之報隋侯，實天有以報隋侯也。世之人儻見物之被困，能興一念如隋侯以全其命者，則所積陰功實多。神明報應，容有已乎。必使其身家迪吉，子孫繁昌，注禄丹霄，垂名青史矣。

詩曰　見蛇傷重困泥塗　　憫惻因為治體膚
　　　全活微生猶獲報　　夜光徑寸得明珠
　又　萬類紛紛含血氣　　好生惡死此心同
　　　等閑莫道无陽报　　但看隋侯活物功

## 李冰堰水

李冰為蜀守，行部至湔山，乃曰，岷山導江，为四瀆之首，而水或為患，以害于人。作三石人以止江水，作五石犀以壓水精。鑿離堆山，分三十六江以灌溉。於是蜀郡號為陸海。人無水旱之憂，家有粒食之安。其後入廣漢後城山中，遇一羽人，謂冰曰，公德及民物，已注名天府矣。帝遣吾来迎公也。遂白日升天，蜀人世祠之。

夫興利除害，固守令之事。然世之守令，孰能盡心竭力而為利國利民之計哉。觀李冰為蜀守，蓋能如是已。堰江注水，灌溉田畝，使民無水旱，歲享豐穰之樂。其功之及於蜀人也大，澤之及於蜀人也深。不惟注名仙籍，得享逍遥之樂。而蜀人立祠世祀之者，又以示不忘於永久也。古人有言曰，愛人者必有天報，李冰有焉。

詩曰　冰鑿離堆堰蜀川　　能消水患溉良田
　　　功成便遇安期子　　白日飛昇上九天
　又　引水通渠莫大功　　豈期天路遇喬松
　　　至今廟食岷江上　　千古令人思不窮

## 于公爭獄

于公，東海郯人也。為縣獄史，郡決曹，決獄平。羅文法者，于公所決皆不恨。郡中為之生立祠，號曰于公祠。東海有孝婦，少寡亡子，養姑甚謹。姑欲嫁之，終不肯。姑謂鄰人曰，孝婦事我勤苦，哀其亡子守寡，我老，久纍丁壯，奈何。其後姑自經死。姑女告吏，婦殺我母。吏捕孝婦，孝婦辭不殺姑。吏驗治，孝婦自誣服，具獄上府。于公以為，此婦養姑十餘年，以孝聞，必不殺也。太守不聽，于公爭之弗能得，乃抱其具獄哭於府上，因辭疾去。太守竟論殺孝婦。郡中枯旱三年。後太守至，卜筮其故。于公曰，孝婦不當死，前太守强斷之，咎倘在是乎。於是太守殺牛，自祭孝婦冢。因表其墓。天立大雨。歲熟，郡中以此大敬重于公。其閭門壞，父老方共治之。于公謂曰，少高大閭門，令容駟馬高蓋車。我治獄多陰德，未嘗有所冤，子孫必有興者。至其子定國，果為丞相，封西平侯。孫永，為御史大夫，尚宣帝長女館陶公主。

嘗謂陰騭之於人，大矣。苟能行陰騭於人，必有所濟。觀于公之治獄，能平國之刑，理民之冤，人皆德之。一寡婦死非其辜，終伸其冤，感天致雨，澤及民物。陰德之報，不在其身，在其子孫。繼而享爵封侯，為世名臣。古語有之，仁者必有後，詎不信夫。後之人不好陰騭，惟存害物之心，殺人之念。濫傷物命，延及非辜，是皆于公之罪人。及其惡積，必無善报。身罹刑憲，子孙衰微。颓墮不振，亦理勢之必至也。又何怪哉。然則世之人，當效于公之行陰德，使身榮後昌，而以不行陰德為戒。

詩曰　從来陽報與陰施　　天理昭昭不可欺
　　　試看于公是陰德　　一誠及物有天知
　又　里中父老大門閭　　果見兒孫駟馬車
　　　不獨當時榮世禄　　芳名長照汗青書

## 比干受策

何比干字少卿，汝陰人。經明行脩，通法律，為汝陰縣獄吏，決曹掾，平活数千人。後為丹陽都尉，獄無冤囚。淮汝號曰何公。征和三年三月辛亥，天大陰雨，比干在家。日中，夢貴客車騎满門，覺以語妻。語未已，而門有老嫗可八十餘，頭盡白，求寄避雨。雨甚而衣履不沾漬，比干異之。延入坐，須臾雨止，嫗辭去。送至門，乃謂比干曰，君先出自后稷，佐堯。至晉，有陰德及公之身。又鞫獄平恕。今天赐策以廣公之子孫。因出懷中符策狀如簡，長九寸，凡九百九十枚，以授比干。曰，子孫佩印綬者，當如此算。嫗東行，忽不見。比干年五十八，有六男。後三歲，復生三男。自汝陰徙平陵。八男去，一男留。常祭嫗於東行。及遣令東首，其後子壽，蜀郡太守。壽生顯，京輔都尉。顯生鄢，光禄大夫。鄢生寵，济南都尉。寵生敞，汝南太守。累世榮盛，皆符老嫗之言。

夫通法律，非以致深文也，在用之平恕，以求人之生，使無冤抑。觀比干之為政，猶是已。故人賴其全活者甚衆。於是上天賜其子孫之多，俾享有名爵，累世光榮通顯。陰德之報，何其盛哉。於乎，比干不過縣獄吏决曹掾耳，後位不過都尉，乃能活人如此。使其位至通顯，其所活何可勝言耶。故曰一命之士，苟存心於爱物，於人，必有所濟。彼苛酷之吏，不務求人之生，惟欲舞弄法律，置人於死。觀之比干，霄壤不侔矣。小人所為，朝不及夕，何足道哉。

詩曰　比干用法尚寬平　　人见無冤獄自清
　　　汝陰多少為官者　　誰解存仁似少卿
　又　上天赐策表仁慈　　何氏陰功罕見之
　　　不但一身階顯秩　　子孫印綬远纍纍

## 丙吉不伐

丙吉，字少卿，魯國人也。治律令，為鲁獄史，遷至廷尉，右監，坐法失官，歸為州從事。武帝末，巫蠱事起。吉以故廷尉监徵。治郡邸獄時，宣帝生數月，以皇曾孫坐衛太子巫蠱事繫獄。吉哀其無辜，擇謹厚女徒保養之，置閒燥處，以私財物給衣食。病幾不全者數矣，加致醫藥，視遇甚有恩。望氣者言，長安獄中有天子氣。武帝令使者盡殺獄中人。吉拒不納。曰，他人亡辜尚不可，況皇曾孫乎。使者還報。帝悟，曰，天也。因赦天下。昭帝崩，昌邑王廢。吉奏記霍光，決策立宣帝。初即位，賜爵關内侯。為人深厚不伐，絶口不言。後因掖庭宮婢自陳，始知吉有舊恩。宣帝大賢之，詔封吉博陽侯，邑千三百户。五歲，代魏相為丞相。薨，謚定侯。子顯嗣，後黜爵關内侯。顯卒，孫昌嗣。成帝时，復爵昌博陽侯，奉吉後。

人能哀矜無辜，至誠惻怛以全活之，而又無一毫自德之心，以責報要譽於人。陰騭之大，孰過乎是。漢宣帝生纔数月，繫郡邸獄。丙吉未有君臣之分，非骨肉之親，乃能惻然矜愍，置之閒燥，進以甘脆，被以輕煖。疾病瀕危，醫藥惟謹。逮詔使入狱，復介然拒命。回萬乘之心，福四海之民，仁者之澤，及人多矣。至于九五虛位，立定大計。有保養之恩，有策立之功，而終不自言。其人忠厚，為何如哉。一旦人主感其舊恩，列位通侯，躬秉鈞軸，榮顯终身，延及子孫。享有爵邑，蓋非幸也，宜也。

詩曰　視遇勤勤有至恩　　當年郡獄保曾孫
　　　不因女婢陳宮掖　　深厚終身不自言
又　　一言當日徹宸旒　　功冠中朝位列侯
　　　親秉國鈞居相位　　兒孫世澤更悠悠

### 陽雍給漿

陽雍，河南洛陽人也。兄弟六人，以傭賣為業。父脩孝敬，達於遐邇。父母歿，葬畢，長慕追思，不勝心目。乃賣田宅，北徙絶水浆處大道峻阪下為居，晨夜輦水漿給行旅，兼補履屩，不受其直。如是累年不懈。天神化為書生，問曰，何故不種菜以給。答曰，無種。乃與之數升。雍大喜，種之。其本化為白璧，餘為錢。書生復曰，何不求婦。答曰，年老無肯者。書生曰，求名家女，必得之。有徐氏，右北平著姓，女有名行，多求不許。乃試求之，徐氏笑之，以為狂僻。然聞其好善，戲答媒曰，得白璧一雙，錢百萬者，共婚。雍即俱送，徐氏大愕，遂以妻之。生十男，皆令德俊異。位至卿相，累世貴盛。凡右北平之陽，是其後也。

人之為善，莫大於濟人。雖小善，但可以濟人之急者，皆美事也。蜀先主有言，勿以善小而不為。若陽雍，因樂為小善者。輦水浆給行旅，補履屩不受直，事亦甚小也。但行旅在途，載渴載飢。得水漿之惠，勝於八珎。中流失船，一壺千金。中道敝屨，有若失船。補履却直，其功不細。夫豈可以易視之。雍也，獨能用力於斯，為之而不屑。積其小善，為日之多，遂成大善。故神明感孚，特顯異報，得遂佳偶，以昌後嗣。厥後子孫蕃衍，累世貴盛，雖本孝敬之攸基，然亦積德之所致也。世之厚於積而嗇於施，視人之飢渴而略無所憫惻者，觀陽雍亦可以為勸矣。

詩曰　阳雍積善始於微　　輦水施漿濟渴飢
　　　補履由来不受直　　神明陰報不差違
　又　種蔬生璧更為錢　　婚得名家婦最賢
　　　豈特十男多俊異　　榮華累世福綿延

## 盛吉泣囚

盛吉，字君達，為廷尉，決獄無冤滯。每至冬，罪囚當斷。其妻執燭，吉持丹筆，夫妻相對垂泣。妻語吉曰，君為天下執法，不可使人濫罪，殃及子孫。視事十二年，天下稱其平恕。庭樹忽有白鵲来止其上乳雛，連年不去，人以為祥。後吉生三子，皆仕州郡。

夫執法者，能以平恕為心，使人不至於冤濫，於人必有所濟。如盛吉之存心，其可謂平恕者歟。觀其為漢廷尉，決獄無冤滯，至當斷囚，乃夫妻相對而泣。其心之仁厚，蓋可想見。夫如是，則人孰有不得其理者乎。噫，以吉之存心，固可嘉。又有如其妻之賢，克相其所為，則其陰功厚德之被於人者，深矣。世之酷刻殘苛，往往戕害非辜，恬不知恤。非惟有愧於吉，亦且有愧於吉之妻矣。夫福善禍淫，天道之常。其所以久享爵位，来白鵲之祥，致後昆之盛者，詎非福善之所徵歟。

詩曰　從来盛吉執刑平　　夫婦能存愛物情
　　　秉筆燈前相對泣　　幾人蒙惠得全生
　又　平刑陰德感蒼蒼　　庭樹時来白鵲祥
　　　不獨一身膺富貴　　更教三子被榮昌

## 陳臨善政

陳臨，字子然，嘗為蒼梧太守，多善政。民有遺腹子，為其父報怨，捕繫獄。臨乃傷其無子，令其妻入獄，遂産一男。人歌之曰，蒼梧陳君恩廣大，令死罪囚有後代。德參古賢天報施，其後子孫繁庶，並登榮要，果符所祝。

細民殺人，罪固當死。陳臨獨能推其情，以遺腹子為父報仇，殺之而絶其後，則其父遂為無祀之鬼，故惻然愍之。令民妻入獄，與民生子，而其民之嗣續遂得不絶。嗚呼。若陳臨者，其可謂仁人君子也哉。其行陰騭如是，則天豈有不報施之乎。是以生為榮顯之官，死垂不朽之名。子孫昌盛，俱登榮顯，皆其一行之善所致。世之殘横暴虐，滅絶於人俾無後者，視陳臨蓋霄壤矣。比其受報，鬼神降之以禍者，曾不旋踵。噫，人咸能以陳臨之心為心，則善之及民，福之在己，其有既乎。

詩曰　陳臨治郡有陰功　　恩及愚民福莫窮
　　　陰騭從来陽有報　　身榮還使後亨通
　又　仁恩一念到愚氓　　陰德於人信可憑

不獨他人存嗣續　　自家孫子亦繩繩

## 杨寳救雀

杨寳，弘農人也。性慈愛。年九歲，至華陰山北，見一黃雀為鴟梟所搏，堕地，下為螻蟻所困。即懷之，安置梁上，又被蛇蝁所齧。乃移巾箱中，采黃花飼之。毛羽既成，朝去暮来。積年之後，忽與羣雀俱来，哀鳴繞寳，數日乃去。是夕，忽見有一童子向寳再拜曰，我是西王母使者，往蓬莱過此，為鴟梟所搏。君仁愛拯救，數承恩養。今當受使南海，不得朝夕奉侍，流涕離别。以白環四枚與寳曰，令君子孫潔白，位登三公。使當如此環矣。寳生子震，震生秉，秉生賜，賜生彪。四世三公，果應白環之数，天下無比。及楊震葬，有大鳥随之。陳留蔡伯喈論云，是黃雀感恩而致也。

夫黃雀微物，救之而得其報。蓋人與物，同生異類。好生惡死，物我不異。以其垂死之際，施以一念之仁，亦曷有望其能報哉。然善心發見，感于神明。非黃雀之能報也，實神明之所報。世之殘忍之徒，輕視物命，活者且猶不恤，況其瀕死之際，而肯顧惜之乎。若楊寳以垂髫之童，視彼黃雀於困危垂死之時，惻然内隱，愛護勤劬，自始至終，如保嬰孩。使黃雀既傷而復全活者，寳之恩矣。寳之心存乎愛物之仁，夫豈計其能報哉。以是心相感，不期報而報至。身受白環，至其子孫四世三公。繩繩引之，不亦宜乎。或以楊寳之救黃雀，其事小，而其應大。而不知天佑陰德，善雖小而必彰。天惡殘很，惡雖小而必亡也。

詩曰　愛物由來一念仁　　此心要與物皆春
　　　白環報德真奇特　　好積陰功效古人
又　　獨憐楊寳是兒童　　黃雀相遭困阨中
　　　飼養豈期成報應　　子孫從此作三公

## 卓茂循良

卓茂，字子康，南陽宛人也。習詩禮及曆筭，究極師法，稱為通儒。初辟丞相府史事。嘗出行，有人認其馬。茂問曰，子亡馬幾何時。對曰，月餘日矣。茂有馬數年，心知其謬。默解與之，挽車而去。顧曰，若非公馬，幸至丞相府歸我。它日，馬主别得亡者，乃詣府送馬，叩頭謝之。性不好爭如此。後舉為侍郎，給事黃門。遷密縣令。勞心諄諄，視人如子。舉善而教，口無惡言。吏人親愛而不忍欺之，教化大行，道不拾遺。平帝時，天下大蝗。河南二十餘縣皆被其災，獨不入密懸界。太守出按行，見乃服焉。後遷為京部丞，密人老少皆涕泣随送，尋謝病歸郡。光武即位，首訪求茂。至，以為太傅，封褒德侯，食邑二千户。賜几杖車馬，衣一襲，絮五百斤。復以長子戎為太中大夫，次子崇為中郎，給事黃門。薨，賜棺椁冢地，車駕素服親臨送葬。子崇嗣，徙封汎鄉侯。官至大司農。崇卒，子芬嗣。芬卒，子訢嗣。訢卒，子隆嗣。

人能全長者之量，必能行良吏之政。卓茂學稱通儒，識達治體。方其試掾政府，出遇愚民於道，误認己馬，乃能不斥其非，即解以副其意，卒使其人愧悔歸馬，是皆寬厚長者，而有容人之量矣。及治密邑，導民於善，息民之貪。己一視之如子，民皆愛之如父。弄法之吏，亦不忍欺，化以大行，蝗不為害。其後被徵入朝，泣送于野。非有深仁善政，漸洽於民，安能致其感化若是哉。所以列爵通侯，寵遇無比。逮其令終，哀卹有加。至于子孫，繼登顯要。天報之厚，豈云過哉。循良之治，光昭史册。逾久弥彰。端可以為世吏之勸也。

詩曰　出遇愚民向道途　　不辭解馬即將車
　　　化行密縣無蝗害　　長者從来德政殊
又　陞朝列爵位通侯　　錫賚便蕃寵更優
　　　珪組相傳多胤嗣　　一門福澤更悠悠

## 伏湛分俸

伏湛，字惠公，琅邪東武人。為平原太守。更始時，倉卒兵起，天下驚擾。湛謂妻子曰，今民皆飢，奈何獨飽。乃共食麤糲，悉分俸禄以賑鄉里。来客者百餘家。後官至司徒，封不其侯，食邑三千六百户。卒，子隆為光禄勳，翕嗣爵。孫瑗為郎中，晨位特進。曾孫無忌為侍中屯騎校尉，玄孫質為大司農。

伏湛，忠厚長者。當干戈擾攘之時，不忍獨飽，分粟以濟飢者，與妻子共食麤糲。夫遭世多艰，流離飢饉，孰不欲積聚以為全活計，豈肯輕捐所有以與人。湛乃無一毫私己之慮。視人之飢，甚若己之飢。故寧甘心麤糲而不辭。噫，此其所為有過人者矣。世之貪鄙之徒，視民艱苦，略不經心。拔一毛以利人猶且不肯，况望其能如此乎。此湛所以卒踐顯要，列爵封侯，累世榮昌。天於為善之報，何其厚耶。

詩曰　漢季風塵盜賊生　　平原餓殍遍空城
　　　不逢太守能分禄　　無復生全見太平
又　妻孥麤糲过飢年　　分俸周人德義全
　　　不但司徒兼爵士　　滿門朱紫及曾玄

## 為善陰騭卷之二

## 鄧禹不殺

鄧禹，字仲華，南陽新野人。事光武為將軍。時赤眉所過殘賊，百姓不知所歸。禹行師有紀，所至輒停車駐節，以勞来之。父老童稚，垂髫戴白，滿其車下，莫不感悦。嘗曰，吾將百萬之衆，未嘗妄殺一人，後世必有興者。其後累世貴寵。凡封侯二十九人，公二人，大將軍以下十三人。中二千石十四人，列校二十二人，州牧郡守四十八人。其餘侍中將大夫郎謁者，不可勝數。孫女為和帝皇后，曾孫女為桓帝皇后。

夫用兵，重事也。為將帥者，受閫外之寄，司萬衆之命。要當存仁愛之心，體公正之道。不妄殺戮，然後可以副委任之託。高密侯鄧禹之所為，蓋若是已。禹杖策佐光武，成中興之業。將百萬之衆，未嘗妄殺，其陰德為何如哉。天道至仁。有陰德者，必厚其報。是以年餘二十而封侯，先於諸將。富貴安榮，終始如一。延及子孫，享有爵邑。作配宮闈，奕世光顯，天下莫比。彼殘忍而為將帥者，逞己怨忿，屠城空邑，妄殺無辜。若秦白起之流，不樹陰德，為惡之報，速於反掌，深可為戒。噫，作善降祥，作惡降殃。報應如此，可不畏哉。

詩曰　好生惡殺實天心　　能積陰功福更深
　　　鄧禹當年無妄殺　　子孫富贵衆如林
　又　乘時杖策佐中興　　不役功多道亦弘
　　　圖畫雲臺居第一　　子孫奕世有光榮

## 王丹化俗

王丹，字仲回，京兆下邽人也。家累千金，隱居養志，好施周急。每歲農時，輒載酒肴於田間，候勤者而勞之。其惰嬾者耻不致丹，皆兼功自厲。邑聚相率以致殷富。其輕黠浮蕩廢業為患者，輒曉其父兄黜責之。歿者則賻給，親自將護。其有遭喪憂者，輒待丹為辦，鄉鄰以為常。行之十餘年，其化大洽，風俗以篤。以前將軍鄧禹表領左馮翊，徵為太子少傅，至太子太傅以終。

夫心存仁厚者，不惟捐財以助人，而誘掖獎勵。凡可以使人日趨於善者，尤必孜孜而力行之，觀於王丹可見矣。丹方家居時，其貲虽饒，然未沾一命之禄。而其勸勵農民，黜責輕浮，賻給喪葬，莫非仁厚之事。行之既久，以致化洽鄉邑，風俗敦厖，其行善之功，所積為何如哉。厥後累登貴顯，以終其身。上天福善之報，又何如是之切也。世有為郡邑守宰，尸位苟禄，無毫髮功德及民者，視丹所為，寧不有愧乎。

詩曰　勸民勤勵黜輕浮　　賻給凶喪仰惠周
　　　邑聚富饒風俗化　　秉心仁厚孰能儔
　又　王丹善行施鄉里　　積累陰功世莫知
　　　從此終身膺贵顯　　上天報施信無私

## 鍾離憫恤

鍾離意，字子阿，會稽山陰人也。少為郡督郵。時郡有大疫，死者萬數。意獨身自隱親，經給醫藥，所部多蒙全濟。舉孝廉，再遷辟大司徒侯霸府。詔部送徒詣河内，時冬寒，徒病不能行。路過弘農，意輒移屬縣使作徒衣，縣不得已與之，而上書言狀，意亦具以聞。光武得奏以見霸曰，君所使掾，何乃仁於用心，誠良吏也。意遂於道解徒桎梏，恣其所欲過，與尅期俱至，無復違者。遷堂邑令。縣人防廣為父報讎繫獄，其母病死，廣哭泣不食，意憐傷之，乃聽廣歸家，使得殯殮。丞掾皆爭，意曰，罪自我歸，義不累下。遂遣之。廣殮母訖，果還入獄。意密以狀聞，廣竟得以減死論。意後官至尚書。

鍾離意有愛人之心，見人疾痛，不忍其死傷，親為給醫藥以濟其生。送徒河內，人病飢寒，乃移屬縣以給徒衣，脱徒桎梏，尅期俱至，無或違者。至於人子報父讎繫獄，毋死而不得殯殮，則又聽其歸，以盡人子之情。其用心之仁如此，宜乎光武稱為良吏。故陰德之報，位列樞要，為世名臣，有光青史。烏乎，世居牧民之任者，宜視意為法，毋但録録尸位而已。天報在上，其可忽諸。

詩曰　鍾離作吏處心仁　　善政昭昭惠及人
　　　青史無窮彰善譽　　千年陳跡尚如新
又　　為吏常存愛物心　　冥冥監視寔昭臨
　　　尚書北斗司喉舌　　為報平生惠澤心

## 李善保孤

李善，字使孫，本南陽李元家奴。元家人疫死盡而巨富，唯有一孫名續祖，尚在孩抱。諸奴欲共害之，分其財。善乃密負續祖，逃避山中哺養。乳乃自生汁。至年十餘歲，出山告縣令鍾離意。意悉追其奴，殺之，而立續祖。光武拜善為太子舍人。後至日南九真守。善後在少室得仙道焉。

有受人之恩，能忠於所事，存人之後，而不絶其宗祀者，厚之至也。李善，人之臧獲，適主家亡歿殆盡，所存者眇焉幼稚。而彊奴利其財産，欲共害之。善乃能周旋保護，以全遺孤。使李氏宗祀不墜者，善之力也。當是時，善心苟同於人，一息之嗣即見絶滅。幾何而不為若敖氏之鬼哉。此善之忠厚碩德，所以卒至顯融。歴典大郡，名紀丹書，功著仙籍。曾謂天道幽遠，而禍福無憑耶。

詩曰　可憎奴輩利人財　　共負深恩害幼孩
　　　李善盡忠能保護　　主家嗣續免悲哀
又　　存孤事重世稱賢　　陰德昭昭感上天
　　　豈特拜官遷太守　　丹臺功滿竟成仙

## 袁安出罪

袁安，字邵公，汝南汝陽人也。拜楚郡太守。時楚王英謀為逆，辭所連及繫者數千人，明帝怒甚，吏案之急迫。痛自誣死者甚衆。安到郡不入府，先往案獄，理其無明驗者，條上出之。府丞掾史皆叩頭爭，以為阿附反虜，法與同罪，不可。

安曰，如有不合，太守自當坐之，不以相及也。遂分別具奏。帝感悟，即報許。得出者四百餘家。歲餘，徵為河南尹。政號嚴明，然未曾以臧罪鞫人。常稱曰，凡學仕者，高則望宰相，下則希牧守。錮人於聖世，尹所不忍為也。聞之者皆感激自勵。安後官至司徒，子京為侍中，敞為司空。孫彭為光祿勳，湯為太尉，封安國亭侯。盱為光祿勳。曾孫成為左中郎將，逢為司空，隗為太傅。玄孫基為太僕，忠為沛相。累世榮盛。

活獄，重事也。苟知其冤，或怵於利害而不為之伸理，不得其死者衆矣。袁安之理楚獄，不避罪戾，即為分別，蒙活者衆。又其為河南尹也，未嘗以臧罪鞫人，其存心忠厚，類如此。是以卒能感悟其君，為一代名臣。光昭青史，垂慶无窮。延及子孫，奕世榮盛。陰德之報，蓋昭昭矣。史謂其仁心足以覃於後昆，信夫。

詩曰　楚郡當年大獄興　　幾多誣死孰哀矜
　　　袁安到郡先分理　　盡使無辜得脱刑
又　　不將臧罪鞫于人　　聖世何緣有錮身
　　　為善自然天有報　　子孫繼顯是覃仁

## 鲁恭三異

鲁恭，字仲康，扶風平陵人也。自幼習《鲁詩》，為諸儒所稱。後舉直言，拜中牟令。恭專以德化為理，不任刑罰，訟人許伯等爭田累年，守令不能決。恭為平理曲直，皆退而自責，輟耕相讓。亭長從人借牛而不還，牛主訟於恭。恭令歸之，再三不從。恭嘆曰，是教化不行也。欲解印綬去。掾史涕泣共留之，亭長乃慙悔還牛，詣獄受罪。恭貰不問。於是吏人信服。建初七年，郡國螟傷稼，獨不入中牟。河南尹袁安聞之，遣仁恕掾肥親往廉之，恭隨行阡陌，俱坐桑下。有雉過止其傍，傍有童兒，親曰兒何不捕之。兒言雉方將雛。親瞿然而起，與恭訣曰，所以来者，欲察君之政迹耳。今蟲不犯境，此一異也。化及鳥獸，此二異也。竪子有仁心，此三異也。遂歸以白安。是歲嘉禾生，恭便坐庭中。安因上書言狀。章帝異之。累官至司徒，年八十一，卒於家。以两子為郎。長子謙為隴西太守，謙子旭，官至大僕。

縣令所以牧民，而民之休戚係焉。故令賢，則一邑之人受惠。否則人受其害，有不可勝言者矣。若鲁恭者，非所谓賢令哉。觀其治中牟也，專尚德化，不任刑罰。其愛民之心，為何如耶。故其深仁厚澤，漸被之久，而一縣之人無不化焉。三異之稱，嘉禾之産，是皆神明所以彰其德也。其位三公，享壽考，而顯榮延及乎孫子者，孰非陰騭之昭報耶。噫，後之膺親民之任者，可不以恭而為法哉。

詩曰　鲁恭為令治中牟　　德化漸摩孰與儔
　　　漢史特垂三異政　　聲名燁焯古今留

又　三異當年藹政聲　　嘉禾況復産中庭
　　顯榮壽考延孫子　　報德昭昭信有徵

## 黄香憂濟

黄香，字文彊，江夏安陸人也。為尚書令。永元十二年，東平清河奏訞言，卿仲遼等所連及且千人。香科別據奏，全活甚衆。每郡國疑罪，輒務求輕科，愛惜人命，每存憂濟。遷魏郡太守，時被水年飢，乃分俸禄及所得賞賜班贍貧者。於是豊富之家，各出義穀，助官廪貸，荒民獲全。卒于官。子瓊為大尉，封邟鄉侯。卒，年七十七。曾孫琬，亦為太尉，封陽泉鄉侯。

黄香為尚書令，憫獄囚連逮，陷于非辜，為分別條列敷奏。郡國上疑罪，務求輕典。為郡守，見民被水災，分俸賜，倡富民出粟，以振濟貧乏。所全活者，至弗可勝計。其仁恕愛人如此，故慶流後嗣。子孫俱為太尉封侯，皆香之所致。世有在民上者，依勢作威，倚法以削，視民疾苦而若不相干，其何足以語此。於乎，有志之士，尚當取法於斯。

詩曰　科別詞連全活衆　　罪疑從減務求輕
　　　每存憂濟時分俸　　遂使豊家激義聲
又　　黄香有德在生民　　天報無私果有因
　　　不獨子孫享高爵　　顯榮终始被其身

## 郭躬寬平

郭躬，字仲孫，潁川陽翟人也。家世衣冠。父弘，習小杜律。太守寇恂以弘為決曹掾，斷獄至三十年，用法平恕。為弘所決者，退無怨情。郡内比之東海于公，年九十五卒。躬少傳父業，後為郡吏，辟公府，召入議獄，遷廷尉正，坐法免。後三遷。元和三年，拜為廷尉。躬家世掌法，務在寬平。及典理官，決獄斷刑，多所矜恕。乃條諸重文可從輕者四十一事奏之，事皆施行，著于令。躬奏獄法科，多所全活。中子晊，明法律。至南陽大守，政有名跡。弟子鎮，少脩家業，辟太尉府，再遷。延光中，為尚書。及中黄門孫程誅中常侍江京等而立濟陰王，鎮率羽林士擊殺衙尉閻景，以成大功。再遷尚書令，太傅。三公奏，鎮犯白刃，手劒賊臣。姦黨殄滅，宗廟以寧。功比劉章，宜顯爵土。以勵忠貞。乃封鎮為定潁侯，食邑二千户，拜河南尹。轉廷尉，免。永建四年卒于家。後數世皆傳法律，子孫至公者一人，廷尉七人，侯者三人，刺史二千石侍中郎將者二十餘人。侍御史正監平者甚衆。

聖王之用刑，以欽恤為本。為刑官者，苟能體聖王之用心，則刑罰豈有不清，生民豈有不蒙其惠利乎。觀郭弘為決曹掾，用法平恕，民無怨情，深得欽恤之意。郡内比之東海于公，宜矣。及其子躬能傳父之業，後遷廷尉。決獄斷刑，多所矜恕，務在全活。是能承父之心，盡繼述之道。至其子弟，又皆明習法律，克承躬志。一門之间，斷狱之惠，及人者多矣。陰騭之報，不亦宜乎。厥後子子孫孫以功名顯，簪纓滿朝，榮享天禄，寔皆由其所行之召。視夫世之煩刑酷法，殘忍苛刻者，蓋霄壤矣。彼規規於目前，奚暇計久遠哉。後之典刑者，宜慎之。

詩曰　郭弘執法典刑平　　世世相承著令名
　　　有子獨能承厚德　　重文條奏請從輕
　又　一家治獄有陰功　　用法寬平羡郭躬
　　　後世子孫多貴顯　　滿門朱紫至三公

## 曹褒坐免

曹褒，字叔通，魯國薛人也。初舉孝廉，再遷圉令。以禮理人，以德化俗。時他郡盜徒五人來入圉界，吏捕得之。陳留太守馬嚴聞而疾惡，風縣殺之。褒勅吏曰，夫絶人命者，天亦絶之。臯陶不為盜制死刑，管仲遇盜而升諸公。今承旨而殺之，是逆天心順府意也，其罰重矣。如得全此人命而身坐之，吾所願也。遂不為殺。嚴奏褒耎弱，免官，歸郡為功曹。徵拜博士，出為河内太守。

君子存仁，但欲全人之生，而不顧己之危，若曹褒是已。方吏得入境之盜，郡守惡而欲殺之。褒乃引援古義，酌量重輕，不擇利害，以逆府意。卒致盜得不死，而已坐是免官，甘心無悔。非切於愛人者，能若是乎。然活人之報，有如影響。随復徵拜博士，出為通守。孰谓蒼蒼蓋高，而不監在兹耶。

詩曰　盜徒論死得全生　　賴有曹褒執法平
　　　罪坐脱人誠所願　　莫教枉殺負神明
　又　罷免旋看博士徵　　旌麾又出守專城
　　　人言甘退為疲弱　　天報終令被顯榮

## 趙憙徙黨

趙憙，字伯陽，南陽宛人也。为平原太守。平原多盜賊，憙與諸郡討捕，斬其渠帥。餘黨當坐者數千人。憙上言，惡惡止其身。可一切徙京師近郡，帝從之。乃悉移置潁川陳留。後青州大蝗，侵入平原界輒死，歲屢有年。百姓歌之。後官至太傅，録尚書事，封節鄉侯。擢諸子為郎吏者七人。年八十四卒，謚曰正侯。子代，官至越騎校尉。孫直，官至步兵校尉，嗣侯爵，數世不絶。

趙憙初為平原太守，郡多盜賊，既而捕斬其渠帥，上書乞誅止首惡，餘黨宜徙之内地，蒙其全活者數千人。間歲蝗起青州，及入其境者輒死，於是民有屢豊之歌，郡無侵乏之患。此推仁愛之心，施之于政，故能弭葘捍患，惠及其民。宜乎位列三公，年登八袠，後嗣綿延，光顯累世。陽施陰報，信可徵矣。嗚呼，彼有為郡縣守宰，視民之死，漠然不以為意者，豈足以為民之父母乎。

詩曰　渠魁已斬寬餘黨　　當坐量移活數千
　　　因此飛蝗不入境　　民歌相慶屢豊年
又　善政由來慶所鍾　　位登台鼎列三公
　　　也因為郡多陰騭　　重得兒孫繼顯融

## 史弼守正

史弼，字公謙，陳留人。為平原相。時詔書下舉鉤黨，諸郡承望風旨，所奏相連及者，多至數百，誣陷甚衆。唯弼獨無所上。詔書切責，從事坐傳曰，青州六郡，其五有黨，平原何理而得獨無。弼曰，先王疆理天下，畫界分境，水土異齊，風俗不同。他郡自有，平原自無，胡可相比。若承望上司，誣陷良善，淫刑濫罰，以逞非理，則平原之民，户可為黨，相有死而已，所不能也。從事大怒，即收郡僚職送獄，奏弼欺隱。會黨禁中解，弼以俸贖罪得免，濟活者千餘人，及遷河東太守，侯覽詐作飛章，誣弼誹謗。平原吏人詣闕訟之。前孝廉魏邵，同郡人，行賄於覽，得減死。終於彭城相。其後子孫繁庶，禄仕不絶。

漢桓靈時，巨姦擅操國柄，懼正人君子起而攻之，故大興鉤黨之獄，以誣陷焉。當時郡國守相，承望風旨，唯恐獲戾，莫敢後。寧肯持正以遏兇燄哉。而弼獨不畏禍，乃無所上。至被切責，正詞以答之，略無回撓。雖身坐重戮，亦所不顧。於是蒙活者千餘人。其為善陰騭，何可當也。使守他郡者咸得如弼，則獄無枉濫，而良善獲佑矣。及遭飛章誣搆，昔之受惠者為之周旋，乃得減死，以官禄終。至於子孫，亦享其福。上天之於善人，其報施何嘗有差殊哉。

詩曰　承風鉤黨下平原　　大獄方興孰敢言
　　　史弼若非持正論　　幾多地下負深冤
又　一朝獲謗遭飛章　　生死誰能免禍殃
　　　賴得從前為善報　　終身官禄後仍昌

## 韓韶發廩

韓韶，字仲黄，潁川舞陽人也。為嬴長。賊聞其賢，相戒不入嬴境。餘縣多被寇盜，廢耕桑，其流入縣界求索衣粮者甚衆。韶愍其飢困，乃開仓賑之，所廩贍萬餘户。主者爭謂不可。韶曰，長活溝壑之人，而以此伏罪，含笑入地矣。太守素知韶名德，竟無所坐。以病卒于官。同郡李膺，陳寔，杜密，荀淑等，為立碑頌焉。子融，官至太僕，年七十卒。

韓韶為嬴長，賊聞其賢，相戒不入境，則陰騭固已及民矣。及鄰縣之民流入其界，遂開仓賑之，其陰騭及民又如此。至主者爭之，則欲以身當其罪而不悔。當是時，使韶退縮而為身謀，不閔然興賑恤之念，則萬餘户之民，死亡溝壑矣。其名德素孚於人，是以竟無所坐。及卒于官，一時名公皆為立石頌德。至其子，亦以顯官考終。則天之默佑善人，其慶如此也。世之居守令者，患得患失，不病民以自養者，難矣。況望其能任毫髮利害以振民乎。欲逃夫陽誅陰譴，烏可得哉。觀此，亦宜知所勸矣。

詩曰　盜感仁賢不入嬴　　無端鄰邑有流氓
　　　遂開仓廩憐飢困　　甘死寧論主者爭
　又　韓韶名德動當時　　死有諸賢立頌碑
　　　子復顯榮兼壽考　　天公報施却無私

## 陳寔止盜

陳寔，字仲弓，穎川許人也。寔在鄉閭，平心率物。其有爭訟，輒求判正，曉譬曲直，退無怨者。至乃嘆曰，寧為刑罰所加，不為陳君所短。時歲荒民儉，有盜夜入其室，止於梁上。寔陰見之，乃起自整拂，呼命子孫，正色訓之曰，夫人不可不自勉。不善之人，未必本惡。習以性成，遂至於此，梁上君子是矣。盜大驚，自投於地，稽顙歸罪。寔徐譬之曰，視君狀貌，不似惡人，宜深尅己反善。然此當由貧困。令遺絹二匹，一邑無復盜竊。自郡功曹遷除太丘長。時三公缺，議者歸之。累徵不起，年八十四，卒于家。海內赴弔祭者，三萬余人。制衰麻者以百數。謚文範先生。有子六人，紀諶最賢。紀字元方，拜太僕。徵為尚書令。又拜大鴻臚，年七十一，卒于官。諶字季方，與紀齊德同行。紀子羣為魏司空，父子並著高名，時號三君。每宰府辟召，常同時旌命，羔鴈成羣。當世靡不榮之。

寇盜人所同惡，有憫其所為，開諭而教誨之，使其靡然從化，觀之太丘可見矣。方盜入室之際，自常情遇之，捽而寘之死地，惟恐不暇。乃指以訓其子孫，使盜投地愧罪，諭以善言，遺之以帛。不獨其人改行為善，一邑隨以無盜。仁者之言，感人深矣。雖然，積善之報，不在其身，在其子孫。太丘雖累徵不起，然望重當時，以壽考令終。致子孫多賢，累登顯官。一門榮盛，無與為比，皆其遺澤也。天於善人，不已其報如此乎。

詩曰　盜竊多因迫困窮　　誰能誨諭感其中
　　　太丘勸善人俱化　　海内咸稱長者風
　又　預擬三公德望尊　　難兄難弟更超羣
　　　積善之孫承厚澤　　高名並著號三君

## 劉寬温仁

劉寬，字文饒，弘農華陰人也。性寬厚。嘗行，有人失牛者，乃就寬車中認之，宽无所言。下駕步歸。有顷，認者得牛而送還，叩頭謝曰，慚負長者，随所刑罪。寬曰，物有相類，事容脫誤。幸勞見歸，何為謝之。州里服其不校。漢桓帝時，大將軍辟，五遷司徒長史，南陽太守。典歷三郡，溫仁多恕。虽在倉卒，未嘗疾言遽色。常以為齊之以刑，民免而無恥。吏人有過，用蒲鞭罰之，示辱而己，終不加苦。事有功善，推之自下。災異或見，引躬克責。行陰德拯救寒困，民悦之如父母。一日當朝會，裝嚴已畢。侍婢奉肉羹，翻汙朝衣。婢遽收之。寬神色不異，乃徐言曰，羹爛汝手乎。其性度如此。靈帝時拜太中大夫，遷侍中，賜衣一襲，轉宗正，光禄勳，封逮鄉侯。卒，贈車騎將軍印綬，位特進，謚曰昭烈侯。子松嗣，官至宗正。

夫臨事優裕者，未必行暴急之政。拯恤困貧者，足以施子民之惠。厚於責己而薄於責人，又豈有怨之者乎。此劉寬惇大弘裕之量，所以為弗可及也。夫古今以來，怒不形顔，口無疾言，溫仁多恕，莫有過於寬者。以寬之量，博大而弘廓，非可以淺淺識也。雖閨門倉卒之際，激之不恚。臨政處事，豈忍暴虐酷烈以厲於人乎。寬德日著，聲譽四達，海内稱為長者。三郡感德興行，日有所化。困貧仰惠，視之如父母然。歙歷通要，享有爵土，傳之嗣子，不替益隆。非溫仁和愛，陰德深積，弗致然也。彼禁民以法令，雖可以齊民。然法令峻極，民風斯哀，其視道之德教，德教洽而民氣樂者，何如耶。

詩曰　溫仁多恕自天然　　倉卒何曾有疾言
　　　寒困細民懷厚惠　　吏人慚愧辱蒲鞭
又　　平生性度本寬仁　　作郡先能恤困貧
　　　父子聯芳天有寵　　金章紫綬照時人

## 孫鍾飯客

孫鍾，富春人也。幼失父，事母至孝。遭歲荒，以種瓜為業。瓜熟，常以設行者。家事福德神甚虔。瓜熟，未獻神，不以設也。忽有三少年詣鍾乞瓜。鍾曰，吾未獻神，子姑坐。即起入獻神，引少年入，設瓜及飯。飯訖，三人謂曰，我蒙君厚恩，今示子葬地。葬之後，子孫世世貴不可言。遂令鍾下山百許步，勿返顧。見我去，即葬地也。鍾去不六十餘步，便返顧，見三人並為白鶴飛去。鍾記之，遂於此葬母。其地在縣城東。塚上常有五色雲氣屬天。鍾後生堅。母孕堅，梦腸出繞吳閶門，以告鄰母。曰，安知非吉祥。堅後生權，權生亮，亮生休，休生和，和生皓，皆王於吳。

凶年飢歲，人不聊生，而力作以苟活於己者，尚恐不贍，奚暇濟他人之急哉。孫鍾之心，獨異於是。家贫歲侵，種瓜為業，乃能以設行道之人，久而不厭。復能敬事神明，致其感孚，示以葬地。其後慶鍾胤嗣，豪傑挺生，王有江東之地，以成鼎峙之國。神之所言，如合符契，良由鍾之積累在。己未食其報，故世澤緜延數傳而不竭也。此可以為善人之勸矣。

詩曰　種瓜為業力辛勤　　歲遇凶荒苟活貧
　　　瓜到熟時能設客　　幾多行路感恩人
又　　神向山中啓地靈　　鶴飛去處是佳城
　　　子孫數世王吳地　　萬古堪為積善徵

## 劉翊濟衆

劉翊，字子翔，潁陰人。少好道德，而家世大富。常周窮困，而不以為惠。曾行於汝南界中。有陳留張季札遠赴師丧，遇寒冰車敗，停滯道路。翊見而謂曰，君慎終赴義，行宜速達。即下車與之，不告姓名，策馬而去。季札意其為翊。後到潁陰，還所假車，翊閉門辭却，不與相見。常守志卧疾，不屈聘命。河南郡引為功曹。後黃巾贼起，翊救急乏絶，資其食者數百人。鄉族死亡，則為殯殮。鰥夫則助其妻妾。獻帝遷都西京，舉上計掾。尔時道路寇阻，翊夜行晝伏，乃到長安。上書其忠，拜議郎，遷陳留太守。翊又散珎竇，唯餘車馬自載東歸。出關數百里，見士大夫病死道次，仍又以馬易棺，脫衣殮之。又逢知故飢困於路，不忍棄去。因殺所駕牛以救其乏。一日行達陽平，遂遇馬皇先生。告翊曰，子仁心陰德，感通天神。太上特嘉子之用情，故使我来授汝以长生之道。吾仙官也，尔能随我去否。翊於是叩頭曰，少好長生，幸遇神仙，乞願侍給。馬皇先生因將翊入桐柏山中，授以隱地八術，服五星之華法。後度名東華，為右理中監。

士君子懷濟人之心，周窮乏恤患雖，固不責人之報，尚何望於天之報哉。然而天道禍淫福善，報應昭昭，自有不期然而然者。觀劉翊之行可見矣。翊素以濟人為心，遇人之危急，雖車馬珍寶衣服，揮斥無所惜。推仁樂施，俾困者亨，死者藏，而所濟者實多，卒致異人授術，列職仙官。則上天之報，寧有爽乎。嗟夫，世有鄙悋之徒，坐視危難，漠然不顧，嗇其所施，一毫不拔。不過为守錢虜耳。死亦與草木同腐，焉得有身後名哉。凡有所積者，必當懷濟人之心，如翊可也。

詩曰　一生惟蘊濟人心　　道路人知是潁陰
　　　多少艱難承德惠　　死生終見感恩深
又　　財物由來世共憐　　早能散施拯顛連
　　　長生有術因先得　　陰騭仁心感上天

## 王忳敦義

王忳，字少林。嘗詣京師，於空舍中見一書生，謂我當到洛陽，而病，命在須臾。腰下有金十斤，願以相贈。乞藏骸骨。未及問姓名而命絶。忳鬻金一斤營殯，餘金悉置棺下，人無知者。後歸數年，縣署忳亭長。初到日，有馬馳入庭中而止。大風飄一綉被堕忳前，即言於縣，縣以歸忳。後乘馬到洛陽，馬奔走，突入他舍。主人見之喜曰，今擒盗矣。忳具説其狀。主人曰，卿何陰德致此。忳因説葬書生事，主人驚號曰，是吾子也。姓金名彦。大恩久不報，天以此彰卿德耳。厚遺忳，忳辭讓而去。由是顯名。舉茂才，除郿令，子孫皆顯於時。

當觀託死於所知，世固有之。託死於所不知，世蓋少也。彼書生者，以孑然之身，病於逆旅。濱死之際，卒見未嘗知識之王忳，遂欲以金贈之，而託以骸骨。此人情之固可憫者。而忳也乃能盡心於所託，又不利其所有，是蓋仁人君子篤於信義者之為。致使後來報應之此。神明固嘆以事彰具善，不泯滅之。又使其名位通顯，子孫榮盛。而為善之報，有如此夫。嗚呼，世有託死於親戚故舊，或利其財，而辜其託者有焉，是亦何心哉。此誠王忳之罪人也。寧無所愧於心乎。故表而出之，以為世勸。

詩曰　病居空舍獨悲辛　　命在須臾孰與親
　　　雖有黃金無處託　　更將骸骨付何人
　又　為羨王忳不愛金　　偶然受託有真心
　　　埋金葬骨誠忠厚　　匹馬飛馳報德深

## 為善陰騭卷之三

### 仲堪葬棺

殷仲堪，陳郡人也。遊於江濵，見流棺接而葬焉。旬日間，門前之溝忽起為岸。其夕有神通仲堪，自稱徐伯玄，云感君之德，無以報也。仲堪因問門前之岸是何祥也。對曰，水中有岸，其名為洲，君將為州。言訖而沒。至晉武帝時，果授仲堪都督益寧二州軍事，荆州刺史。

仲堪偶見流棺，即接而葬之，非有所為也，非以求報也。特憫其漂流沈溺，體魄無所依歸。汩没於九淵之下，與沙泥同朽，有可哀憐。是以即與葬之。皆仁心自然之發，使波濤蕩潏之骨，不至於棄捐暴露者，其陰騭莫大焉。故宜伯玄感德，起岸于溝。神報昭彰，終獲顯任。夫豈徒然哉。世有伐塚斲棺，竊葬出骨，以圖風水求利後人者，往往福未得而禍隨至。蓋欺死骨無靈，繆矣。噫，尚鑒兹哉。

詩曰　一棺未得瘞山阿　　豈料漂流逐逝波
　　　幸遇仁人與收葬　　九泉無憾感恩多
　又　門前忽起岸為洲　　神發其祥重報酬
　　　預道為州真不妄　　果然都督刺荆州

### 許遜昇真

許遜，字敬之，汝南人。自少力學，博通經史，而尤嗜神仙脩煉之術。舉孝廉。晉武帝太康元年，為蜀旌陽令。先是歲饑，民無以輸租，郡邑繩以法，率多流移。洎遜涖事日，乃以靈丹點瓦礫，化黃金，令人潛瘞於縣之後圃。一日籍民之未輸者，咸造于庭，使吏詰責之，令服役於後圃。民钁地獲金，得以輸納，故免逃竄之憂。隣境流移之民慕其德惠，依附者甚衆，遂至户口增衍。屬歲大疫，死者十七八。遜以所授神方拯治之。符呪所及，即時而愈。至於沈痾無不痊者。傳聞它郡，病民相繼而至者，日千數。於是標竹於郭外十里之江，多置符水其中，俾就竹下飲之，皆差。後江左之民，亦来飲水於旌陽。遜乃呪水一噐，置符其中，持歸置之江濱，亦植竹以標其所。病者飲之，莫不良愈。既而棄官東遊，從丹陽黄堂靖女仙諶姆授正一斬邪之法，三五飛步之術。過西安，有神迎告曰，此有蛟物害民，知仙君来，故往鄂渚逃避矣，後將復還。願為斯民除之。遜如其言，追而斬之。海昏上遼有巨蛇據山為穴，氣成雲。亘四十里。人畜在氣中者，即被吸吞。江湖舟船，亦遭覆溺。民甚苦之。遜聞，前至其地，蛇出穴，吐毒衝天。遜嘯呼风雷，命弟子吴猛施岑，甘戰飛步，引劔屠之。至豫章告衆曰，巨蟒既誅，蛟精未滅。彼物通靈，必知吾有除害意，恐其伺隙潰郡城，大為民患。周覧鄘邑，遇一少年，自稱姓慎，容貌豊偉，應對捷給，遽爾告去。遜曰，此老蛟也。言貌雖人，而腥風滿體。迹其所之，乃化黄牛，卧于江滸。即剪紙化為黑牛往闘之。令施岑潜持劔往觀。俟其闘酣，一揮中其左股，奔入城南井中。出長沙，仍化為人，贅于賈玉家。遜往求之，懼不敢出。辭以患足。遜稱能醫，玉喜自起召之。随至其室，厲聲叱曰，江湖蛟精，害物非一，吾尋蹤至此，豈容遁逃。蛟不能隱，乃見本形，蜿蜒堂下。以水噀其二子，皆為小蛟，併誅之。賈女形亦幾變，給以靈符得免。复謂玉曰，蛟所居多水，君舍下不踰尺，皆洪波也，可遷之。玉如其言，徙居高原。其地不日陷為深渊矣。還豫章，蛟之餘黨尤盛，心不自安。為人以問諸弟子曰，許君神劔，何物可以當之。有戲者曰，咸莫能當。惟不傷冬瓜葫蘆爾。蛟以為然，盡化其属为二物，浮泛滿江，擬流出境。遜覺之，即以劔授施岑，使履水斬之。黨属茹連，悉無遺類。復慮其地為蛟螭所穴，乃役鬼神於牙城南井，鑄鐵為柱，下施八索，鈎鎖地脉。又鑄鐵符鎮鄱陽湖口，杜其所入之路。鐵蓋覆廬陵玄潭，制其所藏之藪，由是水妖絶迹，城邑無虞。其遊韶陽郴衡諸郡，為民馘毒除害尤多。至孝武寧康二年甲戌，年一百三十六歳，八月朔旦，有雲仗自天而下。二仙降庭，奉上帝命，授遜以九州都仙太史，高明大使，賜紫綵羽袍瓊旌寶節，且告以冲舉之日。至期，遥聞音樂之聲，嘹亮霄漢。綵雲瑞霞，弥布山谷。羽蓋龍車，仙官兵衛，前後導從。遜登龍車，與其弟子及家属四十二口，同時昇舉，雞犬亦飛去焉。

自昔仙道難成，欲成其道者，不惟精勤脩煉，亦必有陰德以惠濟生靈。觀遜為旌陽令，一心愛民，憫其負租重困，乃點石化金，免其逋竄。復能以符水拯治疾癘，誅巨蟒於上遼，馘毒蜃於西江。使水妖殄熄，城邑安居。陰騭之積既已厚矣，宜其名高玉籍，超陞仙品。拔宅上昇，鷄犬亦飛去焉。語曰，有陰德者徑補仙官，信乎。

詩曰　瘞金後圃解民憂　　馘毒除灾德更優
　　　千古水鄉成樂土　　至今鐵柱鎮洪州
又　　慈仁共羡許旌陽　　惠澤生民耿不忘
　　　拔宅上昇成至道　　陽功陰德感蒼蒼

## 毛寶放龜

毛寶，晉咸康中為豫州刺史，戍邾城，令一軍人於武昌市買得一白龜，長四五寸，置瓮中養之。漸大，放江中。後邾城遭石季龍之敗，赴江者莫不沉溺。獨毛寶被甲投水中，覺如墮石上。須臾視之，乃是所放白龜。既得至東岸，龜乃回顧而去。

古之人愛惜物命而全活之，其物亦往往能致其報，誠以好生惡殺，物與人同。感應之理，有不期然而然者也。毛寶之於白龜，既養之殷勤，又能放之以遂其性。其仁愛之心，為何如哉。厥後石氏之難，人多赴江以死，而寶獨得濟者，實龜之力。及其既去而復回顧，若不忍相舍者。則龜之感恩可知矣。昔隋侯活蛇而獲寶珠，楊寶救雀而得玉環。其事不同，為報則一也。嗚呼，為陰德者，宜無所不用其心焉。

詩曰　武昌市得白龜時　　畜養殷勤放水涯
　　　多少世人心害物　　獨憐毛寶有仁慈
又　　白龜買放得全生　　毛寶陰功自足稱
　　　他日江流能濟難　　信知微物總含靈

## 文瓘無怨

張文瓘，字稚圭，貝州武城人。為黄門侍郎，兼大理卿。不旬日，斷疑獄四百。抵罪者無怨言。嘗有小疾，囚相與齋禱，願亟視事。後拜侍中，兼太子賓客。諸囚聞其遷，皆垂泣。其得人心如此。年七十三卒，贈幽州都督，謚曰懿，詔陪葬恭陵。四子，潛為魏州刺史，沛同州刺史，洽衛尉卿，涉殿中監。父子皆至三品，時謂萬石張家。

刑法於人，大則戕性命，小則殘肢體。孰肯甘心受之哉。至於抵罪而不怨者，必司刑者得其平耳。文瓘之為大理，不旬日斷疑獄四百，皆無怨言，誠有大過人者。致使囚齋禱涕泣，非其操心平恕，使民無冤，能若是乎。是以身享富貴，終始顯融，福慶及於後胤，而四子並登顯要。陰德之報，良有以夫。

詩曰　獄囚抵罪怨言無　　持法公平得不誣
　　　涕泣遷官齋禱疾　　誰能如此感囚徒
又　　當年斷獄自無冤　　平恕臨民德允敦
　　　父子並榮三品貴　　也同定國建高門

## 大亮仁厚

李大亮，京兆涇陽人。遷安州刺史，以破輔公祐功，賜奴婢百口。謂曰，而曹皆衣冠子女，不幸破亡，吾何忍録而為隸乎。縱遣之。高祖聞而咨美，更賜俚婢二十。凡葬宗族無後者三十餘柩，貲檖加焉。歿後，所育孤姓為大亮行服如所親者，十餘人。官至右衛大將軍，兼至太子右衛率，又兼工部尚書，封武陽縣男，進爵為公，贈兵部尚書秦州都督。

世俗榮貴，孰不欲奴隸衆多，以充使令。幸而得之遑恤其他。而李大亮則不然。以戰功賜奴婢百口，縱而遣之，又葬宗族三十餘柩，加以賁槥。其用心仁厚如此，豈世俗之所能也。卒至居顯官，膺高爵，生有榮名，死有榮贈。孤性為之行服，如所親者十餘人。天報之，人報之，其效又若此。積善之慶，諒哉。

詩曰　世亂難分石與珠　　良家子女溷泥塗
　　　不逢大亮存仁厚　　未免終身作隸奴
　又　遣還百口葬宗親　　生死蒙恩感至仁
　　　名爵輝煌昭汗簡　　陰功陽報不離身

## 道琮葬友

羅道琮，蒲州人。慷慨尚義。唐貞觀末徙嶺南。有友人同斥者，死荆襄間。臨終泣曰，人生有死，獨委骨異壤耶。道琮曰，吾若還，終不使君獨留此。瘞路左去。歲餘，遇赦歸。方霖潦積水，失其殯處。道琮慟諸野。波中忽若盆沸者，道琮曰，若尸在，可再沸。祝已，水復沸湧，乃得尸還鄉。道中夜宿行店，仿佛見其友告曰，君厚德不間存亡，名位將不止此。尋擢明經，仕至大學博士，為時名儒。

人遇友朋之客死異鄉，舉而葬之，善矣。又能歸遺骸於其家者，此真世之難得也。福善之報，天豈嗇於斯人哉。羅道琮之（徒）[徙] 嶺南行次荆襄，友人告卒。方其奔走道路之間，為之收瘞。復期他日以歸遺骸。觀一時相與之言，其平生義氣藹然見矣。後果来歸。經其殯所，哀慟力求於墊溺之中，乃獲其尸以還，克踐前言，如持左契相付。使旅棲幽魂，卒得安于故原。泉臺之下，宜乎冥冥佩德，不間於存亡也。其擢明經，榮登仕版，為時名儒。天之昭報，厥有在矣。嗚呼，彼有蔑棄厥義，視朋友淪於死亡，而魯莫之恤者，可不知所戒哉。

詩曰　亡友當年葬路傍　　荒墳水嚙重堪傷
　　　哀呼慟哭寻求徧　　收得遺骸返故鄉
　又　交義存亡不可虧　　人心善惡有天知
　　　道琮葬友真難事　　名預儒流禄位随

## 唐臨不冤

唐臨，字本德，京兆長安人。為萬泉丞。有輕囚久繫。方春，農事興。臨説令可且出囚，使就畎畝。令不許。臨曰，有所疑，丞執其罪。令移疾，臨悉縱歸。與之約，囚如期還。再遷侍御史，持節按獄交州，出冤繫三千人。累遷大理卿。高宗嘗録囚，臨占對無不盡。帝喜曰，為國之要，在用法。刻則人殘，寬則失有罪。惟是折中，以稱朕意。他日復訊囚。餘司斷者，輒紛訴不已。獨臨所訊無一言。帝問故，答曰，唐卿斷囚不冤，所以絶意。帝嘆曰，為獄者固當若是。後官至吏部尚書。孫紹，為給事中，兼太常少卿。

昔于定國為廷尉，天下無冤民。後其子永位，至御史大夫，人謂其陰德所致。後世有可方之者，其惟唐臨乎。臨縱輕囚使歸就耕，而囚如期歸獄，其言之見信於人如此。及按獄交州，而出冤繫三千人。為大理卿，而斷獄無冤，故為其君嘉奖，而身增爵位。後世顯融者，皆德之報。於乎，善積而福有餘。凡為刑法之吏者，當循其所行可也。

詩曰　唐臨恤獄體人情　　春縱還家使就耕
　　　信結民心應不背　　如期歸獄不渝盟
又　　按獄無冤死得生　　廷中推讞更稱平
　　　陰功積厚天應報　　身至尚書子少卿

## 嚴諤詳審

嚴諤，字善思，同州朝邑人。高宗封泰山，舉銷聲幽藪科及第，調襄陽尉。居親喪廬墓，因隱居十年。武后時，擢監察御史，兼右拾遺內供奉。數言天下事。方酷吏搆大獄，以諤為詳審使，平活八百餘人，原千餘姓。長壽中，按囚司刑寺，罷疑不實者百人。来俊臣等疾之，誣以罪，謫交趾。五歲得還，召拜右散騎常侍。子向，乾元中為鳳翔尹。三世皆年八十五云。

唐武后以猜暴肆毒於上，文吏以酷刻承風於下。搆為大獄，氣燄薰灼。有忤之者，輒寘之死。孰能不懼。獨嚴諤之為詳審使，不顧利害，惟欲脱人於死。以罪見誣者，多所平反。可謂存心仁恕，而不為威愓者矣。使當時操刑柄者，皆以嚴諤之心為心，則天下寧有冤濫之民乎。故一時雖為酷吏所疾，遭誣獲譴，終至召還拜擢，身名榮顯。而又有子克承厥志，官禄不絶。至于三世，皆享壽祺。則天之報施，可謂明矣。彼酷暴阿意以戕人之生，以快己之志者，曾未幾時，即遭大僇。孰謂善惡天道無報哉。

詩曰　方當酷吏重刑時　　濫及無辜實可悲
　　　執法不阿能守正　　平反不顧己身危
又　　按囚審獄罷其疑　　酷吏紛紛共疾之
　　　不惟行善身榮貴　　三世相承享壽祺

## 仁傑申理

狄仁傑，字懷英，并州太原人。舉明經，初授并州法曹參軍。時同府參軍鄭崇質母老且疾，當使絶域。仁傑謂曰，君可貽親萬里憂乎。詣長史藺仁基，請代行。仁基美其誼，遷大理丞。斷獄稱平恕。出为寧州刺史，撫和戎落，得其歡心，郡人勒碑以頌。再遷豫州刺史。時越王兵敗，支黨餘二千人論死，仁傑釋其械，密疏曰，臣欲有所陳，似為逆人申理。不言，且累陛下欽恤意。表成復毁，自不能定。然此皆非本惡，詿誤至此。有詔悉谪戍邊。出寧州，父老迎勞曰，狄使君活汝耶，因相與哭碑下，齋三日乃去。至流所，亦为立碑。萬歳通天中，契丹陷冀州，河北震動。擢仁傑為魏州刺史。前刺史懼賊至，驅民保城，脩守具。仁傑至曰，賊在遠，何自疲民。萬一虜来，吾自辦之，何預若輩。悉縱就田。虜闻，亦引去。民愛仰之，復為立祠。突厥入寇河北，民人多脅從於賊。賊退，懼誅逃匿。朝廷欲寘之法，上疏願曲赦之。詔可其奏。所活不可勝計。後歷官幽州都督，鸞臺侍郎，同鳳閣鸞臺平章事。賜第宅一區，紫袍龜帶，眷禮卓異。年七十二卒，贈文昌右相，謚文惠，追贈司空，封梁國公。子光嗣。景輝，從孫兼謨，俱為顯官。

君子長者之心，凡可以申其義而達其仁者，無所不極其至焉。唐狄仁傑，蓋其人也。觀其代友以使絶域，理刑而無冤民，撫戎落皆得其歡心，申詿誤俱免於死論，紓民力於兵燹之餘，全民生於迫脅之後。其仁厚之德，及人深矣。然彼有輕人之生，貪殺以求逞者，固仁傑之罪人矣。與夫坐視人患，而恬不之恤者，又何心哉。於乎，若仁傑者，宜其生榮死哀，为時名臣。子孫席其餘慶，俱為顯官。天報善人，昭然可見。後之仕者，其尚監兹。

詩曰　使邊高義薄層雲　　詿誤能令免死論
　　　全活民生兵變後　　當時誰不感深恩
又　　上天昭格報仁人　　鳳閣鸞臺立要津
　　　不獨一身蒙顯貴　　子孫累得列朝紳

## 有功仁恕

徐有功，名弘敏，以字顯。舉明經，累補蒲州參軍。為政仁，不忍杖罰。民相約曰，犯徐參軍杖者，必斥之訖代，不辱一人。累遷司刑丞。時武后僭位，畏唐大臣謀己，於是周興来俊臣丘神勣王弘義等，揣識后意，置總監牧院諸獄，捕將相，俾相鈎逮。楚掠凝慘。又汗引天下豪傑，馳使者即按，一切以反論。吏争以周内窮詆相高，後輒勸以官賞。於是以急變相告言者，無虚日。朝野震恐，無敢正言。獨有功數犯顔争枉直。后厲語折仰，有功争益牢。常持平守正，以執據冤罔。凡三坐大辟，將死，泰然不憂，赦之亦不喜。后以此重之。所全活者不可勝計，酷吏為少衰，然疾之如讎矣。鹿城主簿潘好禮，慕有功為人，論之曰，昔張釋之為廷尉，天下無冤人。今有功斷獄，亦天下無冤人。當漢文時，中外無事，守法而已。革命之際，周興来俊臣等掩義隱賊，崇飾惡言，以誣盛德。有功守死明道，身瀕殆者數矣。此其賢於釋之明甚。或又稱其仁恕過漢于張云。改司僕少卿，卒，年六十八。贈司刑卿。中宗即位，加贈越州都督，遣使就第弔祭，賜物百段，授一子官。開元初，竇希瑊等請以己官讓有功子惀，以報舊德。由是惀自大理司直遷恭陵令。五世孫商擢進士第，累官至同中書門下平章事，進位太保，封齊國公。

嗚呼，刑者，民命所關。聖人甚重，而不敢輕也。苟司刑者以殘刻為心，濫及非辜，生民無所措手足，有能主之以仁，行之以恕，使刑得其平，則民自無冤，天下被其澤矣。觀唐武后之時，羣兇固寵，希旨搆獄，淫刑以逞，虐燄可畏。朝野之人，側目無敢言者。有功獨能犯顏廷争，瀕死不顧，惟欲免人於死，全活甚衆。仁者之澤，及人多矣。故能獲報，享有封爵。高年令終，被朝廷褒衈之恩，慶流子孫，類致通顯。累世榮盛。回視周興来俊臣之徒，身蒙顯戮，子孫不振。天理昭昭，信不誣矣。深可為世之酷虐者戒焉。

詩曰　為國由来重獄刑　　誰能慎獄使刑平
　　　有功執正能廷諍　　人自無冤獄自清
　又　只為生民不愛生　　犯顏瀕死争朝廷
　　　幾多冤抑承仁澤　　故得兒孫屢顯榮

## 郭震助丧

郭震，字元振，魏州貴鄉人，以字顯。年十六，與薛稷趙彦昭同為太學生。家嘗送貲錢四十萬。會有縗服者叩門，自言五世未葬，各在一方。今欲同時遷窆，乏於貲財，願假以治丧。震遂與之，無少吝。以車一時載去，畧無留者。卒不問其名氏，深為薛趙所誚。而震怡然曰，濟彼大事，亦無誚焉。十八舉進士，為通泉尉，陞梁州都督，安西大都護。立功邊陲，進中書門下三品，遷吏部尚書，封館陶縣男加代國公，實封四百户，賜一子官。

夫哀有喪者，固仁人君子之心。然世之不仁之人，雖貲累鉅萬，宗親故人有告急者，尚吝嗇不予，况肯施恩於未識之人哉。震以年少書生，去家數千里，卒然遇夫遭喪之人，不问名氏，傾槖以資之，無復顧惜。一念惻隱，周恤窘急。使生者得以襄事，死者得以歸土。幽明霑惠，感激何如。仁厚之心，皇天實監。是以身致顯官，建功邊隅。歷事四朝，享有榮慶。踰三十年之久，德延于世。子復歷官于朝。為善之報，信有徵矣。嗚呼，世之慳鄙老死為守錢虜者，雖為郭震之厮役，尤有愧也。

詩曰　不詢名姓竭行囊　　慷慨傾貲助有喪
　　　五世一門俱感德　　褒封千古汗青香
　又　歷躋顯仕作功臣　　子復沾恩早致身
　　　始信世間傳古語　　皇天不負好心人

## 延年免難

裴延年，長安人也。兄弟三人，雖家貧，而俱好施惠，行之不輟。有一老父過之求漿，衣服顏色稍異，待之甚謹。問其所事，云以賣藥為業。問其里牒，曰不必言也。由是往来憇宿，雖數年，而延年無怠色。一日謂曰，觀君兄弟雖至窶，而常能施與，不倦於客，皆長者也。積德如是，必有大福。吾亦厚君之惠，此後二十年有世難，當相接也。及安史禍作，為老父引入太白左掩洞中，居處仙境，咸授道術。數年亂定，盡室生還。其後兄弟皆至美官。子姓僕婢亦壽考焉。

夫家饒於貲，而能施予於人者，固人之所難。其有室無餘財，而樂施不倦，尤人之所難也。此延年兄弟所以有長者之風。觀其生計蕭索，固難於自給矣，乃能同以仁厚為心，賑窮賙匱，行之不已。因感異人，踵門求漿，往来數歲，始終无纖毫厭怠之意。至其感惠，示以報稱。其後兵難相仍，安居仙境，盡室生全，並登顯融。長幼壽考，固其宜也。夫豈倖而致哉。視彼貲累鉅萬，而貪得無厭，見人困乏，未嘗興一善念以賑給之，是真守錢虜耳。又安能獲報於天哉。

詩曰　弟兄無復顧家貧　　施惠同心異世人
　　　一日求漿来老父　　勤渠寧厭往来頻
　又　兵難安居洞府中　　端由積德感天公
　　　後来相繼皆榮顯　　更得盈門壽筭隆

## 楊旬寬惠

楊旬，唐大曆中任夔州推司。處心正直，積累陰功。旬有子，年二十三，習科舉業。一日禀父，欲入試。旬曰，汝學未充，不可。旬當夜夢神告曰，汝陰騭有感，吾特来報，汝子將来必貴。若應科舉，須改作楊椿名納卷，場屋中助子筆也。旬既得夢，次日令子作楊椿名納卷，果得第六名。次年赴省試，椿自夢見一神謂椿曰，今年省題，乃是行王道而王，汝可預留心焉。試之日，果如其夢。試中第九十六名。及殿試畢，唱名，奪天下都魁。夔州使君聞旬子中天下魁，請旬賜坐，令旬解推司職。旬告使君曰，念旬平日仰託二天之庇，奉公四十年，家無資産，惟積陰德，留得三箇慳囊，乞台旨取来當廳開看。第一箇有三十九文，當三錢。第二箇有四千餘文，折二錢。第三箇計萬箇小錢。使君不知所以。旬曰，每詳讞罪囚，但遇吏胥入輕作重，有從死罪正為流罪，即投一當三錢。有從流罪而正為杖罪，即投一折二錢。有從杖罪者，量其輕而决放，便投一小錢。又每效周篪行《太上感應篇》十種益利。一，收街市遺弃嬰孩，倩人看養。俟年十五，願識認者還歸父母團圞。二，每冬十一月初三日為始，收六十已上十五以下乞丐貧人，入本家養濟院，每日給米一升，錢十五文。至来年十一月初三日已滿一年，令其自便求趁。三，普施應驗湯藥，救人疾苦。四，施棺木，周急無力津送之家。五，女使長大，不計身錢，量給衣資，聽其適人。六，專一戒殺，救護衆生。遇有飛走物命，買贖放生。七，每遇荒歉之年，其粮食貴糴賤糶，賑濟貧民。八，應有寺觀損壞者，為脩理之。聖像剥落者，為裝飾之。或橋梁道路溝渠不通者，咸為治焉。九，有遠鄉士夫客旅流落者，斟量遠近以助裹糧，而周全還鄉。十，居推司，凡遇冤枉，必與辨明。常推己及物，濟人之急，救人之危。旬之男今日奪天下魁，皆因旬平日奉公行善，感動穹蒼之所致也。豈敢捨公門退職，而自求安逸耶。

夫明刑法，所以弼教化。非奉法之吏處心公明，用法寬恕，則濫及非辜，而無以全夫仁厚之德矣。楊旬任推司，讞刑獄，未嘗嚴刑峻法以戕人之生。於法之中，有可輕可重者，屢從輕以罰之。投錢於慳囊之中，以計其寬恤之實。其用心勤勤懇懇，至公至平。行之累年，而人之蒙其澤者甚多。雖家無厚資，而利益十事為之不厭。周急育孤，施財賑乏，好生戒殺，伸冤辨枉。其存心欽恤之至，何其厚耶。德感穹蒼，祥符禎夢。有子科貢，名魁多士。非楊旬用法公直，積累陰功，不能致也。世有為士師，典刑辟，倚法刻薄，而中傷於人。苟得其情，弗哀矜而益喜。失好生之本意，昧寬恤之仁心。視楊旬之所存，豈不重可愧乎。

詩曰　用法寬平歲月長　　奉公行善計慳囊
　　　誰知仁者多昭報　　自有陰功感上蒼
　又　决獄施仁肯辨冤　　行行利益已多年
　　　鳳雛科甲符神夢　　一日聲名四海傳

## 羅珦給藥

羅珦，越州會稽人。為廬州刺史。民俗，病者舍醫藥，禱淫祠。珦下令止之。捐己俸，給藥濟貧者，民皆德之。又脩學勸士，務崇其本。三年政化大洽。芝草生于庭。白雀數十巢于座側。節度使杜佑上治狀，賜金紫服，尋遷京兆尹，轉太子賓客。累封襄陽縣男。卒，謚曰夷。子讓，官至江西觀察使。卒，贈禮部尚書。

羅珦治郡，善於為政。革民俗之陋，使民知禱淫祠為非，而又知服藥以求其生，而不陷于夭閼者也。至捐己俸，致醫藥以濟貧者，自是邪淫止息，民受其惠，全活甚衆，故皆德之。是以治化大洽，卒致芝草白雀之祥。治狀上聞，尋賜金紫，加超擢。噫，陰德之報，何如是之速也。世之居官者，舉能若此，則民咸受其賜矣。

詩曰　廬州民病不求醫　　却向淫神致禱祠
　　　羅珦施仁袪陋俗　　濟貧給藥為捐貲
　又　三年政化洽廬郊　　芝草生庭白雀巢
　　　賜紫恩榮屢超擢　　行仁積善報相交

## 裴度仁恤

裴度，字中立，河東聞喜人。質狀眇小，相不入貴。既屢屈名場，頗亦自惑。會有相工在洛中，大為搢紳所神。度特造之問命。相工曰，郎君形神稍異於人，不入相。若不至貴，即當餓死。今則殊未見貴處，可別日垂訪，為郎君細看。度然之。他日出遊香山佛寺，徘徊於廊廡間。忽見一素衣婦人，置緹褶於僧伽和尚欄楯之上，祈祝良久，瞻拜而去。少頃，度方見緹褶在舊處，知其遺忘也。又料其追付不及，遂收取以待婦人再至。日暮竟不至。度挈歸逆旅，詰旦復携往。寺門始闢，睹昨日素衣，疾趍而至。憮聲惋嘆，若有非横。度從而訊之，婦人曰，阿父無罪被繫，昨告人假得玉帶二犀帶一，直千餘緡，以賂津要。不幸失於此。今老父不測之禍，無所逃矣。度細詰其物色，因而授之。婦人拜泣，請留其一。度咲而遣之。尋詣相者，相者審度聲色頓異，驚嘆曰，此必有陰德及物，前途萬里，非某所知也。度於貞元初，擢進士第。元和中，進官御史中丞。時下邽令裴寰為宣徽五坊小使所搆，送詔獄，當大不恭。宰相武元衡婉辭諍，帝怒未置。度力言寰不可罪，乃得釋。尋拜中書侍郎，同中書門下平章事。時吴元濟以淮蔡叛，討之數不利。度請身督戰，即拜門下侍郎平章事，彰義軍節度淮南宣慰招討處置使。度屯郾城，勞諸軍，宣朝廷厚意，士奮于勇。未幾，李愬縛吴元濟以報，遂撫定其人。初，元濟禁偶語於道，夜不然燭。酒食相饋遺者，以軍法論。度視事，下令，惟盜賊鬬死抵法，餘一切蠲除。民始知有生之樂。度入朝，會帝以二劒付監軍梁守謙，使悉誅賊將。度遇諸郾城，復與入蔡，商罪議誅。守謙請如詔。度固不然。騰奏申解，全宥者甚衆。策勳，進金紫光禄大夫，弘文館大學士，上柱國晋國公。文宗即位，進開府儀同三司，尋進司徒平章軍國事。李訓之禍，宦官肆威以逞。凡訓注宗婭賓客，悉收逮，訊報苛慘。度上疏申理，全活數十姓。後真拜中書令。薨，年七十六。册贈太傅，謚文忠。度操守堅正，其威譽德業比郭汾陽，而用不用常為天下重輕。事四朝，以全德始終。及歿，天下莫不思其風烈。五子，識諗知名。識檢校尚書，右僕射，贈司空，謚曰昭。諗，太子少師，封河東郡公。

夫仁人君子，存心忠厚，見人患難困窮，及陷於非辜者，必周卹救援之，惟恐不及，未嘗有一毫求利於己也。然福慶之臻，自有不期而然者。若裴度當屢屈名場，流落不偶之時，一旦獲寶帶於人所不知之處，價直千緡，在他人孰不掩為己有。度特收待以付其人，使得免其父於禍患。其陰德可謂大矣。及官朝著辨裴寰之冤，安淮蔡之衆。至於元濟之僞將，訓注之賓客，皆為申理，多所全宥。若此類者，不可枚舉。非平生仁慈忠厚者，能然歟。宜其威譽德業，見重當時，位極人臣，福流後裔。而青史載之，以傳於無窮。天之報施，何其顯哉。

詩曰　當朝德望世稱賢　　身繫安危二十年
　　　一自香山還帶後　　幾多陰騭感皇天
又　　仁厚存心積德多　　蒼天報施豈偏頗
　　　高年貴爵流餘慶　　青史芳名更不磨

### 韋丹活黿

韋丹，字文明，京兆萬年人。年近四十，舉五經未第。當乘蹇驢，至洛陽中橋，見漁者得一黿，長數尺，置橋上，呼呷餘喘，須臾將死。羣萃觀者，皆欲買而烹之。丹獨憫然。問其直幾何。漁曰，得二千則鬻之。是時天正寒，丹衫襖袴無可當者，乃以所乘驢易之。既獲，遂放於水中，徒行而去。時有胡蘆先生，不知何所從来，行止迂怪，占事如神。後數日，丹因問命。胡蘆先生倒屣迎門，忻然謂丹曰，翹望數日，何来晚也。丹曰，比来求謁。先生曰，我友人元長史，談君美不容口，誠託求識君子，便可偕行。丹良久思量，知聞间無此官族。因曰，先生誤，但為決窮途。胡蘆曰，我焉知。君之福壽，非我所知。元公即吾師也，往當自詳之。遂相與策杖，至通利坊。静曲幽巷，見一小門，胡蘆先生即叩之。食頃，有應門者開門延入。行數十步，復入一板門。又十餘步，乃見大門。制度宏麗，擬於公侯之家。复有丫鬟數人，皆極姝美，先出迎客。陳設鮮華，異香滿室。俄然有一老人，鬚眉皓然，身長七尺。褐裘韋帶，從二青衣而出。自稱曰元濟之，向丹盡禮先拜。丹驚，即急趍進拜，曰，某貧賤小生，不意丈人過垂採録，實所未諭。老人曰，老夫將死之命，為君所生。恩德如天，豈容酬報。仁者固不以此為心。然受恩者，思欲殺身報效耳。丹乃矍然，知其黿也。然終不顯言之。遂具珎羞，留連竟日。既暮，丹將辭歸，老人即於懷中出一通文字，授與丹曰，知君要問命，故輙於天曹録得一生官禄行止所在，聊以為報。凡有無，皆君之命也。所貴先知耳。又謂胡蘆先生曰，幸借吾五十千文，以充韋君改一乘，早決西行，是所願也。丹再拜而去。明日，胡蘆先生載五十緡至逆旅中，頼以救濟。其文書具云，明年五月及第。又某年平判入登科，受咸陽尉。又某年登朝作某官。如是歷官一十七政，皆有年月日。最後年遷江西觀察使，至御史大夫。到後三年，廳前皂莢樹花開，當有遷改北歸矣。其後遂無所言。丹常寶持之。自五經及第，後至江西觀察使，每授一官，日月無所差異焉。洪州使廳前有皂莢樹一株，歲月頗久。一旦樹忽生花，丹遽去官，歸至中路而卒。子宙，加檢校尚書左僕射，同中書門下平章事。岫，擢福建觀察使。

　　吁，天地之德，莫大於好生。萬物之情，莫甚於愛生。愛生惡死，人與物同。人能體好生之德，萬物類之命者，安有不獲其報哉。方韋丹見黿呼呷餘喘，命在須臾，惻然動心，遂解乘驢易而放之，蓋一出乎仁心之自然，豈暇求其報哉。顧神明有以窺見其愛物之心，故託為元長史之説，所以表丹好生之心。雖然，有陰德者，必有陽報。推丹活黿之心，其肯存害物之意乎。然則天之報施之者，必將有以顯耀之也。是以官至御史大夫，歷江西觀察使。有功於民，流芳至今，傳於無窮。夫豈偶然哉。世之好殺之徒，忍心害物，視丹之所為，當必有所悔也。

詩曰　洛陽橋上獨乘驢　　忍見窮黿喘呷餘
　　　鬻放河流免烹煑　　豈知報應在須臾
又　　胡蘆占事妙通神　　擬把前程一問津
　　　忽遇白頭元長史　　縱談歷歷得緣因

## 崔鄲周給

崔鄲，字廣略，貝州武城人。家不藏貲，有辄周給親舊。男女未婚，死者未葬，皆為營辦。居室庳陋無廊廡，霖雨則張蓋。為虢州觀察使，政治以寬，經月不笞一人。事憲穆敬三宗，多所諫正。遷檢校禮部尚書，卒于官，贈吏部尚書，謚曰德。崔氏四世緦麻同爨。鄲五子，瑶瑰瑾珮璆，皆達宦。兄弟六人至三品。邠鄲鄲，凡為禮部五，吏部再。鄲後以檢校尚書右僕射同平章事，節度淮南。唐興以来，未有也。居光德里，營一便齋。宣宗聞而嘆曰，鄲一門孝友，可為士族法。因題曰德星堂。後京兆人即其里為德星社。鄲為金吾衛大將軍，忽暴卒，以韓約代之。不閲旬，李訓亂，約死於難。世謂鄲亡，崔氏積善之報云。

夫周親戚，卹窮乏，生者為畢婚姻，死者為營葬事，此惟仁者為能行之，觀於崔鄲是已。鄲之先人後己，非仁而何。且其為政，不用刑罰，家居同爨，緦麻四世。所行有大過人者，其存心仁厚，天道寧旨啬其報邪。是以闔門貴顯，子孫榮盛，而且見稱於君上。福禄綿遠，禍難不干。《易》曰積善之家必有餘慶。觀於此不虚。深可為世道勸矣。

詩曰　婚姻喪葬人情切　　窮乏艱難孰肯賙
　　　崔鄲存心獨仁厚　　輕財仗義為人謀
　又　為羡崔家積善門　　濟人忠厚誼尤敦
　　　蒼蒼感格垂昭報　　餘慶綿綿及後昆

## 為善陰騭卷之四

## 弘敬延壽

劉弘敬，字元溥，彭城人。世居淮淝間，資財巨萬，脩德不耀，人莫知之。家雖富，利人之財不及怨，施人之惠不望報。長慶初，有善相者於壽春道逢弘敬，曰，噫，君且止，吾有告也。弘敬乃延入館而訊焉。曰，君財甚豐，然更二三年，大期將至。如何。弘敬曰，夫壽夭者，天也。先生其奈我何。相者曰，夫相不及德，德不及度量。君雖不壽，而德且厚，於度量又寬。夫一德可以消百灾，猶享爵禄，而况于壽乎。勉而圖之。吾二載當復来此。言訖而去。弘敬送之，乃為身後之計。有女將適人，抵維揚求女奴資行，用錢八十萬，得四人焉。内一人名蘭蓀者，風骨姿態殊不類賤。弘敬詰其情，久乃對曰。賤妾死罪，無復敢言。主君既深訝之，何所潛隱。某代為名家，世居河洛。先代以卑官淮西，不幸遭吴寇跋扈，因縁姓與國同，疑為近属，身委鋒刃，家乃没官，以此湮沉，無所告訴。其諸骨肉，寇平之後，悉被官軍收掠為俘，不可復知也。賤妾一身，再易其主。今不幸及此。弘敬太息久之，乃言曰，夫冠雖舊，不踐於地。此女雖家族喪亡，實衣冠之後，不可以為婢使。遂焚其券，收為甥。以家財五十萬，先其女而嫁之。長慶二年春三月辛卯，蘭蓀既歸。是夜弘敬夢一人，被青衣，秉簡，望塵而拜。迫之，潸然曰，予則蘭蓀之父也。謝公嫁我女，我無以報。今告天帝，為君請壽。言訖而去。後三日，弘敬復夢蘭蓀之父立於庭。紫衣象笏，侍衛甚嚴。前謝弘敬曰，子不佞，幸得請許，延君壽二十四歲，富及三代子孫。又閔子之冤，署以重職，獲主山川於淮海之間。因嗚咽再拜而去。詰旦，弘敬依依，未能甚信。後二年，相者果复至。迎而賀弘敬曰，觀公之面，陰德之氣甚盛。視公眉目，可延二紀之壽，公作何陰德。弘敬曰，無他，止將婢作甥女嫁之。相者曰，不忍以貴為賤，此真陰騭也。弘敬果壽考而終，富及三代。子孫之盛，異於他族。

人之壽夭貧富，雖曰前定。然能存心忠厚，濟人利物，念念不忘。至其陰功善行，積累既深，感動於天地神明，則夭者可壽，貧者可富。前定之說，有時而不可必矣。若劉弘敬者，家雖富而不刻取於人，樂善好施而不望報。其心之所存可知矣。及聞相者大期將至之言，乃安於命分，遽為身後之計。因買婢之事，而仁慈惻怛之心惕然著見，使流離顛困之女，得配良人。其心寧有所希冀哉。一旦感之於夢寐，形之於氣色，於是壽延二紀，富及三代之言，不爽毫髮。世之有志於為善者，觀此宜益加勸矣。

詩曰　家富非因刻衆成　　大期將至莫逃生
　　　只將一念存忠厚　　即感天教福壽并
　又　名家有女困流亡　　弘敬慈心特感傷
　　　擇配良人陰德厚　　壽延二紀子孫昌

## 李珏平量

李珏，廣陵郡中人也。世居城市，販糴為業。而珏性端詳，異於常輩。年十五，隨父販糴。父年老，珏繼之。人與之糴，珏即授以升斗，俾令自量，不計時之貴賤。一升只取兩文利，以資父母。歲月既深，衣物甚豐。父怪而問之，具以實對。父曰，吾之所業，同流者衆，無不用出入升斗，出輕入重，以規厚利。雖官司以春秋較榷，莫斷其弊也。吾早悟之，但一升斗，出入皆用之，自以為無偏矣。汝今更出入任之自量，吾不可及也。然衣食豐給，豈非神明之助耶。後父母没世，及珏年八十餘，不改其業。後值李珏出相，節制江南，而珏以新節制同姓名，乃改名寬。李珏下車後數月，修道齋次，夜夢入洞府中，見景色正春，煙花爛熳。翔鸞舞鶴，彩雲瑞霞，樓閣連延。珏獨步其下，見石壁光瑩，填金書字，列人姓名。內有李珏，字長二尺餘。珏視之極喜，自謂生於明代，久歷顯官，又陞宰輔，能無功德及於天下。洞府有名，我仙人也。再三為喜。方喜之際，有二仙童自石壁左右出。珏問此何所也。曰，華陽洞天。此姓名，非相公也。珏驚，復問，非珏，何人也。仙童曰，此廣陵部民也。珏及曉，歷歷記前事，益驚嘆。問於道士，無有知者。始召廣陵官屬詰之，亦皆莫知也。乃令城府內求訪同姓名者，數日，軍營里巷相推，乃得李寬舊名珏，以車迎之入府，致淨室。珏齋沐拜為道兄，一家欽事，朝夕參禮。李寬性情素澹，道貌秀異，鬚長尺餘，皓然可愛。

年六十時，曾有道者教以胎息，亦久不食，珏愈欽之。及月餘，乃問道兄平生得何道術，服煉何藥。珏曾夢入洞府，見石壁姓名，仙童所指，是以迎請師事，願以相授。寬辭以不知道術服煉之事。珏虔拜以問寬所修如何。寬以愚民不知修道，具負販以對。珏再三省問，咨嗟，曰，此常人之難事，陰功不可及也。遂師其胎息。後李寬一百餘歲，輕健異常。忽告童子曰，吾寄世多年，雖然養氣，亦無益汝輩。一夕無疾而終。三日棺裂有聲，視之衣帶不解，如蟬蛻焉，尸已解矣。

夫販糴競錙銖之微，乘時儌利，此市井之常態。至於平均出入，不以貴賤，而上下其售，無規利之心，其人豈不賢乎哉，此李珏之為誠可尚也。珏之販糴雖同於市井，其操心則異於衆人。不計時之貴賤，用一升斗出入，且又任之自量，其過於常情遠矣。是以神明佑之，自然衣食豐給，而父母得以安養。至於名書洞府，壽考期頤。生為人所欽事，没有蟬蛻之異，皆其平日所積致之。嗟乎，彼市井營營汨汨之徒，大量以入，而小量以出。大秤以買，而小秤以賣者，徒知罔利欺人，而不知天理昭昭，有司察者焉。所謂縱然巧計得將來，暗裏鬼神銷磨去，往往有暫貪目前之利，而不為久遠之計者，尋亦衰歇矣。於乎，可為戒哉。

詩曰　市井紛紛較斗升　　誰知李珏異常情
　　　斗升出入無增減　　一任人量取價平
　又　平糴無虧李珏心　　行之不覺歲年深
　　　姓名洞府書丹壁　　功在陽間報在陰

## 敏中護遺

白敏中，應舉屢不第，詣胡蘆生問命。生殊不許。後入安上門，見一婦人，以新紫帕封裹一物，令女奴捧之。因在闉中，女奴力勌，置於門闑上，車馬駢集，婦人女奴忽相失，乃遺帕裹在闑傍。敏中為守護，至日晏，竟不至。忽婦人號泣而來，敏中問之，曰，夫犯極刑，有能救護者，惟欲寶帶。今晨遺失，夫不免極刑矣。敏中即以帶還之。婦人泣謝曰，公秉心正直，不貪財如此，天地鬼神必監公之德，將大顯於時，以享厚報也。遂再拜而去。明日又見胡蘆生，生曰，秀才必種陰德，前程非某敢量也。來年果及第，位至中書令。

白敏中見利不苟取，可謂重於義矣。方車馬駢集之間，偶拾遺物，取之何傷。乃不肯取，又為之守護，以待遺物者至而還之。其心忠厚如此，遂使婦人得帶，救夫免於極刑。感激於心，為何如哉。此與裴度還帶，甚相似也。故神明默鑒，俾其及第，享有厚禄，位極人臣。富貴與裴度相上下。孰謂陰德之報為難必邪。世有奪人貨貲，且擠人於死地者，固未知為善之德，而貿貿焉老死而不知悔，甘心以受反復之報。哀哉。

詩曰　車馬駢闐日往還　　偶逢遺物在門間
　　　殷勤守護歸原主　　厚德難酧只淚潸

又　敏中還帶不貪財　　積德陰功達九閡
　　龍虎榜中題姓字　　悠悠富貴自天來

## 孫泰重義

孫泰，山陽人。少師皇甫穎，守操頗有古賢之風。泰妻，即姨之女也。先是姨老，以二女為託。曰，其長，幼損一目。汝可娶其女弟。姨卒，泰娶其姊。或詰之，泰曰，其人有廢疾，非泰何適。衆皆伏泰之義。嘗於都市遇鐵鐙臺，買之，既磨洗，即銀也。泰往還之。中和中，將家於義興，置一別墅，用錢二百緡。既半授之矣，泰遊吳興郡，約回日當詣所止。居兩月，泰回，復以餘貲授之。俾其人他徙，於時睹一老嫗，長慟數聲。泰驚悸，召詰之。嫗曰，老婦嘗逮事吾姑于此，子孫不肖，今為他人所有，故悲耳。泰憮然久之，因紿曰，吾適得京書，已別除官，固不可駐此也。所居且命爾子掌之。言訖而去，不復返矣。他日，泰夢一神人，紫衣象簡，從容謂之曰，汝平生德行不虧，名知天府。奉帝命，宜增汝壽，而昌汝後也。汝惟勉之。泰自是愈脩陰德，壽九十而終。子展，進士及第。世為顯官。

常情娶妻。必擇姿色。泰娶姨女，且姨嘗託以幼女矣，乃憫廢疾無適，遂取損目者。人之常情，見財而孰不喜者。市燈臺而知為銀也，亟還之。買宅而聞嫗慟聲，遂託故而去，令嫗子掌之。此皆常情之所難者，泰能行人之所難行，其賢矣哉。是宜感神之夢，告其所以。他日皆驗。天之福善，不爽如是夫。其有背義貪利，喪天理而滅人心，視泰之為能，不有愧於中邪。

詩曰　平生好羲幾人同　　託女從知有古風
　　　娶室獨能安廢疾　　此心端不愧天公
又　　燈臺市得却為銀　　買屋聞悲得所因
　　　還却鐙臺抛却屋　　善功積在子孫身

## 熊慎放魚

熊慎，豫章人。其父以販魚為業。嘗載魚宿江滸。慎聞船內千百念經佛聲。驚而察之，乃船中諸魚也。遂嘆異，而悉取放之，不復以漁為業。後鬻薪於石頭，窮苦至甚。嘗暮宿江上，忽見沙中有光燄，高尺餘,就之，得金數斤。明日賫詣都市貨之。市人云，此所謂紫磨金也。酧鏹數十萬，由此殖產钜富，子孫數世不乏。

萬物之生，品類雖殊，然莫不各稟天地之氣以成形。至於鱗介之微，亦物命也。皆有知覺，皆能運動，寧不貪生而畏死哉。當其阽危之時，有能感悟而即使之復生，又豈不知報乎。若熊慎之父，以販魚為業，至慎忽聞船中諸魚念經佛聲，此必其心平日有所不安者，故於此而有警焉。於是悉放之，且遂棄其業。後雖至貧困而不悔，則其篤志向善可知矣。故獲沙上良金之報，以致貲産巨富，傳之數世，豈幸致哉。昔有廣都陳弘泰，徵假貨之財於人。

其人將鬻蝦蟆萬頭以償，弘泰惻然不取其所負，仍別與錢，令悉放蝦蟆於江中。後因夜歸，馬驚不進。前有物光明，視之乃金蝦蟆也。取之益致富饒，與慎之事略相彷佛。皆仁心發於一時，而福報流於後嗣。存心愛物者觀之，豈不益加勸焉。

詩曰　鱗介雖微皆物命　　貪生畏死實同情
　　　當時熊慎能施惠　　總是因聞念佛聲
　又　涸魚蒙惠入深淵　　驟得良金豈偶然
　　　自此富饒傳累世　　只因一念感蒼天

## 元之不貪

范元之，衢州人。素貧，篤志讀書。盛暑浴于水邊，拾得金銀一袋於岸。歸謂其子曰，世人以財為命，萬一彼失此者自經於溝壑，枉喪性命，將如之何。翌旦，父子携金于岸待之，果有一婦悲號而至。元之詰其故，曰，夫坐獄當死，易田得金，至此失之。元之即以還之。婦分與，亦不受。既而鄉里年少無知者，反誚其不能取金經營生理，空自守貧。元之笑而不答。因自嘆曰，吾平生安分不貪，豈可圖他人之財以厚於己，而汙吾之名哉，識者賢之。是年其室産靈芝數莖，光彩燁燁。人知其為祥瑞也。明年，父子果登第。歷十二世，皆為郡守。

人之安貧者，雖處困頓之極，亦不肯苟取。若元之，可謂能安於貧矣。元之家素貧，一旦拾得遺金，自常情觀之，必以為幸。元之獨不然。且懼人致死，力携金待遺者而還之，分與不受。非安貧，而能之乎。向使掩為己有，安知失金之婦，不自致死於江濱，而其夫亦由此而死於獄矣。一舉而存二人之命，陰騭大焉。彼鄉里少年輕加譏誚，蓋不知元之之心也。宜乎人神之所與，而産紫芝之瑞。卒至父子登第，累世顯融。則天報善人，可謂切矣。世之損人利己貪得害義者，觀此可以為戒。

詩曰　拾得遺金在水濱　　恐因枉死失金人
　　　還金與婦夫能濟　　夫婦終身感至仁
　又　惇行陰德感蒼蒼　　便産靈芝表瑞祥
　　　父子同年登甲第　　世傳十二郡符章

## 范宰擇嫁

范明府，頗曉術數。選授江南一縣宰，自課其命，云來年秋祿壽俱盡。將出京，又訪於日者。日者曰，子來年七月數盡，胡為遠官哉。范曰，某固知之。一女未嫁，利薄俸以資遣爾。及之任，買得一婢，因詰其姓氏，婢子曰，姓張，父嘗為某堰官。兵寇之亂，略賣至此。范驚起，問其父名，乃曩昔之交契也。謂其妻曰，某女不憂不嫁。悉以女粧奩，擇邑客謹善者配之。秩滿歸京，日者見之，大駭曰，子前何相紿之甚。算子祿壽俱盡。今乃無恙。非甲子差繆，即當有陰德為報爾。范曰，俱無之。日者詰問不已，偶以嫁女僕之事告之。日者曰，此即是矣。子之福壽，未可量也。後歷官數任而終。

夫朋友，人之（人）[大]倫也。困窮患難，必當周之，況其身没而有遺孤失所，鬻為人婢。一旦遇之，詢知其故，能不惻然憫之邪。觀范明府之得女僕，詰之知為故人子也，惻然憫之，遂輟其己女貲粧，擇邑客謹善者以歸之，其用心厚矣。宜夫天錫壽齡，屢歷名宦，而享悠久之福。陰騭之報，乃如是夫。噫，世有視其宗族遺孤，尚不知所以存恤，而況於故人子乎。觀於范明府，寧不有愧哉。

詩曰　一身流落有誰依　　惆悵天涯失所歸
　　　幸遇父交存厚德　　室家相慶沐恩輝
　又　故人有女已漂零　　偶爾相逢重可矜
　　　因輟粧奩為擇配　　天增福壽享康寧

## 彥賓還女

程彥賓為羅城使，進攻遂寧之日，左右以三處女獻，皆蔚然有姿色。時公方醉，謂女子曰，汝猶吾女，安敢相犯。因手自封鎖，置於一室。及旦，訪其父母還之。皆泣謝曰，願太守早建旌節。彥賓曰，旌節非敢望，但得死而無病，便是好也。其後官至觀察使。年九十七無疾而卒，諸子皆仕。

人於平居，能以禮自防，不為欲動，可謂難矣。其於造次顛沛之頃，能不為人欲所動，豈不尤難乎。若程彥賓之所守，誠如是也。當夫郡邑擾攘，干戈攻擊之時，左右有獲美女以獻。常人於此，寧不動心，無復顧慮。彥賓之志，確如金石。毋敢有犯，方且待猶己女，扃鑰於室，訪其父母還之。迹其所為，實罕有也。人豈有不感之者乎。感之於心，而格於神明，故昭昭之報，如其所欲。終致禄位增崇，壽考令終。而覃慶後嗣，皆由一念之善也。世有身為將帥，不顧禮義，而掠人子女以逞其欲，卒致家破身亡，遺禍子孫。孰謂高高在上，而可以罔耶。

詩曰　三女當年值亂離　　軍中見虜實堪悲
　　　不是彥賓存厚德　　此身寧得保無錙
　又　彥賓還女事尤奇　　世有何人得似之
　　　天道昭昭祐陰騭　　不教報應爽毫釐

## 劉軻改葬

劉軻，韶石人也。幼之羅浮九疑，讀黃老之書，究輕舉之道。嘗獨處一室，數夢一人衣短褐曰，我書生也。頃因遊學，逝於此室。以主寺僧不聞郡邑，乃瘞於北牖下。而屍骸跼促，死者從真，何以安也。君能遷葬，必有酧謝。乃詢于緇屬，果然。軻即解所著之衣，覆其骸骼，具柏棺改窆於虎溪之上。是夜夢書生來謝，持三雞子，勸軻立食之。軻嚼其一，吞其二焉。後乃精於儒學，肆力文章。因策名科第，歷任史館。

人死而不得歸葬，及葬而不得其所，慘孰甚焉。仁人君子，惻然感悼，改而葬之，豈非陰德之大者哉。劉軻以英妙之年，志希僊道，一室蕭然獨處，數夢書書千謁，其事甚異。既而得遺骸，為之收殮改葬，則死者之感德，為何如耶。嗟乎，冥冥之中，而有昭昭者存。其後儒學文章，精詣深造。擢巍聲，登顯要，斯皆神明有以相之也。陰施陽報，孰謂其不足徵乎。

詩曰　客死無名可愴淒　　主僧久為殯招提
　　　精魂若不來清夢　　骸骼誰將葬虎溪
又　　劉軻改葬有陰功　　儒學文章孰與同
　　　科第蜚聲膺館職　　昭昭福報格蒼穹

## 劉翱禁溺

劉翱，京兆萬年人也。少警穎，及長，歷顯官。所得俸祿，悉以分遺宗親，家無留藏。所至以陰德為先。其在山南節度幕時，峒寇嘯聚據雲安，翱引兵破城。裨將欲屠城，翱不許。但除首從，餘皆全活。河西有溺子之風，翱嚴其禁，民不敢犯。及解任，而所活者數千。翱後與弟金吾將軍翩同入閩。翩因卜居崇安五夫，號曰東族。而翱卜居建陽之麻沙，號曰西族。一日，舟行至地名長平，見有赴水求死者，翱力救之。詢其所以，則云欠錢六十貫，追逋日迫，無可還者。翱曰，錢易得，人命難得。悉貸錢還之，人得以活。後翱以開國致仕，子孫繁衍。歲時致祭，祠下三四百人。登科歷仕數百人。孫韐，以直言諫君，謚忠簡。純以死節立廟，封忠烈。翩之後有韐，以靖康死節，謚忠顯。屏山子翬，以道德學問為朱文公師，謚文靖。寶學子羽，以保守川陝有功，卒謚忠定。樞密珙，謚忠肅。籍溪胡靖肅公憲，嘗敘其譜，謂刘氏乃漢楚元王之裔。丞相梁文靖公克家亦叙其譜，云劉氏積陰德，而族以大，本支所以蕃也。

人之為善莫先於積陰德，積陰德莫先於全活人命。今觀劉翱活人之命，而救人之生，不知其幾。所積陰德實多，宜其以善終。子子孫孫，嗣續無窮。登名仕版，歷任崇要，皆由翱一身積德之所致也。世俗之人，苟得地位，擠人於死地者多矣。生無一善之可稱，死有衆惡之萃已，禍報相尋，久而不已。殃及子孫，衰微貧賤，且斬焉絶滅者有矣，豈能如劉翱之世世隆盛乎。君子於此，宜知所取法。

詩曰　為官得禄給宗親　　不許屠城活萬人
　　　最愛山南劉節幕　　平生陰騭感明神
又　　濟人利物有陰功　　一變河西溺子風
　　　不獨當時身富貴　　子孫享福更無窮

## 建中補漏

鄭建中，其先本雍人。五季時，徙家安陸，貲鏹鉅萬。城中居人多舍客也。每大雨過，則載瓦以行。問有屋補則漏之。若客舍自為之屋，亦為繕完。又隆冬苦寒，蠲舍錢盈月。建中晚得子紓，登進士第，官至祠曹侍郎。有五子，長曰彌中，登第，官至朝奉大夫。次則敦夫，皇祐五年魁天下士，官至侍讀。三子與孫，皆任以官，不繇選調，世祿不絕。

夫利施於非所急，自常情觀之若不切。而一時窘迫者得之，則其惠大矣。蓋盂飯杯漿，施之於素飽者，則必厭飫之。施之於饑渴者，則適其宜而得所濟矣。凡事皆若此也。夫當霖雨既降，室屋弊漏，人固不能寧處也。於斯之時，望一瓦之补葺，甚於饑之欲食，渴之欲飲。建中乃能體人之情。凡遇雨，則載瓦問漏，為之補蓋。使居者獲安，甚至於蠲其舍錢，夫事雖微，而庇覆於人實切。其至誠惻怛之心，出於自然，有非勉强，宜乎顯及其身，慶延後裔。駢歷顯要，皆陰德之報。嗚呼，世有視人之急，漠然不顧，其於建中，賢不肖何如也。其報應亦必異矣。

詩曰　風雨蕭蕭旅舍寒　　只愁屋漏濕無乾
　　　殷勤載瓦為修補　　居客咸令寢處安
　又　濟人於急善非常　　陰報由來不可量
　　　不獨晚年生貴子　　更令後世益榮昌

## 禹鈞行善

竇禹鈞，薊州漁陽人。為諫議大夫。年三十無子。夜夢亡祖父聚謂之曰，汝早脩行。緣汝無子，又壽不永。禹鈞唯諾。禹鈞為人素長者。先有家童盜用錢二百千，慮事覺。有女年十二三，自寫券繫女臂云，求賣此女，與本宅償所負錢。自是遠遁。禹鈞見而憐之，即焚券，囑其妻曰，善撫之。既笄，以二百千，擇良配，得所歸。後僕聞之乃還，感泣訴以前罪，禹鈞不問。由是父子圖禹鈞像，晨興祝壽。因元夕，於延慶寺階側得遺銀二百兩，金三十兩。持歸，明旦，詣寺候失物者。須臾一人涕泣而至。禹鈞問之，對曰，父罪犯大辟，偏懇親知，貸與金銀，將贖父罪。昨暮以一親置酒，昏忽失去。今父罪不可贖矣。驗其實，遂以還之，復加贈賂。同宗外姻有喪，不能自舉，為出錢葬之。前後凡二十七喪。孤遺女貧不能嫁，為出錢而嫁者，凡二十八人。故舊相知，雖有一日之雅，遇其窘困，必擇其子弟可委以財者，随多寡貸以金帛，俾之販鬻。由禹鈞而活者數十家。四方賢士，賴其舉火者，不可勝數。禹鈞每量歲之所入，除伏臘供給外，餘皆以濟人。家惟儉素，無金玉之飾，無衣帛之妾。於宅南建書院四十間，聚書數千卷。禮文行之儒，延致師席，凡四方孤寒之士無供須者，咸為出之，無問識不識。有志于學者，聽其自至。故其子見聞益博。後禹鈞（後）[復]夢祖父謂曰，汝三十年無子，壽且促已。嘗告汝，數年來，汝名掛天曹，以有陰德，特延筭三紀，賜五子顯榮，仍以福壽而終。後當留洞天，充真人位。言訖，復祝禹鈞曰，陰陽之理，大抵不異。善惡之報，或發於見世，或報以來世。天網恢恢，疏而不漏，此無疑也。禹鈞愈積陰功。是後諸子登第，義風家法為一。時標表馮道贈禹鈞詩曰，燕山竇十郎，教子有義方。靈椿一株老，仙桂五枝芳。人多傳誦。子儀，禮部尚書。儼，禮部侍郎，皆為翰林學士。侃，左補闕。偁，左諫議大夫，參知政事。僖，起居郎。禹鈞年八十有二，沐浴別親戚，談笑而卒。其後八孫，亦皆貴顯。

觀人之為善，或出於勉強，有能行之於一，而不能行之於再。有能行之於暫，而不能行之於久。要之皆有為而為，非中心誠實而為善也。若竇禹鈞之為善，出於其中心，不假強為。終身行之而不倦，是以貧窮死喪者，受其惠澤亦多也。宜其名掛天曹，身備福壽，子孫貴顯，流慶無窮。神明之報之者，亦極其至矣。世之罔善之徒，不知積德，而欲責善報於天，烏可得哉。苟欲為善以昌大其後者，必當以禹鈞為法也。

詩曰　十郎好善行陰騭　　陰騭行多感上蒼
　　　階下靈椿一株老　　庭前丹桂五枝芳
又　　莫將陰騭等閑看　　陰騭行多福自完
　　　試看禹鈞陰德事　　子孫世世列高官

## 曹彬仁惠

曹彬，字國華，真定靈壽人。周顯德三年，為西上閤門使。五年使吳越。私觀之禮，一無所受。吳人以輕舟追遣之，辭數四不受。既而曰，吾終拒之，是近名也。遂受，籍歸送官。世宗強還之，始拜賜，悉分遺親舊，不私一錢。宋乾德初，為右神武將軍，兼樞密承旨。二年冬，伐蜀，彬為都監。峽中郡縣悉下，諸將咸欲屠城，以逞其欲。彬獨申令戢下，所至悅服。有獲婦女者，彬悉閉之一第，令密衛之。洎事罷，咸訪其親還之，無者備禮以嫁之。諸將多取子女玉帛，彬橐中惟圖書衣衾而已。開寶六年，進檢校大傅。七年，將兵伐江南。彬使人諭李煜曰，事勢如此，所惜者一城生聚。若能歸命，策之上也。城垂克，彬忽稱疾不視事。諸將問疾，彬曰，吾之疾，非藥石所能愈。惟須諸公誠心共誓。克城之日，不妄殺人，則自愈矣。諸將許諾，共焚香為誓。明日稍愈。又明日城陷，煜與其臣百餘人，詣軍門請罪。彬慰安之。煜之君臣，卒賴保全。彬歸自江南，詣閤門進榜子曰，奉敕差往江南，勾當公事，回時人嘉其不伐。又冬月不令葺墻壁，謂百蟲所蟄，恐傷其生。其仁心愛物如此。薨年六十九，真宗臨哭之，贈中書令，追封濟陽郡王，謚武惠。詔彬配享太祖廟庭。子璨、珝、瑋、玹、玘、珣、琮。璨，天禧三年授河南節度使，同平章事。卒，贈中書令，謚武懿。璨子儀，官至耀州觀察使。珝，尚秦王女興平郡主。瑋，累官安撫觀察使。天禧間，改彰武軍節度使。卒，贈侍中。謚武穆。嘉佑八年，詔配享仁宗廟庭。玹，左藏庫副使。玘，尚書虞部員外郎。珣，東上閤門使，琮，西閤門副使。累官安撫都指揮使。琮子佺，皇城使，嘉州防禦使。佺子詩，尚魯國大長公主。玘之女，即慈聖光敬皇后也。彬父芸，累贈魏王。彬韓王，玘吳王。

夫天地以生物為心，人能體天地之心以施於事為，則澤及於物，何可量也。若曹彬好生之心，慈祥豈弟，施諸事為，人蒙其惠，物全其生。其可謂能體天地生物之心矣。故積善之報，不惟使其身享榮華富貴，壽考康寧，而其子孫貴盛，亦得以享爵禄於無窮，垂芳名於永久。視曹翰之殘忍好殺，身死未三十年而子孫有為乞匄者，善惡之報，昭然如此，宜以為鑒。

詩曰　好生自是合天心　　一念存仁德澤深
　　　略地攻城全戒殺　　無邊陰騭鬼神欽
又　天報昭昭實不差　　一身富貴足榮華
　　　子孫代代皆光顯　　作配宮闈尚主家

## 王祜公直

王祜，字景叔，大名莘人。事宋太祖為知制誥。太祖遣使魏州以便宜付之。告曰，使還，與卿王溥官職。時溥為相也。魏州節度使符彦卿，太宗夫人之父，有飛語聞于上。祜往別太宗於晉邸，太宗却左右欲與之語。祐徑趍出。至魏，得彦卿家僮一人，挾勢恣横，以便宜决配而已。及還朝，太祖問曰，汝敢保符彦卿無異意乎。祜曰，臣與彦卿家各有百口，願以臣之家保符彦卿。又曰，五代之君，多因猜忌殺無辜，致享國不長。願陛下以為戒。太祖怒其語直，貶護國軍行軍司馬，華州安置。七年不召。太宗即位，以兵部侍郎召，不及見而薨。初，祜赴貶時，親賓送于都門外，謂祜曰，意君作王溥官職矣。祐笑曰，祜不做，兒子二郎必做。二郎者，旦也。祜素知其必貴。手植三槐於庭曰，吾子孫必有為三公者。已而子懿知袁州，旦位太保，加太尉。薨，贈太師，尚書令，魏國公，謚文正。旭由兵部郎中出知應天府。孫質，天章（閣）[閣]待制。素，端明殿學士，工部尚書。天下謂之三槐王氏云。

夫人臣之事君，必盡忠直之心，不可逢迎以取容悦。若王祜受命，以訪察符彦卿之迹，還奏以百口保其無異意，寧不為王溥之官，以拂其君之意。雖遭貶黜,終身無憾。厥後其子旦，位居三公，世膺顯禄。豈非天報其忠厚之德乎。傳曰，為善者，未嘗無報也。不以其實，則以其名。不在其身，則在其子孫者，信夫。然後知積德者，獲福之本。仁恕者，裕後之基。世之貪位貫寵者，見利而動，使其為王祜之事，則必從臾媒蘗，以成其跡。符氏百口，寧能保其全乎。由是知祜之陰德，不可量也。

詩曰　報主惟將公道盡　　不貪名位寸心堅
　　　三槐欝欝陰常滿　　父子名官奕世傳
又　惟將忠直報朝廷　　百口甘心保彦卿
　　　但積陰功從貶謫　　墾田留與子孫耕

## 公瑜輟資

鍾離瑾，字公瑜，盧州合肥人。宋開寶間，宰江州之德化。明年，將以女歸許氏。十日諭其胥魁，俾市婢以送女。翌日，胥與老嫗引一女子來。問其何許人，嫗曰，撫之臨川人也。幼喪其親，外氏育之。女受嫗戒，亦不敢有他言。瑾視事少間，歸遇于屏。是女流涕有戚容，疑其家哂抶。詰之曰，不然。某之父，昔曾令是邑，不幸與母俱喪，無親戚以為依。時方五歲，育於胥家十年矣。且將為己女。今明府欲得媵妾，胥與嫗以其應命。適見明府視事，追感吾父，不覺涕零。瑾大驚，呼胥嫗以審之，果如女言。誡家人易其衣服，養之如己所生。以書抵許氏，告緩期，姑將輟吾女之資以嫁焉。許亦惻然復曰，君侯獨能抑己女而援人之孤女，子固有季子，願得以為婦，安事盛飾哉。卒以二女歸許氏。久之，瑾夢一綠衣丈夫造庭拜而謝曰，不圖賤自底賜於君。今得請于帝，奉十任有土官，故來致命。後果歷士郡太守，終於江淮發運使。鍾離氏有仕籍于朝者，常十餘，皆出瑾之裔，故世為冠族。

夫仁者之存心，慈祥惻怛。遇人情之有可憫者，即愓然感發於中。觀諸鍾離瑾，蓋若是已。彼因買婢而詢其故，知其所以，遂撫而恤之，與己生無異。當婚嫁之期，乃告緩焉。欲輟己女之資以嫁此女，誠忠厚哉。善心感動於人，遂使其姻家納為季子婦，卒俾是女有歸，免於失所。使其父母有知，寧不冥感于地下乎。積善之報，有必然也。故綠衣之夢，十郡之任，流聲譽於無窮，有由然也。致其後世登于仕籍，綿綿不已，皆陰騭之報。後之人，宜以此為法焉。

詩曰　弱女零丁喪二親　　十年辛苦倚他人
不因縣宰存仁厚　　安得生成遂此身
又　鍾離市婢得遺孤　　撫待恩勤世所無
名爵顯融孫子盛　　上天陰德實潛孚

## 王永減稅

王永，字方贊，成都華陽人。太宗時為右補闕。吳越納土，受命往均兩浙雜稅。先是两浙田稅畝三斗，永悉令畝出一斗。使還，責以擅減稅額。永對曰，畝稅一斗，天下之通法。两浙既為王民，豈當復循偽國之法。太宗從其說，凡畝稅一斗者，自永始。唯江南福建猶循舊額，蓋當時無人論列，遂為永式。永尋除右司諫，終於京東轉運使。有五子，皐、準、覃、鞏、罕。準之子珪，為宰相。他亦多顯貴。世世子孫蕃盛。

自田不井授，而什一之法更。陵夷至於五季，掊克生民，若錢氏稅民畝三斗，其弊極矣。宋有天下，王永受命,均稅兩浙，乃能減其舊額以適於中。至被詰責，所對詞直理明，遂獲聽從。俾一方之民，得免厚歛之苦，惠孰大焉。是以上天昭報，使終享爵禄。及其後嗣，蕃衍貴盛，世莫與比。視刻剥民財以于榮寵於一時者，胥壤不侔矣。彼身遭殃譴，子孫不振，不亦宜乎。

詩曰　錢家桀道稅民田　　重額徵輸實可憐
　　　一畝賦租及三斗　　不逢王永孰除蠲
又　減除稅額惠非輕　　忠厚存心豈倖名
　　　兩浙生靈蒙利澤　　上天福報甚分明

## 王濟利民

王濟，字巨川。宋初召試學士院，補漳州龍溪主簿，時調福建，輸鶴翎為箭羽。鶴，非常有之物，有司督責尤急。一羽至直數百錢，民甚苦之。濟諭民取鵝翎代輸，仍驛奏其事，詔可其請。仍令旁郡悉如濟所陳。縣有陂塘數百頃，先為里豪輸課而專其利，濟悉取之，引水以溉民田，自是無亢旱之患。汀州以銀治構訟，十年不決。逮獄數百人。轉運使使濟鞫之，纔七日，盡得其情。坐者數人而已。餘皆獲免。遷光祿寺丞，權大理寺丞，改刑部詳覆官，通判鎮州。入為監察御史，出知杭州。真宗面加慰諭，徙知洪州。兼江南西路安撫使。歲饑，躬督官吏為糜粥，日親嘗而給之。民賴全活者甚衆。卒，年五十九。子孝傑，國子博士。

有民社者，能存愛物之心，斯有及民之惠。民被其惠，已食其報矣。考之王濟，奏輸箭羽，民免督責之苦。力復水利，民無旱乾之憂。不斷之獄，理之而得其平。大侵之歲，振之而救其飢。凡是數者，可濟於民，皆不擇利害而為之，卒得達己之志，惠及於民。一念愛物，若是其至。天道福善，寧肯虛其報哉。至於歷典州郡，入司憲紀，出持使節，榮祿以終身，而蜚英於後世，慶延於子，亦登顯官，皆其平生積累之所致也。牧吾民者，可不知所慕哉。

詩曰　奏輸箭羽解民憂　　力復陂塘歲有秋
　　　决獄無冤多惠澤　　救荒善政滿洪州
又　豈特專城被寵嘉　　憲臺使府倍光華
　　　官登學省兒還貴　　福慶多鍾積善家

## 為善陰騭卷之五

## 若水察誣

錢若水，字淡成，一字長卿，河南新安人。為同州推官。有富民走失一小女奴，莫知所在。父母以訴，州委録參鞫之。其録參舊有求於富民不獲，遂劾其父子共殺女奴，投屍水中，法外淩窘，不勝其苦。遂自誣伏。獄具，上于州。州委官審覆，亦無反異。獨若水遲疑。録參詣廳詬罵曰，豈公受富民錢，故求出之乎。若水但笑曰，今數人當死，安可不容某熟察。又越旬不決。知州亦有語，若水終不奪，上下皆怪訝。一日，若水詣知州，屏人告曰，曏某所以遲留此獄者，蓋慮其冤。嘗以家財訪求女奴，今得之矣。知州驚曰，女奴安在。若水歸，使人密送女奴於知州所。知州垂簾呼其父母謂曰，汝女今至，還識之否。曰，安有不識。揭簾推出。父母喜曰，是也。於是引出富民釋之。富民號泣謝曰，非使君，某一旦遂至滅門。知州曰，此乃推官，非我也。富民急詣推官求謝，若水閉門不納。富民繞垣而哭。歸傾家財，飯萬僧，以為若水壽。知州欲以其事聞。若水不可。曰，某初心止欲拔冤，非敢希賞。萬一敷奏，在某固好，於録參却如何。知州益加敬重。未幾，太宗聞之，驟加進擢。自幕職不半年，知制誥。又二年，為樞密。後歸京師，因與僚友會食僧舍假寢而卒。贈戶部尚書，賜其母白金五百兩，子延録為太常奉禮郎。

夫鞫疑獄，而能詳加審察，以直民之冤，如錢若水之為，則民豈有受枉者。蓋民之受枉，多成於箠楚之下。於此之時，何求不得。況又用私意以報其素憾。則其人之誣伏，復何所言矣。若水固為之遲疑。寧受同列之謗，不忍斯人之辜。至出家財，訪求女奴以直其冤，遂活數人之命，其所用心，何其仁哉。視彼録參，亦何不仁之甚乎。不特此也，其止知州敷奏，為録參地，其心之忠厚，又何如也。故陰德之實，默契天心，卒使其生也。名動朝廷，位極將相，其卒也，追贈賜金，慶延後嗣，不亦宜乎。

詩曰　録參御私鞫富民　　罪成誣枉孰能伸
　　　幸逢若水詳推察　　遂得回生及死身
　又　自出家財覓女奴　　甘心受詬脫人誣
　　　飯僧祝壽酧陰德　　終見天心遂所圖

## 堯叟濟人

陳堯叟，字唐夫，閬中人。為廣南西路轉運使。嶺南風俗，病者必禱神，不服藥。堯叟有集驗方百本，刻石桂州驛舍，人頗賴之。又以地氣蒸暑，為植柳鑿井。每三二十里，必置亭舍什器，人免暍死。會加恩黎桓，以堯叟為交州國信使。初將命者，必獲贈遺數千緡。桓責賦歛於民，往往斷其手足趾。堯叟知之，遂奏召桓子授以朝命，而卻其私覿，民以不苦。累官至諫議大夫，同知樞密院事，優拜右僕射，許三子扶掖升殿。卒，年五十七，廢朝二日，贈侍中，謚文忠。録其孫知言知章，為將作監主簿。長子師古，賜進士出身。後為都官員外郎。希古，至太子中舍。母妻皆封郡夫人。弟堯佐，以太子太師致仕。堯咨，知制誥。諸孫任官者十數人。宗親登科者，又數人。一門榮盛無比。

夫誠心於濟人者，無所不用其情。故民之受惠者博，而天之報施者厚。若陳堯叟之所為是已。方其官廣南也，刻醫方以惠民病，又植柳鑿井以息其煩，飲其渴。及使交州，却其贈遺，免其國人徵歛之苦，是皆仁人之所為。於夷夏之民，咸沾其惠。德之所積，為何如哉。是以禄位崇高，寵遇優渥，褒封及於母妻，福慶垂於孫子。至使一門榮盛無比。則上天之報施厚矣。世有居顯宦者，惟知取娛目前，略不以積德為事。一旦身罹禍讁，顛覆困踣。

又復歸怨於天，豈不繆哉。

詩曰　居官為政篤行仁　　所至能令惠及人
　　　不獨廣南蒙厚澤　　交州黎庶沐恩均
　又　平生一念積陰功　　自是蒼天報德隆
　　　位極人臣兼寵渥　　子孫榮盛福無窮

## 堯佐興利

陳堯佐，字希元，堯叟弟也。嘗知壽州，遭歲大飢，自出米為糜以食餓者，吏民以故皆爭出米，其活數萬人。堯佐曰，吾豈以是為私惠邪，蓋以令率人，不若身先，而使其從之樂也。後為两浙轉運副使，錢塘江篝石為堤。堤再歲輒壞，堯佐令下薪實土，堤乃堅久。徙滑州，造木龍以殺水怒。又築長堤。移并州。每汾水暴漲，州民輒憂優。為其築堤，植柳萬本，作柳溪，民賴其利。遷右諫議大夫，為翰林學士，拜樞密副使。加拜同中書門下平章事。以太子太師致仕，年八十二。卒，贈司空兼侍中，謚文惠。

大賑飢禦患，有司之職。然至於民飢，坐視而不恤者有焉。其有視民之飢溺，孜孜以為己任，雖費財勞力而不厭者，其人不亦難哉。此陳堯佐之事，所以為可嘉也。當其為州也，歲飢，民艱食，則出米為糜。率先吏民。至全活者數萬人。其後歷官，凡所以禦患者，為之無不盡其心。故隨至而人賴其利。其立心操行如此，上天寧肯嗇其報乎。故卒位登樞要，官極人臣。令德考終，而流聲光於後世。後之司牧民之寄者，尚當以之為法。

詩曰　身先濟活吏民從　　數萬生靈脱困窮
　　　試看錢塘汾水上　　長堤仍著利人功
　又　當時為政必施仁　　兄弟聯芳德行均
　　　天道無私昭善報　　禄崇壽考列名臣

## 王相振饑

王僕射初為譙幕，因按逃田。時歲饑而流亡者數千家，乃力謀安集。上疏論列，乞貸以種粒牛糧，朝廷皆從之。一夕，次蒙城驛，夢空中有紫綬象笏者，以一緑衣童子遺之。曰，上帝嘉汝有愛民深心。故以此為宰相子。後果生一男，王亦拜相。

夫民以食為天，有司以恤民為本。苟能愛民於饑荒，流亡之際，使得以安其生者，天必有以報之。今觀王相，初為譙幕，以一命之士，存心愛民。方饑荒之際，民之流亡，乃力謀安集，乞貸以濟之，民賴以安。其用心至矣。澤及譙民，德感上帝，遂夢神報遺以童子，俾其位極宰相，慶延後昆。豈偶然哉。世有守令坐視民患而不恤，甚至幸灾以若虐之者，有焉。鬼神鬮之，終亦受禍，而殃及後世。後之君子，宜以王相為法焉。

詩曰　為幕于譙值歲饑　　生民流散苦無依

力謀安集上論列　活數千人得所歸
又　愛恤深心感上天　夢中紫綬説因緣
一朝大拜仍生子　賞善由來報應遄

## 查道傾囊

查道，字湛然，歙州休寧人。幼沉嶷不群，以詞業稱。淳化中，赴舉，貧不能上。親族裒錢叁萬遺之。道出滑臺，過父友呂翁家，翁喪，貧無以葬。其母兄將鬻女以襄事。道傾囊中錢與之，且為其女擇婿，捐財資送。又故人卒，貧甚，其女為婢於人，道為贖之，嫁士族。縉紳甚服其行。是歲罷舉，次年登進士高第，遷龍圖閣待制，進右司郎中。出知虢州。歲蝗，灾民歉，道不候報，出官廩米振之。又設粥以救饑者，給州麥四千斛為種於民，民賴以濟。所全活者萬餘人。其居官時多茹蔬，或止一食，默坐終日。嘗夢神人謂曰，汝位止正郎，壽五十七，而享年六十四。論者以為積善所延也。子循之，為大理評事。

夫急於為義，而勇於為善者，施惠澤於人，而天未嘗不報之也。觀查道之事可見已。方道赴舉，家貧不能上，時親族資之以往。自常情觀之，將自謀有所不暇，況望有以及人乎。道乃不為身謀，路逢父友之喪，貧不能葬，亟傾囊中所有以資之。又兩嫁孤女，使生者有所歸，死者有所藏，非盛德不能也。及為州牧，則出粟振荒，設粥濟饑，多所全活。故神喻以夢，益壽增爵。至子復榮顯。為善之報，信不誣矣。嗚呼，世有親戚骨肉流離失所者，尚莫之省。有牧民之寄者，視民之患，恬不知卹。觀此能無忸怩乎。

詩曰　查生急義世間希　傾囊捐貲振德輝
不獨泉臺蒙濟惠　更令孤女得其歸
又　居官為政更施仁　振卹饑荒活萬人
積善自然天有報　加官益壽福駢臻

## 張慶潔獄

張慶，汴京人也。以宋淳化元年生。三歲而父母俱亡，亦無伯叔昆季。遂養於外戚趙氏。洎長，因襲姓趙，亦未知自明。趙氏之隣有郭榮者，世為右軍巡院吏，趙氏因以慶属焉。郭氏告老，慶遂補郭氏之闕，實祥符三年也。慶之司獄，常以矜慎自持，日躬視掃滌，至暑月尤勤。每戒其徒曰，人之罹於法，豈得已哉。我輩以司獄為職，若不知所重，則罪者何所赴訴耶。飲食湯藥卧具，必加精潔。常為其徒侮之曰，若區區為此，乃欲要福乎，慶亦莫之顧也。好看《法華經》，每有重囚就戮，則為之齋素誦佛，一月乃止。囚有無辜者，輒為之解釋。嘗為好言教獄囚，果有罪當自認，毋誣良善以重己過。不訊考而疑獄常决，獄官往往属意焉。其妻袁氏，年四十八。景祐五年，汴京疫，袁氏染疾而斃，已三日矣，尚未殮也。忽然起坐不語。踰時遍體汗，遂甦。因告其家屬曰，我始至一所，穢污所聚，不覺身在其間。乃起念，欲得一清涼處。忽見一白衣端嚴脩長，謂袁氏曰，汝不當在此，何為而來。汝今尚未有嗣，急去急去。汝夫陰德甚多，子孫當有興者。言未終，乃以手提袁氏之足，抛出穢污，乃復得甦。自念常事白衣觀音精虔，必其感應。自是里巷人稱慶為趙佛子。其後族人因告慶曰，爾本張姓也，乃述其本末，因復其姓焉。袁氏更生之明年，生子享。三日，有一道者丐於門，慶延入，不復詢其姓名。既坐，謂慶曰，若本無嗣，今乃聞嬰兒聲，非若子乎。慶曰，今四十九歲，止有二女。三日前，偶得一子。道者曰，信乎，陰功未易量也。爾之積累善事，非一朝一夕。聽嬰兒聲，不獨爾之有嗣，又喜子孫有文學者，相繼而出也，爾善保之。飯訖而去。後慶年八十二，一夕無疾而卒。享既長，記名於門下省，授三班借職。生六子，皆讀書至顯官，號為世族。

　　囹圄之地，雖曰禁錮罪人，苟獄吏之不仁，則死非其罪者，多矣。有能存心以公正，推己以愛人，自然惠足以及衆，其陰德之所積，為何如哉。觀張慶之司獄也，圜扉之內，躬視掃滌，務令潔淨，日以為常。於罪人飲食湯藥卧具之類，亦必令其精潔。雖遭訕侮，而恬不介意，行之自如。且崇信釋典。見囚有就戮者，必齋素誦佛，至於終月。又能解釋無辜，勸囚認罪。而良善之獲免者，益多。其妻病死，三日復甦。言及感應，而鄉人稱羡。既而生子，道者見賀。其陰德信厚矣。是宜克昌門祚，身享遐齡。至於子孫，又多賢貴顯，遂為世族。天道昭昭，善無不報。世之職司獄事者，觀此宜知所勉矣。

詩曰　罪囚械繫出難期　　幸賴仁人憫恤之
　　　試看職居司獄者　　孰如張慶用心慈
又　　司獄能存惻隱心　　當年利濟及人深
　　　夫妻壽考兒孫貴　　陽報須知德在陰

## 韓琦德政

韓琦，字稚圭，相州安陽人也。弱冠舉進士，歷官右司諫，多所建明。權知制誥。益利歲饑，為體量安撫使，逐貪殘不職吏。汰冗役數百，活饑民一百九十萬。趙元昊反，命為陝西安撫使，尋為陝西四路經畧安撫招討使，屯涇州，與范仲淹在兵間久，名重一時。人心歸之，朝廷倚以為重。故天下稱為韓范。軍中語曰，軍中有一韓，西賊聞之心骨寒。及元昊稱臣，召為樞密副使，復以資政殿學士知揚州，徙定州，兼安撫使。振活饑民數百萬。璽書褒激，隣道視以為準。在政府時，以三十萬錢買女妓張氏，姿色甚麗。券成，張忽泫然，琦問其故。張謝以良家子也，流落至此，不覺墮淚。琦曰，爾初不以實告，吾無用爾。命焚券，且逐去。張惶怖遽吐其情曰，妾本借職郎郭守義之妻也。守義前歲官湖南，部使者挾私劾以敗官，今秋高歲晚，實恐盡室饑死京師，願身役于人，以活守義兒女。琦惻然憫之，乃留券，遣張持三十萬錢還舍。且令語守義，敗官果非辜，可訴之朝。事白，汝却歸我家。張欣然而去。郭後得辨雪，且得調淮右見闕，張來如約，琦不使至前。遣人謂之曰，吾位宰相，豈可妾士人妻。向者緡錢費用應盡，取前日券包金二十星，助汝之官，善視郭氏兒女。張不得見，望門涕泗感激，百拜而去。琦之隱德，如此者甚多。後琦薨，贈尚書令，謚忠獻，配享英宗廟庭。徽宗朝，復贈魏郡王。子五人，忠彥，官至左僕射，兼門下侍郎，封儀國公。端彥，右贊善大夫。純彥，官至徽猷閣直學士。粹彥，為吏部侍郎，拜龍圖閣學士。嘉彥，尚神宗女齊國公主，拜駙馬都尉，終瀛海軍承宣使。其孫治，徽宗時為太僕少卿。曾孫肖胄，官至資政殿學士。

嗟夫，韓琦德厚仁深，才高望重。救饑荒於州郡，遏邊患於西戎。隨其所至，全活甚多。其位政府，何求不得，何欲不成。至買一妾，乃拳拳致意如此。不但全活其身家，而又能使其夫辨雪非辜，終又投之以券，而贈之以金，琦之仁厚，何如其至。故能身都將相，子孫皆顯。天之報施，信不虛矣。其心其德，真可使薄夫敦也夫。

詩曰　生平德盛更寬仁　　五福俱全備一身
　　　不獨兒孫皆顯宦　　芳名萬古只如新
　又　多脩陰德播清譽　　書錦歸榮樂有餘
　　　作善由來宜百福　　蒼天報應孰云虛

## 仲淹經濟

范仲淹，字希文。其先邠州人。因調官江南，遂為吳縣人。仲淹少時常自誦曰，士當先天下之憂而憂，後天下之樂而樂。初舉進士第，以晏殊薦，為秘閣校理。泛通六經，長於《易》，學者多從質問，為執經講解，亡所倦。嘗推其俸以食四方遊士，諸子至易衣而出，仲淹晏如也。尋通判河中府，徙陳州，召為右司諫。歲大蝗旱，江淮京東滋甚。仲淹請遣使循行，其言剴切。帝惻然，乃命仲淹安撫江淮。所至開倉賑之，奏蠲除廬舒折役茶，江東丁口盐錢。且條上救弊十事。出知蘇州，嘆庠序之未作，請于朝，詔許立學。仲淹初得錢氏南園地，將徙居焉。陰陽家謂當踵生公卿，乃曰，吾家獨貴，孰若中吳之士，咸教育於此，貴將無已焉。遂以其地為學宮。後除參知政事。邊陲有警，自請行邊，遂以為河東陝西宣撫使，賜黃金百兩，悉分遺邊將。麟州新罹大寇，言者多請棄之。仲淹為脩故砦，招還流亡三千餘户，蠲其稅，罷榷酤予民。又奏免府州商稅，河外遂安。西羌憚之，相與語曰，今小范老子胸中自有數萬兵甲，不比大范老子可欺也。軍中亦為之語曰，軍中有一范，西賊聞之驚破膽。仲淹性好施與，置義莊里中，以贍族人。泛愛樂善，為政尚忠厚，所至有恩。累迁户部侍郎，徙知青州。卒，贈兵部尚書，謚文正，追封魏國公。子純佑，將作監主簿。純仁，拜尚書右僕射，兼中書侍郎，觀文殿大學士，中太一宮使。卒，贈開府儀同三司，謚忠宣。純禮，累官至禮部尚書，擢尚書右丞。純粹，徽猷閣待制。致仕，其後宗族蕃盛，登仕版服儒紳者，代不乏焉。

士大夫遭時遇主，能任天下之重，必有以澤天下之民。民被其澤，而天厚其報者，不惟一己之貴富，且有以致累世之榮盛矣。仲淹以間世之材，抱濟時之略，遇知於君，歷職中外。凡其攘夷狄，薄賦歛，簡徭役，撫流亡，救灾拯弊，抗疏論列，皆仁厚之政。有以安定國家，潤澤生民矣。至於捐廪禄以濟僑寓之人，置義壯以篤宗族之義，興庠序以育才俊之士，又能泛愛於人，樂施不倦，固宜人感其惠，天錫之福。不獨一己秉鈞當國，領節居鎮，功高一時，而名垂後世。至于其子，又皆多賢。位致通顯，施至于今。雲仍蕃衍，登仕業儒者，代不乏人。克濟其美，何其盛哉。昔人云，德厚者流光，本深者末茂。信乎。

詩曰　出遇明時早致身　　慨然有志濟生民
　　　秉鈞富國安邊鄙　　海內蒼生沐至仁
　又　賑窮賙族育才賢　　積德端能感上天
　　　豈但諸郎名位顯　　至今世澤更緜延

## 張詠惠民

張詠，字復之，濮州人。中進士第，以大理評事知鄂州崇陽縣。民以茶為業。詠曰，茶利厚，官將榷之，不若早自異也。命拔茶植桑，民以為苦。其後榷茶，他縣皆失業，而崇陽之桑皆已成為絹，而比者歲百萬匹，民以殷富。淳化中，東西兩川旱，民飢，吏失救卹，寇李順陷成都。詔王繼恩充招安使，率兵討之。命詠知成都府事。時關中率負粮以餉川師，道路不绝。詠至府，問城中所屯兵尚三萬人，而無半月之食。詠訪知盐價素高，而廪有餘積。乃下其估，聽民得以米易盐，民爭趍之。未踰月，得米數十萬斛。軍中喜曰，此翁真善幹國事者。遷知益州。詠以其地素狹，游手者衆，事寧之後，生齒日繁。稍遇水旱，則民必艱食。時斗米直錢三十六，乃按諸邑田税，如其價，歲折米六萬斗。至春，籍城中細民，計口給券，俾輸元估糴之，詠奏為永制。其後七十餘年，雖時有灾饉，米甚貴，益民無餒色者。詠後歷官至太子中允，遷秘書丞，荊湖北路轉運使，樞密直學士，同知銀臺，通進封駁司，兼掌三班院。加左諫議大夫，拜給事中戶部使，改御史中丞。遷工部吏部侍郎。年七十，卒，贈左僕射，謚忠定。弟詵，為虞部員外郎。

士之施惠於人，而欲使之無饑寒困苦之患，必視其受患之處，為之經紀條畫，俾人得以享其利者，非賢守令不能也。若張詠之為崇陽令，民多以植茶為産。詠乃命去茶植桑，其後他縣榷茶失業，而崇陽之桑果得其利，民遂殷富。及知成都，寇至陷郡。城中乏食，聽民以米易盐，於是廪庾充積，而人賴以活。後守益州，民衆食艱，乃先為之儲蓄。雖遇歲歉，而民無饑餒者。此蓋由其仁愛矜卹之心，出於一念之誠，故所至民被其惠，有非要名徼譽者之所能也。宜夫屢登顯仕，享兹壽考。生有榮名，没膺謚贈。上天之報，亦彰彰矣。彼有民社而貪殘虓刻，視民之疾患漠然不知恤者，視詠賢否何如哉。

詩曰　種桑可富種茶非　　米聽更盐足活饑
　　　儲粟更能防歲歉　　蜀中多見士民歸

又　為官郡縣號循良　　善政由來達上蒼
　　不獨當時蒙顯擢　　没膺諡贈有輝光

## 允則蠲輸

李允則，知潭州，兼管幹湖南路巡檢兵甲公事。初，馬氏暴歛，州人出絹，謂之地稅絹。又屋每間輸絹丈三尺，謂之屋稅絹。又牛歲輸米四斛，牛死猶輸，謂之枯骨稅。允則一切除之。又民輸茶，初以九斤為大斤，後益至三十五斤。允則請以十三斤半為定制。會湖南歲饑，欲發官廩，先振之而後奏。轉運使以為不可。允則曰，須報踰月，則饑者無及矣。不聽。明年，又饑，復欲先振之，轉運使又執不可。允則乃願以家貲為質，由是全活者數萬人。天禧二年，以客省使知鎮潞二州，領康州防禦使。

夫良吏之牧民，視之猶子，不忍傷之。苟有暴歛饑荒，必加寬貸振卹，毋重困之。允則知潭州，馬氏暴歛，夤緣苦民，乃悉除之。又減輸茶三之二，及連遇歲凶，請發官廩。轉運使不從，則又愿以家貲為質，於是蒙全活者數萬人。夫暴歛，苛政也。歲凶，重厄也。為民牧者，視而不顧，則未免迫於饑寒，轉乎溝壑矣。允則乃獨能拯濟之，於是荷更生之恩，而德之無窮。《詩》曰，豈弟君子，民之父母。允則有焉。宜夫屢守名郡，位至兩使。陰騭之報厚矣。彼有坐視民患而不知寬卹者，亦何以為民父母哉。

詩曰　馬楚湖南起暴徵　　稅云枯骨更多名
　　　生民困弊逢賢守　　一日蠲除復減輕
又　　民饑發廩上官持　　願以家財作質貲
　　　數萬餘人蒙濟活　　三州防禦報無私

## 王曾代償

王曾，字孝先，青州益都人也。咸平中，由鄉貢試禮部，廷對皆第一。初居京師，一旦過甜水巷，聞子母二人哀哭之切，因詢其鄰。云其家少官逋四萬錢，計無所出。止有一女，將易客錢以償其官。旦夕分離，無復相見，所以哭之甚哀切也。曾乃訪其家，詢之無異。因謂其母曰，汝女可賣與我。仕宦往来，時得相見。遂以白金與之，令償其客。約三日取，逾期不至。其母復訪曾之所館，而曾已行矣。其後曾大貴。位至兩府，封沂國公。薨，贈侍中，謚文正。子孫榮貴。

嗚呼，盛德之事，世不得而見矣。若王曾之所為，豈非盛德之事哉。方其聞母女之悲哭，非親戚也，非隣里鄉黨也，又非素所識也。而知其故，即惻然憫之，出白金以與之。約三日，竟去而不取，此曾忠厚之德，為何如哉。夫施厚德於人，而不求報，所謂積陰德也。有陰德，則自然有報。及曾之身，遂首登甲科，歷位大臣。至于兩府。子孫榮顯，皆由曾是心之所感召也。《易》曰，積善之家必有餘慶，其曾之謂乎。世有遇窮民而無告者，當思濟之，以曾而為法也。

詩曰　母子悲啼忍見聞　　可憐骨肉惜分離
　　　白金償客何須惜　　保爾團欒聚一門
　又　福有根源德有基　　皇天報應本無私
　　　如何兩府登台輔　　只為將金助哭悲

## 王質明惠

王質，字子野，祐之孫也。通判蘇州，與知州黄宗旦数爭事。宗旦曰，少年乃敢與丈人抗耶。質曰，受命佐公事，有當爭，職也。卒不少屈。嘗以病告居。一日，宗旦省視，因言獄有盜錢百餘人，吾以術陰鉤得之。質曰，弋不射宿，惡陰中於物也。今殺數人，而徒流者又數十百人，公中之也。宗旦矍然大驚，為貸其死罪，而餘悉輕出之。嘗攝江陵府事，或訴民約婚後期，民言貧無貲以辦，故違約。質問其費幾何，出私錢予之。吏捕盜人衣者，盜叩頭曰，平生不為過，迫饑寒而至此。質命取衣衣之，遣去。後官至天章閣待制。

於乎，原情以定罪，此古人立法之意也。巧術鉤求隱情，置之死地，豈仁者之政乎。此王質之讓長吏為足多也。方宗旦欲寘民於死，非質以直言切責之，則害及非辜，而死者受寃矣。賴其一言有所感動，卒得輕貸。質之所為，又不獨此。捐貲以助人之婚，解衣以憫盜之寒。愛人之心，容有已乎。昔祐以百口免符彦卿於禍，質亦有乃祖之風烈矣。何王氏之多賢歟。所以享有名爵，使三槐家聲振耀後世者，豈偶然哉。皆陰騭之所致也。

詩曰　能以直言規長吏　　活人死命悉從輕
　　　捐貲為畢民婚約　　衣盜衣裳憫盜情
　又　守官不必逞私懷　　德被生民乃是佳
　　　為善自然多吉慶　　家聲燁燁振三槐

## 歐陽求生

歐陽觀，盧陵人，脩之父也。有學行，常為泗綿二州推官，留心於讞獄，惟恐不得其情。嘗夜燭治官書，屢廢而嘆。妻問之，曰，此死獄也，我求其生不得爾。妻曰，生可求乎。曰，求其生而不得，則死者與我皆無恨也，矧求而有得耶。以其有求而得，則知不求而死者有恨也。夫常求其生，猶失之死，而況常求其死也。時脩纔三歲。回顧，乳者方抱之立于旁，因指而嘆曰，術者謂我歲在戌將死。使其言然，吾不及見兒之立也，後當以我言告之。明年，祥符庚戌，果卒。脩既成立，其母嘗告以此語。且曰，吾知汝父之必將有後也。厥後脩果登第。列官于朝，為龍圖閣直學士，入副樞密，遂參政事。朝廷推恩，褒其三世，追封觀鄭國公。

夫人之治獄，殘忍暴酷，於不當死者，尚欲置之於死，矧能於死獄而求其生哉。惟歐陽觀則不然。留心於鞫獄之際，夜燭治官書，而求索人情者。誠以人命至重，死者不可復生，斷者不可復續，故舉奉為死者求可生之道。其用心之仁，為何如耶。由是而言，則當時泗綿二州之人，豈復有含冤而死者。吾知呻吟痛楚者，皆得雪理。灰心瞑目者，皆得復蘇。如時雨周流，而枯槁回春。和氣宣暢，而寒沍皆燠。沛然有發生之仁，懽然無夭閼之弊。其仁心陰德，蓋默有以格於蒼蒼之表者焉。于時，觀之子脩方提孩，觀亦豈能必其成立也。在觀之心，有以知之矣。厥後脩歷顯宦，為宋名臣，身居台鼎，焚黄追封，榮及三世，宜也。彼桉牒不知而受成吏手，推讞不明而使罪人饑寒瘦死者，果何心耶。身未冷而子孫已乞丐流離，所謂陰作陽報，果虛乎哉。

詩曰　死者難生實可憐　　留心讞獄欲生全
　　　莫言陰德無陽報　　試看歐陽事蹟傳
　又　三歲孤兒敢望成　　平生心事付神明
　　　也因治獄多陰德　　勝有文章萬古名

## 富弼救灾

富弼，字彦國，河南人。嘗為樞密副使。坐石守道謗，自河北宣諭使還，道除知鄆州，徙青州。河朔大水，饑民流京東，擇所部豐稔者三州，勸民出粟，得十萬斛。蓋以官廪随所在貯之，得公私廬舍十餘萬區。散處其人，以便薪水。官吏自前資待闕寄居者，皆給其禄。使即民所聚，選老弱病疾者廪之。山林河泊之利，有可取以為生者，聽流民取之，其主不得禁。官吏皆書其勞，約為奏請。使他日得以次受賞於朝。率五日，輒以酒肉糗飯勞之，出於至誠。人人為盡力。流民死者，為大塚葬之，谓之叢塚。自為文祭之，從者如歸市。有勸弼非所以處疑弭謗，禍且不測。弼傲然弗顧曰，吾豈以一身易此六七十萬人之命哉，卒行之愈力。明年麥大熟，流民各以遠近受粮而歸。則弼所全活也。仁宗聞之，遣使勞弼，即拜禮部侍郎。自弼立法，簡便周至，天下傳以為式，不知所活幾千萬人。尋召拜同中書門下平章事，集賢殿大學士，與文彦博並命。宣制之日，上大夫相慶於朝。封祁國公，進封鄭國。許肩輿至殿門，加拜司空，進封韓國。致仕，年八十，終于家。遣使致奠，贈大尉，謚文忠。後配享神宗廟廷。

夫救荒，牧民之責。苛不幸卒有饑荒，必當盡心設法以濟之，不可坐視而不卹也。夫民皆朝廷赤子，己則朝廷命吏。朝廷赤子有饑，為朝廷之吏，豈可不拯之乎，又豈可以此疆彼境之限哉。若富弼，則大異於是。其為青州也，雖河朔之民，遭水艱食，流散京東，弼拯卹之，無所不用其情。全活者六七十萬人，死亡者又為叢塚以葬之。匪惟生者賴之，死者亦蒙其惠，乃至天下傳以為式。則不惟一州之人賴之，天下之人賴之。蒙全活者，又豈可以數計。是宜位極人臣，寵遇優渥，壽考令終，享榮禄於當時，流聲光於不朽也。作善降祥，天道必至，夫豈偶然。雖然，弼為宋名臣，其勳業著於天下，功德被於生民，豈但此一事之可以盡弼之美哉。《詩》云，誰謂德難，厲其庶而後之。有民社之寄者，必當勉企於弼之德業也。

詩曰　鄰壤黎民困水灾　　流離饑饉實堪哀

盡心設法為存卹　　免得無窮棄草萊
又　凶年竭力拯饑荒　　生者無饑歿有藏
令德芳名垂宇宙　　身膺福壽享榮昌

## 宋郊渡蟻

宋郊，後改名庠，字公序，安州安陸人。丱角時，與弟祁同肄業于太學。有胡僧相之曰，小宋他日當魁天下，大宋亦不失甲科。後十餘年，春試罷，復遇僧於鄺邸。僧執大宋手驚曰，公風神頓異，似曾活數百萬命者。郊笑曰，貧儒何力及是。僧曰，不然。肖翹之物，皆命也。公試思之。郊俛思良久，曰，旬日前，所居堂下，有蟻穴為暴雨所侵，群蟻繚繞穴傍。吾乃戲編竹橋以渡之，由是獲全。得非此乎。僧曰，是也。小宋今歲固當首捷，然公終不出其下。二宋私相語曰，一歲豈有两魁，其言妄也。及唱第，小宋果中首選。時章獻太后當朝，謂不可以弟先兄，乃以郊為第一，祁為第十。始信僧言之不妄。後官至檢校太尉，同平章事，充樞密使，封莒國公。英宗朝，改封鄭國公。以司空致仕。卒，贈太尉。兼侍中，諡元獻。

嗚呼，蟻，物之微者也。而好生之理則一。方其困於雨水，顧誰能濟之。而宋郊編竹橋以濟之。雖出於無心，然所活之命實多，遂成陰騭，而獲報應。首魁天下，位列宰輔。非特榮顯於當時，抑且垂譽於無窮。報應之理，誠不虛也。夫活蟻，一微事耳。乃獲報若是。況其大者乎。世之昧於積德，輕視物命，猶如草芥，而功名齟齬，衣食不足，至子孫陵替者，夫亦豈非冥冥之報乎。故曰，作善降之百祥，作不善降之百殃。可不監哉。

詩曰　物命雖微不可輕　　編橋渡蟻蟻全生
因知陰德能移相　　金榜先登第一名
又　莫言小善不堪為　　小善因為大善基
試看宋郊由活蟻　　功名到底列台司

## 永叔吏事

歐陽脩，字永叔。初以學問文章為天下所宗。張芸叟初遊京師，見脩多談吏事。張疑之，且曰，學者之見先生，莫不以道德文章為欲聞者。今見先生多教人吏事，所未諭也。脩曰，不然。吾子皆時才，異日臨事，當自知之。大抵文學止於潤身，政事可以及物。吾昔守官夷陵，方壯年，未厭學。欲求漢史一觀，彼無有也。無以遣日，因取架閣陳年公案反覆觀之。見其枉直中錯，不可勝數。以無為有，以枉為直。違法徇情，滅親害義，無所不有。當時仰天誓心，自爾遇事，不敢忽也。芸叟起謝曰，先生所教，所謂仁人之言，其利博哉。彼一杭僧夢遇脩於江廟中，廟神皆起拱立。曰，歐陽相公平生一念之善，及人甚多。將來太平宰相也，豈敢不敬。後果入中書，參大政，諡文忠。

儒者之效，久不白于世。宋興百有餘年，歐陽脩學問文章，始大變五代之陋。當時无有過之者。其吏治事業，又豈有過之者歟。觀其與張芸叟論吏事，則其臨事執政，人情世故，吏治得失，多得於守官夷陵之日。其在政府，臨大事，決大議，歷陳善政，直言民隱，不過推當時仰天誓心之一念耳。仁人之言，其利甚博。一念之善，及人尤多。故神人協贊，俾脩享福優悠，參政中書，際遇承平，非其器識弘偉，道德高明，不能致也。夫以未達之才，而有民社之寄，初未習吏事，而遽從政。其有不至於厲民而隳事者乎。若歐陽脩者，可謂深知治體者歟。

詩曰　學問文章止潤身　　誰知政治育斯民
　　　江城吏退諳公牘　　豈料他年歷要津
　又　吏事精詳理自明　　行仁應不負平生
　　　江神拱立潛相敬　　位至中書遇太平

## 趙槩仁直

趙槩，字叔平，宋州虞城人也。知漣水軍。歲飢，勸誘富民，得米萬石，所活不可勝數。漣水有魚池，利入公帑。歲殺魚十餘萬，槩始罷之。作放生碑池上。歐陽脩坐累對詔獄，人莫敢為言，獨抗章言脩無罪，為仇人所中傷。上感悟，脩以故得全。平生敦尚契舊，葬死養孤，蓋不可勝數。官至尚書左丞，以太子少師致仕。卒，贈太師，謚康靖。子棨緒，殿中丞。元緒，宣德郎。公緒，校書郎。孫嗣徽，通直郎。嗣真，宣義郎。曾孫韡，太廟齋郎。

人能行一善，其陰騭固不可量已。至於終身行善，則其陰騭，又豈可量哉。若趙槩之所為，豈不謂之全德君子哉。槩樸忠寡言，簡直仁厚。觀其平生所為，豈特一二之可數哉。而彰彰若此，是皆傑然钜人，長者之所為。故富貴福禄，位極人臣。子孫榮貴，累世簪紱，皆積善餘慶。吁，觀槩之所為，誠可使薄夫敦。為善之報，夫豈虛言哉。

詩曰　凶年賑濟活民飢　　抗疏仍持國士危
　　　陰騭不隨漣水去　　試看池上放生碑
　又　平生行善存心厚　　利濟慈仁受福多
　　　台輔久膺勲爵顯　　子孫奕世沐餘波

# 為善陰騭卷之六

## 胡宿濟利

胡宿，字武平，常州晉陵人。登第為揚子尉。縣大水，民被溺，令不能救。宿率公私船活數千人。知湖州，築石塘百里，捍水患。既去，而人思之，名其塘曰胡公塘。與一僧善。僧有秘術，能化瓦石為黃金。且死，將以授宿使葬之。宿曰，後事當盡力，他非吾所冀也。僧嘆曰，子之志未可量也。後官至樞密副使，以觀文殿學士知杭州，以太子少師致仕。年七十二而薨，贈太子太傅。子宗炎，官至直龍圖閣。知潁昌府，歷密州。從子宗愈、宗回，俱至大官。仍世執政。子孫至侍從九卿者十數，遂為晉陵名族。

拯溺救患，固守吏之責，他職所不與也。然有可以施力者，即復為之，不復更較彼此，此胡宿為揚子尉。民溺而長吏不能救，惻然憫念，濟活數千人，免民於魚鼈之苦。不但此也，又能為民興利除患。後為湖州，築堤捍水，使江潦暴溢不復傷稼，民賴其利而追思之。至於葬僧不受其術，其一念仁厚，為何如哉。是宜生享榮名，死被褒典。子孫相繼顯達，他姓罕比。天道福善，豈不信然。

詩曰　可憐洪水正滔滔　　民被漂流潛莫逃
　　　不是當時揚子尉　　幾人魚鼈逐波濤
　又　湖隄高築捍江流　　化石為金術不售
　　　陰德及人天有報　　一門富貴孰能儔

## 蔡襄放鶉

蔡襄，字君謨，興化仙遊人。未仕時，每喜食鶉。一夕夢褐衣老人曰，來日當被害，願公貸命。襄問汝何人，乃誦詩云，食君數粒粟，充君羹中肉。一羹斷數命，下筯猶未足。口腹須臾間，禍福相倚伏。願君戒勿殺，死生如轉轂。覺而異之，詢於厨中，有黃鶉數十。放之。經夕復夢褐衣老人云，感公從禱，已獲復生。今上帝已命注公高爵。其後舉進士，擢知諫院。歷官翰林學士，三司使，端明殿學士。卒，贈吏部侍郎。乾道中，賜諡曰忠惠。孫佃，廷試唱名，居舉首。

天生萬物，本同一氣。凡知覺運動，皆順乎造化之理，不使有殺戮烹炮之苦。若襄者，感夢放鶉，誠有愛物之仁矣。則夫全生不殺之心，已注于冥冥之中。及其仕也，以政事而居諫諍之官，以文章而獲學士之選。貴于一門，榮顯當世。功名事業，為宋名臣。豈非由全物之仁而致耶。吁，襄，仁人也。以慈愛之心，全微細之命，是以好生惡殺之念，形於夢寐之中。於小物尚然，況於大者乎。是以上天佑之，報以遠大。生為名臣，沒有令譽。故曰，有陰德者必有陽報，襄之謂矣。世之貪嗜口腹，殘忍害物，素無仁愛之心者，雖百夢亦莫能感動也。其惡念固存，善故不應。往往希福之至，亦何可得也。

詩曰　物性由來與己同　　全生不殺有陰功
　　　廟堂顯宦登庸日　　其在當年夢感中
　又　萬類紛紛各具天　　信知物我總皆然
　　　全生信有神明報　　富貴功名百世傳

## 馮商還妾

馮商，鄂州江夏人。壯歲無子。將如京師，其妻授以白金數笏。曰，君未有子，可以此為買妾之資。及至京師，買一妾，立券償錢矣。問妾所自來，涕泣不肯言。固問之，乃曰，吾父居官，因綱運欠折，鬻妾以為陪償之計。商遂惻然不忍犯，遣還其父。不索其錢，不望其報。及歸家，妻問買妾安在，具告以故。妻曰，君用心如此，陰德厚矣。何患無子。居數月，妻有娠將誕，里人皆夢鼓吹喧闐，送狀元至馮家。次早生子，即京也。後領舉為解元，省試為省元，登第為狀元。世號為馮三元。後官至宣徽南院使，拜太子少師，致仕。卒，贈司徒。

嗚呼，陰德之報，如是其速。馮商以還妾一事，素無子而有子。非旦有子，又使其子光榮貴顯。一念之善，相感之效如此，矧於其大者乎。夫仁者德之盛，德者福之基。積德於冥冥之中，獲福於昭昭之際，理有必然。馮商之為仁人長者，發乎中情。惻隱之心，歆動於覩感之間。忠厚之意，施於不報之地。則上天安得不鑒其善，而報之以其類乎。故使其後嗣掇巍科，享盛名，歷富貴。故曰，積善存仁，必有榮華後裔，詎不信歟。世之輕薄小子，不知積德為善。朝不謀夕。及其身没名泯，後嗣衰微，如鳥獸好音之過耳，何足論哉。觀馮商之事，可以為法。

詩曰　馮商無子能還妾　　陰騭神符後嗣生
　　　金榜題名稱第一　　至今青史說馮京
　又　世人為善行陰騭　　莫把陰功作等閑
　　　試看馮家行好事　　到頭福報重如山

## 楊存惠商

楊存，吉水湴塘人。宋元豐八年赴省，宿息州旅舍。既卧，覺牀席間有物礙其背。揭而視之，乃鹽鈔二萬引。明日詢主人曰，前夕何人宿此。主人曰，淮甸一巨商某姓名也。存曰，此吾故人。設其人回，可與之語，吾在某坊某人家安歇。又大書于所宿之房曰，某年月日，廬陵楊存寄此。遂行。不數日之間，商人果從故道處處物色之至息邸，主人以存言告，且使自觀壁間所書，乃逕去京師訪存。存曰，果汝物耶，當聞之官以歸汝。商人曰，如公教。詣府，悉以授商人。府使中分之。存力辭曰，既某欲之，前日掩為己有，泯默不言矣。商人不能強。乃捐數百緡，就相國寺設齋，為存祈福。有彩雲天花之瑞，衆皆謂存之德所感也。是年存出焦蹈牓下，歷官至中奉大夫。子孫世皆貴顯。

人遺貨物於逆旅之中，得之足以資身致富，鮮有不取而為己物者也。其或遇財不取，固人所難能。或收之以歸其主者，真仁人君子之用心，世豈易得哉。此楊存所以可嘉也。方其獲商人鹽鈔之際，其人固已往矣。存則為其收藏，終不欺心取為己有。復以己之姓氏行藏曉示商人，令其訪索，既而歸付鹽鈔，不受所酧，誠可謂忠厚之至矣。當時商人懷惠，為之脩齋祈福，致有嘉瑞神明之應，宜其擢科第，登名宦，慶及子孫，世世貴顯。為善之報，益彰彰矣。

詩曰　當年逆旅有商過　　鹽鈔遺来引數多

不遇仁人能付與　　終身辛苦奈貧何
又　鹽鈔收藏付巨商　　令人感惠寔難忘
陰功自獲神明佑　　爵位登庸後代昌

## 吳奎義莊

吳奎，字長文，濰州北海人。初與鄉人王彭年善。彭年客死京師，奎使長子主其喪事，周卹其家，嫁其二女焉。及他姻族有不能自存者，為畢嫁娶。又以錢二千萬買田北海，號曰義莊。以賙親戚朋友之貧乏者。後官至參知政事，資政殿大學士，知青州。卒，贈兵部尚書，謚文肅公。

吳奎篤於為義，施惠於親戚朋友者，如此其至。此其一念之誠，出於自然，真仁人君子之用心，可以敦薄俗而厚澆風也。宜乎官居宰輔，為時聞人。生享榮名，没有謚贈。斯皆為善之報，豈偶然哉。噫，世有視其姻戚朋友之死亡失所者，不一顧之。視奎之所為，得無汗顏乎。

詩曰　吳奎忠厚好行仁　　周卹朋儕及族姻
北海義莊施惠遠　　幾人贍給不知貧
又　施恩為善多陰騭　　報應分明在上天
生享榮華廊廟貴　　死留功業汗青傳

## 仁霸直冤

程仁霸，眉山人。以仁厚信於鄉里。蜀平，中朝士大夫憚遠官，官缺。選士人有行義者攝。仁霸攝録事參軍，眉山尉。有得盜蘆菔根者，實竊，而所持刃誤中主人，尉幸賞，以劫聞。獄掾受賕，掠成之。太守將審囚，囚坐廡下涕泣，衣盡濕。仁霸適過之，知其冤，咋謂盜曰，汝冤盍自言，吾為汝直之。盜果稱冤移獄。公既直其事，而尉掾爭不已。復移獄，竟殺盜。仁霸坐訹囚，罷歸。不及月，尉掾皆暴卒。後三十餘年，仁霸晝見盜拜庭下，曰，尉掾未伏，待公而決。前此地府欲召公塹對，我叩頭爭之曰，不可以我故驚公。是以至今。壽盡今日，我為公荷擔而往塹對，即生人天。子孫壽禄，朱紫滿門矣。仁霸具以語家人，沐浴衣冠，就寢而卒。壽九十，其子貴顯，亦以壽終。曾孫皆仕有聲。同時為監司者三人。玄孫官學益盛，而尉掾之子孫微矣。

夫辨民曲直者最難。存心救人者為尤難。非忠厚至公者不能也。程仁霸直盜之冤，非貪其財也，非以要譽也。直以盜之罪不至於死也。既直其事，而盜得生。尉掾爭之不已，竟殺盜。仁霸坐訹囚罷歸。於乎，仁霸一攝録事參軍耳，其執法愛人乃如此，使其當大位，則天下之人必蒙其福。惜罷歸不用，不得以盡其施。然得以壽考終。其子孫亦皆顯榮，皆由仁霸一念之善，而獲此美報。古人有云，樹至德於生前，流遺愛於身後，其仁霸之謂也。若彼尉掾，行己之私，以陷人於死。身既暴卒，而家道子孫衰微，宜矣。

詩曰　忠心懇懇直人冤　　厚德深仁不可言
　　　縱使求生雖不得　　從教廢罷出公門
　又　當時曲直竟難爭　　不謂冥司有辨明
　　　善惡两途俱有報　　己膺壽考子孫榮

## 陳洎公忠

陳洎為開封府功曹，時章獻太后臨朝，族人杖殺一卒。洎當驗屍，太后遣中使十數輩諭旨，吏惶懼，欲以病死聞。洎獨正色曰，彼實冤死，待我而伸，柰何懼罪而驗不以實乎。爾曹勿預，吾當任咎。乃自為牘以白府尹程琳。琳喜曰，官人用心如此，前程非琳所及。亟索馬入奏。雖大忤旨，而公論歸之。既而太后原其族人，洎亦不及罪。後洎夢卒告曰，陰司以公為政公忠，已注公當貴顯，及與公賢子孫。我受公之恩，故来相告。自此遂顯名。不數年，歷官臺省，終于三司副使。其孫傳道履常，皆以詞學顯仕，為一時聞人。

士君子當官臨事，能不避權勢，不畏罪責，執正不阿，以正人之罪，伸人之冤者，誠不易得也。觀陳洎為府功曹，當驗屍之際，能不信吏胥之言，以忤太后之旨，而正族人之罪，卒使死者得伸冤於地下，豈不偉男子哉。厥後聲名烜赫，官爵顯榮，其孫皆以詞學貴顯，為時所稱。正直之報，理固然也。世有阿諛苟容，畏威避罪，使死者含冤而不得伸。觀洎之為，豈得無愧於心乎。

詩曰　不阿不畏執公論　　正色從容與吏言
　　　縱使當時雖忤旨　　不令地下負伸冤
　又　手牘分明達上官　　聲名從此動朝端
　　　一朝顯大登臺省　　詞館相承世所難

## 公亮與錢

曾公亮，字明仲，泉州晉江人。布衣遊京師，舍於市側。聞旁舍泣聲甚悲。詰朝過而問之。旁舍生欲言而色愧。公亮曰，若第言之，或遇仁者戚然動心，免若於難。旁舍生顧視左右久之，曰，僕頃官于某，以某事用官錢若干，吏督之且急，視家無以償之，乃謀於妻，以女鬻於商人，得錢四十萬。行與父母訣，此所以泣也。公亮曰，商人轉徙不常，且無義。愛弛色衰，則棄為溝中瘠矣。吾上人也，孰若與我。旁舍生曰，以女與君，不獲一錢，猶愈於商人數倍。然僕已書券納直，不可追矣。公亮曰，第償其直，索其券。彼不可，則訟于官。公亮即與四十萬錢，約後三日以其女来，俟吾於水門之外。旁舍生如教，商人果不爭。携女至期以往，則公亮之舟已行三日矣。其女後嫁為士人妻，公亮後登相位，累封魯國公，以太保致仕。年八十。卒，輟朝三日。贈太師中書令，謚曰宣靖，配享英宗廟庭。公亮未顯時，嘗夢人謂公有陰德，必獲厚報，竟如其言。子孝寬，官至吏部尚書，贈右光禄大夫。

嗚呼，陰德，所以動天地而通神明也。有陰德者，其後必大，理固然矣。且陰德無他，以惻隱慈愛之心，濟人於貧窮患难之時，救人於傾覆流離之際也。若曾公亮之於旁舍生者，素無一朝之識，但聞其悲而憐其聲，以全其一家骨肉别離之苦，乃能慨然與之四十萬錢，竟潜舟而去。則公亮之陰德厚矣。天鑒在上，報德於冥冥之中，錫福於昭昭之表。使公亮官為極品，尊居相位，夫豈偶然。所謂有陰德者其後必大，詎不信乎。世之淺薄者，當以公亮為法也。

詩曰　一點良心出自然　　能周危急得生全
　　　神明洞鑒多陰報　　位極人臣福有緣
　又　全人骨肉義非輕　　善念方興徹上清
　　　不是陽施陰獲報　　此身那得到公卿

## 元發禦菑

滕元發，字達道，東陽人。舉進士。知鄆州時，淮南京東飢，元發慮流民且至，將蒸為癘疫。先度城外廢營地，召諭富室，使出力為席屋。一夕成二千五百間，井竈器用皆具，民至如歸。所全活五萬人。後為龍圖閣學士，年七十一卒，贈左銀青光禄大夫，謚章敏。

民不幸遭歲凶，轉徙流離，不聊于生。有能愍念而振救之，使得免於死亡，為惠大矣。夫淮南京東之飢，非元發所治之地，乃能慮流民將至，先事而為之備。造廬舍，治井竈，作器用，使至者如歸，無飢莩之阨，所全活者既衆，咸感其惠。世有守一郡，治一邑，貪殘自恣，視吾民患恬然不顧，其肯於菑荒之際，撫輯他郡之民哉。視元發之為，信可愧矣。然善積於己，福報自天。元發之生享榮名，死贈顯爵，宜也。陰德陽報，詎不信夫。

詩曰　淮地京東適歲飢　　生民飢莩遠流離
　　　惟應仁者能全活　　多少銜恩感德私
　又　濟荒陰德及人深　　拯恤殷勤盡此心
　　　生貴死榮多福報　　芳名耿耿古傳今

## 蘇軾惠愛

蘇軾，字子瞻，眉州眉山人。知徐州，河决曹村，泛于梁山泊，溢于南清河。匯于城下。漲不時洩，城將敗。富民爭出避水，軾曰，富民出，民皆動搖，吾誰與守。吾在是，水决不能敗城。驅使復入。軾詣武衛营呼卒長曰，河將害城，事急矣。雖禁軍，且為我盡力。卒長曰，太守猶不避塗潦，吾儕小人當效命。率其徒持畚鍤以出，築東南長堤。首起戲馬臺，尾属于城。雨日夜不止，城不沉者三版。軾廬於其上，過家不入，使官吏分堵以守，卒全其城。復請調來歲夫增築故城，為木岸以虞水之再至，朝廷從之。徙知杭州，歲適大旱，飢疫並作。軾請于朝，免本路上供米三分之一，故米不翔貴。復得賜度僧牒三百，易米以救飢者。明年方春，即減價糶常平米，民遂免大旱之苦。又作饘粥藥劑，遣吏挾醫分坊以治病，活者甚衆。軾曰，杭，水陸之會。因疫病死，比他處常多。乃裒羨緡得三千，復發私囊，得黃金五十兩。因作病坊，稍蓄錢糧以待之。是秋復大雨，太湖泛溢害稼。軾度来歲必飢，復請于朝免上供米半，又多乞度牒，以糴常平米，并義倉所有，皆以備来歲出糶。朝廷皆從之。由是吳越之民，復免流散。後歷官端明殿學士，翰林承旨，吏禮兵三部尚書。卒，贈太師，謚文忠。三子。邁，駕部員外郎。迨，承務郎。過，知郾城縣事，權通判中山府。孫符，為禮部尚書。

蘇軾立朝大節，著見史册。及其為政，所至多有惠愛。蓋由其養之充，而積之厚，故發而為事業，炳焉煥焉。可以稱述，豈特區區惠愛而已哉。雖然，軾以學問文章為世名臣，其忠言讜論，有益於國家及于天下，豈但一州一郡受其惠而已。故德盛者功茂，源深者澤長。自軾之身，累加進擢，位至顯要。厥後子孫，皆承其慶，享有官禄，是皆軾之令德所被也。嗚呼，不有君子，其何能國。世之為守令者，有志于古之人，尚當以君子自期。若夫沾沾以為能，屑屑以為智，無益於國家生民者，斯亦何足道哉。

詩曰　忠言大節高天下　　浩氣充然塞兩間
　　　豈但郡民蒙惠澤　　斡旋造化動天颜
　又　文章冠冕世稱雄　　才見歐陽便見公
　　　賈馬豪奇韓柳健　　大名上下永無窮

## 承逸好施

朱承逸，居霅之城東門，為本州孔目官。樂善好施，嘗五鼓趍郡，過駱駝橋。聞橋下哭聲甚哀。使僕視之，有男子携妻及小兒在焉。扣其所以，云負勢家錢三百千，計息已數倍，督索無以償，將併命於此。朱惻然遣僕護其歸，且自往其家。正見債家悍僕群坐於門，朱因以好言諭之曰，汝主以三百千錢之故，將使四人死於水，於汝安乎。幸吾見之耳。汝亟歸告若主，彼今既無所償，逼之何益。吾當為代還本錢，可亟以元券來。債家聞之，惶懼聽命，即如數取付之。其人感泣，願終身為奴婢。不聽，復以二百千資給之而去。後值歲饑，承逸以米八百石作粥散貧。是歲生孫，名服。熙寧登榜第二人。仕至中書舍人。次孫肱，亦登第，著名節。遂為吳興望族。

夫樂善好施，仁者之心也。不過貧窘無告則已，有則必能濟之，此朱承逸之為人，蓋如是也。當其五鼓渡橋，聞有哭聲，即惻然有感于中。遣人視之，乃見有携妻子而沉溺者。詢其故，不過負勢家之錢無償，為所窘迫耳。乃護歸為代償之，竟免一家四口之死。其人願以身酧，復却而資給之。其心之仁厚乃如此。在他人素無是心者，昏曉於道途，聞人哭聲，豈復加問。縱或問之，亦豈能周濟，此承逸所以異於人也。不寧惟是，又於荒歲，出粟八百石作粥，散食貧者。其為善之心，不倦又如此，宜其嗣續榮顯，卒為名族。陰騭之報，有如是夫。於乎彼為富不仁者，亦獨何心哉。

詩曰　富家稱貸迫貧人　　四口將沉霅水濱
　　　不過仁人能閔恤　　舉家冤抑有誰伸
　又　代償施粥本仁心　　貧窘蒙恩感激深
　　　天報諸孫登甲第　　文章名節耀儒林

## 趙抃讞疑

趙抃，字閱道，衢州西安人也。為武安軍節度推官。民有偽造印者，吏皆以為當死。抃獨曰，造在赦前，用在赦後。赦前不用，赦後不造，法皆不死。遂以疑讞之，卒免死。一府皆服。及知成都，劍州民李孝忠聚衆二百人，私造符牒，度人為僧。或以謀逆告，獄具，抃不畀法吏，以意決之。處孝忠以私造符牒，餘皆得不死。喧傳京師，謂抃脱逆黨。朝廷取具獄閱之，卒無易也。召為殿中侍御史。彈劾不避權幸，京師號為鐵面御史。元豐二年，以太子少保致仕。卒，贈太子少師，謚清獻。子屼，杭州於潛縣令。岏，尚書考功員外郎。

仁人之德，不可以一善名也。趙抃為侍御史，彈劾不避權要，號鐵面御史，其居官讞刑，以小民愚昧冒犯刑憲，有可哀矜，抃即原其情以求其生。故所至多蒙濟活。夫小民易欺也，而抃不肯欺。疑獄難辨也，而抃卒與辨。使夫荷校待死之徒，一旦如春陽之煦枯朽，惕然條達，非抃盛德，其孰能使之然哉。抃德被於生民者，可謂盛矣。故位至台輔，令名考終，垂裕後昆。豈非厚德之報乎。雖然，抃為名臣，事業載于史册，萬古不磨，豈區區可以盡抃之美哉。有官守者，尚思勉企之。

詩曰　愚民冒法實堪憐　　決獄求生自不偏
　　　趙抃一施仁厚德　　死囚由此得生全
　又　活人德厚有陰功　　一念回生造化同
　　　不獨生前膺富貴　　令名萬古永無窮

## 馬默全生

馬默，字處厚，單州成武人。知登州。先是沙門島罪人，舊制有定額。官給糧者纔三百人。每溢額，則取其人按之海中。默建言朝廷，既貸其生矣，即投之海中，非朝廷本意。令後溢額，乞選年深自至配所，不作過人移登州。神宗深然之，即詔可，著為定制。自是多全活者。未幾，默坐堂上。忽昏困如夢寐中。見一人乘空來，如世間所畫符使。左右挾一男一女，至前大呼曰，我自東獄来。聖帝有命，奉天符，馬默本無嗣，以移沙門島罪人事，上帝特命賜男女各一，遂至二童，乘雲而去。後生男女二人。默官至河北都轉運使，年八十，卒，贈開府儀同三司。加贈太保。

夫好生惡殺，天之心也。有能活人於垂死，則天必報之。若馬默之為登州，聞罪人之溢額者，悉以投諸海，其心不忍，故即為論列于朝，由是全活者衆。嗟夫，世之殘忍之徒，其視殺人如刈草菅然。至有無故而寘人於死地者，况能於有罪之人，而復求其生耶。此默之所以可嘉。故上帝垂鑒，俾壽考榮顯當時，錫生子女，流慶無窮。語曰，活人者必有厚報，豈不信然。

詩曰　朝廷貸死有殊恩　　絶島流居隔海門
　　　溢額可憐終不免　　投身翻作逐潮魂
又　　知州上疏達朝廷　　感悟能令死得生
　　　無嗣豈知終有子　　上天報應甚分明

## 百禄活降

范百禄，字子功，成都華陽人。鎮兄鍇之子也。提點江東利梓路刑獄，加直集賢院。時能本治瀘蠻事，有夷酋力屈請降，裨將賈昌言欲殺以為功，百禄諭之不聽。往謂本曰，殺降不祥，活千人者封子孫。奈何容驕將橫境內乎。本矍然即檄止之。召知諫院。屬歲旱，請講求急務，收還法令之未便者，以救將死之民。後官至翰林學士，拜中書侍郎，年六十五薨，贈銀青光禄大夫。子祖述，官至朝議大夫。

夫殺降自古所戒。蠻夷委身伏罪，而復以刑戮加之，其殘酷甚矣。且降者殺之，則未降者，將何以得其心乎。此范百禄之止殺降，所以為可嘉也。觀其諭止之時，辭嚴義正，有足感動人者。故卒能使人聽用其言，全活降酋之命。其後召知諫院，屬歲凶，又請講求急務，收還法令之未便者以救民。一念仁恕之發，而人之受惠者多矣。陰德之積深厚，宜乎天之報施，俾生享榮禄，没贈高爵。聲名烜赫於當世，福澤流衍於後昆。於乎，旨哉。

詩曰　夷酋力屈來歸欵　　裨將要功欲殺降
　　　不有仁人能諭止　　幾多横死枕蠻邦
又　　全活夷酋賴至仁　　講求未便福生民
　　　信知陰德天應報　　父子榮華禄並臻

## 純仁麥舟

范純仁，字堯夫，蘇州吳縣人，仲淹之子也。嘗往東吳得租麥五百斛，舟載以歸。道會故舊石曼卿，自稱三喪不舉。世無郭元振，無以告者。純仁悉以麥舟與之，歸而拜父于庭。父問東吳曾見故人否，純仁曰，見石曼卿。云三喪在淺土。父曰，何不以麥舟與之。純仁曰，已與之矣。其後登皇祐元年進士第，官至尚書右僕射，兼中書侍郎。卒，贈開府儀同三司，謚曰忠宣。

夫能周人之急濟人之乏者，此所以為大丈夫也。若曼卿之困窮，三喪之不舉，故人當道，孰能以振之者。一但遇純仁，發世無郭元振之嘆，純仁悉以麥舟與之，歸而告諸父。語未畢，輒曰何不以麥舟與之，於此見仲淹父子周人之急，其心一也。夫豈非大丈夫哉。故父子相繼為相，德望深重，名位尊顯。身享富貴，流芳史册。亦其積德之所致與。視區區慳怯鄙嗇，遇人之急，曾莫知恤，空有萬金之貲，不救飢寒之苦，其於純仁，曾厮役之不若，尚何足論士哉。死同草莽，其誰比數，亦可惜矣。

詩曰　三喪不舉實堪憂　　邂逅偏能與麥舟
　　　千古高風人共仰　　不令元振獨先籌
　又　積德由來勝積金　　芳名千古到如今
　　　如何父子皆為相　　陰騭由來積德深

## 陳亢瘞殍

陳亢，潤州金壇縣人。熙寧八年，餓殍無數，作萬人坑。每一坑設飯一甌，席一領，紙四貼，藏屍不可紀。是歲生廓，又生度。後皆為監司。子孫登仕者相繼。

自虆梩覆掩，而葬埋之禮興。中古以降，棺槨封樹，制度周詳，復有淹骼埋胔之條。聖人仁民愛物之心，不以存亡有間，可見矣。奈何時遭飢饉，或天灾流行，餓殍枕藉，子不能殮其父，妻不能殯其夫，有能興起善念為之收瘞，豈不為大陰騭哉。此陳亢萬人坑之設，所以獲報於天，而子孫榮顯，累世相繼也。昔王忳葬一人，而尤蒙顯報。況亢所葬，難以數計，豈不感動於神明乎。

詩曰　生民不幸值凶年　　餓殍盈郊實可憐
　　　不有仁人興惻隱　　枯骸那得到重泉
　又　陳亢曾作萬人坑　　廣瘞遺骸德匪輕
　　　從此四郊無暴露　　子孫昭報襲簪纓

## 之純掩骼

李之純，字端伯，滄州人。登進士第，嘗为成都路轉運使。專以掩骼埋胔为念。吏人徐熙專為宣力。計其所藏，無慮萬計。一日，金華街王生死復蘇，云見冥官，曰，爾以誤追，今當還人間。陰司事雖禁泄露，然為善之效，亦欲人知。李之純葬枯骨有勞，與知成都府一任。徐熙督役有勞，與一子及第。汝宜傳於世間。後皆如其言。以直學士知成都府，還為户部。三遷御史中丞。

夫生得其養，死得其藏，人之至願也。有若轉死溝壑，骨中野，行道之人見而弗顧。惟仁者見之，測然傷心，興掩骼埋胔之念。若之純者，專心於此，使枯朽餘骨，悉免於暴露。所藏無慮萬計。陰騭之積，感動神明，卒致超秩，享有榮禄。垂播令譽。而宣力之吏，亦獲其報。克生賢子，登名高第。

噫，天之報施，毫髮不爽，其理蓋如是哉。

詩曰　枯骸暴露實堪傷　　不有仁人孰與藏
　　　賴得殷勤專掩骼　　九原銜感永難忘
　又　之純陰德達幽冥　　一任超遷受顯榮
　　　解使當時宣力吏　　也令一子占科名

## 為善陰騭卷之七

### 朱軾代納

朱軾，南豐人。嘗預鄉薦。家貧，教學于里中。歲暮，得束脩與其子歸至中途，忽見田夫械繫，悲泣道側。問其故，乃曰，春月貸了青苗錢，限滿而未能償，官司鞭笞已極，不若死之為愈。軾問所負幾何，曰，三千五百。軾盡以束脩依數奉為納官。其人得釋。邑士人劉澈累舉，蹭蹬省闈，默祝於神。一夕夢至官府，官吏語澈曰，汝生未有微祿，而德有虧，不可得矣。澈曰所虧何事，吏曰，爾弟負官錢，不能少助之，致使死於非命，非虧德而何。澈曰，弟不肖，以致刑辟，某復何罪。吏曰，行路之人，見且不忍，彼乃同氣，何不動心。汝不知朱軾代納青苗事耶。行將獲陰德之報。澈覺後，詣軾訪其說。軾曰，果有此事。豈知冥籍已注為陰德，遂語其實。澈惘然自失。軾生三子，曰京，官至國子司業。曰克，曰某，皆顯宦。軾至八十四，無疾而卒。

夫以財濟人之急，在富者不能，而謂貧者能之乎。貧而能濟人者，豈不尤難也哉。惟君子，心存惻隱，故見人困迫初不計有無，度其力有可及者，即行之。若朱軾者是已。軾以布衣授徒，所得束脩，妻孥之所仰給，乃不遑恤。視彼道途械繫悲泣，惻然閔之，即舉以脫其桎梏，釋其愁苦，畧無毫髮吝惜，意顧非有平生之親，一日之雅，乃能如此。至如劉澈以同氣之親，而不能周之者，相去蓋萬萬矣。聞軾之為，能不惘然自失乎。其後軾享眉壽，子孫貴顯。澈累舉不第，蹭蹬終身。神明之報，為有徵矣。

詩曰　青苗限滿不能償　　官府追徵甚火湯
　　　道遇仁人興惻隱　　舉錢代納即傾囊
　又　代納官逋憫困窮　　便為冥籍注陰功
　　　試看同氣無情者　　天報昭然迥不同

### 汝楫贖命

黃汝楫，越人。家頗富。宣和中，方臘犯境，以財寶之物瘞于室。將逃避，忽賊黨執白旗來。揖且拜，黃懼。認其人，蓋舊僕也。云，賊將拘掠士女，閉之空室，持金帛則贖之，否則殺。黃曰，我所藏直二萬緡，獻以贖其命。悉發所瘞，輦輸其營，二千人皆得歸，詣黃謝，為之誦佛祈福，歡聲如雷。亂定，夢金甲神從天而下。呼曰，上帝有敕，以汝活人多，賜五子科第。紹興中，黃為浦江令。

其子開、闔、閎，同登乙科。閳、闇繼之，如神所言。

夫遇亂而藏財寶，將以自備患難也。豈能發之以救他人之患難乎。黃汝楫因草寇竊發，拘掠士女，以求財帛，否則殺之。因聞其故，遂發所藏，輦輸寇營，以贖人命。蒙活者千人。苟使當時遇吝嗇之徒，重愛其財，不恤人命，則千人者即登鬼錄矣。汝楫獨愛恤人命，輕視其所有。雖一旦蕩盡，亦所不顧，其功德之及人，為不小矣。遂感夢於神，傳賜五子科第。初若茫昧無據，後皆如其言。由是知陰騭之報，交手相付。不差毫髮。古語云，活千人者後必昌。信哉。

詩曰　草賊披猖恣惡圖　　要財士女被其拘
　　　不緣汝楫輸財寶　　坐見千人總受屠
　又　全活千人福德多　　遂令五子盡登科
　　　神明昭报無差爽　　奕世流芳永不磨

## 立節持法

孫立節，崇寧間為桂州節度判官。時謝麟經制溪洞事宜。州守王奇與蠻戰死。立節被旨，鞫吏士有罪者。謝因收大小使臣十二人，付立節。並欲盡斬之。立節持不可。謝以語侵立節，立節曰，獄當論情，吏當從法。逗撓不進，諸將罪也。既伏其辜，其餘可盡戮乎。若必欲非法斬人，則經制司自為之，我何預焉。謝即奏立節抗拒，立節奏謝侵獄事。刑部議，如立節言。十二人皆得不死。其後立節迁官進秩。子二人，皆舉進士，遂至大貴。初，立節未拜官時，嘗夢神人語之曰，桂州事，待公來明辨曲直。立節甚訝之。至是果符所夢。

鞫獄不濫殺，刑求當罪而已。如此，則無枉死者。若孫立節，其殆如此乎。當經制司之欲斬十二人也，立節固爭，堅執不從。卒使十二人者皆得不死。非其持之正，斷之明，不能然也。雖然，其存心蓋有素矣。當其未仕時，夢神人之語，固有先兆。活此十二人之命，亦非偶然也。彼謝經制之殘忍，亦獨何心哉。立節身膺貴顯，而二子皆大貴。蓋食天之報也。謝後無聞矣，豈非天哉。

詩曰　桂州讞獄存公道　　全活無辜十二人
　　　試看當年孫立節　　昭昭福報在其身
　又　平生公直感神靈　　夢裏曾言後有徵
　　　行善自然天有報　　身榮子貴祿相承

## 葛蘩便利

葛蘩，大觀中為鎮江太守。有一官員於京師鋪中見一靴，是其父葬時物。詰之鋪翁，云，適有一官人携來修，可候之。有頃，果至。乃其父，拜之不顧，但取靴乘馬而去。随之一二里，度力不可及，乃呼曰，生為父子，何無一言見教。

父曰，爾可學鎮江太守葛繁。其子謁繁言之，因問何以為幽冥所重。繁對曰，子始者日行一利人事，或二或三或數四，或十。今四十餘年，未嘗少廢。又問，何以為利人事。繁指坐間踏子曰，此物置之不正，則蹙人足，子為正之。若人渴，能與之盃水，皆利人事也。但随其事而利之。上自卿相，下至乞丐，皆可以行。唯行之悠久，乃有利益。後有異僧，見繁在淨土境中云。

凡可以利人者，皆陰騭事也。但能以利人為念，則日用之間，無非利人之事。而人被其德者多矣。葛繁志行陰騭，雖一事之微，一物之小，随其所在而施之，如是者數十餘年不廢，是宜取重幽冥，往生淨土。免三塗五濁之苦，受諸快樂。人有興一善念，行一方便，即感通鬼神，福報随至。况繁之所為積久，烏得不受利益哉。噫，欲行陰騭者，無間富貴貧賤。凡力有可為者，皆可行也。觀葛繁之言，可見矣。

詩曰　人心念念行陰騭　　事事常存濟物心
　　　堪羡鎮江賢太守　　好行惠澤见神獻
又　　葛繁陰騭其人便　　一念存心四十年
　　　行善熟時終獲報　　往生淨土是前緣

## 仲淳歸金

張仲淳，秀州人。居鄉教授，以文學知名，人皆師禮之。好周人之急，常以財濟貧乏。病者給以藥，務行陰騭，不求人知。忽有一商，旅途中感疾，甚困憊。投宿于仲淳。仲淳詢其来，但畧言慎名氏鄉里，遂不能語而斃。仲淳閲其行裝，有金十兩，乃遣人召其妻子，護屍持金而歸。復捐貲經營葬之。是夕仲淳夢其人謝云，公平生不欺心隱財，陰德甚厚。故遠来託公以死。公待我以恩如此，願公明年生貴子。至期，師中生，後舉進士第，登朝帶館職，為京西漕使，尚書工部郎中，世為宦族。

夫財者，衆人所嗜。君子視之，則泊如也。苟非吾之所有，雖一毫莫取。况素存濟利之心，輕財好義，豈復有意於他人之財物哉。觀於仲淳之所存，蓋若是已。使其一有計利之心，寧不負彼困憊將斃之所有乎。能不負其所有固難，况能捨己之有以資之乎。既還其金，復營其葬。不惟死者有所歸，而生者亦得有所賴矣。陰德之施，不既厚乎。是以其人雖死，猶感激之。且形於夢寐，而祝願之不已。厥後生子應期，舉進士，官顯要，夫豈倖哉。於乎，世有以利為心者，見人所有而思得之，不為攘奪，則肆貪婪。必強而為己有，豈能如仲淳之輕財好義乎。聞仲淳之風者，盍亦知所勸哉。

詩曰　輕財濟乏善名歸　　將死猶來擇所依
　　　不獨還金高義少　　捐財資葬世尤希
又　　平生忠厚不期心　　自是冥冥感德深
　　　豈但生兒登上第　　世為宦族到于今

## 留臺安分

劉留臺，少極貧。專事趍謁，歲久不能自存。一日至漳泉市浴堂中，拾金一袋。浴畢，託疾卧堂中，終夕不去。翌日有一人，號泣而來，自言為商于外八年，只收得金八十五片，以一袋盛之。昨晚與同行携到此浴，浴罷乘月行三十里，始覺其金不見。劉遂舉以還之，商以數片遺之，一無所受。及還，鄉人愈薄之，責以拾金不能營生，而復来相干。劉答曰，吾平生賦分，止令如此。若掩他人物以為己有，是欺心矣，必有禍灾。況商人辛勤所積，一旦失去，豈不哀哉。吾是以還之。人皆嘆服其義。忽一夕，夢神人告之曰，汝平生安分不貪，將有大顯，并及汝後嗣。劉曰，非某所敢望也。後果登第，官至西京留臺。子孫在仕途者二十三人。

夫處貧窶之甚，而能守義不取者極難。蓋匱乏困頓，人情所不欲，其有遭此而能泰然安之，見物不苟取者，為人豈不賢乎哉。若劉留臺其人乎。方其貧乏不能自存，一旦而拾金於遺忘之地，在他人必曰，此非吾之竊取，而拾遺之者，必掩為己有，孰肯守待舉以還人哉。還之者，或間有矣，又孰肯却其分贈哉。此劉留臺之所為實難已。於乎，世有骨肉至親，分貲析産，所競毫末，而輒起爭訟者。亦有朋友交財，而傷恩絶義者。其視留臺之廉不苟取，能不汗顏乎。宜其所為之善，有神夢之徵，卒享厚爵，子孫榮盛。则天之報施者，誠不虚矣。

詩曰　拾金不愛舉金還　　裴度存心可共班
　　　世間多少欺心者　　對此安能不汗顏
又　　安貧樂善見留臺　　一行驚人獨異哉
　　　夢裹報云將大顯　　果然富貴自天来

## 時校歸喪

時邦美，陽武人。父為鄭州牙校，補軍將。吏部差押綱至成都，年已六十四歲，婦方四十餘，未有子。謂其夫曰，我有白金百兩，可攜至成都求一妾婦，冀得子為身後計。邦美父至成都訪牙儈，見一女甚華麗。詰其家世不對，窺見以白布總鬟，怪而問之。悲泣曰,父本都下人，為州掾。卒，扶櫬至此，不能歸。鬻妾欲辦喪耳。邦美父惻然，攜金往見其母，以助其行。又為幹行計，同上道路。中謹事掾妻，至都下殯畢，方辭歸。妻迎問買妾狀，具以實告。妻曰，濟人危急，為德甚大。當更為君圖之。未幾，妻有孕。一夕，夢有數人披衲襖，舆一金紫人留堂中。及旦，生邦美。後舉進士第一，官至吏部尚書。

夫為掾於州，身歿而無以為葬，此固廉介清謹之士也。不遇仁德君子舉金以歸，則致其妻鬻女而歸其喪，其痛苦何如耶。邦美父赴成都時，年邁無子，以金求妾為嗣續之計。及見掾女悲泣，以父喪不舉告之，其心惻然閔恤，即舉金以助之，復為送至都下，殯畢辭去。非好仁積善，能如是乎。然天道報施，屢福善人。賢嗣之生，随符吉夢。孰謂其子位列六卿，榮耀金紫，而非其父陰騭之助耶。彼不知裕後之計者，惟知聲色之求，而弗肯濟人之急。然其後嗣不微者，亦鮮矣。觀者其監於茲。

詩曰　載資求妾重承傳　　鬻女歸喪寔可憐
　　　肯為揮金歸旅櫬　　却將宗嗣付皇天
　又　助歸喪葬事誠難　　陰德潛行志所安
　　　美妾不求天有報　　嗣人名位重天官

## 文規理枉

張文規，字正夫，高安人。以特奏名入官，再調英州司理參軍。真陽縣民張五者，數輩盜牛。里人胡達朱圭張運張周孫等，率保伍追捕之。群盜散走，獨張五拒抗不去，達擊殺之，盜不得志，反以被劫告於縣。縣令吳邈欲要功，盡取圭達以下十二人送獄，劾以強盜殺人，鍛鏈備至，皆自誣服。圭運二人病死。既上府，事下司理院。文規察囚辭色，疑不實。一問得其情。又獲盜牛黨以證。獄具，胡達以手殺人仗脊，餘人但等第杖臀而已。圭運乃無罪。時元祐七年也。邈計不行，恚忿嘔血死，文規後遷臨川丞，忽感疾沉困，勺飲不入口者彌月，昏不知人。家人環泣待盡而已。一日，忽微作聲。索水飲，漸甦。神氣既定，乃言，方病在床，聞人呼云，英州下文字，即出視之。有公吏三四輩，曰攝官人，遂與俱往。至一大官府，道者明導見殿宇樓觀，金碧相照。殿上垂簾。聞簾內所問，乃吳邈事也。文規一一以實對。主者曰，吾亦詳知矣。然必須卿至結正，貴審實爾，進見吳邈荷校於簾前，而朱圭張運立其傍。吏抱主者所判文書，出紙尾示文規，有添一紀三字，文規遂寤。後以通直郎致仕。大觀二年，年七十八矣。夢羽人來云，向增壽一紀，今數足矣。陰司以公在英州嘗權司法，斷婦人曾氏斬罪降作絞刑，又添半紀。政和四年乃卒，年八十三。

夫掌法之官，人命所繫，苟不能詳審，而誤有所出入。猶干常憲，況以一己之私，而倒置其罪，使無辜之民，陷於大辟耶。有能於此察其情實，使冤者得伸，犯者麗法，則邦刑既正，而己之陰德不為小矣。若張文規職為司理時，縣以具獄上之府，府下其事。在他人，將依阿順從之，而文規獨能正胡達等之冤，免十人之死，非公明詳慎者，能然乎。及斷曾氏之罪，又降斬從絞，全其首領。由是感達於神明，而壽筭每延。至於耄耋。彼吳邈者，處心不正，顛倒善惡，故死遭惡疾，受譴冥司。罪福之報，昭昭如此。可不警哉。

詩曰　真陽凶黨盜耕牛　　捕逐那期有後憂
　　　不遇仁人為昭雪　　平民遭戮實何尤
　又　文規掌法慎無偏　　良善平反免罪愆
　　　神語昭昭真不爽　　遂令耄耋享高年

## 林積還珠

林積，南劒人。少時入京師，至蔡州息旅邸。既卧，覺牀第間有物逆其背。揭席視之，見一布囊，又其中得錦囊，實以北珠數百顆。明日，詢主人曰，前夕何人宿此。主人云，潯陽周仲津。積曰，此人必復至，幸令來上庠相訪。汝可具吾姓名告之。數日，仲津果以失珠物色至蔡邸。主人具以告之。乃趨上庠訪積求之。積驗其珠數，皆相符合。曰，然。不可但取，可投牒府中，當索以歸。仲津如其教，積詣府，悉以歸之。仲津選大珠數十顆為報，積固不受。仲津拜謝曰，公處心不貪如此，願公及子若孫世世富貴，以數百千就佛寺作大齋，為積祈福。後積登第，官至太中大夫。子德新，為吏部侍郎。其家遂世世簪纓不絶。

人能不苟取，世固以為難。至於得遺物而不取，又求其人而還之，豈不尤難乎。若林積是已。積得遺珠於旅邸，不以為己有，而必欲求其人還之。一念之善，為何如哉。至得其人以還之，而人感恩不已，欲分珠為謝，卻而不受。其心之仁，又何如耶。商人感激為作佛事祈福，卒獲身登高第，位至大夫。後嗣益顯，享有其報。《書》曰作善降祥，信哉。

詩曰　林生旅邸卧空牀　拾得遺珠蒲錦囊
　　　他時盡以還珠客　勝得芳名徧上庠
又　　一念存仁不愛珠　因教投牒恐模糊
　　　不求人報天應報　父子俱榮慶有餘

## 趙秋資隣

趙秋，字子武，汲郡朝歌人也。輕財好施。隣人李玄度母死，家貧無以葬。秋曰，赴死生，救不足，吾之本心也。家有二牛以與之，玄度得以葬。他年秋夜行，見一老母，與秋金一餅曰，子能葬我，是以相報。子五十已後，當富貴不可言。勿忘玄度也。後果如母言，官至極品。

鄰里鄉黨，固有相賙之義。然非仁厚之人，雖家累萬金，遇其族姻之死，尚且視之漠然，況肯捐貲以資鄰里之喪乎。當李玄度有母之喪，貧不能舉，一念哀痛，為何如哉。趙秋惻然矜憫，捐二牛以賻之，俾克襄事。歿者得以歸於土，生者賴以紓其憂。幽明感恩，寧有間哉。厥後遇母獲金，須告以富貴之期，不爽毫髮，是豈此母能之，天地鬼神假之以顯示世人為善之驗也。語云，陰施陽報。質之趙秋，為尤信。

詩曰　玄度家貧有母喪　未能襄事重憂傷
　　　二牛賴得鄰人助　存歿銘恩兩不忘
又　　一朝遇母獲黃金　為報當年厚意深
　　　富貴預期言不妄　世人於此識天心

## 二張醫報

張仲和，善用張仲景法療治傷寒。活人甚多。其後二子奇兆，相繼及第。張行甫亦行醫，子孫典大邦，作提轉者，數世不絶。

上古聖人憫生民之劄瘥夭閼，而不得全其天年也，故為醫藥以濟之。其仁慈惻隱之心，至矣。然世之習是術者，不知其然。或貨利是務，而不盡其心。或藝術未精，而強於酬應。不惟不能全其生，而實實虛虛，損不足，益有餘，蓋將戕人之生矣。若仲和行甫二人，以醫術鳴，而用藥不苟，活人甚多。由其一念之誠，而能體古聖人濟人利物之心者也。厥後子孫或登科第，或典大邦，作提轉，數世不絶。陰功之報，何其博哉。

詩曰　古來醫道在全生　　心貴慈仁術貴精
　　　誰似二張存善念　　幾多沉困得和平
　又　二張家世業岐黄　　起死回生有妙方
　　　利濟及人陰德厚　　子孫奕世享榮昌

## 知可夢神

許知可，毗陵人。嘗獲鄉薦，省闈不利而歸。舟次吳江平望，夜夢白衣人曰，汝無陰德，所以不第。知可曰，某家貧無貲，何以濟人。白衣曰，何不學醫。吾助汝智慧。知可輒寤，歸踐其言。泉得盧扁之妙，凡有病者，無問貴賤，診候與藥，不受其直。所活不可勝計。後舉，又中鄉評。赴春官，艤舟平望。復夢前白衣人相見，以詩贈之曰，施藥功大，陳樓間處。殿上呼盧，喚六作五。思之，不悟其意，姑記于牘。紹興壬子，以第六人登科，因上名不禄，遂升第五。其上則陳祖言，其下則樓材，方省前夢也。

嗚呼，人有疾病，思得良醫善藥以濟其危急，苟不能得，而坐致斃亡者，有焉。觀神之告許知可者，蓋憫人之生，欲其以醫濟人，而行陰騭。知可遂專意醫藥，濟人而弗計其功，施藥而弗受其報。起危全生，蒙濟者多矣。陰騭之報，不亦宜乎。是以名冠甲科，官被顯擢。白衣之言，若合符節。有如此夫。噫，世有庸醫乘時射利，以無惧之心，持市道之為，以殺人者，有矣。況望其能全活人哉。所以天災人禍，亦不旋踵。後之為醫者，要當以知可為法。

詩曰　下第無名事莫知　　白衣相勸學為醫
　　　活人歲久多陰德　　金榜恩榮會有期
　又　寤得盧醫扁鵲神　　陰功濟活幾多人
　　　殿前喚六翻成五　　始信陳樓報應真

## 傅敞舉喪

傅敞，字次張，濰州人。為士子時，以紹興二十年過吳江，縱步塔院，見僧房竹軒雅潔，至彼小憩。其東室有殯宮，問為誰，僧云，頃者前知縣館客身故，聞其家在福建，無力歸窆，因權厝于此，敞惻然憐之。既還舟次，是夜夢儒冠人持名紙來見，曰三山陸蒼，自叙蹤跡，與僧言同。將退，拱白曰，旅魂棲泊無依，君其念我。君有德人也，故來相告。明旦，敞復抵僧舍，遂傾其貲，遷葬於官地上，仍修佛果以資助之。至七月，敞赴轉運司試，寓西湖小刹，復夢陸生來，再三致謝。且云，舉場三日題目，蒼悉知之，謹奉告，切勿宣泄。若泄之，彼此當有禍。敞寤而精思屬藁。洎應試，盡如其言，遂薦名高第。

夫死者殯而未葬，人固有見而閔之者。閔其所知者固宜，閔其所不知者，是亦仁心自然發見，非有所強之也。若傅敞之過僧舍，適見殯宮，惻然憐之。其心固有不忍焉者。及感其人之夢，既為之傾貲遷葬，又為作佛事以資冥福，誠義士哉。昔查道舉故人之喪，神猶報之，而敞一日遇平生所不知識之人，客殯未葬，乃舉而葬之，使羈旅飄泊之魂，得有所棲，則其人之感德於地下，為何如耶。是宜見夢昭報，以答舊恩。遂得中高第，馳名當時，陰騭之報，夫豈虛乎。

詩曰　僧舍蕭條旅櫬孤　　一抔歸窆更誰圖
　　　仁人一見能哀閔　　舉葬傾貲世所無
　又　朽骨懷恩在九泉　　冥冥積德格皇天
　　　惟因夢裏殷勤報　　掇取高科不偶然

## 楊參審辨

楊提舉，初為越州録事參軍。會太守禁盜甚嚴。凡保內有賊，不即捉赴官，而民家所失物，皆保正長倍填之。一日，有盜入民家，而主覺知，持白棒趕賊。一打仆地，遂執付保長。保長為其所苦，遂縛以木力擊之，因而致死。其保長自認打殺，更不抵諱。獄具，楊因閱案驗狀，有左肋下一痕，長寸二分。中間有白路一條，楊疑是背後趕打，此一痕乃致命處，恐非保長所打。獄吏力爭，以為案已圓成。楊執不聽，遂追元捕賊之人，問果得其情。及索到白棒，首有裂路，方知是捕賊人打之。引法以登時打殺，罪止於杖。保長遂免死。其家感德，畫其像供養以祝壽。後二子登進士第，官皆至太中大夫。

夫刑之加人，死者不可復生，斷者不可復續。苟有可生之理，仁人君子寧不為之推讞以求其情哉。觀楊提舉為録事時，辨保長之獄可見矣。彼盜之死，初非保長殺之也。保長既伏辜矣，在常人視之，必以為實然，不復介意。楊乃力爲之辨，果得其實，免其受抑以全其生，可謂仁矣。感激之心，宜何如哉。故畫像祈壽，以圖報謝。厥後二子聯登科第，並列顯官，此存心忠厚之報。世有巧詆深文，擠人於死者。比其败也，身蒙顯戮，後嗣亦復衰微不振。善惡之报，昭然可见。後之司刑者，其亦知所警夫。

詩曰　殺盜承辜獄已成　　誰能詳辨重推情

不因録事存心恕　　何得平反脱重刑
又　當時讞獄獨詳明　　用意推求果得情
遂使無辜免冤抑　　天教二子列官榮

## 張馮惠衆

张八公，處州龙泉人也。家富好施，鄉人德之，號張八佛。産分二子。每歲禾穀，率銅錢六十文一把。其歲歉，鄉價八十。其子亦增之。八公坐於門，看糴者出，問之價。曰，略增貲少。公以錢還之。自後，其子價不敢增。至曾玄孫，皆登第。黄溪馮公，为人本分，亦好施，人以呆稱之。其子夢蘭登進士科。鄉人謠曰，張八佛，子孫享其佛。馮大呆，子孫享其呆。

世之積財致富者多矣。能好義濟人，賚予賙給，不屑屑以規利者，豈易得哉。必其存心積善，有以異乎常人，然後得以安享其富也。若龍溪之張八公，黄溪之馮公。皆饒于財。一則减价平糶，不許增取。一則用心本分，好施不吝。鄉人感德，並知名于當時。至于子孫，亦襲餘慶。皆盛衍榮貴，列名科第。輝耀相望，人罕比儷。良由善之所積，格于神明。其福报自有不可誣者矣，嗚乎，人有富於貨財，而不恤人之急者，視此可以少省哉。

詩曰　世人慳吝亦何愚　　縱有錢財義却疏
何似張馮二善士　　富能周給惠鄉閭
又　貧窮感惠自難忘　　善行應知格上蒼
不獨身安多享富　　子孫科第並聯芳

## 蔣生還産

蔣員外，明州定海人。輕財重義。聞子姪不肖鬻田産者，必随其價買之。既久，度其無以自給，復舉以還，不取錢。已而又賣，既買又還，至於數四者。嘗汎海，欲超郡，桅樓便旋，爲回風所擊，遂溺水。舟人挽其衣救之，不可制。舟行如飛。方號呼次，遥見一人冉冉立水上，随風赴舟所。視之，乃蔣也。急取之，問所以。曰方溺時，覺有一物如篷藉吾足，適順風，吹蓬相送，故得至。人以為積善之報云。

夫仁人長者之心，見行路之人貧乏而不能以自存者，必惻然濟之，而忘其所貯，況骨肉之至戚者乎。觀之蔣員外，蓋可見矣。重義好施，如將不及。一家子姪貧無以爲生者，鬻賣恒産。買之既重其價，還之以資其急。至於數四，始終無一毫顧惜之意。設心措慮，仁厚爲何如哉。是宜天地神明，監觀其德。至於遭溺，履險如夷，卒獲無恙，陰德之报，蓋昭然也。世之貪暴之徒，雖田連阡陌，尚欺孤凌溺，兼并無厭，欲为子孫不拔之業者，曾不一再傳之餘，蕩復殆盡，能獲若是之報哉。視此，當知所戒矣。

詩曰　還田那惜費黄金　　仁厚惟存長者心

　　此念濟人恒不倦　　闔門子姓感恩深
又　委身已在急流中　　頃刻回舟遇順風
　　洶洶鯨波誰拯溺　　顯然陰德感天公

## 王令嫁孤

王知縣官南昌時，一日凌晨，见一婢子堂中執篲而泣。詰其故，乃云，憶舊事，不覺淚垂。因言妾本陸知縣之女,父受替去，經過鄱陽湖，爲刼賊所害，獨留妾一身，流轉到此，詢之縣吏，皆曰然。遂語其妻曰，仕途交代，有兄弟之契。今此婢子，乃前交代之女，須與看承，擇良配嫁之。知縣有女，許鄰邑知縣之子。涓日畢禮，遽书報之曰，近得前故交代之女，年已及笄，欲那展一年，收拾餘俸以辦奩具，與女子同時出嫁。鄰邑知縣報云，某有一姪，年幾弱冠。請將令女奩具中分之，嫁吾子與吾姪，庶成一段義事也。出嫁之夕，知縣烛下視事，忽見一人拜於庭下。驚問之，云前任知縣陸鴻漸。頃遭刼賊，留一女在此。念其流落無歸，常相遂。今蒙矜憐嫁遣，故來相謝。公緣此陰德，增壽一紀。將來子孫三人同及第。語畢，遂不見。後果如其言。

夫仕宦於交承之分，有兄弟之義，古今之所重也。交承之女，即猶己之女，豈有知其流落無歸，而不使之有所適哉。此王知縣所以急於義也。知縣晨見婢子執篲興哀，詢之而知其爲前任知縣之女，因其父遭刼，而遺女流落，遂惻然愍之。脱其箕箒，具以資裝，擇良配嫁之。恩義豐厚，同於己女，其盛德何如耶。使遺孤之父銜恩感德，致謝於階庭之間，而告以增壽之故，子孫科第之榮，孰謂冥冥之際，爲無知耶。其後知縣壽齡延永，福履綏安，子孫蕃昌，同登甲第，皆如所告之言。陰德之報，豈微也哉。

詩曰　可憐前令已亡身　　遺女流離淚滿巾
　　　不遇仁賢能愍恤　　此心那得適良人
又　　前令遺孤有所歸　　遊魂感德思依依
　　　報君壽考兒孫顯　　後嗣聯科世所稀

## 為善陰騭卷之八

## 叔通娶啞

鄭叔通，初已定夏氏女爲婚。及入太學，遂登第。既歸，則夏氏女已啞。其伯姒欲别擇，叔通堅不可。曰，此女某若不娶，平生遂無所歸。況以無恙而定婚，因疾而遂棄，豈人情哉。竟娶之。其後叔通官至朝奉大夫，啞女所生一子，亦有官。

丈夫之生，願爲有室。所以執豆籩，承宗祀，供衣服飲食。婦言婦德，皆所當擇者。若鄭叔通娶夏氏啞女，婦言婦職，其德不廢乎。叔通則不然。獨以定婚之前，女固無恙。定後方啞。苟己不娶，則天下無肯娶者，是女終無所歸矣。故竟娶之，不失信義。豈非處心之忠厚乎。其後叔通名位高顯，啞女生子，克承父業，榮有官爵。而鄭氏宗祀不墜。天之所報者，爲何如哉，世有悦豔麗之姿，喜殊絶之色，於貞静之女，合體之後，薄疵小失，尚致分離。其視叔通守信義於未婚之前，豈不愧哉。

詩曰　納聘求婚在昔年　　女遭廢疾不能言
　　　叔通堅守從前約　　共結絲蘿信義全
　又　啞女成婚得所歸　　熊羆協夢産佳兒
　　　簪纓相繼承先業　　天報昭然信有期

## 吴五賑貧

吴五承事者，合州赤水縣人。其家頗饒於財。傳四世，皆一子。專務陰德。凡可以濟衆賑貧者，無所不盡。至五承事遂生兩男。次子庚讀書力學，後登科，調果州相如主簿。其後子孫皆讀書，業科舉，代有顯官。

學者讀書，而至于登科第者，必其學問之精熟，而又有祖宗陰德以扶助之。故當風簷寸晷之下，心志專一，筆勢滔滔，若有神助。而得名登桂籍，榮及祖宗，豈偶然哉。若吴五承事之子庚者，其殆庶幾乎。吴氏累世積德，濟急賑貧，相承不怠。至庚而及第授官，子孫蒙其世澤，皆讀書登第，代有顯官。餘慶所臻，一何遠哉。世有家貲殷富，心不自足，惟務侵刻於人，以圖肥其身家，卒至滿而覆者，聞此亦可少警矣。

詩曰　人生賦命豈能同　　多少貧難受困窮
　　　吴氏饒財常施予　　免教羸瘠棄溝中
　又　積學登科豈偶然　　良由陰德感蒼天
　　　試看赤水吴家子　　一舉成名累世傳

## 三郎行義

京三郎，隆興人，宋丞相仲遠之父也。昆季三人，其居鄉里。生計粗給。建炎，金人至郡，郡守以城降虜。虜行還，從郡索少壯三千人，若將使負荷者。郡乃户取一丁。其大父議孰可行者。伯仲皆難之。三郎毅然請行，曰，伯仲皆無脱身計，不可往。我當行也。虜使少壯止城南四十里。翌日未明，虜騎奄至，夺取衣服畢，悉殺之。三郎被傷堕水，伏於河之土嵌中。逮晚無人，三郎登岸。傷且困，露寢於草莽。達旦，既覺，有人坐其傍，問爲誰，則曰，吾一夕守汝矣。汝曷起求朝餔聊。三郎告無衣可著，守者爲其就河解溺死者衣數種，去其水。衣畢，則曰，從此東去，有僧寺可憇，以待虜盡去則歸。於是告别。竟不知其爲誰。三郎乃東行，果得僧寺。三郎雖土人，初未知有此寺也。寺中避難者甚衆，訌雜不一。僧爲作粥以給之。後三日，審知虜盡去，乃還郡。城中蕭條無人。其父及兄弟皆不見，三郎度水求之，相遇於塗，乃還故居。自是生事日增多，不日致富。

乃取親戚之家困者，悉撫養之。三郎後生子三人，其長即仲遠也。三郎爲人廉謹質直，雖日以從事於市利，而語言心術未嘗少欺。既而仲遠登科，旋升御史。繼登侍從。八年，遂拜丞相。凡封贈三郎至朝請郎。而三郎衣服飲食如頃年，無所增益。出入徒步。或勸之胡不肩輿，乃爾勤勞耶。三郎曰，吾往日京三郎也，今日亦京三郎也。往日徒步，今日亦徒步。此吾之真性，何改爲。既捐館，將葬，連日大雨，先一日尤甚。至夜雲物開霽，星月皎然。翌日柩出，鄉里送者餘萬人，莫不咨嗟悲愴。哭之慟者，不可勝數。皆受其恩者也。既倚柩於穴，雨復大作。又三日而就窆，復晴。掩土畢，復大雨。人皆異之。初鄉人行賈，與三郎至好。其子不肖，父病既危，乃密以千餘緡付三郎曰，我死，不肖子必蕩覆無餘。俟其欲凍死，然後付之。他日其子果如父言，鄉人皆詬罵不顧，窮苦至極。三郎召至，徐詰其所以致此者。其子慚懼號慟。三郎曰，我欲惠汝，懼汝不從，復以所得費於歌酒也。其子指心誓天曰，如是，將何面目復見三郎，當投江以死耳。三郎乃取所付千緡還之，封記宛然。其子初不□也，乃大駭曰，父臨死，但云善事京公，無他言也。不虞拜□□。于是循謹自守，家以贍給。至是爲三郎持喪三年。

世有代父兄之勞，受交友之託，不爲死生利害貳其心，而能全其大義，則神明默相，得以享其昭昭之福也，必矣。若京三郎，當金虜索取少壯之際，三郎請代父兄以行。既而被傷，卒然草莽之中，遇人救濟而歸。骨肉皆得團欒相守。其後遂致殷富，乃能撫養親族，而恤其困頓。身受鄉人遺囑，而能化誘孤子，爲善以還其財，豈不真義事哉。至其子登科第，位極人臣，蒙恩封贈，貴重於當時。其歿而葬也，天雨爲之晴霽，送者皆咨嗟慟哭。鄉人之子，亦持喪三年，宜矣。孰謂爲善而無其報哉。

詩曰　虜中應役不辭難　　恩義能伸父子間
　　　天道顯然垂相佑　　不教身死獨生還
又　　千緡封記宛然新　　全付孤兒濟困貧
　　　貴耀一門時共羡　　信知天報好心人

## 必大免吏

周必大，字子充，一字洪道，廬陵人。紹興中，監臨安府和劑局。局門内失火，延燒民家。逮吏論死未報，必大問寺吏曰，假設火自官致，當得何罪。吏曰，當除籍爲民。必大遂自誣伏，坐失官，吏得免死。必大歸，道謁婦翁。婦翁肅客坐定，門外雪交下停。子掃於庭，婦翁不樂意。謂妻以女，爲門户計。既失官，觖前望，殊不爲禮。復私訝前一夕梦掃雪迎宰相，未知爲何祥也，惟必大雨雪中至，無他客。姑留之宿。必大既歸，益自刻苦讀書，試博學宏詞科。其至京師也，寓一班直家。其一日携小册自外至，借觀，則鹵簿圖也。悉録記之。及入試，果以此命題。中詞科，歷官至宰相，封益國公。先是必大試前，夢入冥，見一判官，拷掠一撚胎鬼，指必大曰，此人有陰德，當位宰相。貌陋如此，奈何。鬼請爲作帝王鬚，官首肯。鬼起，摩必大頞，爲之種鬚。及覺，猶隱隱痛，數日始定。必大既罷相私居，一相士挾貴人書來見,適邂逅於門外。相者問相公何在，必大進揖曰，某前此待罪宰相。相者曰，何宰相貌如此，得非誑我耶。必大氣愈和，色愈温。延入上坐，相者復請見宰相。必大答如初。必大起，相者亦起，（將）［捋］其鬚曰，帝王鬚，真宰相也。必大大驚服，厚贐之。蓋前此種鬚事，雖妻子至親，亦不以告也。

夫人受一職，拜一官，莫不皆以富貴利達爲心，熟能舍己之官而脱人於死哉。觀周必大當患難之時，以己之官脱吏之罪，舍富貴而不顧，坐罷免而不悔，其仁愛忠厚之心，爲何如耶。然其所以如此，皆天理人心一念之所感，初未嘗以是而責報於天也。然其爲善之報，天固不能外之。至其舉博學宏词，而中首選。歷掌兩制，而登使相。其所以致此者，殆天以此而厚其報也。世有饕富贵以忘情義，視患難而莫之拯恤者，亦獨何心哉。觀必大之報應，其必有所感發。世之仁人君子，皆能以必大之心爲心，則天之報應，必不虚也。

詩曰　我罷一官人免死　　一官不惜脱他人
　　　誰知陰騭皇天報　　平步青雲立要津
　又　榮華富貴本由天　　陰騭從來不浪傳
　　　忠厚存心宜有報　　垂名竹帛永綿綿

**允文舉子**

虞允文，字彬甫，隆州仁壽人。知太平州。舊制，民舉子，必納添丁錢，歲額百萬。小民貧而有子，既無以給饘藥，安得錢輸官。故生子多不舉，丁口衰絶。允文惻然憐之，爲措置蘆荻税錢一色，對補百姓添丁錢百萬。生靈鼓舞盛賜，生子並舉，丁口日增。先是允文艱於子孫，明年雙誕二孫。自兹子孫蕃衍，後拜右僕射同中書門下平章事，兼樞密院事。卒，贈大傅，謚忠肅。

夫育子以廣胤嗣，人情之所同也。而拘以添丁錢之額，致貧民生子不舉，此果何政哉。爲守令者，不得辭其責矣。及乎允文，乃能惻然憐憫，除其宿弊，而使是州丁口日增，惠莫大焉。既而位極人臣，子孫蕃衍，皆此之報。昔漢張奂拜武威太守，其俗凡二月五月生子，及與父母同月生者，悉殺之。奂示義方，嚴加賞罰，風俗遂改。百姓爲立生祠。後官至九卿，壽考令終。子芝等，皆知名當世。允文與奂用心，同一軌轍。而上天昭報，亦無少異。古詞云，天道無親，常與善人。觀此二事，爲益信矣。

詩曰　世人皆願子孫多　　無力輸錢可奈何
　　　幸遇允文除弊政　　生靈鼓舞共謳歌
　又　除却添丁百萬錢　　開闊齠齓保生全
　　　二孫雙誕天垂報　　貴顯蕃昌世益綿

## 世昌救疾

滑世昌，爲鄂州都統司醫官，居于南市，家資鉅萬，而行醫以救人爲心。鄂之人盛稱其德。淳熙十四年十一月望日之夜，夢有客來訪，車騎甚都，云是城隍神王。既入坐，談話之次，言此邦明日有非常大灾，民罹非命，君家亦當墮此厄中。以君平時用心慈仁，多所濟活，陰功昭著，上帝勑我救爾一家。但有貲財不可得耳。滑拜謝，且伸懇禱。云，若獲幸免，而貲蓄蕩然，則舉家狼狽，與死一也。神曰，此却易辦，决不至凍餒。恍然而覺，聞樓鼓已五更。呼告其妻，妻亦夢如是，深以爲憂。至旦，天大風陡寒。滑方朝食，漢湯武八官招之視疾，及還家已昏，暮夜未半，火作於市。滑居烈焰中，念闔門十口，無計自脱。忽有壯夫數十輩，著紫衫排列火邊，驅家人登轎，徑舁至將臺下，相去六七里。俄風雪大作，適路有空屋，趋避于中，相看如癡，莫知所以。黎明人轎皆不見。顧舊居，已爲瓦礫之場矣。掇剔埃煤中，得銀三十餘兩，始悟不至凍餒之説。夫婦兒女僕妾悉無恙，旋僦宅於城中，醫道復振。會歲荒疫，凡傷寒有危證者，捐藥救療，賴以安全者不可勝計。由是家業愈盛，子孫三世皆致大富。

夫有愛物之心者，雖不至於顯位重禄，亦足以濟乎人也。觀於滑世昌可徵矣。世昌在當時，一醫官耳。遇人有疾，以藥濟之，惟恐或後。而蒙其全活者，必多。其存心慈仁，感于上帝。故冥冥之中，報施昭昭。使神獻夢，告之以灾。一家十口，獨賴安全，免死於烈焰之中。又使無凍餒之虞。厥後子孫三世，家益富盛，皆其一念之善所致。於乎，世有一伎之長，而能濟人者，獲報尚如此，則凡有官位者，可不知所存哉。

詩曰　施藥於人不計錢　　郡人稱德荷生全
　　　誰知一念行方便　　即有陰功感上天
又　　夢裏神人忽告灾　　要知爲善是梯媒
　　　闔門十口無寒餒　　賴得餘銀出燼灰

## 張洽雪冤

張洽字元德，臨江清江人也。少聰敏嗜學。嘉定元年中進士第，爲袁州司理參軍。郡守以倉廩虚，籍倉吏二十餘家，命洽鞫之。洽廉知守爲都吏所賣。都吏者，州之巨蠹也。甞干於倉不獲，故以此中倉吏。洽度守意鋭，未可嬰。姑擊之，而密令計倉廩所入以白守。曰，君之籍二十餘家者，以都吏也。今較數歲之中，所入已豐於昔。由是觀之，都吏妄而誣人矣。君必不肯受都吏之妄，而濫籍無罪之人。郡守悟，倉吏二十餘家得不籍。通判池州，獄有張德脩者，誤蹴人以死。獄吏誣以故殺。洽訊而疑之，請再鞫。守不聽，會提點常平袁甫至。時方大旱，禱不應。洽言于甫曰，漢晉以來，濫刑而致旱，伸冤而得雨，載諸方册，可考也。今天大旱，爲知非爲德脩事乎。甫爲閲疑狀於獄，遂從徒罪。復白郡，請蠲徵税，寬催科，以召和氣。守爲寬徵税。三日，果大雨。民大悦。端平間，除秘書郎，尋遷著作佐郎，直秘閣致仕。卒，年七十七。没後一日，有旨除直寶章閣。子楙、樫，俱賜同進士出身。

司理通判，有民社之責。而人之死生，休戚係焉。苟用法嚴峻，冤枉弗辨，則民受荼毒，有不得其死者矣。尚何望其能召和氣以消旱暵之災乎。張洽憫倉吏受誣，力爲辨雪，使二十餘家得不籍。復察張德脩，以誤殺罪至於極刑，即委曲與之辨理，從減論斷，以致大雨甦旱。其誠意默孚于蒼蒼之表，有不可揜者如此。是宜歷職清班，馳聲館閣，澤貽二子，聯登乙科。仁德之報，豈淺淺乎。彼府史之徒，懷私挾蠱，以中傷良人。獄吏肆毒搒掠，而入人於死。身殞名滅，朽同草木。其欲垂休聲於無窮，遺福澤以裕後，難矣。

詩曰　都吏讒言籍倉吏　　德脩誤殺本無心
　　　不逢仁德伸冤枉　　法重刑加禍莫禁
又　　囚繫冤伸旱魃消　　吏人不籍德偏饒
　　　不惟館閣官清貴　　有子登科福禄遥

## 庭式娶瞽

劉庭式，既定婚入太學。越五年登第。及歸，則定婚女已雙瞽矣。家又不振。庭式涓日成禮。女家辭曰，女子已爲廢人，何可奉箕帚。庭式竟娶之。生二子。及倅高密，盲女得疾死，庭式哀哭良切。時蘇軾爲太守，慰諭之曰，余聞哀生於愛，愛生於色。子娶盲女，愛何從生。庭式曰，某之所亡者妻，所哭者妻而已。不知其有目與無目也。若緣色生愛，緣愛生哀，色衰愛絶，於義何有。今之揚袂倚市，目挑心招者，皆可使爲妻乎。軾拊其背曰，子真大丈夫也。不惟今世罕見，古亦未聞。其盲女所生二子，皆相繼登第。

男女居室，人之大倫。故婚姻之禮，一定而不可易也。苟或以疾病貧乏而背其前言，豈君子仁人之心哉。觀庭式定婚之後，其配病瞽家貧，在他人孰不得以爲辭而負前約乎。庭式獨不然。其意以爲此女得疾在聘定之後，今吾不娶，則使其終身無所歸矣。於是成合巹之禮，復與之生二子焉。及其歿而哀哭，良切，雖他人爲之言，有所不恤。可謂立心以仁，持身以正，而不廢人之大倫者歟。厥後二子登科，芳名流衍，莫非一念之善所報也。

詩曰　初憑媒妁定姻期　　五載寧知往事非
　　　瞽女不逢庭式娶　　終身貧困復何依
又　　不嫌瞽女共成姻　　仁厚存心重大倫
　　　二子登科家世顯　　祇緣陰德感蒼旻

## 崇禮施棺

甯崇禮，浮梁壽安鄉人。禀性好善，常造棺櫬施人。其貧不能葬者，又贍以錢米，終其身不變。歿後，淳熙乙巳歲，其家小奴丁貴童夢之如存。與語曰，我平生多做屋宅與人居住，坐此積累蔭功，慶延子孫。汝説與十四郎，明年秋試，必得解，不□若此而已。如今而後，接續登名者當不絶。十四郎者，其子謙光也。貴童以告之，謙光不信。曰，汝佞我耳。次年果預薦，自是殆無虛榜。至乙卯三舉間曰及曰乃，曰時鳳，曰時豹，皆崇禮諸孫，讀書業文，日以益衆。

死喪人之大故，不幸家貧不能舉葬，未免於暴露。然非仁人君子有以振卹之，幾何而不爲蠅蚋烏鳶之食乎，若崇禮常造棺施人，又贍以錢米，其惠於人甚大，誠難矣哉。世有掩一骸，瘞一棺，人猶以爲義事，矧終身行之乎。蓋其心篤於好善，故惻惻之心，感動神明。是以身雖歿，而積累陰功，慶延子孫。孰謂天道幽遠，而爲善無徵邪。世之視死不救，見貧不卹者，聞崇禮之風，宜知所警哉。

詩曰　可憐人死遭貧窘　棺櫬那能得掩身
　　　不有仁人施惠澤　肌膚終與土相親
　又　崇禮平生積善功　造棺贍米濟貧窮
　　　存亡感德天垂報　延及諸孫福慶隆

## 張逸異政

張逸，字大隱，滎陽人。進士及第，知襄州鄧城縣。有能名。後徙青神縣，貧不自給。王嗣宗假俸半年使辦裝，既至縣，愈加廉謹，愛民如子。興學校，教生徒。後邑人陳希亮楊異相繼登科。縣東南有松柏灘，春夏暴漲，多覆舟。逸禱于江神，不踰月，灘爲徙五里。所至有美政，人以爲神。累遷以樞密學士，知益州。

夫爲縣令，能以廉潔持身，仁愛存心，則其政治所施，惠澤所及，民將愛之如父母，仰之如神明矣。若斯人者，世亦豈易得哉。今觀張逸，殆幾之也。逸初知鄧城，徙青神，貧無以給，乃假俸治裝以行。至則益厲其守。及夫爲政，能知以興學校爲先，卒俾其邑人取科第者相繼。縣近灘，每遇暴漲，舟多覆没，則爲之禱於江神，於是灘有五里之徙，無沉溺之虞。蓋其持身廉潔，存心仁厚，宜乎生民仰賴，神明協相，故能致玆政化之異。自是入掌樞密，出知大郡。天之報施，亦可徵矣。厥後有爲縣令者，盍取以爲法焉。

詩曰　居官爲政務廉勤　興學孳孳教邑人
　　　灘徙已無舟覆患　當時感德共稱神
　又　鄧城作宰徙青神　假俸治裝不厭貧
　　　爲善由來天有報　顯榮終見列朝紳

## 大録守法

范大録，宋時爲蘭溪縣吏，行案公平，不撓法以求賂。雖貧窶，甘心焉。中年無子。後生一男，官至少卿，生二子。一爲郎官，一爲提舉。諸孫相繼登第。

餘以恩授官甚衆。後大録追贈正議大夫。

好貨賄而羞貧窶，俗吏之常態也。有能守之以廉平，上不撓法，下不厲民者，其度越常情遠矣。天道福善，豈不厚其報哉。若范大録者，一縣吏耳。乃能持守正法。雖處貧窶之中，洎然自足，而曾無瘠人肥己之心。操志立行，殆非衆人之可及也。至于有子有孫，皆膺時禄爵，掇科襲慶者，累世不替。生既全其令名，死復蒙其褒贈。天之報施，蓋彰顯悠遠矣。嗟乎，人有身為小吏，操弄刀筆，撓正法以納賂殃民。人禍天刑，旋即蹈之。雖欲求身名榮顯，子孫相繼不绝，其可得乎。觀者宜知所勸戒焉。

詩曰　為吏須當守憲章　　縱私妄作速灾殃
　　　居貧约己無貪贿　　獨步公平聽上蒼
　又　行案公平衆所稱　　自然報應有神明
　　　後来子與孫皆貴　　身被推恩世代榮

## 鄭丞止暴

鄭承議，宋人也。為越之蕭山縣丞。時有朱統制在縣牧馬，縱卒侵刈西興鹽場草。鹽司聞其事于朝，揭榜許人格捕。其卒刈草如故。亭戶捍之，致殺傷者四人。朱與其卒議曰，若不得西興草，吾馬不可牧矣。於是醵金賄吏，誣以毆繫，論死者八人。獄成，知縣已署案，次詣丞。鄭責其吏曰，榜既許人格捕，殺之罪輕。今以他事論死，統制得以肆其暴，如吾民之負冤何。案即不得書我名。吏惶懼而退。有頃，復至前曰，今歸，盡夕换前案，只以元情論斷，萬乞恩貸，勿令知縣知之。於是亭户八人俱得杖决免死。歸家，旦夕焚香祝天曰，願鄭丞有子有孫，富貴不绝。後长子預漕薦，次子登第。家日富盛於昔時。

當官為政，能不畏人之暴，斯可全民之生。鄭承議之治萧山，悍將在邑，卒为暴，所司既聞其事，榜許格捕。卒復驁然不悛，細民捍之致傷，此豈得已哉。乃復醵金贿吏，誣致其死，暴亦甚矣。使懦不及事者當之，必隱忍不言，吏得以售其奸，民無以活其命。安在其為人上哉。鄭乃切責其吏，致使愧罪，民得免死。是皆仁者之政，有以全其民矣。至民祝願於天，期以昌盛，蓋欲報之德而無所也。民有所欲，天必從之。二子相繼决科，而家日殷富，豈偶然之故哉。皆其愛民之所致也。

詩曰　將驕卒暴虐生民　　誣罪銜冤孰與伸
　　　一日平反俱不死　　當時治邑有仁人
　又　願令有子更昌榮　　祈懇蒼天出至誠
　　　積善從来多福慶　　鄭丞獲報甚分明

## 夷伯夢感

程夷伯，峡州富人也。年二十九，一夕夢其父謂曰，汝今年當死，可問覺海。

夷伯茫然不曉。一日有蜀僧悟詮，字覺海，有慧性，善相術。夷伯請一相。問云，我壽幾何。覺海曰，君年促。老僧無求，但覔水一杯，呵氣入水中，令夷伯飲之。曰，今夜有吉夢，可相報。即夜夢至一官府，左廊下男子婦人衣冠嚴整，皆相欣悦。右廊盡枷鎖縲紲之人，哀號涕泗。傍有人云，左廊是修捨橋路人，右廊是壞毀橋路人。若爾要福壽，自可擇取。夷伯夢覺，即發心，凡橋梁道路，一一脩整。用功畢，覺海復来。云汝作此事，壽可延矣。夷伯自是於道路上用功不倦。遂得年至九十二，五世昌盛。

人能存濟人利物之心，随其力之可行者而行之，無所往而不為陰騭也。况道路通而行旅無窮途之嘆，杠梁成而人民無病涉之虞，猶切於人事者乎。是以見其損壞，即加整葺，使不至於傾圮險巇，而通達无滯。則利及於衆，而所積厚矣。若程夷伯者，壽筭垂盡，见夢於故父，質之於異僧，復示警於夢寐之間，遂爽然領悟，即發心用工，日以修橋造路為務。略無厭倦之意。以此一事行之累年，遂致壽逾九袠，五世昌盛。所行甚微，而所報甚大。古語云，勿以善小而不為。信哉。

詩曰　橋梁道路不堅完　來往行人欲过難
　　　夷伯發心多整葺　坦平無阻衆情歡
又　　亡父分明報死期　異僧託夢亦神奇
　　　翻然從此修橋道　壽命延長福更随

## 袁生歸妾

袁韶字彦淳，慶元人。父為郡小吏，給事通判廳，勤謹無失。歲满當代，不聽去。後通判至，復留用之。因致豐饒。夫妻俱近五十無子，其妻資遣之，往臨安置妾。既得妾，察之有憂色。且以麻束髮，外以彩飾之，問之，泣曰，妾故趙知府女也，家四川。父歿，家貧，故鬻妾以為歸葬計耳。即送還之。其母泣曰，計女聘財猶未足以給歸費，且用破矣，將何以酬汝。吏徐曰，賤吏不敢辱娘子。聘財盡以相奉。且聞其家尚不給，盡以囊中資與之，遂獨歸。妻迎問之，曰，妾安在。告以其故。且曰，吾思之，無子，命也。我與汝周旋久，若有子，汝豈不育，必待他婦人乃育哉。妻亦喜曰，君設心如此，行當有子矣。明年生韶，後舉進士。理宗時，為參知政事。卒，贈少傅，累贈太師越國公。

夫人之孤苦無告，不幸而至於鬻身者，必有甚不得已之事。苟遇君子，一聞其故，惻然而憫之，蓋其仁心發见，有不能遏。若袁韶父之所為，誠若是也。方其年幾五十，而猶无子，乃買妾以為嗣續計。及既得妾，察知其故，憫其情而卹其困。既以所聘之貲，并遣以歸，復傾其囊以給其不足。使趙之客死他鄉者，得有所歸。寡妻孤女，不至於流離失所者，皆其一心仁厚所致。宜夫報施之速，捷於影響。已而妻果生子，位至通顯，克大其家。皆由一念之善，所感而然。世有幸人之厄，而利其子女者，顧非人哉。

詩曰　老来買妾為無兒　憫卹重傾買妾貲
　　　不獨旅魂歸得所　更教孤女不流離
　又　天道昭昭報施明　設心忠厚感真情
　　　果然生子光門户　永顯無窮積善名

## 馬父哀喪

馬涓字巨濟，父以中年無子，置一妾，極姝麗。每理髮，必引避，如有沮喪之狀。涓父怪而問之。则曰，某父本守某官，不幸死去。家甚遠，無力可歸，故至鬻某，今猶未經卒哭。约髮者實素帛，暫以絳綵蒙其上，不欲公見，初無他也。闻之惻然，即日訪尋其母還之。且厚有資助。是夕夢一羽衣曰，天錫爾子，慶流涓涓。明年，果生一子。因以涓字名之。及長赴試，羽衣復入梦曰，汝欲及第，中三魁。既而魁太學，魁鄉薦，乃至唱名為天下第一，果中三魁。

嗚呼，為女子者，不幸父歿遠方而不得歸骨，其慘酷有不可勝言者。未免鬻身於人，以為歸父喪之計，其情深有可憫。仁者聞之，豈不動心。此馬涓之父聞妾之言，所以為之惻隱而不能已也。然自常人而言，以無子買妾，用貲得之，又遑卹其他。而涓之父獨能憫其孤苦。哀其有喪，寧舍一己之所欲，以遂女子之真情。一念之善，固異於人也。故雖不期於报，而冥冥之中，自有以報之耳。噫，賢胤之錫，科第之榮，皆陰騭之報也。夫豈偶然乎。

詩曰　中年無子意遑遑　買妾那知有父喪
　　　為問女郎情可憫　厚資訪母助還鄉
　又　馬父當年遣妾時　羽衣入夢报佳期
　　　涓涓流慶真無爽　一舉三魁世共知

## 王縉焚香

王縉為兩路提刑，每斷死囚，必焚香奏天，然後行下。一日暮坐，恍見一玉女，長帔大袖，手持一角公文，立於簷前。遥告縉曰，此汝平生所奏事目，一一皆合情法，無有枉濫。上帝嘉汝，已為汝父延壽一紀，兼為汝倍增福矣。汝之二孫，異日亦皆當作監司。更宜自勉。言訖而没，後果如其言。

刑者，天之所以討有罪，未嘗濫施於人也。司刑者苟能不違於天，则刑不濫，而民無冤矣。若王縉，其庶幾乎。縉之提刑兩路也，每斷死囚，必焚香奏天，然後行之。誠以天道至公，不敢有私以違於天，使刑罰失中。此其存心仁恕，而陰德之所積，深矣。故能格于上帝，使壽延於父，己倍增福。至於二孫，又食其報。嗚呼，世有掌刑之官，羅織成獄，寘无辜於死地。欺天欺人欺心者，多矣。尋至覆宗絶嗣，固有以取之也。謂善惡無報，可乎。

詩曰　每斷囚徒必奏天　此心安得有頗偏
　　　豈知情法無冤枉　事日分明達帝前

又　玉女虛無忽下来　　手持文卷向前開
　　因傳上帝恩嘉錫　　福壽增延信有媒

## 為善陰騭卷之九

### 李謙烧券

李謙嘗直歲歉，出粟千石，以貸鄉人。明年又歉，人無以償。謙即對衆焚券曰，債已償矣，不須復償。明年大熟，人爭償之，一無所受。明年又大歉，謙竭家資煮粥以濟之，動以萬計。死者復为瘞之。人皆曰，子陰德可謂大矣。謙曰，何足為德。一日假寐，夢一紫衣人告之曰，上帝知汝有德及人，报在爾後。言訖而去。後謙壽百歲而终，子孫皆为顯官。

夫為善不求人知者，謂之陰德，今李謙值歲歉而能出粟以周夫鄰里鄉黨，及其無償，則又焚其券。復當大歉，又為飦粥以济餓莩。有死者為掩葬之，使免於暴露。一鄉之人，生有養，死有藏，其阴德孰大焉。而李謙不以自居，愈行陰騭。是以上帝報之，俾年及期頤，子子孫孫悉居通顯，其獲善報也，不亦宜乎。

詩曰　李謙出粟振孤貧　　施粥充飢活萬人
　　　後世顯榮身壽考　　皆由陰德感天神
又　　焚券瘞骸功最大　　一誠感格動蒼穹
　　　紫衣入夢傳天語　　報應將来福禄隆

### 彭矩積善

彭矩，字中方，台州人。自幼端重謹愿，未嘗遊戲。长益慈詳，謙遜。有蔬圃，與人聯界。里婦每竊採之，彭佯不知。里人侵過圃界，彭亦不問。嘗與一商同宿于店，彭先早歸。商失傘，意彭持去，登彭門索之。彭對以故，商怒罵，且言失衣。商欺彭懦，必索其償。彭如数償之而去。彭生好善，喜行方便，见飢者必減食食之，寒者解衣衣之。至於整橋脩路，但力可以為者，無不行之。又脩合香蘇散，百解散，香薷湯，解毒丸，以施病者。里人侵彭圃者，以强横為人訟官，將杖之。彭懇言於邑吏張，張為請於宰，竟免杖。人愈服其長者。彭年三十七未有子，詣西嶽祈嗣。既而生三子。後寓蜀，未幾蜀亂，十室九死，彭舉家無恙。挈家泛江，舟覆皆溺。彭於中流得一木以濟，見其妻子二人先在岸。云母子攀拿舟柁得免。越三日，一漁舟併載其二子以至，一家親属遂得全安。後寓光州，逃避山藪，哨骑數百至，人被杀擄，又縱火焚山，無得免者。彭所避處，風返火滅。後卒於臨安，年七十七。

夫謙遜慈仁，好善樂施，人之所難。而受暴横侵欺，弗與之較，又能為之請免其罪，尤人之所難。惟彭矩能行之。所以見稱於時也。矩之德量如此，故善德有報。晚生三子。及避亂山中，不遭劫敗。所居之處，風返火滅，舟覆江中，舉家生全。豈非神明默相，積累陰德之所致歟。彼貪冒毒戾之徒，見利必争，與人有隙，必欲擠之於死地。然好爭者未必盛强，擠人者未必永固。視彭矩之所為，顧不偉歟。

詩曰　謙和德性自天成　　處世慈仁息競爭
　　　細故由来心不念　　與人方便度平生
　又　積善施仁不計年　　幾遭險厄幾安全
　　　晚年有子多享泰　　咸賴陰功感上天

## 天福平糶

陳天福，茶陵人。歲凶，發廩平糶，貧不能糴則與米，無米則與饭，又無米與錢。鄉里甚德之。一日，有一道人以銅錢一百二十，為糴米一斗。天福云，道人要齋粮，當納上一斗，何必用錢。道人受米出門，遂題四句於壁間云，遠近皆稱陳長者，典錢糴米来施捨，他時桂子與蘭孫，平步玉堂與金馬。陳後富有，起振濟倉。平糶濟人。生三子，長季忍，次季雲，三季芳。父子皆請鄉漕。季芳名蘭孫，補入國學。後登第，官至太常丞。

夫遇歲凶，積粟者多閉糴長價，幸民之飢以為己利。孰肯閔民之窮困而周恤之哉。其間有能施之者，亦暫時而已，豈能不厭不倦如陳天福哉。天福當歲凶荒，發廩平糶，而貧者與米與飯與錢，無毫髮悋惜。鄉里蒙其濟惠，故皆德之。推其心，一本於濟人，非僥名干譽之為也。故天報之，使家益富饒。子孫榮盛，登名科第，列職太常，信其為善之所致耳。嗚呼，世之鄙夫，積而不發，視人之飢殍窮乏，不一動念，獨何心哉。若陳天福者，誠未易得也。

詩曰　艱難正直歲凶时　　發廩何人為拯飢
　　　天福當年稱長者　　施食平糶更損資
　又　平生於義獨能敦　　廣澤綿綿及後昆
　　　宦達科名從此顯　　道人題壁不虚言

## 宗仁濟渡

徐宗仁，西蜀人。其鄉有兩石橋夹出二江，四時皆湍急。下則深淵，惟此處可以立渡，常年溺死者甚衆。蓋船小，觸石即碎。宗仁發心造一巨舟，兩頭裹以鐵葉，自雇篙手，專一渡送往来之人，且建善緣，以薦亡者。一日，忽有道人登門，稱善星命，謂徐曰，公壽止三十三。徐大驚異。其年生日之時，夢至宮府，見王者坐于堂上，門首濕衣之鬼约三四百人，執一卷投于王前云，徐宗仁濟生拔死，功德莫大，乞與夫婦壽考，子孫榮貴。王者指左右，以此詞示宗仁曰，君壽本當盡。為此之故，可特延三紀。覺而異之。自此益好善樂施。二子三孫，皆榮貴。宗仁果逾三紀而卒，人為立祠于渡側。

夫水之險，莫甚於川蜀。奔流急湍，鬪激悍怒。操舟一失，即见淪没。檣傾柂捩，人為魚鼈矣。宗仁愍之，遂作巨舟，濟人往来，使無險阨没溺之患。又建善緣，薦拔滞鬼，其設心仁厚，不惟脱人於艱危，又俾死者超離沉溺，故冥冥之中默有以報之，使增益壽命，顯大後人。陽施陰報，昭昭不爽。世之欲行方便利益者，鑒於此，可以知其效矣。

詩曰　小船横涉蜀江流　　常歲漂淪觸石頭
　　　獨有宗仁哀没溺　　翻然大作濟川舟
又　更資冥福薦亡魂　　地下無由可報恩
　　　福壽已增孫子貴　　渡頭祠宇至今存

## 元植愛物

陳元植，粗有家道。而好行陰騭。至於禽蟲，悉蒙其惠。每將食於高原之上，百鳥遥見，必飛鳴前後，或来逼其坐隅。元植甚憫之，禽鳥亦不畏懼。凡如此十餘年。一夕，夢有衣緋人，長三尺餘，巾带備具，謂元植曰，爾甚有陰德及物，於一切生命皆欲濟活。然爾將来壽命短促，以此之故，須延其壽，汝宜勉之。覺後，饮食加增於常時，年九十九歲。一旦晝坐，忽然袖中有一物投地，化為著緋衣人，長三尺許。拱立於前，謂之曰，君壽本不逾四十，为有陰功，是以延爾之壽。今近百歲，須歸常理，辭爾去焉。瞥然不見。元植遂與子孫述之，令選地封墓，逾月無疾而終。

夫物雖與人異類，其有生之理，與人未嘗不同。故惟仁人，能推愛物之心，而惠及之。使物得以遂其生性，若元植之於禽蟲是已。元植心存仁愛，雖禽蟲微物，悉蒙其惠。故羣鳥相依飛鳴前後，畧無驚畏。由其有愛物之仁，而無害物之心，故感物如此。是以阴騭之報，有不期然而然矣。故神錫壽考，將躋百齡，以無疾而終。及物之報，昭昭甚明。嗚呼，世有不存仁愛，殘害物命，以縱口腹之欲者，豈无神明以司之哉。觀此亦可以知戒，以改其所為矣。

詩曰　平生愛物有深仁　　一念能同萬物春
　　　及物有功存濟活　　能令禽鳥日相親
又　人物由来類不同　　推心施惠有陰功
　　　神明報答彰為善　　壽及期頤乃令終

## 祝染施粥

祝染，南劔州沙縣人也。遇歉歲，為粥以施貧者。後生一子，聰慧。請舉入學，手榜將開，忽街上人夢捷者，奔馳而過，報狀元榜，手持一大旗，書四字曰，施粥之報。及榜開，其子果為特科狀元。

歲餓民困，有能濟之者，則陰德莫大焉。此祝染遇歉歲施粥，使貧者得生，不至於餓殍。天固報之，乃俾生賢子，名魁特科。然染之為此，初豈有望於報乎。而其一念之仁，默與天契，而天之報之，自不容已。至於託夢街人，而示以所報之由，實神明表異之，將為後人之警勸也。噫，若祝染者，不亦仁哉。世之積而不發者，視此可以消其鄙吝之心矣。

詩曰　歲歉民貧餓莩多　　祝家施粥意如何
　　　惟因好善行阴騭　　天異佳兒中特科
　又　凶年为粥施貧民　　方寸長存造化仁
　　　嗣子作魁天有報　　分明託夢與街人

## 孝基歸财

张孝基，許昌士人也。娶同里富人女。富人只一子，不肖，斥逐之。富人病且死，盡以家財付孝基，與治後事如禮。久之其子丐於塗。孝基見之，惻然謂曰，汝能灌園乎。答曰，如得灌園以就食，何幸。孝基使灌園，其子稍自力。孝基怪之，復谓曰，汝能管庫乎。答曰，得灌園已出望外，況管庫，又何幸也。孝基使管庫，其子頗馴謹，無他故。孝基徐察之，知其能自新，不復有故態，遂以其父所委財産歸之。其子自此治家勵操，為鄉閭善士。不數年，孝基卒。其友數輩遊嵩山，忽見旌幢騶御滿野。如守土大臣。竊視專車者，乃孝基也。驚喜前揖，詢其所以致此。孝基曰，吾以還財之事，上帝命主此山。言訖不見。

凡人有子，孰不愛之。苟其子不才，斥逐之，而以家財付人者，蓋愛其子之甚也。子之不才而不逐之，則他日家財為其所蕩，一旦貧乏，孰能恤之。曷若且逐之於未蕩之先，使其窮苦饑寒，他日必能懲艾改過，斯不亦善乎。若富人者，可謂能處其不肖之子者矣。而孝基知其然，受其所託，乃克盡心。見所逐之子流離於道，收而使執賤役以就食，試其可以使令，又漸進之。乃歷試其無他，克悔過自新，無復往日之習。一旦舉所付之財歸之，無毫髮顧利，其心仁矣。傳曰，臨財毋苟得，孝基有矣。在他人處此，必皆掩為己有，其不捽之於溝壑幸矣。況望其能周旋如此哉。故生者蒙恩，死者感德，卒而為神。行善之報，蓋昭昭矣。噫，彼不知禮義，相欺相詐，以負人之所託者，聞孝基之風，不亦可愧也哉。

詩曰　富豪驅逐不才兒　　盡把貲財付孝基
　　　應是孝基能重義　　待他能改盡還之
　又　收恤流離試所為　　還財不負一毫絲
　　　英靈死作嵩山主　　行善陰功達帝知

## 噲参療鶴

噲参養母至孝。曾有鶴為弋人所射，窮而歸参，乃牧養療治。瘡愈放之。後鶴夜到参門，秉燭視之。鶴雌雄雙至，各銜明珠來謝。鬻數萬緡，参家遂殷富。

嘗謂好生惡死，人物所同。有物垂死，窮而歸人。能撫養之，使得其生者，可不謂之仁乎。觀夫噲参療鶴，可見已。方鶴被射，窮而歸参，参牧養療治，保護慇懃，俟其愈而放之。及物之仁，可謂至矣。故鶴雖異類，乃能不忘生全之恩。一夕雌雄並來，銜珠為報，好生之感，為何如哉。吁，世有覆巢破卵，刳胎殺夭，忍心害物者，觀此亦可以為戒矣。

詩曰　九皐暫宿不飛翔　　羽翮翻為弋所傷
　　　窮託仁人救餘命　　噲参為療愈其瘡
又　　一朝瘡愈放高騫　　豈意雌雄並到門
　　　銜得明珠為報答　　可憐禽鳥不忘恩

## 劉肅辯析

劉肅，字才卿，威州洛水人。金主興定二年，詞賦進士。嘗為尚書省令史。時有盜內藏官羅及珠。盜不時得，逮繫貨珠牙儈，及藏吏誣服者十一人。刑部議，皆置極刑。肅執之曰，盜無正贓，殺之冤。金主怒。有近侍夜見肅具道其旨，肅曰，辯析冤獄，我職也。惜一己而戕十一人之命，可乎。明日詣省，辯愈力。右司郎中張天綱曰，吾為汝具奏辯析之。奏入，金主悟，囚得不死。元中統間，擢真定宣撫使，遷左三部尚書，兼商議中書省事。年七十六而卒。累贈推忠贊治功臣，榮祿大夫，上柱國，大司徒邢國公。子憲，禮部侍郎。慤，大名路總管。孫賡，翰林學士承旨。

人被誣受罪，苟知其誣，而不為之辯理，使其負冤而死，其慘有不可勝言。苟辯之，則有犯顏觸怒之危。劉肅乃不顧此，獨能執法奉職，辯析冤獄，不惜一己之死，以活十餘人之命。竟回人主之怒，俾囚不致死。嗚呼，艱哉。在他人一遇犯危觸怒之事，不傅致其罪者，幸矣。況望其能舍死而為之辯析哉。此肅之所為，有不可及也。宜乎爵位通顯，子孫榮盛。天之報之，豈偶然也。後之典刑獄者，尚當勉企於肅之為，毋但視人之誣，而不加辯理。

詩曰　死囚誣枉可哀矜　　孰為伸冤脫極刑
　　　賴得仁人為辯析　　終能犯怒悟朝廷
又　　奉職殷勤為辯冤　　一身榮顯及見孫
　　　陰施陽報分明在　　誰道蒼天默不言

## 子貞救飢

宋子貞，字周臣，潞州長子人。為東平行臺幕府詳議官。時汴梁初下，飢民比徙，餓殍盈道，子貞多方賑救，全活者萬餘人。金士之流寓者，悉引見周給，且薦用之。後官至中書平章政事，壽年八十一。子渤，官至集賢學士。

夫大軍之後，必有凶年。人民流離，苟無以賑恤之，則委棄溝壑者衆矣。子貞遇此，多方以濟活，存心忠厚，有古人之風。一念之惠，及於無告。陰德之積，詎淺淺哉。又士之流寓者，引見周給，薦而用之，俾不失所。其仁如此。天之報之，宜其位至中書，壽者令終。一子復為學士，豈偶然哉。

詩曰　汴京初下值凶年　餓殍流離實可憐
　　　不有子貞存賑恤　萬人何得保生全
　又　仁心不獨濟饑民　薦引寒微與物春
　　　天畀顯融兼壽考　更教嗣子作朝臣

## 秉直散財

史秉直，永清人。祖倫，因築室發土得金，始饒於財。金末，中原塗炭，乃建家塾，招徠學者。凡士族陷為奴虜者，輒出金贖之。遇歲大侵，發粟八萬石賑飢者。父成珪遭亂，盜賊四起，乃悉散其家財，唯存廩粟而已。秉直尚氣義，方元太師國王木華黎統兵南伐，所向殘破。秉直率里中老稚數千人，詣謁涿州軍門，木華黎以其子天倪為萬戶，而命秉直管領新附之人，屯霸州。撫循有方，遠近聞而歸者，十餘萬家。尋遷漠北。人多道饑，秉直得所賜牛羊，悉分食之，賴以全活。木華黎承制，以秉直行尚書六部事。主餽餉。軍中未嘗乏絕。既而謝事歸鄉里，卒，年七十一。天倪後從木華黎徇河東，至絳州，拔之。還軍真定，以天倪為金紫光禄大夫，江南西路兵馬都元帥，行府事。天倪言於木華黎曰，中原粗定，而所過猶鈔掠，非王者弔民伐罪意也。木華黎乃下令，敢有剽虜者，以軍法從事。次子天澤，後拜中書左丞相，進開府儀同三司，平章軍國重事。卒，累贈太師，進封鎮陽王。孫楫，真定路總管府同判本道宣撫司事，權鎮國上將軍真定等路總管，兼府尹。格，湖廣行省平章政事。樟，真定順天新軍萬戶。杖，衛輝路轉運使。杠，湖廣行省右丞。杞，淮東道廉訪使。梓，同知灃州。楷，同知南陽府。彬，中書左丞。曾孫炫、煇、燧、煊、煬、燿、桀，俱登宦籍，累世簪纓不絕。

　　世人捐一金，施一惠，以救人之患難匱乏，皆謂之陰騭。而後獲其報者，往往有之。蓋作善降祥，天之道也。今觀史氏自倫發土得金，而家業以饒，遂能招徠學者，收卹士族，賑濟饑人。至成珪遭亂離之世，復能傾家貲以保障鄉里。及秉直撫循流亡，全活饑饉，天倪復以大義勸主帥，止其剽掠。父祖子孫，陰騭相繼，其受惠者，奚啻萬餘人。上天寧肯嗇其報耶。《易》曰，積善之家必有餘慶。史氏所積者厚，故其餘慶所鍾，綿延不絕。奕世簪纓，以享厚禄，孰謂天道幽遠而無徵乎。

詩曰　金末中原值亂離　士民失業孰能支
　　　不逢史氏能施惠　溝壑顛連靡孑遺
　又　史家累世積陰功　不計家貲卹困窮
　　　天道昭昭多福應　子孫簪拔久昌隆

## 伯林息民

劉伯林，汝南人。事元太祖，初為都提控，命選士卒為一軍。同太師國王木華黎，攻下潞絳火山聞喜諸州。時論欲徙聞喜民實天成，伯林以此地喪亂，人艱於食，力爭而止之。部曲所獲虜萬計，悉縱之。守威寧十餘年，務農積穀，與民休息。隣境凋瘵，而威寧獨為樂土。卒年七十二，累贈太師，追封秦國公，謚忠順。子黑馬，累贈太傅，封秦國公，謚忠惠，孫十二人，元振為成都副萬戶，兼潼川路副招討使。元禮，懷遠大將軍，延安路總管。曾孫緯，陝西行省參知政事。

夫愛民，固仁者之心也。然當天造草昧之初，悍將武士，孰不欲殺人以求逞哉。伯林之心，獨異於是。當元氏開國，奉命行師，安創殘之民，不徙於它所。縱俘獲之衆，使得全其生。而又勸耕足食於饑饉轉徙之餘，遂安養生全之樂。仁者之澤，及人多矣。是宜享有壽考，膺國封爵。至於子孫，亦皆為世顯官，榮盛莫比。陰施陽報，詎不信乎。

詩曰　遺民不復徙天成　　縱遣俘囚保此生
　　　勸課十年能足食　　仁恩當日滿威寧
又　　活人陰德感穹蒼　　為國功臣享壽庫
　　　不獨一身膺爵土　　兒孫金紫更輝煌

## 嚴實活衆

嚴實，字武叔，泰安長清人。仕元，拜金紫光祿大夫，行尚書省事。從木華黎之弟帶孫取彰德。既下，又破水柵。帶孫怒其反覆，驅老幼數萬欲屠之。實曰，此國家舊民，吾兵力不能及。盡所脅從，果何罪耶。帶孫從之。繼破濮州，復欲屠之。實言百姓未嘗敵我，豈可與執兵刃者同戮，不若留之以供芻秣。濮人免者又數萬。其後於曹楚丘定陶上黨皆然。後大兵由武關出襄鄧，實在徐邳間，以為河南破，屠戮必多。乃載金繒往贖之，且約束諸將，毋敢妄有殺掠。靈壁一縣當誅者五萬人，實悉救之。會大饑，民北徙者多餓死，僵屍蔽埜。實命作糜粥，盛置道傍，全活者衆。實部曲有逃歸益都者數十人。益都破，皆獲之。人以為必殺，實置不問。實族屬在東平，為王義深所害。河南破，實獲義深妻子，厚周卹之，送還鄉里。終不以舊怨為嫌。其寬厚長者類若此。及卒，遠近悲悼，野哭巷祭，旬月不已。後追封魯國公，謚武惠。子忠貞，金紫光祿大夫。忠濟，資德大夫，中書左丞，行江浙省事，謚莊孝。

夫好生惡殺，天地之心也。然師旅之間，金鼓一振，其殺傷之濫，寧能免乎。惟仁者惻怛慈愛，視民物猶一體，恒恐其或傷之也。是以雖居行陣，而此念不渝。能使無辜之人不陷於鋒鏑，以得全其生。陰功所積，可勝既哉。若嚴實從征彰德濮州上黨之時，身處偏裨，累能以大義動其主帥，以止屠戮之慘，誠不易矣。及在徐邳間，復恐河南之民橫遭塗炭，乃載金繒往贖，且約束諸將勿妄殺掠。見人饑餓，為糜粥以全活之，復能不以舊怨為嫌。史稱其為寬厚長者，宜哉。既歿而遺愛在人，巷祭野哭，蜚聲朝野。榮膺封謚，後嗣顯榮，歷職廊廟，天之報施，彰彰矣。視彼身為將帥，專以屠殺為威，或身遭顯戮，或子孫族滅，乃諉以三世為將，道家所忌，不亦誣乎。

詩曰　大將征南耀甲兵　　兵行到處欲屠城
　　　累陳大義能開悟　　數郡人民樂再生
　又　秉心仁厚孰能如　　幾萬生靈竟免屠
　　　廊廟簪纓傳後嗣　　上天昭報信非誣

## 希憲德化

廉希憲，字善甫，布魯海牙子也。元既下江陵，命希憲行省荊南。下令，凡俘獲之人，敢殺者，以故殺平民論。為軍士所虜，病而棄之，許人收養。病愈，故主不得復有。立契券質賣妻子者，重其罪，仍没其直。閽吏嘗得江陵人私書，不敢發。上之樞密，發之世祖前。其中有曰，歸附之初，人不聊生。自廉相出鎮荊南，豈惟人漸德化。昆蟲草木，咸被澤矣。世祖以為希憲不嗜殺人，故能尔也。卒，贈忠清粹德功臣，太傅，開府儀同三司，追封魏國公，謚文正，加贈推誠佐理翊運功臣，太師，開府儀同三司，上柱國恒陽王，謚如故。子六人。孚，僉遼陽等處行中書省事。恪，台州路總管。恂，中書平章政事。忱，邵武路總管。恒，御史中丞。惇，江西等處行中書省參知政事。從弟希賢，仕至禮部尚書。

天地之大德曰生。人能體天地之德而好生，則仁澤之施其有大於此者乎。札瘥疵癘，平世不免。兵戈之後，民懼俘係。一遭疢疾，委而棄之。匪賴仁人收養以全其生，不為溝中瘠者幾希。廉希憲行省荊南，下令不許殺俘獲之人，又令人收養被虜病民。病愈，故主不得復有。禁民不許質賣妻子。其好生止殺，敦仁厚俗，心之所存者，為何如耶。是以仁洽民心，政聞於上。位至三公，享有王爵。子弟蕃衍，列職顯庸。仁德之報，有若是乎。

詩曰　兵戈疾疫正顛連　　俘虜戕傷重可憐
　　　不有至仁能戒殺　　幾人能得保生全
　又　俘係纍纍感至仁　　荊南全活幾多人
　　　皇天報德榮台衮　　子弟才賢立要津

## 田滋廉能

田滋，字榮甫，元開封人。公直有德行，居官以廉能稱。累遷浙西廉訪使。屬縣尹張彧被誣以賍，獄成，滋審之，但俛首而泣。滋疑之。明日齋沐詣城隍告曰，張彧坐事，果有冤，願神相滋，明其誣。守廟道士進曰，曩者王成等五人，同持誓狀到祠焚祝，火未盡而去之。燼中得其遺槁，今藏於壁，豈其人耶。視之果然。明日詰之，成等不伏。因出火中誓狀，皆驚愕伏罪。張彧得釋。十年，改濟南路總官，尋拜陝西參知政事。時陝西不雨三年，道過西嶽。因禱曰，滋奉命來參省事，而安西久不雨，民飢而死，滋將何歸。願神降甘澤以福黔黎。到官，果大雨。歲登，民悦其德。後卒於官，贈通奉大夫，河南行省參知政事。追封開國郡公，謚莊肅。

自古人臣之居藩臬之任，處心公平，力行仁恕者有之。至於辨冤獄，致甘澍，能使神明答之如響者，固罕見也。若田滋之在浙西，嘗以疑獄告於城隍，卒能辨王成之奸慝。釋張彧之無辜。及遷陝西，深念久旱民饑，未及下車，乃先懇告嶽神。既而雨降，年穀以豐，民賴以生。非其處心立行有大過於人，何以臻此。嗚呼，德澤在民，福報自天。滋之生享禄位，歿蒙贈謚，名書史册，以傳不朽，榮幸至矣。世之受斯寄者，觀此宜知所勸焉。

詩曰　縣尹遭誣獄已成　　當年辨雪甚分明
　　　田滋自是公平者　　史册昭昭著令名
又　　關西不雨已三年　　天降甘霖慰意虔
　　　德及黔黎多顯報　　功名富貴始終全

## 思丁寬仁

賽典赤贍思丁，一名烏馬兒，回回人。别菴伯爾之裔。其國言賽典赤，猶華言貴族也。仕元拜平章政事，行省雲南。時蘿槃甸叛，往征之。有憂色。從者問故，贍思丁曰，吾非憂出征也，憂汝曹冒鋒鏑，不幸以無辜而死。又憂汝曹刼虜平民，使不聊生。及民叛，則又從而征之耳。師次蘿槃城，三日不降。諸將請攻之。贍思丁不可。使以理諭之。蘿槃主曰，謹奉命。越三日，又不降。諸將奮勇請進兵。贍思丁又不可。俄而卒有乘城進攻者，贍思丁大怒，遽鳴金止之。召萬戶叱責之曰，天子命我安抚雲南，未嘗命以殺戮也。無主將命而擅攻，於軍法當誅。命左右縛之。諸將叩首，請俟城下之日從事。蘿槃主聞之曰，平章寬仁如此，吾拒命不祥，乃舉國出降，將卒亦釋不誅。由是西南諸夷，翕然欵附。贍思丁居雲南六年，卒，年六十九。百姓巷哭。交阯王遣使者十二人，齊經為文致祭，號哭震野。贈守仁佐運安遠濟美功臣，太師，開府儀同三司，上柱國，咸陽王，謚忠惠。子五人。長納速剌丁，拜陝西行省平章政事，贈中書左丞相，封延安王。次哈散，廣東道宣慰使都元帥。次忽辛，拜榮禄大夫，江西行省平章政事，贈雍國公。次苫速丁兀默星，建昌府總管。次馬速忽，雲南諸路行中書省平章政事。孫伯顔，中書平章政事。烏馬兒，江浙行省平章政事。劄法兒，荆湖宣慰使。忽先，雲南行省平章政事。沙的，雲南行省左丞。阿容，太常禮儀院使。伯顔察兒，中書平章政事，贈太師中書左丞相，奉元王。伯杭，中慶路達魯花赤。曲列，湖南道宣慰使。

將專閫外之制，繫一方之安危，司萬衆之性命。有能存之以仁恕，撫之以恩義，惟以平定安輯為事，而不嗜殺人，則惠之所及者，不既博哉。觀贍思丁之安撫雲南，誠可尚已。當蘿槃甸叛命，出師之日，憂形於色。心之仁愛，溢于言表。及師臨城，至于再三。不忍進兵，加戮士卒。有乘城者，輒收縛之，卒致甸主感激出降，一城之命，得以全活。陰騭之所施者，博矣。於乎，昔曹彬下江南，不戮一人，身享貴富，終始顯榮。其後子孫保有功名，與宋同休。贍思丁之用心，豈下於彬哉，是宜諸夷懷德，朝野信服。生享名爵之隆，歿有褒贈之寵。慶流子孫，奕世蟬聯。古云，活千人者其後必封，詎不信矣。

詩曰　蘿槃拒命守孤城　　夷獠誰能保再生
　　　主將寬仁施厚德　　聞風欵附不加兵
又　好生惡殺寔天心　　全活降城德最深
　　　不獨一身膺顯爵　　子孫奕世繼朝簪

## 為善陰騭卷之十

### 維禎禱神

許維禎，字周卿，為淮安總管府判官。不務苛刻，人頌其德政。屬縣鹽城及丁溪埸，有二虎為民害。維禎默禱于神祠，一虎去，一虎死祠前。境內旱蝗，維禎禱而雨，蝗亦息。是年冬無雪，父老言曰，冬無雪，民多疾，奈何。維禎曰，吾為爾禱之。已而雪深三尺。朝廷知其有德，詔褒美之。

夫為政而能感動乎神明，使民被夫惠澤，而稱頌其德者，豈偶然哉。由其至誠有以召之也。觀許維禎通判淮安總管府，二虎出其屬邑，民以為懼。維禎為之禱于神明，而虎患遂息。郡內旱蝗，民以為憂。維禎為之禱于神明，雨隨霪而蝗即滅。及夫隆冬無雪，民多有疾，維禎則又為之禱于神明，而雪深至於三尺。此繇其至誠純敬，潛孚昭假於冥冥之中，故能獲斯之應也。《書》曰，至誠感神。又曰，至誠而不動者，未之有也。維禎殆庶幾斯言矣。宜夫郡邑有德政之頌，朝廷示褒嘉之典。惠愛及于當時，令名垂於後世，有非偶然者也。彼有苟禄尸位，視民之患，無一動念者，神且降之黜罰，尚何望其有所感格，而惠澤於其人哉。觀之維禎，亦可以少警矣。

詩曰　至誠默禱感神明　　一虎旋殂一虎行
　　　蝗旱已無冬雪降　　黎民鼓舞樂安寧
又　佐郡當年政治降　　聲名一日達宸聰
　　　旌能命德崇褒典　　丹詔輝煌出禁中

### 天章治行

卜天章，字君章，洛陽人。元皇慶初，為歸德知府。興學校，復河渠，河患遂息，民賴以安。改饒州路總管。民飢，即發廩振之。僚佐持不可，天章曰，民飢如是，必俟得請而後賑，民且死矣。失申之責，吾獨任之。竟發粟賑之，全活者衆。火延燒饒之東門，天章具衣冠向火拜，勢遂息。鳴山有虎為暴，天章移文山神，立捕獲之。以治行第一，陞廣東廉訪使。

為郡長吏，而有牧民之責者，凡民疾苦，必當盡心以濟之。若是，則德之及人者多，而天報之福者厚矣。卜天章初為二郡太守，修學政以育人材，平河患以安民生。至於歲飢，不為逭刑逃責之計，即發倉廩以賑救之，使闔郡之民，免為溝中之瘠。一念愛民，固已至矣。後火為災，復竭誠以禱之。虎為暴，則祈神以殄之。凡可以濟民者，無所不用其極，故宜獲福於天。以治行有聞，不獨專城之貴，而膺臬司之長，享有豐爵，聲光煒然。天於善人，報亦厚夫。彼有視民之患邈不相關，民已疾視於下，而猶希報於天，得乎。

詩曰　為平水患復河渠　　民力當時已得甦
　　　更向凶年能發廩　　免教殍却翳桑夫
又　　火息城門免鬱收　　鳴山無虎解民憂
　　　專城不獨朱轓貴　　使節光華動海陬

## 揚王感神

揚王，姓陳氏，世為揚州人。為善好施，鄉里有貧困者，輒問濟之，未嘗自以為德也。宋季，從大將張世傑扈從祥興帝駐南海。元至元己卯春，世傑與元軍戰，師敗多溺死。王所乘舟亦為風破，幸及岸，與同伍累石支釜，煮遺糧以療飢。既而食盡，同伍者聞髑髏山有死馬，欲往割烹之。王未及行，疲極而睡，夢一白衣人謂王曰，汝慎勿食馬肉。汝平生多陰騭，今夜有舟來載汝也。王寤，未之信。俄又睡，夢如初。時夜將半，夢中彷彿聞櫓聲。有衣紫衣者，以杖觸王之胯，曰，舟至矣，奈何不起。王驚寤，身忽在舟上。見舊所事統領官。時統領已降於元將。元將畏舟重，凡有來附舟者，輒擲棄水中。統領憐王，亟藏之艎版下。日取乾餱及漿，從版隙潛投飼之。居數日，元將知之。統領及王皆彷徨不自安。忽颶風吹舟，盤旋如轉輪。元將大恐。統領紿告元將，王有異術，白而出之。王仰天叩齒，俄而風濤恬息。元將喜，飲食王，復厚贈之。遂得還揚州。久之，遷居于盱眙津里鎮。王年九十九而終。王次女歸仁祖淳皇帝，誕生太祖高皇帝。及即位，追尊淳皇后。追封王為揚王。

天生聖君，開億萬載太平之基業，必有聖哲母后，生於積德之家。其累世陰功善行，通於天地，感於神明，而非偶然也。觀於淳皇后之父揚王，斯可見矣。王生宋季，當兵戈四起之時，而為善好施之心不替，故遭罹險艱，神相之，而獲舟楫之濟。人憐之，而得餱糧之資。天佑之，而風濤為之頓息。夫豈力求而幸致之，由其平日積德之深厚也。於是薦生聖母，誕育太祖高皇帝聖躬，以掃除暴亂，救民塗炭。致天下於雍熙泰和之世，盛矣哉，既而王壽享期，頤追封王爵。與國祚相為悠久。上天之報施，昭昭矣。

詩曰　平生好善積陰功　　倉卒艱危計已窮

賴有神人相救濟　　鯨波頓息海無風
又　聖母承休積善門　　誕生真主定乾坤
宗親與國同悠久　　榮顯王封世世存

## 徐王積慶

徐王，姓馬氏，宿州閔子鄉新豐里人。性剛直，重然諾。愛人好施。見窮困者，輒周卹之。如將不及。人為不義，必為開諭訓戒，無有所隱。致其感悔，改過遷善者衆。由是鄉里稱為長者。元末，徙家定遠。及江淮兵起，乃謀還宿州。王季女生有奇相，嘗言術者謂此女後當大貴。已而歸太祖高皇帝，是為孝慈高皇后。追封王為徐王，勑有司立廟，歲時祀事，護視其塋域焉。

夫仁人君子，濟人之急，成人之美，存之以誠，行之不倦。人之被其德者既多，則慶之鍾于後者，詎可量哉。徐王為一鄉之長者，賑窮周乏，如將不及。誨人為善，改行者多，固宜德孚神明，享有禄壽。王乃未食其報，是宜天啓厥後，誕生聖后，正位中宮，母儀天下，為宗社神靈之主，基國家萬世之福。王亦膺封顯爵，廟祀百世。積善之慶昭昭然矣。語曰，為善無不報。不在其身，必在其子孫，其王之謂歟。

詩曰　行善昭昭著一鄉　　篤生聖后感穹蒼
母儀四海安宗社　　正位中宮奉聖皇
又　令名身後更昭融　　泉壤生輝受國封
百世朝廷脩祀事　　流芳簡册仰清風

## 徐達大功

徐達，鳳陽人。長身偉皃，剛毅英武。年二十二，值元季兵起，慨然有濟世之志。歲癸巳，杖策謁太祖高皇帝於軍門。與語奇之，留置麾下。久之，察其志慮材畧，皆非衆人所及，遂命帥師往征，戰無不利。繼從渡大江，拔采石，定太平，下建康。東克吳越，南取湖湘。長淮東西，以次削平。後命北征中原，首下齊魯。繼收河洛，旋定燕趙晉冀，轉克秦隴之地，功居第一。達為人言簡慮精，令出不二。偏裨以下，敬若神明，戰皆用命。與士卒同甘苦。士卒不飽不食飲，營不定不就帳。傷殘疾病者，親慰問，給醫藥。在軍中，財寶無所取，婦女無所幸。仁厚不殺。陳友諒嘗寇池州，設伏擒其衆三千人，時副將军常遇春欲盡杀之，謂曰，此皆勍敵也。若聞于上，必不殺，將為後患。達不聽，亟以事聞，多得全活。克武昌，偽平章樞密院事姜珏詣達乞降，且曰當死者珏耳，百姓無辜。達善其言，下令禁戢侵擾。江漢列郡聞之，望風歸附。與張士贏戰于皂林鎮，獲其衆六萬，不戮一人。悉歸京師。下姑蘇，與遇春約，城破之日，中分撫定。至期，達軍城左，遇春軍城右。達令士卒各懸小木牌，令曰，掠民財者死，撤民居者死，離營二十里者死。部伍肅然，居民按堵。暨入元都，籍府庫，收版圖重器，封宮殿門，以兵千人守之。俾宦寺護，視其嬪御妃主，禁軍士毋致侵擾。人民安業，市肆不移。遠近悦服，人謂曹彬下江南，伯顏入臨安，不是過也。凡新附之衆，躬拊循之。人人感激自効，所至安輯士庶俘虜之衆，戒將士毋得殘其肢體。離散之民，老幼給與完聚。前後攻下城堡，未嘗怒其固守拒師以屠之。置兵屯守，規畫足食，秋毫不擾於民。百姓聞其至者，妻孥相慶，父老壺漿於道以迎之。累官至征虜大將軍，銀青榮禄大夫，上柱國，録軍國重事。中書左丞相，兼太子太傅，封信國公。後授開國輔運推誠宣力武臣特進光禄大夫，右柱國，中書右丞相，太子太傅。改封魏國公，賜第于舊内之南，制極宏壯。表其里為大功坊，以旌元勳。洪武十七年十二月有疾，朝廷遣使召四方名醫治之，及禱于山川城隍之神。至是薨，年五十四。太祖高皇帝爲之震悼龍朝，衈賻有加。追封中山王，謚武寧，賜葬鍾山之陰。親製神道碑文，仍命諸王遣官致祭。又塑像，歲時祭于功臣廟。其上三世皆封王爵，妣皆封王夫人。子四人，皆太祖所賜名。長輝祖，襲魏國公。次添福，授勳尉。增壽，擢石軍都督府左都督。膺緒，中軍都督府僉事。女四人，長仁孝皇后。次代王妃，安王妃。孫男九人，茂先，周府儀賓。景昌，定國公。欽，仍襲魏國公。

帝王興師革命，無非憫蒼生之塗炭，欲措赤子於衽席。為之臣者，能體其君之心，以全斯民之生，則德被生靈。己雖不責其報於天，而天報之福者，自不容不厚矣。元季兵亂，民不聊生。太祖高皇帝誕膺天命，起而拯之。中山武寧王以英雄之姿，將仁義之師。東征西伐，盪定海宇。旌麾所至，莫嬰其鋒。乃能戒將佐之殘暴，與士卒同甘苦。受降不殺，攻城不屠。俘虜之衆，禁殘其肢體。流離之民，為歸其老弱。逮克元都，民不知兵，市不易肆。妃主嬪御，護視惟謹。府庫重寶，以歸朝廷。不拘貨財，不近聲色。皆其仁厚之德根於天性。復能體太祖神武不殺之心，保全民命，為開國功臣之冠。彼漢之鄧禹，宋之曹彬，元之伯颜，豈能過哉。是宜身都將相，以富貴功名令終。殁被褒嘉，榮及泉壤。流芳史册，光昭日月。萬世永永不磨。施于子孫，繼享封爵。女為皇后，正位宮壺，一門榮盛，莫與為比。語云，有陰德者，必饗其樂，以及子孫。詎不信夫。回視白起曹翰之輩，不從上命，專殺以逞。身蒙顯戮，子孫不振耀者，其報昭昭矣。然則世之貪殘而好殺者，視王之所為，亦可以自警矣。

詩曰　乘時起佐六龍飛　　弔代親提百萬師
　　　拯濟生民能不殺　　幾多德澤及當時
又　　開國功臣海宇清　　曹彬鄧禹敢齊名
　　　身都將相勳庸顯　　後嗣多賢更盛榮

## 沐英忠愛

沐英，字文英，鳳陽定遠人。年八歲，遭兵亂，父母相繼殁。孑然無依。太祖高皇帝見其孤幼，憐之，携以歸。命孝慈高皇后子之，賜姓朱氏。恩養甚厚。年十八，授帳前都尉，鎮京口。尋陞廣武衛指揮使。屢從征討有功。洪武元年，命英復姓。曰，不可使其本宗乏嗣也。累蒙遷擢，進階榮禄大夫，同知大都督府事。九年命撫御西河，脩治城壘。英懷来遠邇，西陲以安。十年以功封西平侯。十四年九月，命英同潁川侯傅友德征雲南。既平，留英鎮守。英為人寡言笑，沉毅有智量。好賢禮士，撫馭卒伍，尤有恩義。每統帥大軍征討，所至招納降虜，未嘗濫有殺戮。初下雲南，地方絶遠。夷貘頑悍。英宣布朝廷威德，結以恩信，撫而治之。綏輯番酋，得其歡心。或有叛者，遂遣人開諭，不伏，然後加兵。夷人畏愛，無復叛者。太祖高皇帝深倚信之。嘗曰，使我無西南之憂者，英之功也。二十六年二月丁卯，以疾卒，夷人為之流涕罷市。詔封黔寧王，謚昭靖。後歲餘，父老復請立祠雲南城中，歲時祀之。子四人。長春襲封西平侯，早世。次晟，仍襲西平侯。以平交阯，進封黔國公。次昂為雲南都指揮。次昕，駙馬都尉。

為國之勳臣，而功業懋盛，爵禄豐榮，傳之子孫，久而彌昌者，必其忠厚慈仁，本於天性。雖在師旅，不以殺戮為威。是以能招納降附，懷来遠邇，撫安邊疆，開拓土宇。功既成而德尤積，得以享上天之報于悠久也。若沐英者，斯其人歟。英少孤，鞠于孝慈高皇后。迨授戎職，屢立功勛。而其處心仁厚，撫士有恩，樂善好賢，惟恐不及。小心慎密，終始弗渝。及建節雲南，掌閫外之政，殺戮不濫，恩信遠孚。遂致夷貘畏愛，無敢反側。太祖高皇帝屢申嘉奬，非其忠君愛民之至，何由而得此哉。及其没世，朝廷褒封，蠻夷哀慕。嗣續昌盛，與國咸休。上天之福善，為有徵矣。古語云，德厚者流光。信夫。

詩曰　少逢兵亂困流離　　天幸親逢聖主知
　　　際會風雲能補報　　謹宣威德守邊陲
　又　專征閫外任非輕　　忠愛存心境土寧
　　　生死哀榮流慶遠　　上天昭報甚分明

## 大海英烈

胡大海，字通甫，泗之虹縣人。長身鐵面，智力過人。少從太祖高皇帝於滁陽，常宿衛帳下，以功授樞密院判官。王師進攻婺州，陞大海僉樞密院事。攻下諸暨州，又平處州，拔信州。及下婺州，時以婺為浙東大藩，乃授大海江南分省參知政事守之。既而苗軍元帥蔣英劉震等謀亂，欲復其城，大海被害。太祖高皇帝聞而悼之，命有司塑像，配享晉卞壼廟。大海嘗自誦曰，我本武人，不讀書。然吾行軍，惟知有三事而已。不殺人，不虜人婦女，不焚燒人廬舍。故其軍一出，遠近之人皆附口。先是大海嘗夜出，人見其兩目煜煜，有光若燈。及卒後，敵兵有犯境，軍中或夢大海若生時，或夜覩火光滿野，洶洶若人馬聲。師出輒大捷，人以大海為神云。歲甲辰，特贈光禄大夫，浙東等處行中書省平章政事，柱國，追封越國公。後又加贈開國輔運推誠宣力武臣。光祿大夫，同知大都督府事。謚武莊，封勳如故，子德濟。

當國家開創之初，武臣悍將，攻城略地，孰不欲剪屠生靈，撤燬廬舍，壯其聲威。掠人子女，快己私情。太祖高皇帝起兵靖亂，再造海宇。凡若是者，切戒之。大海武人，初未知學，乃能上體聖心，於行師之際，不嗜殺戮。婦女無所取，民居無所燬。所至晏然。人之賴其澤者，可勝計哉。固宜生享富貴，為國勳臣。而歿乃為神，佑民衛國，屢著靈響。此朝廷所以推褒卹之恩，定祀事之典。作配忠臣，流芳簡册。百世如生。天報善人，亦云厚矣。

詩曰　際會風雲事聖明　　自將三事誓平生
　　　臨危慷慨全臣節　　百世昭昭著令名
　又　生為名將死為神　　義氣稜稜凛若存
　　　天相精忠應不泯　　幽冥猶自報君恩

## 胡深保衆

胡深，字仲淵，處之龍泉人。天資穎拔，智識絶倫。性倜儻，好施予。遇貧乏者，傾囊周之弗吝也。壬辰兵亂，處州盜起。元石抹宜孫以萬戶守處州，辟參謀軍事。深諭盜曰，爾皆良民也，因驅迫至此，棄仗即良民耳。盜以深長者，言必不欺，乃肉袒降。溫州戍卒韓虎陳安國殺主帥據城叛，行省命宣慰使普恩寧討之。道出處州，帥府軍事復辟深參謀。謂宜孫曰，溫城叛者，惟一二人耳。若破其城，玉石俱焚，如平民何。請遣辯士入城説之。乃遣深行，城中軍民相向泣曰，吾屬自度旦暮鬼耳，若獲更生，敢不唯命。乃以城降。溫城瀕海，民以漁為業。時熱閉者三月，民病甚。勸發粟賑之，驩呼之聲載道。宜孫又假深分樞密院行軍都事，令率兵討平麗水諸縣寇盜，因統其衆以保障之。己亥，太祖高皇帝遣胡大海率師趍處州，深即日迎見。且曰，吾所以為此者，欲郡邑之民安耳。大海以聞，召至京師，待以殊禮。擢中書左司員外郎。壬寅，授浙東行中書省左右司郎中，總制處州軍民事。時城中居廬多為戎士所據，深建營屋數十區，以分處之。縉雲官田租額重，里役歲以私粟代償。深以新没之田實其數，害乃除。後召還，授王府參軍，仍總制處州等口。福建陳友定擾邊，奉命征之，遂遇害。年五十二。鄉人為立祠宇祀之，朝廷命使者即其家祭之，追封縉雲伯。子二，長禎，宣武將軍，僉處州指揮使司事。次樞。

夫居將帥之任，才兼文武者固難。而存心仁厚，全活人命者為尤難。誠能如是，則神明鑒之，人心懷之。雖没世而不忘矣。今觀胡深，始以四方紛擾之時，諭降處州羣盜，以全其生。洎討溫州叛卒，復開釋脇從，以免玉石俱焚之禍。發粟賑飢，為之保障。固有得於民矣。大兵入境，即知天命有歸，納款軍門，以全一郡之生靈。既而總制軍民，建營舍以安其居。覈田疇以均租額。將兵征討，不妄殺戮。恩惠之及人，為何如哉。及其没也，鄉人立祠，朝廷遣祭。褒封爵邑，恩及後嗣。皆由積善之所致也。

詩曰　文武良材衆莫過　　處溫二郡保全多
　　　一朝效順歸明主　　萬古嘉名耿不磨
　又　明良際遇感風雲　　功在朝廷德在民
　　　天意昭昭垂福報　　後昆還得列朝紳

## 陶安惠政

陶安，字主敬，姑孰人。少敏悟，有大志，博涉經史。太祖高皇帝渡江至太平，安率父老迎謁，即留參幕府，拜左司員外郎。從克金陵，陞左司郎中。後克黄州，思得重臣以鎮之。曰，無逾安者。遂命知黄州。至則寬租賦，省傜役，民悦服之。尋移知饒州。時方征伐，急軍需。安勸諭誘率其民，民皆樂輸，軍用不乏。及寇至攻城，安開諭父老，率子弟固守。後數日，援兵至，擊走之。諸將以鄉民多從賊，欲屠之。安曰，民為所脇耳，□賊非本心，奈何殺之。由是民得全。事聞，遣使往勞之。明年，朝命復守饒州。民懷其德，建生祠事之。尋召為翰林學士，遷江西行省参政。以疾卒于治所。太祖高皇帝親為文，遣使致祭。追封其祖考皆為姑孰侯。祖母母皆為夫人。顯榮光耀，儒者榮之。

人臣受君命，宣力一方。苟能深恤民隱，全活生靈，未有不身享禄爵，終始顯融者。無他，天道至公，為善降祥，自不誣也。陶安當元季兵起，率父老迎謁太祖高皇帝於太平，其歸順之志，可嘉已。及知黄州，寬省賦役，而民皆悦服。移知饒州，民樂轉輸，軍餉給足。至於固守其城，寇竟以遁。諸將欲屠鄉民，則諭其不可，而民之全活者益衆。饒人懷德，乃建生祠事之。尋蒙朝廷賜勞顯擢。及其卒也，恩寵褒嘉，榮及先世。嗚呼，為善之報，有如是哉。是宜表而出之，以為世勸。

詩曰　黄饒二郡稱賢守　　惟有陶安最著名
　　　見說當年遺愛處　　吏民猶自荷生成
　又　善惡昭昭不可欺　　冥冥積德有天知
　　　試看郡守陶安事　　三代褒封世所奇

## 章溢愛民

章溢，字三益，處州龍泉人。性孝友。元末兵起，溢集鄉人為兵，保捍鄉土。龍泉民註誤於賊者，處州路判官出兵欲盡殺之。溢說元守將石抹宜孫，得不殺。宜孫以溢有器識，引議軍事，累授官至浙東元師府僉事，溢皆辭不受。曰，吾集衆保鄉里，豈為名耶。歲庚子，太祖高皇帝遣使徵之，擢營田司僉事。癸卯，擢為浙東提刑按察司僉事。胡深兵入閩，陷没，處境復驚。乃陞溢為浙東按察司副使，往鎮撫之。溢至閩，誅其首叛者數人，民乃定。處州税，自兵興以来，加徵頗重。民病之。溢以聞詔，復其舊，浙江行省造海舟，需大木。檄處州與諸郡均辦。溢曰，處婺之交，限以峻嶺。縱有大木，路何從而出。力言於省臣，止之。洪武元年，拜御史中丞。尋兼太子贊善大夫。子存道，嘗領鄉兵入閩。閩平，省臣欲以存道所領兵北征。溢曰，鄉兵本農民，始許以征閩畢則歸農，今復調之，是失信也。事聞于朝，從之。洪武二年夏卒。訃聞，太祖高皇帝甚悼之。親撰文，遣宮即其家祭焉。後存道以武功，累官至平陽左衛指揮同知。

世之人，行一善事，惜一物命，皆謂之陰德，而獲其善報。至於撫一郡之人，全衆人之命，德之所及者既博，而報施之衆，容有已乎。若章溢者，可見矣。當龍泉民詿誤於賊，而元之判官欲盡殺之。賴溢之言，皆得全活。及受命鎮撫處州，閩中之叛惟誅首惡數人，而民遂定。又奏減處州之稅，止海舟之木，以寬民力。罷鄉兵歸農，期不失信於民。溢之為善，彰彰如此。是以上獲恩命，屢至超擢。及歿，寵渥有加。其子亦蒙顯任。嗚呼，所謂為善者，天必報之以福。信矣。

詩曰　龍泉詿誤釋冤民　　處郡創痍賴至仁
　　　因是存心能愛惠　　自然陰德格蒼旻
又　　天道從來與善人　　分明報施及兒孫
　　　信知章溢行陰德　　父子簪纓萃一門

## 練氏全城

章太傅妻練氏，素有賢德，乃章德象之高祖母也。太傅，建州人，仕王氏為刺史。練氏智識過人。太傅出兵，有二人得罪，欲斬之，練氏密使二人亡去。後二人俱奔南唐為將。攻建州，州破之時，太傅已死矣。練氏居建州，二將遣使厚以金帛遺練氏，且以一白旗授之。曰，吾將屠此城。夫人植旗於門，且吾已戒士卒勿犯也。練氏返金帛并旗不受。曰，君幸思舊德，願全此城之人。必欲屠之，吾家與衆俱死耳，不願獨生。二將感其言，遂罷。太傅十三子，其八子皆練氏所生也。後子孫及第，至達官者衆。人皆以為陰德之報。

夫能脱人之死於罪戾之下，固為仁矣。及自迫於死亡，不顧一身之利害，而欲脱衆人之死，豈不尤仁也哉。若練氏，蓋能行人之所不能行。始焉脱二人於死，終焉脱一城之死，其陰騭所積，實為厚矣。以常情處之，得脱其身家之厄，幸矣。況復有意於他人哉。而練氏乃能如此。於乎，其難也，已勝於世之為丈夫者。其子孫衆多，榮顯累世，則天之報施，誠有可必。彼視死不救，貪生苟活者，聞練氏之風，安得不愧乎。

詩曰　曾將厚意結人心　　豈料翻成報德深
　　　肯使一家同日死　　全城寧與却黄金
又　　積德由來報在天　　子孫榮顯自綿延
　　　一門福慶皆陰德　　千古猶稱練氏賢

## 曾婦禦寇

曾氏婦晏，汀州寧化人。夫死，守幼子不嫁。紹定間，寇破寧化縣。令佐俱逃。將樂縣宰黄垺，令土豪王萬全王倫結約諸砦以拒賊。晏首助兵給糧，多所殺獲。賊忿其敗，結集愈衆，諸砦不能禦。晏乃依黄牛山傍，自為一砦。一日，賊遣數十人來，索婦女金帛。晏召其田丁諭曰，汝曹衣食我家，賊求婦女，意實在我。汝念主母，各當用命。不勝即殺我。因解首飾，悉與田丁。田丁感激思奮。晏自槌鼓，使諸婢鳴金以作其勇。賊復退敗。鄉鄰知其可依，挈家趁黄牛山避難者甚衆。有不能自給者，晏悉以家糧助之。於是積衆日廣，復與倫萬全共措置，析黄牛山為五砦，選少壯為義丁。有急則互相應援，以為掎角。賊屢攻弗克，所活老幼數萬人。知南劍州陳韡遣人遺以金帛，晏悉散給其下。又遺楮幣以勞五砦之義丁，且借補其子。名砦曰舊安。事聞，詔特封晏為恭人，仍賜冠帔。其子特與補承信郎。

婦人當危急患難之際，能不失身者幸矣。矧能禦寇而濟數萬之衆哉。此曾氏婦晏所以為難也。當寇勢方盛，縣邑既破，雖令佐尚棄而逃避。晏獨散粟以給鄉兵，使挫其鋒。既而寇勢益振，晏復諭衆作勇，以摧其鋭。自是措置周密，賊莫敢犯。鄉邑賴以保障，老幼數萬皆得全活，晏之力也。彼令佐輩，享有爵禄，而膺民社之寄。寇作不能捍禦以衛羣黎，反竄匿為自全計，曾不如一婦人乎。宜其事聞于朝，榮被封錫。及子蒙賜秩名。福報之隆，豈非由此哉。

詩曰　寇發鄉閭勢擾攘　　誰能禦寇遏披猖
　　　曾家寡婦真男子　　挫寇凶威保一方
又　　散粟推誠激義兵　　鄉邦數萬獲全生
　　　陰功顯獲神明報　　褒錫旋加被寵榮

## 陳母祠塜

陳婺妻，剡縣人。少與二子寡居，好飲茶茗。以宅中有古塜，每飲先輒祠之。二子患之，曰，塜何知，徒以勞苦，欲掘去之。母苦禁而止。及夜，母夢一人曰，吾止此塜三百餘年，汝二子恒欲見毁，賴相保護。又饗吾佳茗。雖潜壤朽骨，豈忘翳桑之報。及曉，於庭内獲錢十萬，似久埋者，唯貫新。母告二子，二子慙。從是禱酹愈至。母壽至九十餘終。

凡墳墓，所以藏遺骸也。然歷世既久，子孫已絶。其能自存者寡矣。唯君子忠厚之至，不欺朽骨。孰謂婦人亦能之乎。若陳婺之妻所及是也，觀其寡居，宅有古塜，自常情言之，實所厭惡也。必發掘而剗夷之矣。陳母則異於是，每飲茶，輒先祠之。又禁止其子勿毁，其心之仁厚如是耶。是以陰靈感德於冥冥之中，而有獲錢之報。曾謂無主之塜，而可以輕伐之哉。此陳母之所存所見如此，故能享富壽于當時，而稱賢名於後代，不亦美歟。嗚呼，世有貪慕風水，或攘竊葬物，廢人之塚，暴人之骨者。陽犯憲條，陰遭塚訟。生受重刑，死受鬼戮。殃及子孫，永不昌盛。視此其知所戒矣。

詩曰　孤塚多年絶子孫　　蕭條誰掃墓前門
　　　惟看陳母心忠厚　　欽茗先祠為保存
　又　朽骨誰知亦有靈　　受恩懷感在冥冥
　　　青蚨十萬酬陰德　　丹録仍為益壽齡

## 郡君却金

李郡君，有賢德。嘗有貨珠子老媪李氏，携珠子至。既去，遺珠子在地。郡君收之。後媪踰時不至。一日既至，形容枯瘦，精神恍惚，非昔時也。郡君詰之，曰，時所貨珠子，歸則失去。告其主，以金十兩償之，其主不許，因憂愁感疾，幾不能起。郡君曰，珠子當時遺在地，我得之，今在此。媪驚喜泣下，願致金六兩以請。郡君取還之，却金不受。忽微疾，夢乘車出曠野，至大官府。見二偉人，衣冠坐堂上。引至堂下。偉人方問姓氏，郡君知其陰府，口誦大悲口，左右皆驚愕。其堂搖動不已，二偉人立語曰，勿誦，教爾歸矣。一吏持大簿書至，按偉人曰，記得還李氏珠子事否。郡君曰，記之。其一偉人曰，當增二十年壽。其一曰，得無太多也。其一曰，婦人而不受珠寶，無貪得之心，此可尚也。偉人即命還，復乘車至門首而入。見其尸卧帳中，驚而悟起。後二十年乃卒。

夫見利不取，苟非澹然無欲者不能。在士君子尤難，况婦人乎。若郡君之為，有可尚也。方其拾遺珠，足以備粧飾，或可以市厚利。掩而有之，亦孰得而取之哉。而郡君見媪之色，閔媪之情，即舉以歸之，不受其報。使媪憂悸之懷，灑然而釋。仁厚之意，感人深矣。世之貪得之徒，見利僅毫髮。不顧義之可否，而強取爭奪者有矣。矧於獲重貨，而肯輕舉以還人哉。視此，曾不一婦人若也。如郡君之為，是宜善録冥司，延年增筭，天之福善，信不誣矣。

詩曰　當年老媪失明珠　　愁戚形容毀欲枯
　　　惟愛郡君憐老媪　　拾珠還與視如無
　又　還却遺珠更却金　　潸然老媪感恩深
　　　冥司録善增高壽　　為報還珠一善心

## 文妻固盟

文紹祖，福州福清縣人。有子，與柴公行議親。既聘，柴女忽中風，紹祖欲更之。其妻大怒曰，我有兒，當使其順天理，自然久長。悖禮傷義，是為速禍。因勸紹祖仍娶柴氏歸。次年，紹祖子登第，柴女風疾亦痊。生三子，皆登第。

為人父母者，苟子求婚，皆欲審擇得人，以承宗祀。孰肯娶有疾之女以為之配哉。然既聘之餘，以有疾而棄之，是女將安歸乎。紹祖之妻，能存是心。柴女染疾，夫欲渝盟更聘，折以正言，卒使有家。一念之善，堅如金石。足以通于神明，感乎天地。是致子婦之疾旋瘳。不惟有後，亦且榮盛。其子之身，亦立登顯科。天錫之福，捷於影響。人有恒言，為善無不報，信夫。

詩曰　不因有疾即渝盟　　為子求婚本至情
　　　身處閨房能積善　　昭昭一念感幽冥
　又　天令子婦疾全差　　子步青雲慶未涯
　　　秀毓孫枝綿嗣續　　並登科甲更榮華

## 周婦感悟

周婦，信州人。周才美之子婦也。賢德能幹。才美令分理家政，付與斗斛秤尺各兩事，諭以所用出納輕重大小長短各色。其婦不悦，拜辭舅姑，不願為婦。恐他日生子敗家，以謂妾之所出，枉負其辜。才美愕然曰，吾家薄有田業，可供伏臘，何遽辭去。婦曰，翁平日所為，有逆天道，妾心有愧，居之不安。才美曰，汝言誠是，當悉除毀。婦曰，未可。問其所用年數若干，才美曰，約二十餘載。婦曰，必欲妾留此侍奉君，許以小斗量入，大斗量出。小秤短尺買物，大秤長尺賣物，以酬前日欺瞞之數。果能如是，妾即願留。才美感悟，欣然許諾。其婦後生二子，皆少年登科。

夫度量衡之制，聖人必比而同之者，蓋欲使民無折閱之私，而息乖爭之風耳。世俗滋偽，小人射利。每於出納之際，以小大長短而倒置之。其若是者，但欲損人以益己，焉知有悖入悖出之理哉。為女婦者，亦惟知順從其欲，殖貨利以給其家，孰能抗言以諫止焉。周氏之婦，獨異於是。見廼翁汲汲於利，而欲肆其平日之所為，心不自安，引身求去。至欲留之，力告以天道不可逆，人心不可欺，致使幡然感悟，一如其言。改過自新。噫，彼賤丈夫，尚靦面目而為之，曾得若閨房之見哉。此是婦之足嘉也。然而上天報應，捷於影響。使其有子，並登顯科。不惟足以承周氏之宗祀，而且有以光大其門閭。孰謂積善而無報哉。特表異之，以為世人之勸。

詩曰　益己欺人二十年　　一朝感悟即幡然
　　　要知射利能從善　　賴得新來子婦賢
　又　能行陰騭向閨房　　天鑒昭昭佑善良
　　　豈特有兒蕃嗣續　　並登科甲姓名香

## 御製為善陰騭後序

朕惟脩德行善者，人道之當然。惟能不求知於人，不責報於天者，乃為陰騭。然既有是陰騭，人雖不知，而天獨知之。天既有以知之，則所以報之者，自不容已。觀於古人，為可見矣。朕自即位以來，夙夜拳拳，惟以敦德勸善為務。然嘗以為幽明之間，其分雖殊，而其理則一。今之為善者，既皆有以旌異之，則古之為善者，不有以彰顯于世，曷足以稱朕是心哉。於是間閱古今載籍，取夫為善暨有陰騭及人者，編集成書，遂命刻梓，頒示天下。使人人得以徧觀而勉於為善。然尚慮聞見有所不及，採輯有所未備，致有遺闕，心甚歉焉。雖然，崇德好善，人心所同。後之君子，倘能體朕是心，而於聞所未聞，見所未見者，博採其實，而詳著之。以續夫是編之作，則不惟朕之所望，實天下後世之所望也。

永樂十七年三月十三日

## 明楊士奇《賜為善陰騭百官謝表》（《東里續集》卷四四）

伏以聖皇統御，弘敷天地之仁。大典涣頒，普錫臣民之訓。洪恩所被，海宇均歡。恭惟皇帝陛下，文武聖神，高明廣大。躬膺天命，作之君，作之師。主宰下民，教以孝，教以弟。輯古今之善行，備感應之明徵。諒惟陰騭之脩，必有自然之祐。申之聖論，所以開人心之聰明。詠以宸章，所以妙人心之感化。同大舜之與人為善，同洪範之斂福錫民。俾閭閻畎畝，人人有樂善之心。而華夏蠻夷，家家享施德之報。大一統文明之治，崇萬年宗社之安。臣某等叨列朝行，首膺寵賜。深切忻愉之至，永堅佩服之誠。德教昭宣，幸遇聖人之在位。皇圖隆盛，恭祈洪福以齊天。

## 明楊榮《送鄭御史致仕還金華并序》（《文敏集》卷六）

永樂己亥夏四月，致仕監察御史鄭公榦，偕其弟致仕蜀府長史楷，恭遇萬壽聖節，自金華入覲。皇上念其出于義門，既賢且老，復能躬詣闕下，以致其誠敬。特賜宴于殿廷，又賜以楮幣并《為善陰騭》書，慰勞甚至。朝之公卿大夫，見公兄弟遭遇於聖明之世者如此之盛，何其幸歟。榮忝有斯文之好，於其歸也，賦詩以贈之：

驄馬才名出義門，懸車深荷聖君恩。朝天共祝南山壽，歸日頻傾北海尊。驛路飛花隨去旆，都亭垂柳拂行軒。到家喜得陳恩賜，猶有鄉閭故舊存。

## 又《御編為善陰騭書頌（有序）》（《文敏集》卷八）

洪惟皇上，以天錫勇智之資，鋭意於古昔聖帝明王之治。夙夜孜孜，以振起斯文為己任，以敦德勸善為天下先。即位之初，首詔設科。幸國學，修大典，崇奬儒術，興行禮義。由是詩書絃歌之化，衣被六合。無有遠邇，翕然大同。人莫不曰，天下已治，風俗已淳。惟皇上謙冲之心，尚以為未足，乃以聖人之道具載六經，燔滅於秦，穿鑿於漢，晦盲否塞千五百年。逮至宋之諸儒，雖已發明表章之，然其奧義微旨，尚或有遺，不無詳此畧彼之患。於是特發宸衷，命儒臣類而纂之，授以成法，備載聖賢之言，蒐輯諸儒之説，由是六經四書之旨，聖人之道，粲然而復明。書成，名曰《性理大全》。遂命刻梓賜之羣臣，頒于天下，使學者一覽莫不豁然貫通，咸有以造乎閫奥，以為聖賢教人之言，雖無不備，若曰積善之家必有餘慶，積不善之家必有餘殃。又曰作善降之百祥，作不善降之百殃。又曰德惟一，動罔不吉。德二三，動罔不凶。又曰惟天陰騭下民。其善惡之理，警戒之意，不一而足。而凡古人為善獲報者，亦皆載之簡册，歷歷可指。然而簡籍浩穰，難以披閲。垂拱之暇，乃取古人有陰騭而享其福慶顯有明效者，彙次世代，系其姓氏，著其事蹟，仍各為論斷以附其後，且為詩以列之。凡一十卷，名曰《為善陰騭》，頒示四方，家傳人誦。俾舉目之際，莫非為善之事。游心之頃，莫非種德之機。於是罔不躍然興起。樂於為善，而思有以享其報也。皇上之所以陰騭於斯世斯民而納之於泰和仁壽之域者，又何其至哉。四海之民生乎今之世者，實為幸矣。

臣榮叨逢盛世，列職詞林。進得依日月之光，退得盡文翰之職。屢承聖訓，諄切懇至。恩眷之隆，榮幸已極。今既喜覩聖道之復明，樂斯民之盡善，安得不鋪張盛事，以昭示於無窮乎。謹拜手稽首而獻頌曰：

惟我聖皇，纘承大統。夷夏同春，南面垂拱。乃敷文教，乃幸辟雍。暨于遐邇，絃聲渢渢。乃召儒生，乃修大典。殘者以完，微者以顯。載惟聖道，具乎六經。秦焚漢蝕，謬説肆興。千數百年，是非蠭起。有宋諸儒，克究厥旨。紬繹系緒，研窮窔奥。搜精獵微，以明斯道。其言浩浩，萬里散殊。學者望洋，莫測其樞。乃劘羣編，乃集衆論。類聚倫分，式昭大訓。嘉惠萬世，頒布四方。性罔或昧，理無弗彰。復念斯民，未悉歸善。陰騭罔修，懿德弗踐。古有善人，天道昭然。既顯其躬，福澤綿綿。其人雖亡，善行猶在。史傳百家，孰不備載。乃輯乃編，俾會于一。從古迄今，靡有遺失。民既獲此，一覽粲然。作善之應，降福自天。惡德弗滋，善念斯著。如彼善人，户曉家喻。四海之内，皥皥熙熙。戴白垂髫，惟善之為。惟皇之德，與天同大。宵旰孜孜，動罔或懈。惟皇之仁，與物皆春。涵和發育，惠無弗均。愽施濟衆，堯舜猶難。惟皇神聖，恩周八寰。皇弗自聖，虚已謙冲。澤深斯溥，德大乃容。臣作頌歌，載拜稽首。聖壽萬年，天長地久。

## 明金幼孜《御編為善陰騭書頌（有序）》（《金文靖集》卷六）

嘗觀天地之於萬物，包含徧覆，發育滋長，莫不欲使之各得其所。是以足者跂而咮者啄，翼者運而栽者植。洪纖高下，蠢蠢蚩蚩，莫不有以自形自色，而各囿於化育之中。聖人之治天下也亦然。德禮以導之，仁義以勸之，孝弟忠信以成之。使其老少尊卑之有其倫，民彝物則之有其常。林林焉緫緫焉，莫不有以各循其性，以歸夫至善之地。故其功效之大，至於參天地，贊化育，有莫知其然而然者。

洪惟聖天子統承大寶，十又八載。夙夜拳拳，惟欲以善化其民。開導誘掖，懇切至到。父焉而教以慈，子焉而教以孝，臣焉而教以忠，為兄弟而教以順，為夫婦而教以和，為朋友而教以信。是以四方萬國，熙熙皥皥，歡欣鼓舞，咸蒙肬夫至治之澤，同歸於仁壽之中。德化之盛，蔑以加矣。而聖心歉焉，猶以為未足。

萬幾餘閒，載勞聖慮，以為古之為善，有陰騭於人者，恒不求其知，不責其報。施之於冥冥之中，若無所與焉。其後卒顯於其身，被於子孫。光榮始終，澤流無窮。此其人雖無求知責報之心，而天之所以報之者，不爽毫髮。歷代以來，其人載之簡册者，不可悉數。然求觀其實，則散於編籍，不能盡閱。苟或加以披覽之勤，則又得於此而遺於彼。雖欲事事效之，誠有難于為力。乃博采傳記，凡有陰騭而獲其報者，彙為一編，分類成卷，復為論斷而系之以詩，名曰《為善陰騭》。特命鋟梓，頒賜天下臣民，使羣居類處者，不待面命耳提，而自知善之當為，德之當脩。而凡所以矜智以挾詐，恃力以衒巧，利己以損人，縱欲以害物者，皆不使作於其心。消其邪穢之行，絶其繆戾之萌。如披雲霧而覩青天，脫煩囂而沐甘雨。欣慰感悦，奮躍興起，沛然若江河之注，有莫之能禦者矣。

然竊嘗論之。善者，人心之所固有，非自外至者也。但為氣稟所拘，物欲所蔽，始昧於其理，而流於不善。聖經賢傳，所以教人為善者，其言固非一端。然而人心有不能盡善以歸於有極者，誠由信道不篤，視為空言，而莫知所止。故不若備舉其人為善之迹，獲福之實，昭然可鑒者以曉之，則人易於從化，樂於視效，有不自知其入於至善之域。斯則聖天子製作之意，而示民以保極之道者，蓋如此。於乎是書所載，皆賢士大夫力行為善之實，施之於日用常行者，至為切要。誠由菽粟布帛，有不可一日而無者。苟能即其人以觀其所以為行，即其行以觀其所以為報，則知善之當為，而身家之被其光榮者，由於此。子孫之享其福澤者，由於此。所以垂名後世與天地同其悠久者，亦由於此。仰而師之，則而象之。儼乎神明在上而知敬也，珠玉在傍而知好也。孜孜焉，勉勉焉，力行以求造夫至善之域。如此而不為君子不為善人者，蓋寡矣。

然則聖天子拳拳而致意於是編者，非特有功於當時，實有功於萬世，其父母斯民之心，可謂至極而無以加者矣。臣忝職禁林，親拜是書之賜，不勝欣戴敬譔，為頌一篇，以贊揚聖德之萬一。謹拜手稽首以獻其詞曰：

聖皇御天下，養萬民，漸之以義，煦之以仁。文治誕敷，聲教攸暨。際地蟠穹，靡不沾被。刑政弗事，德禮導之。惟欲斯民，底於雍熙。民有恒性，善所固有。本根既蕪，化為稂莠。惟克脩治，以復其初。推以及人，恒若有餘。繇古迄今，善人世出。施德布惠，惟人是卹。人雖弗知，其善亦至。獲報於天，若合符契。欲求其人，著於簡籍。敝精極神，莫究其迹。聖斷天啓，蒐羅今古。備列其人，衆善畢舉。稽厥世代，千載一時。彙分類別，一覽不遺。皇文宣著，聖謨洋洋。昭回雲漢，金薤琳琅。寵錫臣民，家傳人誦。殆猶有虞，四方風動。剗偽還淳，革薄從厚。胥為忠良，脱去汙陋。大哉皇心，製作之盛。於萬斯年，我民有慶。皇德遠被，民心所歸。至善之域，我民是依。於穆聖皇，德配天地。臣作歌詩，播於萬世。

## 曹端《霍州頒書閣記》(《山西通志》卷二六〇)

道在宇宙間，充塞流行，所以無物不有，無時不然也。若夫率而行之，則本乎德行，而莫大於三綱五常。明而傳之，則託於文學，而莫精於六經四書。苟微明而傳之者，則率而行之者寡矣。是故由一心一身以達之家國天下者，皆不能無一治一亂，而充塞流行之本體，則自如耳。邃古之世，相繼而作。君師自皇而帝而王，雖應時稱號不同，而道則一。其謨訓莫不孔昭焉，其典法莫不垂憲焉。至我先師孔子，則道其道，德其德，而惜乎無時與位。要之，公天下之心，則一而已。是以取前聖之法之訓，誦而傳之。於其徒贊修删定，以成六經，為萬世則。又以帝王大學教人之法，詔門人曾子，述而傳之，為《大學》。曾子有子又筆夫子傳道之語為《論語》。至子思之作《中庸》，孟子之述七篇，是謂四書，遂與六經同為載道之文，經世之法。嗚呼，孔門之學，一帝王之教耳。帝王之教，一天地之化耳。豈自私用智者比哉。

降自秦漢，經殘教弛，由是士之所求乎書者，類以記誦剽剠為功，而不求乎窮理修身之要。其甚焉者，則遂絶學捐書，而相與馳騖於荒虚浮誕之域。道之不明不行也，固宜。逮有宋，濂洛關閩大儒輩出，其於天地人物之理，古今聖賢之藴，靡不精究厥衷，説有宗指。道雖賴以明，而行之者尚寡。欽惟我太祖高皇，行帝王之道，紹帝王之統，滌三代以下之陋習，還三代以上之淳風。所謂闢乾坤於再造，揭日月於重明。其作《大誥》三篇，真足以邁五超三，為臣民福壽之至寶也。太宗文皇，承大統，宣重光。萬幾之暇，乃與儒臣講明帝學，切劘治道，精究千聖傳心之法，而為《五經、四書、性理大全》與夫《為善陰騭》《孝順事實》諸書，悉頒賜天下學校，以為明道作人之具，猗歟休哉。

端先正霍州學，乃與諸生即講堂後龜頭作重屋貯之。逮再正是學，與州之守相，庠之英彦，郡之諸先生計，新大成門，作講堂抱厦。經始間，黄門李公錫繡衣，羅公信僉憲高公英以軍政按是州，爰例謁廟勸學，知之僉曰，與其堂前抱厦，弗若堂後為重屋，以貯頒賜書籍。端謹諾之，暨書生白之司土。時知州寧津趙公凱，同知溧水葉公茂，築而復之，尋為雨水所圮。復白州倅建德徐公鎦再築之。包以石，完固整齊，號為石址。建閣於上。時州暨隣邑官吏士大夫，靡不樂以貲力助之。經始於是歲春仲，至秋孟而落成焉。咸謂端曰，盍志於石。端曰，無石。太守趙公即以家蓄成石遺端，遂不辭而謹為之記。

## 明王直《救荒活民補遺書序》(《抑菴文後集》卷八)

《救荒活民補遺書》者，江陰朱維吉氏所輯也。宋嘉泰中，從政郎董煟有志於惠民，慮夫凶歲或有不遂其生者，乃取歷代救荒之政，賢士大夫議論施設之方，為書三卷，上之朝廷，而頒於中外。其用心仁矣。有元張光大又取當時救災恤民之事，編萃而附益之，其心猶煟之心也。至今二百餘年矣。維吉得而觀之曰，是書也，民命之所系也，其可以弗傳。乃為正其訛，補其缺，而去其繁文。又以本朝列聖所下詔勅，有關於荒政者，及採《為善陰騭》所載前代救荒獲吉之人續之。間以己意為之論斷，名曰《救荒活民補遺書》，請於父善慶，甫鋟梓以傳四方，欲使天下長民之吏，仁民之君子，一遇凶年，得舉而行之，庶幾斯民無一不得其所，維吉之心，何其厚於仁如此哉。

朱氏，江陰故家，而維吉性最孝。再刲股肉以愈母疾，士大夫歌詠之，聖天子篤意養民，慮有水旱之災，詔諸有司預為備。維吉念父有德善，而未沾一命，即出穀四千石，以歸有司，助賑貸。冀假寵以為親榮。朝廷降勅，旌其孝義，復其家。維吉初以孝聞，而繼以義顯。予嘉其能進於善，嘗為文以張之。今觀是書，而又知其仁。維吉之善，果能進進不已哉。

予聞之，君子之於仁也，施必自近始，然於遠者或遺焉，其心非不欲及遠也，勢有所不逮也。故必思所以繼之。苟有以繼之，則仁之施溥矣。維吉之惠施於鄉，而未能及於天下，故繼之以是書。使是書也傳之於無窮，則維吉之惠之及於人者，豈有窮哉。故為序之，使傳焉。

## 明王直《送尹執中歸省序》(《抑菴文後集》卷二三)

上在位十八年，朝廷清明，四方無虞。壹意稽古禮文之事。既纂輯《性理大全》之書，以嘉惠萬世。幾務之暇，又取古昔聖賢盛德至善以致休祥者，類為一書，名曰《為善陰騭》，頒賜廷臣及內外學官弟子，使知善之當為，與天之佑善如此，而皆勉焉。此誠開淑人心之盛意也。於是南京國子監司業吴先生德潤，率六館師儒詣行在稱謝。而吾友尹組執中以諸生實從行於是。執中同學之士，若翰林檢討余君學夔，進士任時敬敏，尹源本深，兵科給事中劉渙士拯，太學生李湘允淮，與予皆在。得相與道舊，故意懽甚。甫三日即別去，則皆不能無離合之思，去住之感矣。既又相與告予曰，執中入太學已三年，今將援例告省其親，子宜無愛一言。

嗟乎，予何言以告執中。顧所欲言者，豈有加於賜書哉。夫所謂善者，人性之本然也。父子之仁，君臣之義，夫婦之別，長幼之序，朋友之信，以至於飲食起居，酬酢萬變，細微曲折之間，莫不有至當之理焉。是所謂盛德至善也，夫人皆有是，而人不能皆善者，怵於利欲，狃於俗蔽，故有流於惡而不自知者，此今之書所以作也。然豈獨以告諸生，將由諸生而施之天下焉。執中歸矣，問安視膳之隙，必往之學宮，而此書在焉。其與邑之君子，奉揚天子之德意，而以倡於鄉之人，使皆務善而去惡，自君臣父子夫婦長幼朋友之道，以至萬事之理，皆勉而循之，以長享太平之福澤，豈非美歟。他日歸太學，而膺爵禄之榮，又推己所得者，以淑諸人，使他之為諸生者，累千萬人，皆推其所得，以淑諸人。則天下純乎道德之懿，雖唐虞莫加矣。予姑先於執中乎觀也。

## 明于謙《忠肅集》卷四

兵部爲邊情事，准禮部咨禮科抄出巡撫四川都察院左僉都御史李匡題，景泰二年十二月，内臣差威州陰陽典術袁釗，伴送楝巴罕呼宣慰使司掌司事都指揮同知科爾壘嘉勒燦差來番僧喇嘛回還，就令科爾壘嘉勒燦將原占雜谷安撫司并達實愛滿等官司地方印信退還各司掌管。近據袁釗回説，雜谷地方印信楝巴退還，故安撫鼎日斯結弟昆吹達爾掌管帶本人前來回話，到舊維州，因時症痘瘡，在彼住歇。達實愛滿地方，楝巴亦退還。本司頭目牙册掌管印信，係番僧喇嘛新濟齎往魚通寧遠宣慰使司遊方未回，但先前雜谷達實愛滿各管地方，不受楝巴約束，即今雜谷達實愛滿雖得地方，俱聽楝巴節制，保縣舊維州地方，楝巴不肯退還等語。及將楝巴書一紙，内一紙送臣銀酒罐一箇，計重拾兩，金珀珠一顆。又一紙問臣討《御製大誥》一部，《爲善陰騭》書一部，《孝順事實》一部，《洪武韻》《禮部韻》《廣韻》《玉篇》《周易》《尚書》《毛詩》《小學註解》《士林廣記》《居家必用》《方輿勝覽》《成都記》，《釋文》三註古文一部。書中詞語甚恭，非若每時放肆。有見感戴聖恩，洗心向化之意。所送銀罐金珀珠，若便却回，夷人以爲羞耻，反生猜疑。臣受收，隨此封進，及將來書二紙，咨繳禮部知會外，照得求討書籍一節。考之唐玄宗之世，吐番遣使求《毛詩》《春秋》《禮記》正學，于體烈以爲，與之書使知權畧，愈生變詐，非中國之利。尚書裴光庭以爲，吐蕃久叛新服，因其有請，賜以詩書，庶使漸陶聲教，化流内外。體烈徒知書有權畧變詐，不知忠信禮義皆從書出。於是玄宗賜以詩書。

今照楝巴求討前項書籍，臣以爲《成都記》，即成都府志書也。一府之形圖關隘，於此乎載，不可以此志與之，使其知成都之地方也。《方輿勝覽》，天下之形像關隘，於此乎載，不可以此書與之，使其知天下之地方也。其餘書籍，可以與之誦讀，使其知忠君親上之道，佩仁服義之節。若或不與，彼來朝之人，市於書肆之中，亦不甚難。不若因其請而與之，可以固結其心。書籍係楝巴所無有，朝廷所未賜。臣不敢以私與。如蒙乞勑禮部計議，將楝巴所求書籍，遣人量加頒賜，因而勑令，將舊維州地方退還保縣，彼必感恩知報，可免西顧之憂。臣之愚見如此，具題。

該禮部官欽奉聖旨，該衙門知道。欽此。欽遵，抄出到部。

## 明李賢《禮部尚書致仕贈太保謚忠安胡公神道碑銘》(《古穰集》卷一二)

我朝名公鉅卿，聰明特達者多矣。若器識宏遠，福壽隆長，惟武進胡公一人。嗚呼休哉，公諱濙，字源潔，別號潔菴。[略]公生而髮白，彌月方黑。母夢一僧持花以遺之，覺而生公。居數日，有僧至家索觀。公見僧即笑。僧曰，此吾師天池高僧後身也。命我求見，以笑為誌。果然，聞者咸驚異之。

公自幼端重，不好嬉戲。弱冠入邑庠。洪武中，領鄉薦，登庚辰進士，第授兵科給事中，尋遷右給事中。公勤識大體，士林譽之。太宗文皇帝入正大統，公供職如舊。永樂改元秋，以奏對稱旨，陞户科都給事中。丁亥，上察近侍中惟公忠實可託，遂命公巡遊天下，以訪異人為名，實察人心向背。時御製《性理大全》《為善陰騭》《孝順事實》書成，俾公以此勸勵天下，以故雖窮鄉下邑，軌跡無不到。在湖廣間最久。丙申秋還朝，丁内艱，乞終制，不允。尋進禮部左侍郎。明年，往巡兩浙諸州，授嘉議大夫。癸卯，自均襄還朝。時御駕親征北敵，駐蹕宣府。公馳謁行在所，上卧不出。聞公至，喜而起，且慰勞之曰，卿馳驅良苦，賜坐與語。凡所歷山川道里，郡邑豐嗇，民情休戚，以至所聞所見，保國安民之事，悉為陳說。上欣然納之。向所疑慮者，至是皆釋。

## 明倪謙《恭題寵榮録後》（《倪文僖集》卷二五）

永樂中，太宗皇帝北巡，仁宗皇帝監國。時則有春坊庶子進詹事府少詹事鄒濟，職輔導，侍左右，敦厚純誠，端慎和易。文詞雅贍，才德老成。啓沃匡贊，多所裨益。上邃於聖學，好文重士，於公心志契愜，眷顧特厚。恒有詩及手札以賜。公歿，上登極，追念舊德，賜誥祭，贈太子少保，謚文敏。其子南京禮部尚書榦繕寫為副，彙為一帙，名曰《寵榮録》，鋟梓以傳。出示臣謙，且告之故。曰，先人所得宸章凡八紙。第一紙為丁酉冬至，朝賀畢，上遣中使陳昂賜肴羞十卓于家，并賜此詩。第二紙己亥春，隨侍皇太孫五皇孫，朝京陛見，文廟喜曰，這老秀才還好。時《為善陰騭》書新成，未頒，特賜一本。留月餘，遣還。上遣中允黄琮賜醃鹿五隻，内醖五十瓶。至滁迎勞，并賜此詩。第三紙有進讒誣搆者，文廟曰，這老秀才是朕所除者，置不聽。上聞之喜，賜此詩慰安。

## 又《鄉試策二道》

問：禮教導民於將然，刑罰禁民於已然者也。是以古昔帝王之治天下，尚德緩刑，率有導民之典，以故教化興行，世臻熙皞。在唐虞三代，其載於經有可考見者歟。肆惟我太祖高皇帝，條成《大誥》三編。太宗文皇帝，纂集《為善陰騭》《孝順事實》，宣宗章皇帝採輯《五倫書》。列聖相承，前後一心。無非勸善警惡，導民歸於禮教而已。其亦有合於經歟。三誥五倫，其終始以何條。善孝二書，其終始以何人歟。五倫君臣之道，則詳其目。父道而下，何為畧之歟。三誥三書，其理亦有相通否歟。諸士子服膺聖訓有年，其悉陳之，毋泛毋隱。

## 明黄佐《翰林記》卷一一《搜摭故事》

聖祖將正位宸極，命詔起居注熊鼎，採故事可備懲勸者，書之新宫廂壁。鼎受命，具故事上之，稱旨。由是大見禮重。太宗將製《為善陰騭》《孝順事實》二書，以風厲天下，乃預命翰林儒臣，搜摭故事以獻。仁宗在東宫，一日觀《漢書》，嘆張釋之之不易得洗馬。楊溥進曰，釋之誠賢，然非文帝之寬仁，何由得行其志。臣以為釋之，漢一時不易得。如文帝，三代而下不易得也。退採文帝事，編為事類以獻。仁宗甚悦，賜書褒美。

## 又卷一三《修書》

洪武中，稽古右文，以開至治。故纂述之事，殆無虛日。元年六月，命禮部尚書陶凱輯自古太子諸王之嘉言善行，為書既成，上未慊意。更令修撰王僎等刪定之，二年二月書成，凡一百一十餘條，為二卷，賜名《昭鑒録》。又命學士朱升等同本院儒士修《女戒》。是年三月辛未朔，書成。四年七月，《存心録》成。六年三月，宋濂進《辨姦録》，分賜皇太子親王。濂嘗被命輯自古奸宄之迹為書，至是進呈。七年九月，《孝慈録》成，命翰林定服制也。[略]

十四年十二月書成，賜名《歷代名臣奏議》，遂命刋印，以賜皇太子皇太孫及大臣。十六年六月乙酉，詔修天下郡邑志書，命學士楊榮等總之。户部尚書夏原吉提調。上嘗巡北京，以仁宗隨行，道途所經過農家，徧覽農具及其衣食，且諭以農民勤苦之事曰，此為帝王者不可不知也。遂作務本之訓，以授仁宗。又《為善陰騭》《孝順事實》二書，以風厲天下。雖出御製，而本院儒臣亦與聞焉。

## 明邱濬《忠愛堂記》(《重編瓊臺藁》卷一七)

皇朝開國元勳義兼親賢，德業並隆者，首稱黔寧。王家昭靖，王生際大明啟運之初，輔我太祖高皇帝，光復中國帝王之統，建萬世大功，為一代全臣。子孫嗣守西南陲，世以忠愛傳家。上報國恩，下安民夷，閲七朝，餘百年。[略]

濬待罪太史，於祖宗典故，竊與有聞。伏讀太祖御製文集，其貴王為西平侯也，錫以誥文。有曰當幸逢之初，釋難之恩，夢寐神交之報不忘，而結之以究心利濟，永為多福之語。及讀太宗《為善陰騭》書，敘王善行之實，有曰處心仁厚，樂善好賢。小心慎密，恩信遠孚。夷獠畏愛，非忠君愛民之至，何以得此，而以嗣續昌盛，與國咸休，德厚流光之語終焉。嗚呼聖言，萬世如見天下家傳而人誦之，荒陬異域，庸人孺子，孰不知沐王忠愛之名，殆將見與天壤同休也。功庸既已著效於當時，而又以遺留於後裔子孫，相繼以為傳家之學，忠國之本，治民之譜。人人持循而不悖，世世遵奉而不疑。惠襄侯以是而克負荷，忠敬王以是而啟國封，武襄伯以是而固封守，榮康公以是而靖叛亂。

今宫傅公主宗盟，膺朝廷重寄，位上公，總重兵，鎮邊方，於凡家世所傳懿德茂實，既以身體而力行之矣，兹又申明前人之心事，昭示後人之軌範，非徒空言而已也。二聖所以期望之者，於是乎信而有徵矣。為沐氏子若孫若曾玄若來以昆，若礽以雲麽，授而禄食，耕采而復家者，登斯堂也，覩斯扁也，目擊而心維，原祖宗之心，報國家之恩。一夫不獲，時予之辜。非但居大業秉重權者然也。苟有一命之秩，一廛之受，一力之隨，咸舉諸心而加諸彼。雖兵農臧獲之賤，驃爨犵獠之蠢，昆蟲草木之微，必使之皆得其所，而盡其天年。愛施乎下，即所以忠報於上也。互相講究，交相勸戒，推演昭靖王之初心，體悉宮傳公之至意。則夫天語所謂多福，所謂流光，所謂與國咸休於爾沐宗永永無極矣，其念之勉之，毋怠毋忽。

## 明李東陽《順天府鄉試策問三首》（《懷麓堂集》卷三八）

問，國家開科策士，必首舉聖製為問。而經史時務次焉，尊時制也。在我太祖高皇帝時，則有《大誥》三編，太祖文皇帝時，則有《為善陰騭》《孝順事實》《性理大全》書，宣宗章皇帝時，則有《五倫書》，英宗睿皇帝時，則有《大明一統志》。及我皇上嗣位以來，則有《續資治通鑑綱目》。或躬御翰墨，次第成編。或分官纂修，手賜裁定。顧其首簡，必親製序文。或繼志補作，以著述作大意。天下臣民，家傳人誦，佩服而體行者，蓋已久矣。王言之博大，篇帙之浩瀚，固不可以一二指，亦不可以頃刻陳也。

請問諸書述作之大意何居，見諸序文者何說。仰窺伏讀之餘，有得於心而願體諸身者何事。夫不知其意而徒習其辭者，雖多無益。不體諸身而徒得其意者，雖精亦且無用。皆非所望於諸士子者，盍敬陳之。

## 明胡直《胡氏世敘》（《衡廬精舍藏稿》卷八）

胡氏之先，[略]至資政殿學士銓而著。仲公貞季公陽居秦和，至屯田員外衍南城縣丞箋而著，語在楊文節文貞二公載記中。衍家南岡，官至工部屯田員外郎，階朝奉大夫。所至以循良稱，與黄魯直友善倡和，語在省郡志中。又幾世曰太，字宗元，始徙今義禾田。繇宗元公幾世，為子忠府君，子三。伯曰雅，字興詩，國朝永樂丙戌進士。未官卒。季曰和，字成樂。成樂府君子四。仲曰哲，字亶明，竇坻訓導，以儒行著稱。子爾極。爾極府君早世娶月池彭孺人，生子二。伯曰行恕，字民悦。仲曰行恭，字民敬，是為謙齋先生。[略]

歲戊辰，彭孺人終，哀毁幾絶，忌日必哭以祭，其天性篤孝如此。彭孺人既逝，家無儋石，食芋半菽，或竟日絶炊。披誦坐中庭，曠然若不記餓否也。先生於讀書嗜古，亦出天性。書貧不能購，則從其從伯教諭君匡及所善蕭載沃者乞假，手録至數十部。由是博通六經子史，下逮醫卜陰陽小説，靡所不闚。初得性理羣書《近思録》，即手録誦曰，此鄒魯正脉也。遂殫思天人之際，究極物理之原。每有意會，輒箋疏其義旁於易書詩禮。行間家居，稱引《内則》《少儀》及《孝順事實》《為善陰騭》二書，語懇懇敷腎腸，羣從子弟服行凜凜，無飲博忿爭者。

## 明陸楫《古今説海》卷一三六

國初，文臣生受封爵者三人。曰李善長，以太師中書左丞相封韓國公。曰汪廣洋，以中書右丞封忠勤伯。曰劉基，以御史大夫封誠意伯。後李與汪皆賜死，惟劉公令終。國初將臣封爵土者，今惟中山徐王，黔寧沐王，及武定侯郭公三人之子孫，尚承襲。餘皆廢罷。徐沐二王，御製《為善陰騭》，固常載其有功不殺，及忠愛之德矣。近觀楊少傅榮所撰武定侯神道碑，又知侯自少事高廟四十餘年，小心謹慎，未嘗有過。為人沈毅多智。嘗從征陳理，其將陳同僉，驍健善槊，馳入中軍帳下。上遽呼曰，郭四為我殺賊。侯奮臂持鎗，賊即應手墜。上解所御赤戰袍衣之曰，唐尉遲敬德，不汝過也。家居簡靜，好讀書。天文地理百家之說，無不通曉。性尤孝愛。母夫人卒，廬於墓側，晝夜號泣不絶聲。卧寢於地，毁瘠日甚。一夕夢夫人告曰，地濕則致疾而傷生，汝竭忠報効，為父母光，即孝矣。墓不必廬也。遂感悟而歸。三年之間，哀痛如一日。其亦不忘忠孝者矣。豈天眷有德，視立功一時者，其報自不同耶。

## 明鄒元標《紀善新編序》（《願學集》卷四）

此予鄉夢峯王君所撰者，初名《續為善陰騭》。余以聖製未敢紹述，故更茲名。君為羅文恭先生弟子。先生在君穎敏，視高足者稍遜。先生没後，使人不疑于學，則君是已。君樂道人善，最好道古先哲節烈孝義事，隱微者彰之，顯揚者頌述之。如徒步拜六一文山之墓，澹菴之間。又嘗廬墓三年。君是編，上自大聖，以及諸儒碩名臣故閥，有一善必紀，見為善一脉。自堯舜至今日，其心一也。

嗟乎，聖人之道大，虛者其體也。體無不善。有不善者，則意之動也。善學者悟無善無不善之體，致謹于善不善之動，斯庶幾哉。可以語為善矣。蓋善不善之幾，猶之河堤然。始之浸淫也如蟻穴，其卒至於滔天懷山不可收拾。顔子有不善未嘗不知，真知也。真知者，真體也。惟知則未嘗復行，迺世儒誤以知先行後，若兩特然，而善之旨不明。《易》曰，知至至之。傳曰，不明乎善，不誠其身。余安得明善者而語之聖功哉。茲余所以蒿目而思，撫卷而懷也。君孜孜一生，老而手是書寄予。予故捐俸刻之齋閣，冀吾邑士人有所觀感焉。君老矣，覩是書成，其可幸也夫。

## 明王世貞《義門恩澤》（《弇山堂别集》卷三）

浦江鄭氏有《恩育録》，予節其略筆之，以見祖宗風勵天下之意。洪武十四年，為内藏金銀事發，連鄭氏，以義門，故釋之。家長鄭濂鄭湜面見，擢湜福建左參政。吏部奏無見缺，添設左參議授之。二十六年，詔鄭氏子弟三十以上者來見。擢鄭濟左春坊左庶子，伴太孫。三十年起，取天下稅户鄭沂入見，授禮部尚書。以其從子榦為御史。永樂十二年，御史七十二歲，進賀捷詩稱旨，乞歸。上曰，教翰林院寫勅書，禮部宴他，用正官陪教坊伎樂。陛辭，賜金繡衣褚帛。榦薦從子煁可用。上曰，御史舉他除御史，後累遷大理寺丞。永樂十七年，北京初受賀致仕。御史榦及弟致仕，長史楷來朝，賜宴及楮幣與《為善陰騭》二部。上曰，他家人多，與二十部。十九年，翰林檢討鄭叔美以告病例為民。仁宗立，與子弟來朝。上顧長者，非鄭檢討乎，何為冠平巾。吕震以故對，上特詔予冠带致仕，各賜鈔二千貫，給驛舟還家。

## 明薛巳《薛氏醫案》卷三三

竇禹鈞夜夢其亡祖父謂之曰，汝緣無子，又且不壽，宜修善行。自是佩服乃訓。復夢祖父謂曰，汝名掛天曹，以有陰德，特延筭三紀，胤錫五子，悉皆榮顯。

張慶司獄，惟務方便。年五十始生子亨。有一道人丐於門，謂慶曰，汝本無嗣。今聞嬰兒聲，非若子乎。慶曰，偶得一子。道人曰，信乎，陰德未易量。爾之積累善事，非一朝一夕。今不但有嗣，又喜子孫文學之貴，宜善保之。後果如其言。

馮商，其妻每勸置妾。商取一女已成。聞其父因官綱運欠，折鬻女以償之。商惻然不忍犯，更益以資裝，送還其父。明年生馮京，後登狀元。

馬默未有嗣，知登州日，奏活沙門島罪人，不致枉死。一日夢中見符，使挾一男女，乘空來其前。呼曰，爾本無嗣，以活人數多，上帝特賜男女各一。言訖不見，果如其言。

時邦美之父，老而無子。置一妾，對暗室悲泣。問之乃曰，父卒於官，鬻妾欲辦喪耳。時遂攜金偕往其家，殯葬而歸。未幾生邦美，後舉進士，官至吏部。

袁韶父為郡吏，年五旬，置一妾，乃宦家女也。父歿，家貧，鬻而歸葬。袁知其故，即送還，更以囊資益之。明年生韶，既長，為參知政事。

馬涓之父無子，置一妾，聞其父喪官所，無力歸葬，故鬻此女。即日訪其母而歸之，且厚資助。夜夢一羽衣曰，天錫爾子，慶流涓涓。明年生一子，因名曰涓。既長及第。

人之無嗣，或因丈夫陽氣之不足，不能施化。或因婦人陰血衰憊，百疾攻之以致然也。故先賢立方垂訓，以啟後人。或者用計百端，妾媵無數，及皓首終身，不能如其意者，是皆心行有虧，非命也。苟能革心之非，所行向善。積德累功，施恩布惠，則上天之報施，自然慶流後裔。此温隱居《求嗣篇》之所由作也。予嘗讀聖朝《為善陰騭》書，因覽竇禹鈞等數人所履，皆言此事。歷歷可鑑。謹録附贅于此，以為求嗣者勸誡之一助云可爾。

## 明俞汝楫《禮部志稿》卷一六《宗學(書院附)・凡脩明宗範》

正德十四年，令吏部于各王府長史紀善伴讀教授等官，務擇學行優長堪為師範者除授。凡世子衆子長子將軍中尉等，年未弱冠者，各隨資質，嚴立課程，教養如法，不得虛應故事。撫按題學等官，訪其賢否勤惰以聞。萬曆十四年題准，凡宗室之子年十歲以上，俱入宗學。其師即以本府教授紀善等官選取學行俱優者充之。若宗生衆多，則分置數師。或于宗室中推舉一人為宗正，主領其事。令各生誦習《皇明祖訓》《孝順事實》《為善陰騭》等書。至于四書五經史鑑性理，亦相兼講讀。俟年至十五許，照例請封。先給祿米三分之一，仍習學五年。驗有進益，親王方與奏請出學，支本等全祿。(嘉靖四十四年例)

另城者，該府郡王或管理府事者奏請，其有放縱不循理守法者，學師具啓各該親郡王。小則徑自訓責，大則參奏降革。

## 又卷七一《科舉別出題》

永樂十七年三月，《為善陰騭》書成，命賜諸王羣臣及國子監天下學校。又命禮部自今科舉取士，準大誥例，于内出題。

## 清毛奇齡《明南京吏部尚書榮祿大夫諡文靖魏公傳》(《西河集》卷七三)

公名驥，字仲房，蕭山人也。先為光之固始人。五世祖文昌，為宋江淮總制司制幹，扈蹕臨安，因家焉。高祖有聲，宋承直郎，常德路判官。曾祖應元，臨平務副使。祖毅元，廣東鹽課司提舉。以公貴，贈正議大夫資治尹南京吏部左侍郎。父希哲，明承事郎，上高縣知縣。自文昌至毅五世，皆居臨安，獨希哲以蕭山俗厚，洪武庚戌由臨安遷居之。公其仲子也。[略]

後上以問公，公具實對，且慷慨曰。臣不才，備位六卿，如臣犬馬不足惜，奈何朝廷上溫旨慰勞，至是又辭，乃特改南京吏部，以優視之。公豫為歛具，所屬郎中殷時暴亡，即日往弔。大暑，即贈以豫所為棺。己丑滿六載，復以老辭，弗允。間命讞獄。時大旱，當減刑。有王剛惡逆當刑，或憫其年少，謀緩之。公曰，此婦人之仁耳。天道不時，正謂此也。獄決而雨。十三年戊辰，滿九載，詣闕上章，乞致仕，弗允。遷南京吏部尚書，賜《五倫書》，五經四書，《孝順事實》《為善陰騭》等書。明年，寇犯順，公寢不去衣。時率諸生條安攘策，凡三上。景泰元年秋，寇退，始以南京吏部尚書資善大夫致仕，時年七十有七。

## 清黄虞稷《千頃堂書目》卷一〇

上視朝之後，御便殿，披閱載籍。遇有為善獲報者，命近臣輯録之。上各為之論斷，而採書于後。類為十卷。至永樂十七年二月丁巳，書成，御製序冠之。命賜諸王學臣及國子監天下學校。又命禮部，自今科舉取士，準《大誥》例，于内出題。

## 《浙江通志》卷二八〇

《鳳洲雜編》，洪武三十年起，取天下税户鄭沂入見，授禮部尚書。以其從子榦為御史。永樂十二年，御史七十二歲乞歸。上曰，教翰林院寫策書。禮部宴用正官陪教坊伎樂。陛辭，賜金綉衣楮帛。榦舉從子煁可用。上曰，御史舉也，除御史。後累遷大理寺丞。永樂十七年，北京初受賀，致仕。御史榦及弟致仕楷來朝，賜宴及楮幣，與《為善陰騭》二部。上曰，他家人多，與二十部。十九年，翰林檢討鄭叔美以告病例為民。仁宗立，與子弟來朝。上顧長者，非鄭檢討乎，何為冠平巾。呂震以故對。上特詔予冠帶致仕，各賜鈔二千貫，給驛舟還家。

## 《明史》卷六九《選舉志》

萬曆十五年，禮部言，唐文初尚靡麗，而士趨浮薄。宋文初尚鉤棘，而人習險譎。國初舉業，有用六經語者。其後引《左傳》《國語》矣，又引《史記》《漢書》矣。《史記》窮而用六子，六子窮而用百家，甚至佛經道藏，摘而用之。流弊安窮。弘治正德嘉靖初年，中式文字，純正典雅。宜選其尤者，刊布學宮，俾知趨向。因取中式文字一百十餘篇，奏請刊布，以為準則。時方崇尚新奇，厭薄先民矩矱，以士子所好為趨，不遵上指也。啟禎之間，文體益變，以出入經史百氏為高，而恣軼者亦多矣。雖數申詭異險僻之禁，勢重難返，卒不能從。

論者以明舉業文字比唐人之詩，國初比初唐，成弘正嘉比盛唐，隆萬比中唐，啟禎比晚唐。云自儒學外，又有宗學社學武學。宗學之設，世子長子衆子將軍中尉，年未弱冠者，俱與焉。其師於王府長史紀善伴讀教授等官，擇學行優長者除授。萬曆中，定宗室子十歲以上，俱入宗學。若宗子衆多，分置數師。或於宗室中推舉一人為宗正，領其事。令學生誦習《皇明祖訓》《孝順事實》《為善陰騭》諸書，而四書五經，通鑑性理，亦相兼誦讀。尋復增宗副二人。子弟入學者，每歲就提學官考試衣冠，一如生員。已復令一體鄉試，許復得中式。其宗學寖多，頗有致身兩榜，起家翰林者。社學自洪武八年，延師以教民間子弟。兼讀御製《大誥》及本朝律令。正統時，許補儒學生員。弘治十七年，令各府州縣建立社學，選擇明師。民間幼童十五以下者，送入讀書，講習冠婚喪祭之禮。然其法久廢，寖不舉行。

## 清《欽定國子監志》卷三〇

洪武十五年定國子監規。本監正官每晨升堂就座，各屬官以次赴堂序立，行揖禮。正官坐受。各屬官分東西對揖。禮畢，立竢。各堂生員序列恭揖，禮畢，方退。晚亦如之。［略］凡會講之儀，先期六堂官輪二人，具講題，撰講章，送西廂改定。是日，設講座於露臺西南堂中。禮生跪稟，本日會講。監丞坐堂東柱外，博士助教學正學録坐堂西柱外。鳴講鼓三，供講案於堂門外階上。引禮生二人引講官登座，禮生取案上講章折旋送座，習禮公侯駙馬伯另為一班序列臺上。隨大班揖聽講。講畢，引禮生引講官復位，復引一講官登座講經。畢，堂中禮生跪稟會講畢。諸生跪揖，謝教。廳堂各官，列揖而退。穿堂掣籤如常儀。繩愆廳點名不到者，揭送兩廂壓撥一次。凡會講，先以《大誥》，律令，及《為善陰騭》《孝順事實》《五倫書》與四書五經兼講，次性理通鑑綱目諸書。凡講御製諸書，講官立講，正屬官立聽。廳堂内外，禮生俱下墀，同諸生跪聽。餘則坐講，諸生立聽。

凡復講之儀，鳴講鼓供講案，如會講儀。

## 又卷五二《經籍・板片書目總附・明太學志載書籍板片名目》

子部儒家類有《為善陰騭》《孝順事實》《五倫書》《明倫大典》《性理大全》《法言》《太玄》《太玄索隱》《觀物篇》《進修録》《大學衍義》《小學》《朱子語録》《讀書録》《經世籍》《司馬温公心箴、我箴、學的、官箴》

## 清《續文獻通考》卷四七《學校考》

武宗正德十四年定宗學教習之制。凡世子長子衆子將軍中尉，年未弱冠者，於王府長史紀善伴讀教授等官內，擇學行優長者為之師，各隨資質，嚴立課程，如法教誨，不得虛應故事。撫按提學等官，訪其賢否勤惰以聞。

神宗萬曆十年定，宗室子年十歲以上，俱入宗學。若宗子衆多，則分置數師。於宗室中推舉一人為宗正，領其事。尋復增宗副二人，令學生誦習《皇明祖訓》《孝順事實》《為善陰騭》等書，而四書五經史鑑性理亦相兼誦讀。俟年至十五，許照例請封。

## 清《御定淵鑑類函》卷一九九

又陳敬宗，字光世，慈谿人。永樂十二年入史館，改翰林院侍講。獻《為善陰騭頌》。十七年春，卿雲見，甘露降。獻《聖德瑞應頌》。是冬甘露再降於孝陵松柏，復獻頌。

# 附　録

第一輯：《儒教、孔教、聖教、三教稱名説》（清初以前：李申。清中後期：胡朝陽）
第二輯：《儒經“聖經”説》（李申）
第三輯：《儒教敬天説》（李申）
第四輯：《儒教報應説》（李申）
第五輯：《儒教天人合一説》（暫定：蒲創國）
第六輯：《孔子天命鬼神觀念》（暫定：朱俊藝）
第七輯：《焚書坑儒説》（暫定：周芳）
第八輯：《天命人性論》（暫定：張二元）
第九輯：《理學家論天人感應》（暫定：周贇）
第十輯：《儒教“事天”論》（暫定：齊興華）
第十一輯：《儒教六天説與一天説》
第十二輯：《儒教天地合祭分祭》
第十三輯：《儒教孔廟制度》（暫定：彭棟軍）
第十四輯：《儒教明堂制度》
第十五輯：《儒教城隍祭祀》
第十六輯：《儒教媽祖（天后）祭祀》
第十七輯：《儒教關帝祭祀》
第十八集：《儒教文昌神祭祀》
第十九集：《儒教土地神祭祀》
第二十輯：《儒教祈禱説》
第二十一輯：《儒教灶神祭祀》
第二十二輯：《儒教“宗教之天”與“自然之天”》（暫定：侯豔芳）
第二十三輯：《儒教祥瑞説》（暫定：王江武）
第二十四輯：《儒教災異説》（暫定：王江武）
第二十五輯：《儒教社稷祭祀》
第二十六輯：《儒教祠堂制度》
第二十七輯：《儒教家禮》
第二十八輯：《儒教嘉禮》
第二十九輯：《儒教軍禮》
第三十輯：《儒教喪葬禮儀》
第三十一輯：《儒教鄉飲酒禮》
第三十二輯：《儒教祭祀樂章》（暫定：林海極）